Karl Otten
Geplante Illusionen

Karl Otten
Geplante Illusionen
Eine Analyse des Faschismus

Mit einem Nachwort von
Lothar Baier

Luchterhand
Literaturverlag

Lektorat Klaus Binder

Umschlag Max Bartholl
Satz Uhl + Massopust, Aalen
Druck Wilhelm Röck, Weinsberg
Printed in Germany
ISBN 3-630-86706-5

Inhalt

Statt einer Einleitung

Der Titel dieses Buches hätte auch lauten können: »Der Zusammenbruch des Deutschtums«. Es handelt von dem scheinbar ewigen Antagonismus zwischen Deutschland und Europa. Der Autor analysiert mit Hilfe der Sozialpsychologie die jüngste Metamorphose des Deutschtums: den deutschen Massenstaat, der alle Triebkräfte einer primitiven Horde mit den technischen Errungenschaften unserer Zeit verbindet. Der Autor beschreibt im einzelnen die Entwicklungsphasen des preußischen Generalstabs vom Geheimbund zum »braintrust« einer Gesellschaft, die von Grund auf technisch-militärisch orientiert ist. Die enge Zusammenarbeit zwischen dem Generalstab und der deutschen Industrie bildet den Kristallisationspunkt einer modernen Elite, die sich der neuen Klasse des Kleinbürgertums bedient, um eine neue Herrschaftsform zu etablieren – die Diktatur über die Massen. Bedeutung und Auswirkungen dieser Herrschaftsform – Glaube, Einverständnis, Hypnose, Suggestion, sexuelle Freiheit, Macht- und Unterwerfungstrieb – werden an den Erscheinungsformen der allgemeinen technischen Zivilisation aufgezeigt. Wir werden Zeuge der Revolution der technisierten modernen Massen, die sich ihrer Macht bewußt werden, und wir sehen, daß in Deutschland am Beginn dieser Entwicklung Kriege stehen.

Der Autor zeigt die gegenseitige Abhängigkeit zwischen allen Staaten und der modernen Zivilisation: Film, Radio, Presse, Propaganda und Unterhaltung sind die Mittel, mit deren Hilfe alle Massenbewegungen in Gang gesetzt und gelenkt werden – Mittel, die sich alle in den Händen einiger weniger mächtiger Gruppen befinden. Die wiederum werden Bestandteil der militärischen und wirtschaftlichen Diktatur, denn die »psychologische Diktatur«, die sie ausüben, dient politischen Zwecken.

Deutschland mit seiner »Bewegung« ist nur eines der Mitglieder der Völkerfamilie. Seine spezifisch emotionale Haltung jedoch macht es möglich, über die ins Utopische strebende, innere Unruhe aller Massenstaaten Klarheit zu gewinnen.

Das Buch endet mit einer psychologischen Analyse Hitlers – einer Analyse, die deshalb erhellend sein dürfte, weil sie auf die »Adolf Hitlers« überall in der Welt zutrifft.

Karl Otten
Entwurf einer Ankündigung seines Buchs für den englischen Verlag Allen & Unwin. London 1941.

Die Massen

I

Die Veränderungen der Staatsform vom Kaiserreich zur Republik und von der Republik zur Diktatur sind der Ausdruck der Gestaltwandlungen des deutschen Volkes, das seine konservativ gestaffelte Klassenstruktur zuerst demokratisch und sozialistisch gelockert und sie nun in hieratischer Erstarrung zu einem einzigen Wesen, einer gewaltigen Staatsmaschine umgeschmolzen hat.

Die Auflösung der Klassen erfolgte durch Übergabe des Rechts der Machtausübung an einen besonderen Machtapparat, der über allen Bewohnern des Landes funktioniert und alle, bislang von bestimmten, nach demokratischen Regeln einander ablösenden Parteien ausgeübten Machtansprüche und Rechte umfaßt.

Daß sich ein Volk seiner Selbstbestimmungsrechte begibt, ist Ausdruck seines Zustandes als Masse, in der alle Individuen mitsamt ihren Individualrechten untergegangen sind.

Die Diktatur ist eine Funktion der Masse, und die Masse ist der Stoff der Diktatur. Die Diktatur als Funktion der Masse stellt zugleich die staatliche Form der Masse, deren Gestalt dar.

Massen machen sich sichtbar und schaffen sich Raum im Staat und mittels des Staates. Die gegenseitige Abhängigkeit von Masse und Staat, ihr einander ständig Durchdringen und Durchdrungensein ist die Funktion beider, der Masse und des Staates, welche wir die Diktatur der Massen nennen.

Insofern eine Elite mit natürlicher konservativer Tendenz über den Massen existiert, übernimmt sie diese Funktionen der Diktatur und etabliert sich als Diktatur über die Massen.

Die Bildung und Anhäufung von Massen in Industrie-Provinzen, die gewaltigen Städten gleichen und ganz auf mechanischer Ordnung und Planung aufgebaut sind, ist die Funktion moderner Staaten, die sich nur noch mit dem Schicksal, der Sorge für die Massen identifizieren, wenn sie demokratisch bleiben; diese Massen aber ihrer Rechte berauben und den friedlichen Plan der Wirtschaft in einen aggressiven kriegerischer Ausdehnung verwandeln, wenn sich die Elite in den Besitz der Waffenschmieden dieses Landes gesetzt hat; die ursprünglich fürsorgliche Planung verwandelt sich automatisch in eine aggressive, in der die kriegerische Elite der wirtschaftlichen Elite jede Konzession macht, wenn diese den Generälen die entrechteten Massen ausliefert.

Die Massen, die ihren Ursprung der industriellen Expansion des 19. Jahrhunderts verdanken, empfinden diese liberale Epoche ihrer jetzigen Lage nicht mehr als angemessen und verzichten, sobald die Herren der Industrie ihnen Arbeit und Vergnügen versprechen, offenbar ohne Widerstand auf die Ausübung ihrer politischen Rechte zugunsten jener kriegerischen Elite.

Kriege haben keinen erschreckenden Einfluß auf das Verhalten einer Masse, obwohl sie deren Leben und relativen Wohlstand auf das schwerste gefährden. Man muß, im Gegenteil, annehmen, daß die vorhergegangenen Erschütterungen des europäischen Lebens die Massen langsam auf diesen unausweichlichen Krieg vorbereitet haben, der so nicht unerwartet kam. Gewisse psychische Reserven waren mobilisiert, und der Krieg sollte einer ungewissen Lage ein Ende bereiten. Derart mochte er, gewissermaßen als ein Ausweg aus dem lange drohenden Schrecken, sogar begrüßenswert erscheinen.

Aus diesem passiven Verhalten der Massen dem Krieg gegenüber muß geschlossen werden, daß ihre Gleichgültigkeit gegen Katastrophen einem Beharrungsvermögen gleichzusetzen ist, welches wir als eine Art Selbstbewußtsein der Massen in sich, als ein Ewigkeitsgefühl bezeichnen möchten: Was auch immer geschehen mag, Arbeiter und Bauern, so glaubt man, wird es immer geben; der Feind kann nicht die Erde wegtragen, auf und von der die Massen leben. Dieses sehr substantielle und gelebte Gefühl ist der eigentliche Inhalt des existentiellen Denkens der Massen, das wohl zu unterscheiden ist von ihrem emotionalen Denken unter hypnotischen und propagandistischen Einflüssen, das ganz anderen als den Interessen der Massen dienen soll und diesen meistens zuwider läuft.

Je mehr sich eine Masse von den ursprünglich ihrer Arbeit innewohnenden, naturgegebenen Bedingungen entfernt, je mechanisierter und politisierter sie in Städten oder stadtähnlichen Industrielandschaften haust, desto stärker unterliegt sie dem emotionalen Denken, desto weiter entfernt sie sich von einem selbstbewußten Denken, das in ihrer Existenz gründet.

Soll die quantitative Macht einer Masse durch eine aggressive Elite nutzbar gemacht werden, dann muß die Zertrümmerung des geruhsamen Selbstbewußtseins dieser Masse durch Aufhebung ihrer natürlichen Ordnung und Gruppierung, durch die Schaffung einer städtischen und mechanistischen Ordnung und Gruppierung vorausgegangen sein, was zunächst, im Plan der Industrialisierung eines Landes, durchaus normal, in einem politisch definierten Augenblick jedoch zu einer absichtlichen und planvollen Zerstörung des Selbstbewußtseins und des Selbstbestimmungsrechtes der Massen wird, um sie außerhalb ihrer Existenz liegenden Bedingungen zu unterwerfen.

Die liberale, kapitalistische Ordnung des freien Spiels der Kräfte gestattet also aus in ihr liegenden, rein wirtschaftlichen Bedingungen eine solche politischer Natur zu machen, ohne daß die Massen es verhindern können. Das freie Spiel der Kräfte gilt dann nur für eine Elite, nicht mehr für die Massen der Arbeiter und Angestellten, Bauern und Handwerker, die, zu einem starren Körper, zu einer Maschinerie zusammengepreßt, dem freien Spiel der Kräfte ihrer Elite unterliegen, es ausführen und erst ermöglichen.

Wir können demnach sagen, daß die politischen und militärischen Veränderungen eines Massenstaates die Folgen von wirtschaftlichen und technologischen, mechanistischen Umformungen des existentiellen Bewußtseins der den Staat bildenden und ihm Macht verleihenden Massen sind.

Die Idee des modernen, mechanistisch orientierten Großstaates ist die Nutzbarmachung der größtmöglichen Masse entpolitisierter, ihrer demokratischen Rechte beraubter Einzelwesen für die Machtidee einer wirtschaftlich und militärisch planenden Elite, die sich als Staat selbst fühlt.

Es kann demnach ferner gesagt werden: Die Diktatur der Elite ist ursächlich eine Funktion der Masse, das heißt, die Masse ist die Ursache der Diktatur. Ihre gegenseitige Abhängigkeit voneinander ist die *Notwendigkeit* ihres So-Seins: In ständiger, alle Seelen zwingender und aufpeitschender Hypnose sind sie aggressiv, kulturfeindlich, destruktiv, asozial. Und gleichzeitig schwelgen beide, Eliten und Massen, in Antinomien eines neuen Glaubens, in mystischer, utopischer Brüderlichkeit und »Gemeinschaft« in einem Neuen Staat, der eine Neue Welt heraufführen wird.

Die Symbole dieser betonten Gläubigkeit heißen im Deutschen Reich: Nationale Arbeitsfront, Hitler-Jugend, Winterhilfe, Altershilfe, Kunst für Alle, Volkswagen, Kraft durch Freude; das Versprechen des Endes von Arbeitslosigkeit und Hunger, gleiches Recht auf Erziehung und Unterricht für alle.

Der Staat ist den Massen ein sozialer, kein politischer Inhalt mehr; er hat die Vorstellungen der Massen vom Sozialismus im klassenlosen Staat aufgesogen und so realisiert, daß die einprägsamen Schlagworte den wahren Inhalt und Wert dieser Einrichtungen nur noch symbolisieren und die Massen ermutigen, sie zu akzeptieren. Die innere Widersprüchlichkeit moderner Massenstaaten, der Widerspruch zwischen ihrer tatsächlichen Politik und der Zustimmung, die sie erwecken, mag aus dem Niedergang bürgerlicher und individueller Kultur resultieren; sie existieren in einer Zeit des Übergangs halbwegs zwischen zwei Zielen, von denen das eine nur noch im Mythos existiert, das andere, durch den Mythos erklärt und bestimmt, als Utopie in der Zukunft verwirklicht werden soll. Die widersprüchliche Existenz der Massenstaaten, zwischen diesen beiden Polen der Gesinnung und Gläubigkeit sich entwickelnd, äußert sich als »Sorge um die Massen«, die als Planung auftritt, äußert sich in Kriegen und Revolutionen, die den Untergang der eigenen wie fremder Kultur herbeiführen, die in der Welt der Tatsachen, der mechanistischen Prinzipien für die Massen keinen Wert mehr hat.

Die individualistisch veranlagten Demokratien oder die in Staaten mit parlamentarischen Regierungen lebenden Völker betrachten die Massenbewegungen der Diktatur-Staaten wie eine Naturgewalt, eine drohende Lawine oder ein Erdbeben, als eine unverantwortliche und dennoch höchst reale Drohung, die mit ihrer Wucht alles, was dem Individualisten teuer ist, zu zerschmettern droht.

Massen verschiedener Staaten erleben einander als primär und absolut feindlich nur dann, wenn ihre staatlichen, formalen Funktionen einander feindlich sind. Die Gleichheit ihrer technischen Organisation und ihrer »sozialistischen« Utopie vermag keine Gleichsetzung oder Vereinigung in der Ideologie der Massen herbeizuführen, solange diese die Herrschaft ihrer einander entgegengesetzten Eliten anerkennen.

Wann ist nun eine Anzahl Individuen eine Masse? Im Rahmen der hier behandelten Probleme lautet die Antwort: Wenn zu der Zahl der Individuen – ihrer statistischen oder mathematischen Größe – eine physikalische Funktion, die Kraft nämlich, hinzutritt, die die Wirkung der Massen größer, ihre Intelligenz aber geringer macht, als dies dem Einzeldasein ihrer Individuen nach Zahl, Kraft und Bewegung möglich wäre.

Die Bevölkerung der Erde beträgt 2139 Millionen Einzellebewesen; das bedeutet, in dieser rein statistischen Feststellung, eine neutrale Summe von Lebewesen, verstreut über das Antlitz der Erde, das sie, nach ihrer Begabung und Zeit ihres Lebens, verschönern oder verschandeln mögen, jedenfalls aber durch ihr Dasein und Vorhandensein erst zu dieser Einmaligkeit, eben zu *unserer* Erde machen. Es wohnt dieser Anzahl von Menschen, die als Menschheit alle Möglichkeiten der Massen umfaßt, noch keine andere Funktion inne, als die des reinen Lebenstriebes, der in seinem generellen Vorhandensein noch nichts aussagt über seine Richtung oder sein Ziel, das er in jedem Individuum zu nehmen sich bemüht.

Der Mensch ist von Natur und *a priori* ein soziales Wesen, und »society prior to man« heißt: Die Gesellschaft, genauer gesagt die Horde, existierte, bevor es *einen*, den einzelnen Menschen, ein Individuum oder den Individualisten gab.

Die Steigerungen und Erkenntnisse der Selbstwahrnehmung, die ein existentielles Bewußtsein herbeiführten, waren zuerst das Zeichnen oder Malen des andern, des Nicht-Ich, ohne welches der eine nicht war, welches er früher sah, kannte, erkannte; das er nährte, zeichnete, streichelte und liebte, beherrschte und tötete, bevor er all diese Funktionen der Existenz in der Horde als die seinen, als die ihm eigenen, als das ihm Eigene, erkannte und auf sich bezog. Der Mensch erlebte sich in seinen Beziehungen zum andern und lernte aus dessen Reaktion seine Existenz als des einen, der diese Reaktionen hervorrufen und daher wiederholen kann, begreifen.

Aus diesen Reaktionen erwuchs der Laut des Schmerzes, der Freude, des Wiedererkennens, der als Symbol anstelle der rein körperlichen Reaktion trat. Lautsymbol an Lautsymbol gereiht, ersetzte Gebärde und schuf in Zyklen von Jahrmillionen das Sprechen, das Wort, die Sprache, die zunächst das wahre Bindeglied der Horde, und dann erst das Trennungsglied, das Unterscheidungsmittel der verschiedenen Sprachen der verschiedenen Horden oder Stämme wurde.

Die Sprache ist die wahrhaft soziale Urform menschlichen Geistes und so einmalig in der Tierwelt wie nichts sonst: der einzige Inhalt aller höchsten Vorstellungen des Individuums und nicht umgekehrt. Das Wort »Gott« ist wirklich Gott, das Wort und nichts anderes hat die Existenz Gottes zum Inhalt, weder den Menschen, noch die Kirche, noch einen Propheten. Ohne das vom Menschen gefundene und erarbeitete Wort wäre Gott nicht Gott und daher nicht existent. Das Wort »Liebe« ist wirklich die Liebe und alles, was sonst über Gott und Liebe ausgesagt werden kann, nimmt von dieser Erfindung und Mitteilung der Urworte seinen Ausgang und kehrt in der Vorstellungswelt des Menschen zu ihm zurück.

Es kam in anderen oder parallelen Zyklen der Kampf des Menschen um seinen aufrechten Gang, um die Gewinnung des

Raumes, die Erfahrung und Beherrschung der Natur hinzu; all das vollzog nicht er an sich, sondern die andern vollzogen, verwirklichten es mit ihm zugleich und an jedem einzelnen.

Wann die Unterscheidung des einzelnen von der Horde, seine Individualisierung, sein Austritt oder, wie vermutet wird, seine Ausstoßung aus der Horde erfolgte, können wir nur ahnen, dürfen aber annehmen: Die Unterscheidung des einzelnen von den anderen konnte vollzogen werden erst nach Gewinnung der Sprache und des aufrechten Ganges, nach der Eroberung des Raumes, nach der Erkenntnis der außerhalb aller Horden und unabhängig von ihnen existenten Natur mit ihren großen Gegebenheiten und Elementen.

Es bleiben also als Gedächtnis oder Substanz der Erinnerung an das Leben der ersten Massenmenschen: die Symbolik der Zeichen und der Sprache; das Erleben des Raumes, dargestellt in jeder Art Bewegung; die Erkenntnis der Natur, sei es in ihrer ursprünglichen und elementaren Gestalt, sei es in der mechanischen Wiederholung ihrer Gesetzmäßigkeit. Diese Erinnerungen an die Urhorde sind im modernen Massenmenschen erkennbar und deutbar als primäre Triebe seiner beharrenden oder emotionalen Existenz.

Die in der Bibel, dem ältesten uns erhaltenen zusammenhängenden Dokument, geschilderte Vertreibung von Adam und Eva aus dem Paradies, Folge des Sündenfalles, der den Zorn des Gottvaters für alle Ewigkeit und seine Rache an jedem einzelnen seiner Kinder nach sich zog, vermischt zeitlich und in Ursache und Wirkung anders gelagerte Ereignisse, schreibt sie falschen oder erdichteten Personen zu. Doch bewahrt der Bericht die Stimmung des Grauens so real, daß sie, neben den Symbolen vom Apfel und der Schlange, überreal wirkt: Den Anlaß über alles Maß hinaus überschreitend, deutet sie Ewiges und Kosmisches an, das durch nichts wettgemacht werden kann. Das Gefühl einer Urschuld ist vorhanden, ohne den Beweis einer zu glaubenden, glaubhaft gemachten Schuld.

Die Anfänge der Bibel sind, mit anderen Worten, ein von dämonischer Furcht und schlechtem Gewissen verzerrter und verdeckter Angsttraum. Der Apfel der Eva ist kein wirklicher

Apfel; die Schlange keine wirkliche Schlange; der Baum der Erkenntnis kein wirklicher Baum; das Paradies mit seinen Wassern, Bäumen und Tieren nichts Wirkliches, sondern nur die Darstellung eines in einen Wunschtraum verwandelten Angsttraumes, der als Strafe, Tod, Verbannung und Rache-Engel mit flammendem Schwert vor Gottvaters Donnerwort in nichts zerfällt. Das Verbrechen, das solch fürchterliche, einmalige und zugleich ewige Strafe verdiente, kann nur das größte denkbare Verbrechen sein, das der Mensch begehen kann – Mord. Und im nächsten Kapitel der Bibel wird dieser erste Mord beschrieben: Kain, der Ackerbauer, tötete Abel, den Hirten. Ins zweite Kapitel verschob der Verfasser dieses Berichtes die wirkliche Tat, statt sie an den Anfang der Bibel zu setzen. Nicht irgendein Hirte namens Abel wurde von einem Ackerbauer namens Kain erschlagen, sondern der Vater der Horde, der Stammesvater, von dem wir alle abstammen, wurde von den bewaffneten, rohen und aufsässigen Söhnen der Horde getötet. Dies war der richtige, der einzig mögliche erste Mord, der Urmord, der alle im Anfang der Bibel aufgezählten Strafen erst rechtfertigt und verständlich macht.

Aus dem Zwang, diese Tat zu verdecken, hat sich das Gedächtnis der Menschen, der Hordenmitglieder, die in ihrer Angst zu spät erkannten, was sie dem Vater und sich selbst angetan, der Umwege über die mystische Verklärung des Stammesvaters in einen Lebenden, Ewigen, einen Gott bedient, um die eigentliche Strafe: die Auflösung der Horde und die Vertreibung aus ihrer wärmenden paradiesischen Sicherheit, in die Einsamkeit des einzelnen, in viele und verkapselte, durcheinandergewirbelte Einzelzüge zu zerlegen.

Diese Ausstoßung aus der Horde, aus dem Paradies der Familie nämlich, bildet die ewig sich erneuernde schmerzlichste Erfahrung eines jeden Menschen, der sich plötzlich erwachsen fühlt und sich der angebeteten, vergötterten Mutter, dem allmächtigen und bewunderten Vater ohne seine Schuld, also aus einem außerhalb und über seiner Existenz liegenden Grund, entfremdet und fortan in der Fremde einer unendlichen und bösen Welt steht.

Die Ableitung der Erbsünde aus dieser Urmissetat und ihre individuelle Entfernung durch Wasser, eines der ursprünglichen vier Elemente, welche im Christentum die wunderbar präzise Formulierung und Wiederbelebung im Vater-Sohn-Opfer findet und von Millionen als wahr hingenommen wurde und noch wird – die Erbsünde, die ihr Analogon in jeder Religion findet und ihren Weg mit der Ausbreitung der enthordeten Menschheit nahm, scheint uns diesen Versuch der Neuinterpretation der biblischen Erzählung zu rechtfertigen, die die Frühzeit menschlicher Trieberinnerung an die erste Hordenzeit und den Eintritt des Verstoßenen in das schmerzliche Sein des Individuums festhält; ein Versuch, der jedoch all solchen kritischen Überlegungen fernsteht, widersprechende Deutungen oder gar Glaubensinhalte (zu glaubende Interpretationen) dieser symbolischen Situationsschilderung, auszuschließen oder gar zu verwerfen.

Das Glauben ist eine Funktion des Unterbewußtseins, eine Gestaltung des Unterwerfungstriebes, sei sie nun ethisch verbindlich oder nicht, und ebensosehr eine Gnade wie ein Unglück, je nach der Richtung, die diese Gnade des Glaubens im einzelnen oder in der Masse nimmt.

Am Judentum, das uns diesen Mythos des Vater-Mordes in einer sehr alten Sprache, aber in weit weniger alter Fassung überlieferte und das sich in unserer Mitte in versprengten Teilen eines historisch beglaubigten Nomaden- und Hordenvolkes erhalten hat, läßt sich die Magie des ursprünglichen Hordengeistes noch feststellen. Der Hordengeist der Juden vollbrachte zwei Dinge schöpferischer Natur: Er erklärte sich für eins und einmalig, ewig und unaussprechlich, also namenlos; und die Horde für ebenso einmalig, einzig und ewig, wie er, der Hordengeist, selber sei.

Eben das nicht Aussprechbare und nicht in Schriftzeichen zu Bannende, diese Magie vor dem Symbol der Sprache, das Überliefern des geheimen Namens in einer Elite von Priestern, deutet auf das hohe Alter dieser Religion hin, die in ihrer magischen Struktur präreligiös genannt werden kann. Der Name des Geistes dieser Horde wurde geprägt in den Symbolen der

Vokale, und zwar aller Vokale, die dadurch so geheiligt wurden, daß sie nicht in Symbolzeichen, in Buchstaben, aufgezeichnet werden dürfen. So kann und darf auch der Name des Geistes nicht geschrieben oder dargestellt werden. Dadurch ist und bleibt er das einigende Band zwischen den Mitgliedern der einzigartigen Horde, und alle später erfolgten Verkirchlichungen und Setzungen von Riten, die ihm als dem einen Gott gebühren, sind anthropomorphe Produktionen und Stilwandlungen des Hordengeistes durch Priester und Eliten und keineswegs originär und jüdisch.

Dieser hebräische Hordengeist existiert in seiner archaisch erstarrten Urform und Sprache weiter, obwohl er seine über die ganze Erde verstreuten Kinder freisetzt, jede andere Form staatlicher, höherer Bindung als die der Horde einzugehen und jede andere Sprache als Muttersprache anzunehmen und zu benützen. In diesen fremden, unheiligen, für den Juden unmagischen Sprachen kann er die Gott bezeichnenden Worte und Buchstaben beliebig oft und frei benützen.

Trotz der so ausgiebig gewährten Bindungsfreiheit, prägt der hebräische Hordengeist seinen Söhnen ein individuelles, unter der europäischen Menschheit nur den Juden charakteristisches körperliches Merkmal auf, das sie von den umgebenden Nichtjuden unterscheidet. Durch dieses Merkmal bleibt der Jude inmitten der enthordeten, sich zu Massen zurückformenden Menschheit als Individuum erhalten, an die Urhorde und ihren Vater gebunden, auch wenn er dessen Gesetzen und Verboten noch so sehr entfremdet ist.

Im Tempel, in seiner alten heiligen Sprache sprechend, mit seinen Gesängen, Klageliedern, Zauberformeln, Tänzen und Riten, die von der körperlichen Verstümmelung als Stammesmerkmal bis zu kompliziertesten Speisetabus gehen, ist der Jude wieder der Hordenmensch, den der Urvater zu seinem Stamm und unter dessen magische Gesetze zwingt, welche die Gesetze seines Wohnstaates an Wirkung und Verpflichtung bei weitem übertreffen. Diese nämlich unterliegen ständigem Wechsel, während die Gesetze des Stammes, der Hordengeist und seine Magie, einmalig und ewig sind.

Als herrschendes Element der Bindung erscheint hier zum ersten Male klar und eindeutig die Anonymität des Gottes, des Horden- oder Massengeistes, als Symbol der magischen Bildung von Einheit, die durch das Abtreten der Gesetzgebung an eine Gott wissende und vertretende Elite von Priestern noch besonders unterstrichen wird. Das Wissen um den Namen des Symbols und das Recht, in seinem Namen zu handeln, sind Funktion und Existenz der priesterlichen Elite, die aus einer hervorgehobenen Gruppe innerhalb des Stammes kommen mußte. Alle nur irgendwie denkbaren religiösen und magischen Beziehungen der Stammes- und Hordenmitglieder zu dem anonymen Prinzip, dem Hordengeist, sind an die Elite übergegangen, sind Funktionen der Elite, sind die Elite selbst. In ihr bewahrt sich das Prinzip der jüdischen Horde und daher ist sie zutiefst konservativ, starr und unabänderlich in Tradition und Behauptung ihres Glaubens, in ihrer Sprache.

Dieser konservative Geist der Elite bewirkte auch, daß ihre Religion im Glauben an den Stammesvater stehen geblieben ist. Sie war es, die den Grund der ersten Katastrophe der Horde, der Vertreibung aus dem Paradies, in Symbole zerlegte, um desto leichter die Schaffung der Schuld, die Erlösung von ihr und die magische Kraft der Anonymität verwalten und erhalten zu können: Der alle erlösende Sohn erscheint, getreu der Tradition und dem Wesen eines nomadisierenden Hordenvolkes, wenn die Zeiten vollendet sind, am Ende all seiner Wanderungen und Irrfahrten, als der Verwirklicher einer messianischen, jenseitigen Utopie.

Diesen aus Kleinasien stammenden Mythos von der Ermordung des Urvaters, der daraus folgenden Erbsünde jedes einzelnen und deren Tilgung durch den Tod des göttlichen Sohnes, hätte die ursprünglich religiös anders gerichtete Menschheit in Europa nicht annehmen können, vor allem seine Entwicklung zum Massenglauben nicht vollziehen können, wenn nicht die dem Mythos zugrunde liegenden Urelemente den europäischen Menschen glaubenswürdig, ahnungsverwandt und deshalb als wahr erschienen wären. Im Laufe der 2000 Jahre christlicher Existenz hat die weiße Menschheit niemals eine grundlegende

Ablehnung dieses Glaubens vollzogen. Erst unserer, der modernen Massenzeit ist es vorbehalten, diesen Glauben an die christliche Urschuld aufzugeben: zugunsten anderer Glaubenslagerungen der Massen, anderer Ziele der Seligkeit, utopischer Ziele der Macht, nämlich der Eroberung der Erde durch ein neues auserwähltes Volk und der planenden Gewalt.

Das Erstaunliche an der Aufgabe des Christentums durch die europäischen, besonders die deutschen Massen ist jedoch die Tatsache, daß der dem Christentum zugrunde liegende, vom Judentum und noch älteren Kulten uns überkommene, Urmythos erhalten, am Leben und in Wirkung geblieben ist: als ob einerseits das Christentum, seine historische Verbindung mit klassischen Formulierungen des Aristoteles, des Plato nie existiert hätte, andererseits aber die Menschheit um Jahrmillionen zurückgesprungen und wieder in den heiligen Urwäldern, vor den Steinaltären Wotans mit ihren blutigen Opfern gelandet wäre. Die Masse identifiziert sich heute in ihrer Bewegtheit immer noch mit Vater-Mord und Vater-Sohn-Opfer. Diesen Vorstellungen, die als die Uridee vor aller Religion, in der Hordenzeit also, entstanden sind, entnehmen die Massen in Deutschland die stärksten Impulse der Entsühnung, der Rache und des Glaubens an eine Befreiung von allen Fesseln der sie einengenden christlich-zivilisierten Welt.

Wir stehen wiederum, wie vor 2000 Jahren, am Anfang einer Religionssuche, vor der Entindividualisierung und erneuter Austreibung des einzelnen aus der Horde; des einzelnen, den sie doch gerade unterworfen und vermasst hat, kurz, vor einer Umkehrung unserer Denkformen: Eine neue, noch ferne und undeutliche Sehnsucht entwickelt in den Massen ihre vorläufig nur zerstörerischen Kräfte.

Die Zahl dieser Massen, die zu einer Vernichtung und Neuformung des Individuums in Bewegung sind, kann jetzt präziser angegeben werden: Die Anzahl der Menschen, die heute, zu modernen, mechanistischen Massen zusammengeschlossen und geplant, ihre aggressive Urkraft gegen die christliche, klassische Tradition und Kultur des Abendlandes setzen, beträgt rund 300 Millionen; die Menschen, die im deutsch-russischen

Lebensraum militärisch organisiert und diszipliniert sind und dahin tendieren werden, sich die chinesischen Massen zu unterwerfen oder zu amalgamieren. In dieser sich mehr und mehr assimilierenden und homogenen Masse äußert sich die mythische und utopische Idee mit der der Masse infolge ihrer Zahl innewohnenden Kraft.*

In der Physik ist die Muskelkraft die ursprüngliche Vorstellung von Kraft überhaupt; die dem Menschen, auch dem Physiker, eingeborene und intuitiv allen seinen Vorstellungen von Kraft innewohnende Urform derselben. Die Menschenkraft also ist die Urvorstellung aller und jeder Kraft. Sie wird erlebt als Urgefühl von Kraft. Es wohnt dem Menschen und auch den Massen von Anfang an inne. Je früher, je primitiver die Existenz des Menschen, desto stärker und wichtiger ist dieses Kraftgefühl; es ist bestimmend für sein Leben in der Horde, die ihrerseits wiederum bestimmend ist für das Kraftgefühl aller, das Massengefühl. Kraftgefühl und Massengefühl müssen bei gegenseitiger Erhitzung, jägerischer, kriegerischer, religiöser oder revolutionärer Steigerung und Durchdringung einander gleichgesetzt werden.

Massentriebkräfte bestimmen die Richtungskräfte. Von der vorhandenen mechanischen Kraft, der Allmuskelkraft in einem Volk geht das Kraftgefühl einer Nation schlechthin aus. In der modernen Zeit erfuhr es durch die Möglichkeit, mittels Maschine und Technik die Kraft des Individuums und der Massen beliebig zu erhöhen, eine Steigerung ins Unendliche. Zum körperlich bedingten Kraftgefühl tritt also das in den gleichen Gefühlswert umgewandelte *mechanistische* Kraftgefühl. Beider Zusammenschluß, Vereinigung und gegenseitige Steigerung schafft den aggressiven Machtwahn der technisch organisierten, modernen Massen. Deren Kraftgefühl ist eine vor der Tat wagende, nach der Tat gesteigerte, oder, bei Mißerfolg, zerstörte Illusion.

* Dieser Absatz ist im Original mit einem Streichungszeichen versehen.

Die Illusion der Kraft ist in den deutschen Massen zu einer Illusion der Allmacht gediehen, ist planvoll gezüchtet und gesteigert worden: eine bewußt und künstlich von der deutschen Elite genährte und gehegte Illusion, die sowohl den Glauben an die eigene Unbesiegbarkeit als auch den an die Schwäche der anderen zur Folge hat. Es bedarf nur noch des Willens zum Erleben dieser Kraft in der Tat, im Krieg, in der Eroberung, um die Illusion der Massen in Wirklichkeit, in Tatsachen umzusetzen.

Die Illusion unbegrenzter Kraft ist die eigentliche Massen-Seele, das Massen-Ich. Sie ist also eine Personifikation der Kraft, die, ursprünglich ein individueller und physikalischer Begriff, aus der Muskelkraft des Hordenmenschen entstand und als vereinte, rohe Kraft und Gewalt der Masse jetzt deren Zerstörungstrieb mittels der Technik realisiert.

Das Massen-Ich enthält neben den rein physischen auch die psychischen Kräfte, die ihrerseits in die Stimmung von Fanatismus, Großmut, Heroismus münden können.

Eine Illusion ist eine Sinnesempfindung, welcher ein äußerer oder innerer Reiz, möglicherweise beide gleichzeitig, tatsächlich zugrunde liegt, welche die Ursache des Reizes aber falsch wahrnimmt. Die Erzeugung von solchen Illusionen in den Massen ist Aufgabe der Elite und besonders des dazu eingesetzten Führers, von dem die suggestive Illusion ausgeht und zu dem sie, reflektierend und suggestiv auf ihn wirkend, zurückkehrt.

Sind alle Bewohner eines Landes, die Massen eines Staates also, gemeinsam der gleichen Sinnestäuschung unterlegen, durch Hypnose des Führers unterworfen worden und daher entschlossen, diese ihre Illusion auch ihrer Umwelt aufzuzwingen, weil ihnen nun das Messianische oder Utopische, ein Religiöses innewohnt, so beantwortet und korrigiert die der Suggestion nicht unterworfene Umwelt die Sinnestäuschung der angreifenden Massen mit Gewalt.

Die Massen-Seele kann also gleichgesetzt werden dem Massen-Kraftgefühl und dieses wiederum der aktiven oder aggressiven Illusion.

Kraft äußert sich in einem Volk als Massenbewegung. Eine Masse bringt sich von einer Lage in eine andere, und die durch solche Veränderungen erzeugte Energie setzt sich in revolutionäre oder kriegerische Taten um, so wie sich beim Wasserfall die Lageveränderung der Wassermassen in elektrische Kraft umsetzen läßt. Kraft ist also ein bildlicher Ausdruck für ein Potential, das von einer Lage, von einem Zustand, zum Beispiel von »oben« und »unten« abhängt, wobei wir uns zugleich bereits der sozialen Definition solcher Lagen als »reich« und »arm« nähern.

Die Deutschen sind ein armes Volk oder glauben es zu sein, und sie gebrauchen ihre Kraft im Wirtschaftlichen, um ihre Lage von unten nach oben, aus der Lage der Armut in die des Reichtums, unter allen Umständen, also auch mit kriegerischer Gewalt, zu verbessern.

Die modernen Massen, im Bewußtsein ihrer Kraft, Staaten bilden, planen, bewaffnen und andere Staaten zerstören zu können, empören sich dagegen, minderwertig zu sein, oder als minderwertig zu gelten. Nach innen erstreben sie nicht die Gleichheit aller vor dem Gesetz. Sie kennen überhaupt kein Gesetz außerhalb der ihnen immanenten Gesetze, die gegen das Individuum gerichtet sind. Ihr einziges Ziel ist die Vermassung, die Herabziehung aller Individuen auf das gleiche geistig minderwertige Niveau, um, durch die Überwältigung und Verschlingung überlegener Individuen, auch über diese Macht zu bekommen. Dieser Vorgang der Überwältigung hervorragender Individuen trägt namentlich bei zum Selbstbewußtsein und Wertgefühl der Massen, was einer aktiven Umbenennung ihrer Minderwertigkeitsgefühle in Überwertigkeit, einer Umbenennung ihres Erlebens in ein Gefühl der Allmacht gleichkommt.

Die Macht der Masse, ihr Kraftgefühl resultiert aus ihrer Zahl, aus dem Gewicht des Körperlichen, aus ihrer Kraft, die aus dem Bewußtsein und dem Erlebnis ihrer Anzahl entspringt. Ihr Erfolg resultiert aus einem demokratischen Prinzip und führt dieses gleichzeitig ad absurdum: aus dem Prinzip der Majorität bei Wahl oder Abstimmung, das der Mehrheit das

Recht im Staat verleiht, Gesetze zu erlassen und ihre Befolgung zu erzwingen. Dabei aber übersieht die Masse, daß die ihr innewohnende Kraft vage, substanzlos und orgiastisch ist.

Die Masse verlangt nach einer sie verwaltenden und benützenden Übermacht, nach einem Symbol ihrer selbst. Der kristallisierte Zustand der Macht oder Kraft einer Masse ruft dann eben den Mißbrauch der Macht hervor, den eine aggressive Elite mittels Suggestion und Terror mit der ihr verliehenen Macht und der Masse selbst treiben kann.

Die Massen handeln demnach ihrem eigenen Recht auf Freiheit und ihrem eigenen Nutzen entgegen, getrieben nur von blinden Instinkten, vom illusionären Gefühl der Allmacht, das ihre Führer ihnen suggerieren. Es ist niemals die Vernunft, die Massen zum Handeln bewegt.

Hitler und seine Elite mußten an den mythischen Urinstinkt, an den Hordengeist im Deutschen, appellieren, um ihn in die Masse der Stammes- und Gefolgschaftsmitglieder zu locken, dort magisch-suggestiv zu bannen und ihren Gesetzen und Symbolen zu unterwerfen. Der mythische Urinstinkt des Deutschen treibt ihn voran in der Sehnsucht und auf der Suche nach dem großen Erlebnis seines Volkes, an das er sich instinktiv erinnert als an ein historisches Existenzgefühl.

Roh und gewalttätig wie Massen sind, ist auch dies ersehnte Erlebnis der deutschen Massen nur mit der rohen Gewalt, der Muskelkraft und deren unendlichem Potential, der Maschinenkraft, verbunden und nur durch sie zu verwirklichen: durch die Eroberung mit Waffengewalt.

Die Ungläubigkeit der Massen im kirchlichen Sinn ist ebenso wirksam wie ihre Sehnsucht nach Religion, nach Sozialismus, nach einem neuen Mythos, nach einer Neugestaltung des Alten, nach einem Ritus, den alle verstehen und der in Massenversammlungen, Massenchören, Massenparteien und Symbolen nach Ausdruck ringt. Ungläubig, aber mit dem Pathos der Religion um eines höheren Prinzips willen, wollen die Massen für dieses Prinzip alle möglichen Dinge tun und alles, auch den Tod, erleiden dürfen.

So ist also mit und in diesem Krieg ein Kampf der Gefühle entbrannt, welchen niemand von diesem mechanistischen Zeitalter erwarten konnte. Der Kampf um Wert und Richtung der Massenbewegungen, um die Umlenkung der Massengefühle und -mythologien zu friedlichen Zielen, geht von der Reue des Hordenmenschen aus, wiederum den Mitmenschen ermorden zu müssen, von der Basis der religiösen Gefühle des Individuums. Es ringt also auch in dieser entscheidenden Stunde, da der Krieg alles zu überwältigen droht, was Leben und Frieden aufbauten, das Individuum um seine beherrschende Stellung und um seine Einordnung in die Masse, gegen seine Unterordnung, seine Vernichtung durch die Masse.

2

Die vollkommene Harmonie oder hieratische Erstarrung des sozialen Lebens in dieser primitiven Staatsform der Massen, die Kristallisationsform des gegenwärtigen staatlichen Lebens des russischen und namentlich des deutschen Volkes, ist eine Folge der Suggestion, mit welcher die führende Elite die Urinstinkte der Horde wiederbelebt: Alle Mitglieder der Masse stehen im Bann des Einer-Prinzips. Alle leben, handeln, denken und funktionieren wie »Ein Mann«; so, als ob sie ein Individuum wären. Der Führer, das einzige Individuum, dem noch ein persönliches Leben gestattet, von der Masse verliehen wurde, handelt oder befiehlt, daß gehandelt werde.

Welches ist demnach der von der Masse erstrebte und in Tätigkeit umgesetzte Wert eines Individuums, aus dessen Summierung sich doch ganz unzweifelhaft auch der am weitesten vermasste Staat noch zusammensetzt?

In einem Ameisenstaat kann man die Einzelameisen den Blutkörperchen gleichsetzen, die im menschlichen Körper kreisen, die zwar Substanz an sich, zugleich aber lebendig sind nur in ihrem und durch ihr Bewegtsein, ihr Kreisen. Das menschliche Individuum im Massenstaat, den man als den Gesamtkörper betrachten kann, ist den Blutkörperchen im menschlichen

Körper vergleichbar. Nur in seiner Gesamtsumme ermöglicht es das Funktionieren des Staatskörpers, der Elite, der Partei und der Armee und verleiht ihnen Leben und Dasein – so wie die Gesamtheit der Einzelameisen im Ameisenstaat erst den Organismus, die funktionelle Einheit bildet.

Die Existenz von Blutkörperchen und Ameise ist ihr Kreisen, ihr Funktionieren im und mit dem Ganzen. Beide sind nichtexistent ohne die anderen, ohne dieses funktionelle, sinnvolle oder geplante Bewegtsein an sich und im Ganzen. Sosehr also der einzelne Mensch im Massenstaat auch bestrebt sein mag, ein Individualbewußtsein herauszustellen aus der Masse, so vermag er doch nichts gegen seine Existenz, die allein in seiner angetriebenen und geplanten Bewegtheit im Ganzen liegt. Solange er Teil im Funktionieren aller Teile ist, kann er kein Individualbewußtsein entwickeln, also nicht Individuum sein.

Um in diesen Zustand des Nicht-Bewußtseins der eigenen Individualität zu geraten, muß das Individuum einen bestimmten Prozeß der Beraubung, Verwandlung und Umkehrung seines Ich-Bewußtseins durchmachen, den der Vermassung nämlich. Dieser Prozeß ist charakterisiert durch die Setzung eines fremden Ichs anstelle des eigenen mittels suggestiver oder terroristischer Methoden, durch eine eigens hierzu, außerhalb der die Masse bildenden Individuen eingesetzten oder sich setzenden Verwaltung des Ganzen.

In dem Buch des amerikanischen Journalisten Edgar Snow *Red Star over China* findet sich eine frische Bestätigung dieser Auslöschung des Individualbewußtseins in Teilen einer Masse durch eine suggestiv wirkende Elite; wichtig deshalb, weil Snow ein primitives Bauernvolk auf dem Weg zu einer modernen Massenstaatlichkeit beschreibt: »Ich entdeckte, daß sie [die chinesischen Freischärler] sich an persönliche Details wirklich nicht mehr erinnerten. Als ich begann, Biographien zu sammeln, begegnete es mir immer wieder, daß ein Kommunist alles erzählen konnte, was seine frühe Jugend betraf; aber in dem Augenblick, da er ein Teil der Roten Armee geworden war, verlor er sein ego irgendwo, und nur durch wiederholtes Fragen danach, konnte man etwas über ihn selbst erfahren. Die

Ereignisse des Krieges schienen für sie nur als Masse von Bedeutung zu sein, und nicht darum, weil sie als Individuen Geschichte gemacht hatten; weil die Rote Armee dabeigewesen war und hinter ihr die ganze organisierte Kraft der Ideologie, für die sie kämpften.«

Das Mitglied der Partei, der Armee, des Staates der Massen, kämpft und ist Träger der Geschichte nicht für sich, sondern für das Gemeinsame, für das, was allen gemeinsam ist: die *res communis*, die *res publica* – eben der Massenstaat. Das Bewußtsein der Eigenpersönlichkeit haftet nur der Kindheit des Individuums an. Mit seinem Eintritt in die Masse verliert es dieses Bewußtsein, behält aber das Bewußtsein seiner Kindheit, also eine Art infantiler Basis, bei, die ihm ganz zweifellos das Aufgehen in der nivellierten Masse der Kameraden erleichtert.

Dies ist ein wesentliches Analogon zu der Tatsache, daß die Intelligenz der Masse unter dem Niveau der Intelligenz des Individuums liegt; daß aber die Erregungsbereitschaft der Masse, ihr Gefühlsvolumen, das mittels Suggestion in Bewegung, zum Exzeß gebracht wird, so labil ist und zugleich der persönlichen Kritik entzogen wird, wie dies nur bei Kindern oder bei Primitiven beobachtet werden kann.

Der primitive und primär religiöse Charakter der Massenideologie und des ganzen modernen Systems der Massenbeherrschung ist unverkennbar. Seine Hauptmerkmale sind: Vergottung und Anbetung des Führers; Furcht vor seiner Rache; Ewigkeitsglaube; Prophezeiung des Gelobten Landes, des Nirwana oder Paradieses, oder des unendlichen Lebensraumes, in dem die Parteimitglieder als die auserwählte Rasse alle anderen Völker für sich arbeiten lassen; blinde Unterwerfung unter das Gesetz, das der Führer von Gott, vom Schicksal, auf einem Berg oder in der Wüste, persönlich empfing, das er nun vollstreckt und durch sein auserwähltes Volk verwirklichen läßt; Unmöglichkeit, die Dogmen und Parteigrundsätze zu diskutieren oder anders als durch Glauben zu verstehen; freudige Errichtung einer Selbstzensur, der man sich unterordnet, deren Beobachtung und Einhaltung als Parteilinie über jeden Zweifel hinweg heilig gehalten und deren Übertretung als Sünde wider den heiligen Geist der Lehre betrachtet wird; Unmöglichkeit, ja Sinnlosigkeit des Widerspruches gegen Führer und Elite, gegen Gesetz, Polizei, Rasse, Partei; Auslöschung des privaten, individuellen Lebens bis zur vollkommenen Unfähigkeit, es anderen mitteilen zu können; glühender Wunsch, die Lehre der Partei über die ganze Erde zu verbreiten, gekoppelt mit der Tendenz, jeden als Feind zu betrachten, der das heilige Dogma nicht annimmt oder sich ihm widersetzt. Man handelt religiös – erfüllt und gefesselt von seinem Glauben –, wenn man alle seine Kräfte, seine Existenz, seinen Willen, seine privaten Wünsche, alle Lust zum Unterwerfen und Gehorchen, mit Fanatismus in den Dienst einer Sache stellt, die man als einzig und heilig betrachtet und die über dem eigenen Leben existiert.

Die Skala der Mittel zur Ausbreitung einer zu glaubenden Lehre ist Propaganda, Bekehrung, Gewalt. Die Propaganda im Sinn des Alten und Neuen Testaments, des Korans, der buddhistischen Bücher, berief sich auf die von einem Gott, der dem Stifter der Lehre erschienen war, überlieferte und ihm allein mitgeteilte Lehre, die gedeutet, das heißt den Verhältnissen angepaßt, ausgelegt und in Lehrsätze, Glaubensartikel und Verheißungen für den Gläubigen eingeteilt wurde. Die suggestive Kraft dieser Lehren und der religiöse Eifer ihrer Verbreiter erweckte Apostel, Propheten, Heilige, Reformatoren und Bekenner, die durch Wiederholung der auf Gottes Wort hin zu glaubenden Sätze die Ungläubigen suggestiv bekehrten; und diese, zu Gläubigen geworden oder gemacht, trugen nun ihrerseits die Worte der Lehre und die Heilsbotschaft weiter.

Diesen Vorgang der Werbung und Ausbreitung eines Glaubens nennen wir mit einem medizinischen Ausdruck dessen Ansteckung, wobei zu bedenken ist, daß Ansteckung sowohl den Vorgang der Ansteckung im ›Gefahrenzustand‹ als auch den Erfolg der bereits vollzogenen Ausbreitung bezeichnet. Die Ansteckung hat zuerst den Gründer befallen, wie das Feuer, mit stechender Schärfe, oder wie der Sporn, den der Reiter dem Gaul in die Flanken sticht. Zuerst also zündete *es* (der Gedanke, der Gott) das Feuer an und dann erst die Sache, das

Holz, das Haus, die Stadt, das Land und dann die Gesamtheit der Kirche. Außerdem aber wird das Wort Ansteckung übertragen auf Seuchen angewandt: »Für sich allein ist ein Schaf nicht grindig, sondern pflegt gern, wenn es bei der anderen Herde bleibt, sie anzustecken.«

Das Feuer des Propheten – des echten wie des falschen, der bestätigt oder verworfen wird, nach Erfolg der Werbung – verwandelt sich in eine Seuche und ergreift ein Individuum nach dem andern und vereint sie in der Gemeinsamkeit der Ansteckung, des Angesteckt-Seins, so wie primär der Gründer, der Prophet, der Führer einmal selbst von Gott direkt mit dem himmlischen Feuer der Erleuchtung angesteckt worden war. Das durch Ansteckung entstandene Gefühl der Gemeinsamkeit mit dem Führer steckt durch die Vermittlung von Ausdruck und Nachahmung wieder an, so daß also auch das ansteckende Gefühl, die Virulenz der Ansteckung, das heißt des Glaubens wächst.

Bei allen Massenerregungen, auch schon bei der Bildung der sogenannten öffentlichen Meinung durch Presse, Reklame, Film und Rundfunk, ist es besonders diese Gegenseitigkeit der sich häufenden und verstärkenden Ansteckung, die zum lawinenartigen Anschwellen der emotionalen Gesamtbewegung führt und zu dem eigentümlichen Tatbestand, daß die handelnden Massen über die Absichten aller einzelnen so leicht hinausgerissen werden und Dinge tun, die keiner will und verantwortet, weil der Wille des Individuums genau so nicht existiert wie seine Verantwortungsfähigkeit: Deren Eliminierung ist ja gerade der Sinn der Ansteckung, der Inhalt der Massenbewegung und die Absicht der Erreger dieser Bewegung, des Führers (des Propheten, des Heilsbringers und Erlösers) und der ihn tragenden, erklärenden, aber auch bewahrenden und daher konservativen Elite. Es ist hier der Prozeß der Ansteckung selbst, der aus sich heraus Ziele entspringen läßt, jenseits der bewußten und manchmal unbewußten Absichten aller einzelnen, die ihr verfielen.

All diese Vorgänge sind einer typischen Erscheinung des modernen Lebens immanent: der Industrie und Großstadt, deren Existenz wir *a priori* mit dem Begriff der Massen in Verbindung bringen. Sie sind mit wissenschaftlichen Methoden untersucht und dargestellt worden: Alle diese Vorgänge sind wirksam in der modernen Reklame.

Die Werbung für einen Artikel, der von einem Individuum erfunden, von der Industrie übernommen und in millionenfacher Herstellung nun die Massen erobern, innerhalb der Massen Anhänger, Gläubige, eine Verbrauchergemeinde bilden soll, muß vor allem ein Gefühl der Sympathie ausstrahlen, um das Herz des zukünftigen Anhängers und Käufers zu gewinnen. Die Weckung von Sympathie viel eher als das Herausstellen bloß utilitärer Logik, die auf Geld oder auf rein mechanische Vorteile hinweist, ist die Seele der Reklame. Der »S-Schuh« ist nicht etwa nur deshalb begehrenswert, weil er aus gutem Leder, billig und bequem ist, sondern weil er vor allem gut aussieht. Gut bedeutet hier: nach gutem Hause, nach Vornehmheit, weil er guten Geschmack verrät. Der Schuh hat einen guten Sitz, er macht einen kleinen, zierlichen oder schlanken Fuß, kurz, er erteilt der Persönlichkeit des Käufers ein erotisches Plus, das ihn Mitmenschen, auf deren Urteil er etwas gibt, an deren Wertschätzung ihm liegt, sympathischer erscheinen läßt.

Sucht die Reklame des freien, kapitalistischen Marktes Käufermassen für einen Artikel des täglichen Bedarfs oder der Vorsorge für Zeiten der Not zu gewinnen und suggestiv zu beherrschen, so muß sie die potentiellen Käufer nicht als Masse dauerhaft vereinen. Andere Angebote im freien Spiel der wirtschaftlichen Kräfte wenden sich direkt an eine Mehrheit, an Gruppen und schließlich an Massen. Indem solche Anbieter die Massen suchen, werden sie von ihnen abhängig und sind gezwungen, sie in ihrer Erscheinung zu stabilisieren, um aus dem produzierten und gelieferten Artikel größtmöglichen Nutzen zu schlagen. Wir werden aus der großen Anzahl der Wirtschaftszweige des modernen Lebens, wie Eisenbahn, Gas, Elektrizität, Sparkassen, Banken, Zeitungen, Schiffahrtsgesellschaften, nicht solche mit konkret vorhandenen Vorteilen auftretende, auf Massenkonsum eingestellte Organisationen behandeln, sondern nur solche, die seelische Bedürfnisse befriedigen, indem sie diese erst hervorrufen.

Ein Bedürfnis nach einer Ware tritt dann ein, wenn sie einen Wert erhält, so daß ihr Nicht-Besitz als ein Fehler, als Fehlen empfunden wird, als Sehnen oder Verlangen, das zugleich Bewerten ist. Die Kenntnis dieses Wertes empfängt der Verlangende aus der Erfahrung, die er einmal machte, und die jetzt als Erinnerung an den gehabten Genuß, ihn treibt, diesen zu wiederholen. Die Wertsetzung im Verlangen nach einem Genuß ist ein rein seelischer, unbewußter Vorgang, den wir als aktiviertes und umgeformtes Gedächtnis bezeichnen können.

Was aber geht dem ersten Genuß voraus? Was veranlaßte ihn und was setzte für den, der ihn erlebte, den Wert, der sich in der Heftigkeit des Verlangens nach seiner Wiederholung manifestiert? Nehmen wir als Beispiel einer solchen Bewertung eine Ware rein seelischen Verlangens – den Film.

Den Anreiz, einen Film sehen zu wollen, erfährt ein Mensch, der nie einen Film gesehen hat und infolgedessen nicht weiß, was ein Film ist, aus zwei Erregungsursachen, die im Objekt liegen, und aus einer weiteren, die in ihm selber liegt. Alle drei zusammen ergeben den Anreiz, dem Verlangen, ein Kino zu besuchen und einen Film zu genießen, nachzugeben, der stärker ist als alle Hemmungen und der eine Kraft entwickelt, die schließlich die Hemmungen oder Befürchtungen des Beeinflußten überwindet. Die drei Ursachen sind: die Reklame, die Mode bzw. die Masse, die Trägerin der Mode ist, und schließlich die innere, seelische Situation des Kinobesuchers. Unter der Wirkung dieser drei Impulse formt der Uneingeweihte den Entschluß, den Plakaten oder Kritiken zu vertrauen, sich der Menge anzuschließen und dadurch seiner Einsamkeit zu entgehen und sich zu zerstreuen: Er sieht den ersten Film. Die Erinnerung an das Wohlgefühl beim ersten Betrachten eines Filmes weckt – und das ist entscheidend – Verlangen nach Betrachtung eines anderen Filmes, nach Erleben des gleichen Genusses an einem neuen, stärkeren, noch erregenderen Spiel der Darsteller. Dies macht das Wesen des Filmgeschäftes aus und hat zugleich einen neuen Begriff für unsere Ästhetik geschaffen: die Sensation. Sie ist zu einem von der Masse ausgehenden Zwang geworden, der sich auf Film, Radio, Presse, Sport und Politik ausdehnt, der, vom Journalismus kultiviert, zur Norm erhoben wird, einen Wert über allen Werten setzt, dem nichts entrinnen kann.

Wir erfahren also, daß dem Film außerordentlich komplexe Eigenschaften anhaften, sobald wir ihn soziologisch betrachten. Seine Bewertung als Genuß wird von der Masse gesetzt als ein Allgemeines, Modernes, wodurch der Film eine verlangte Ware wird, deren Hauptwert in ihrer Variabilität bei ständiger Wiederholung des gleichen Vorgangs, des Anschauens nämlich, liegt. Zur Vermeidung bloßer Wiederholung aber wird eine Steigerung der Variabilität des Genusses verlangt, dessen Bewertung von der Presse vorgenommen wird in der Schaffung der Sensation. Die Masse also erlebt die Sensation, die stärkste denkbare Erregung ihrer seelischen Triebe – in unserem Fall der Schaulust, in anderen Fällen des Machttriebes, des Wagemutes, der Furcht, des Unterwerfungstriebes, des Zahlenglaubens, des Wunderglaubens –, ist aber außerstande, dieser Erregung anders als unartikuliert Ausdruck zu verleihen, durch Schreie oder Gesten, in Erstarrung oder durch Bildung immer größerer Massen, durch Geld, kurz, durch Symbole oder symbolische Handlungen.

Den eigentlichen Ausdruck ihres Erlebnisses der Sensation findet die Masse in der Presse, durch eine Sonderformation intellektualistischer Art über ihrer amorphen Gestalt, die ihr durch das gedruckte oder gesprochene Wort den Wert des Erlebnisses als Sensation bestätigt.

Dieses gedruckte Wort schafft nun seinerseits, neben der Bestätigung eines Erlebnisses als Sensation, den Genuß ihrer Wiederholung, ihrer Mitteilung an solche, die sie nicht oder noch nicht erlebt haben; sie schafft, auch durch besondere Formulierung, durch Druck, Fotos, Schlagzeilen und Schlagworte, den neuen Reiz der Reklame, suggeriert der Masse der Leser, die Sensation gleichfalls miterlebt zu haben. Die Presse bereitet den seelischen Boden der Erwartung kommender Sensationen, schafft die seelische Bereitschaft im Publikum, das der öffentlichen Meinung, und das heißt: sich selbst und seiner Meinung am meisten glauben muß. Eine Sensation ist demnach ein Massenerlebnis, das zu seiner Bewertung dreier konvergierender Elemente bedarf: des Vorgangs, der direkt miterlebenden Zuschauer sowie der Presse.

Die Sensation als solche kann variabel sein und auf was für Gebieten auch immer geschehen, es umweht sie das belebende Gefühl, sie erlebt zu haben, sei wichtig, erhebend und mache bedeutsam oder bedeutend. Direkt Beteiligte, wie solche, die das Ereignis nachlesen: alle haben das Empfinden der Aktualität, das dem Gefühl der momentanen oder historischen Bedeutung der Vorgänge gleichkommt, und das sich am Radio, im Kino, in Versammlungen, als Spannung, in Erregung und Tumulten, in Demonstrationen und anderen Äußerungen der Verschiebung des seelischen Lagengefühls der Massen bemerkbar macht.

In welche Richtung sie die Sensationslust vorantreibt, in welche sie bremsend wirkt, das Verhalten der Presse kann bereits im freien Spiel der Kräfte von der sie erleidenden Masse nicht mehr kontrolliert werden. In der Hand weniger Männer, die eine Elite ganz besonderer seelischer Bereitschaft bilden, konzentriert, mit großer finanzieller Macht ausgestattet, drückt die Presse ihre Bewertung der Ereignisse als öffentliche, also Meinung aller, der gesamten Öffentlichkeit auf; sie verleiht den sensationellen Ereignissen ein ganz besonderes Gesicht, das keineswegs wahr, dafür aber durch die Suggestion des gedruckten Wortes und seine Wiederholung zu einer Illusion, einer geglaubten, nicht mehr zu beweisenden Tatsache wird.

Im geleiteten Spiel der Kräfte, in absolut regierten Gesellschaften aber erlangt die Presse die Macht, die öffentliche Meinung als Monopol zu vertreten: Sie selbst wird unbezweifelbar ebenso wie die Werte, die sie für alle vertritt. Damit ist zugleich der Zustand geschaffen, in dem die Meinungen und Tendenzen von Elite und Massen identisch werden. Konform mit dem Apparat der Presse arbeiten Radio und Film daran, diese Einheit und Einheitlichkeit von Politik und öffentlicher Meinung in allen, besonders aber in den diktatorisch verwalteten Staaten herzustellen.

Die Sensation bleibt das Kernstück der Presse in den geleiteten, geplanten und planenden Massen-Staaten. Je größer und einheitlicher die Masse, desto größer ihre Gier nach Sensationen und desto größer ihre Kraft der automorphen Schaffung von Sensationen.

Die Massen leiden unter ihrer Erstarrung und verlangen nach Lockerung. Diese kann nicht anders geboten werden als durch ständiges Erleben von Sensationen. Mit dem Aufkommen der Massen wird nun deren Dasein schon als Sensation empfunden. Das Selbsterlebnis der Massen wird als Sensation dargestellt, was tiefe Befriedigung mit diesem Zustand weckt, für den Worte in den Schlagzeilen erscheinen wie »unübersehbar; ein Meer von Menschen; stundenlanger Anmarsch; ungeheuer; eine Riesenmenge«. Alles, was sich aus diesem ersten Selbsterlebnis ergibt, muß von den Massen als Sensation empfunden werden, weil ihr Zustand der Erregung keine anderen als sensationelle Erlebnisse zuläßt und weil die auf die Massen ausgeübte Hypnose ihrer Selbsthypnose parallel läuft, beide erhöhen sich gegenseitig.

Hier stehen wir am Ende einer Kette von Wertsetzungen seelischer Bedürfnisse, die dem Wesen der Reklame als Suggestion und als Sympathie schaffende Funktion einer Elite über der Masse immanent sind; die Wertsetzungen des einzelnen wie der Masse formen und diese die angebotene Ware, in unserem Fall den Film und die Neuesten Nachrichten, ebenso verlangen lassen, wie sie der Sensation bedürfen. Das Erlebnis der Sensation hat seinen Grund bereits im bloßen Beisammensein einer Masse, die also ein Verlangen bereits gestillt sieht, bevor das eigentliche, außerhalb ihrer geschehende Erlebnis stattfindet oder geboten wird.

Das Selbsterlebnis der Masse als Masse stellt bereits einen Wert für die Masse dar. Die Masse ist also ein sich selbst setzender Wert. Umfaßt eine Masse alle verfügbaren Individuen eines Staates, so setzt sich dieser Staat selbst als Wert und erfüllt ein Bedürfnis der Masse, das, solange es nicht gestillt wird, einen Anspruch an den Staat darstellt.

Im Wesen der Sensation liegt begründet, daß sie nur in Handlung und Schnelligkeit, in Funktionen mathematischer und damit technologischer Gegebenheiten dargestellt werden kann. Ist die Befriedigung der automorph sich selbst setzenden ersten Sensationslust der Masse erreicht, verlangt sie nach weiteren, sich immer schneller abnutzenden Sensationen, das heißt, nach Handlungen, die durch ihre Schnelligkeit und ununterbrochene Folge des Ablaufes, durch ihre technische Vollendung der Leistung und überzeugende Kraft, schockartig und einfach wirken.

Das Sein der Masse als Sensation schafft neue Sensationen, deren Wert darin liegt, daß sie verlangt werden. Ihre Entwicklung in der Zeit deutet aber daraufhin, daß sie erlebt werden, als ›die Zeit‹ oder als das Merkmal dieser und keiner anderen Zeit.

Hier scheinen wir eine der Wurzeln aktueller Zusammenhänge zu berühren: Das besondere Wesen dieser Zeit drückt sich in Tatsachen aus, die Sensationen sein müssen, um von der Masse bewertet werden zu können. Die Urtatsache der heutigen Zeit ist also die Masse selbst, und zwar als eine sich selbst und Tatsachen setzende Tatsache. Indem die Masse sich selbst als erste Tatsache begreift, erlebt sie gleichzeitig, als Folge ihres Soseins, das Verlangen nach Darstellung ihrer Existenz, die wir bereits als Kraft kennenlernten. Daher müssen alle Sensationen der Masse mit dem Grundelement ihrer Gefühle, der Kraft, der heute insbesondere technischen Kraft, verbunden und aus dieser verständlich sein. Die Kraft ist ein bewertender und Werte setzender Urtrieb, ein Urgefühl, das der Horde ebenso innewohnt wie der modernen Masse. So wie das Gedächtnis im Kinobesucher das Verlangen nach neuen und anderen Filmen bewirkt und damit die Bewertung, so bewirkt das Gedächtnis der Masse seit Urzeiten das Verlangen nach Beweisen der Kraft, nach der Leistung und ihrer Bewertung, die durch Übersteigerung der Menschenkraft im Technischen, durch ihre Bewertung und Schilderung in Film, Presse und Radio, eine Sensation wird. Die ›konstanten Kristallisationen‹ sind also: Gedächtnis und Verlangtsein auf der einen, Bereitschaft für das Unerwartete, den Schock, die Sensation, das Abenteuer, den Krieg auf der anderen Seite.

Die Erhaltung der Spannung, der seelischen Bereitschaft für das ›Unerwartete‹ ist eine Forderung, bewirkt durch Suggestion, Symbole, Terror und durch die Technik selbst, der sie immanent ist und eine Wirkung zugleich. Das Fliegen, zum Beispiel, ist eine technische Kunst, die an sich eine Sensation darstellt und Sensationen vermitteln kann. Man kann sagen, daß der Technik in unserer Zeit neben ihrer Nützlichkeit die Funktion einer Quelle von Sensationen zukommt. Man erwartet von der Technik Sensationen, die um so größer sind, je schneller sie aufeinander folgen.

Die Sensationslust, die der Masse innewohnt, ist also stark technologischer Art oder mechanistisch. Die Überquerung der Alpen durch Hannibal war an sich eine Sensation; dadurch, daß sie auf Elefanten erfolgte, wurde und ist sie außerdem eine technische Sensation; sie kann also doppelt erlebt werden – einmal historisch, als eine strategische Leistung, und zum anderen als Überraschung, als das Unerwartete, das auch als Fortschritt erlebt werden kann. Die Entdeckung Amerikas durch Kolumbus war und ist eine Sensation; dadurch, daß er sich des Kompasses und der neuzeitlichen Kenntnisse der Astronomie bediente, wurde und ist sie außerdem eine technologische Sensation. In der heutigen Zeit wird das Individuelle der Leistung, das mit den Namen Hannibal und Kolumbus beispielsweise so deutlich und universell verbunden ist, durch das Technische überwuchert und verdrängt. Es ist immer ausschließlicher das Technische, das eine Sensation ausmacht.

Stufen dieser Steigerung sind: der Läufer (Nurmi etwa), der Radrennfahrer, der Motorradrennfahrer, der Autorennfahrer, der Pilot, der Stratosphärenflieger.

Mit der Existenz der technischen Sensation ist deren Bewertung als Rekord verbunden, der alle unterliegen, die Sensationen schaffen oder schaffen wollen, und die von besonderen Körperschaften, namentlich der Presse aufgezeichnet wird.

Das Individuelle des Rekords kann in seiner nicht aufgezeichneten, aber erlebten Wertsetzung auch der Masse innewohnen; ja, sie kann in sich selbst ein Rekord, die »Rekord-Menge« sein, die zusammengekommen ist, um etwas zu vollbringen oder zu erleben.

In der Absicht des Rekords ist die Menge das Ideal aller, die Käufer, Besucher, Zuschauer zusammenbringen wollen. Anonym, dennoch sehr konkret, drückt es sich in Geld aus, wenn Verkäufern tatsächlicher und seelischer Güter auf diese Weise ein Sensationserfolg zum Kassenerfolg wird.

All das hier Gesagte ist der alltäglich zu erlebende Vorgang, wie er sich in Ware, Preis, Reklame, Presse, Wert, Begehrtsein, Suggestion und Elite an der und durch die Masse ausdrückt. In gleicher Weise ist er dem Politischen und allen anderen Lebensäußerungen der Individuen und der Gesellschaft eigentümlich.

3

Kehren wir zurück zum Film als Objekt des Beschauens, der Bewertung durch die Masse, dem Film als Produkt einer Elite, die sich im freien Spiel der Kräfte formte und schließlich als Monopol setzte, um Individuen in Massen zu gewinnen, ihnen einen Genuß rein seelischer Art, den Film als Ware, genauer: dessen Betrachtung, zu verkaufen; um in ihnen ein Verlangen nach Wiederholung der Betrachtung und eine ständige Steigerung dieses Verlangens hervorzurufen. Zu seiner Befriedigung bedient man sich der Sensation, des noch nie und nirgends Erlebten.

Allabendlich und überall auf der Erde versammeln sich Millionen von Menschen aller Arten, Klassen und Berufe: reiche und arme, weiße und farbige, gesunde und kranke, glückliche und namentlich unglückliche, gescheite und dumme, jugendliche und erwachsene Menschen schweigend in verdunkelten Hallen, um ihre Seelen gemeinsam einem Genuß zu überlassen.

Seinen Wert haben sie in Geld ausgedrückt; für den Produzenten oder Darbieter des Films ist ihre Funktion damit abgeschlossen. Am Inhalt des Films oder der Art seiner Darbietung kann niemand etwas ändern. Das Gefühl, das die Masse vor dem Film bewegt, ist das der Erwartung, der Spannung, des Interesses, ist die Schaulust, die seelische Bereitschaft also, sich einer außerhalb der eigenen Existenz befindlichen, sich selbst bewegenden Sache zu überlassen und zu unterwerfen. Dieser Vorgang der Ansammlung von Massen und ihr Verlangen nach Filmen ist so alltäglich und zugleich in sich eine Sensation, daß es unmöglich erscheint, sich eine Welt ohne Film vorzustellen, wie es doch vor knapp einem Menschenalter noch der Fall war.

Am Film können wir also eine Veränderung der Gesellschaft, eine Veränderung ihrer Gruppierung feststellen, eine Deformierung vom Konservativen eines nach Rängen und Logen geschiedenen Theaterpublikums zum Demokratischen oder gar Plebejischen einer Zuschauermenge im Kino. Von der Sache her bedeutet der Film die Abwendung des Menschen vom Geschriebenen zum zu Schauenden hin, eine Veränderung des Prinzips der Information und der Mitteilung. Als Erfahrung ist der Film der Ausdruck aller Möglichkeiten des Menschen in der Welt und an der Welt, und ein Durchstoßen der Raumgebundenheit zugunsten der Eroberung oder Aufschließung aller Raumvorstellungen. Als Ausdruck der Anschauungsweise betrachtet, setzt der Film eine neue, dem Film und der Masse wechselseitig immanente Ästhetik, die mit der uns überkommenen, klassischen Ästhetik nichts mehr gemein hat, ohne deshalb Kunst zu sein.

Das Ganze des Films drückt Bewegtheit und realisierte Schnelligkeit der Assoziationen des modernen Menschen aus, der die Welt, die sich geglaubtermaßen als Ganze dreht, nun in allen ihren Teilen im Abrollen erlebt, als eine bewegte, abwechslungsreiche Tatsache, die seine kühnsten Erwartungen übertrifft oder seine stillsten Hoffnungen bestätigt. In seiner Realisation aller Vorgänge als Tatsachen ist der Film die Demonstration der Sehnsucht der Massen, ihre eigene Tatsächlichkeit als der der Welt koordiniert zu erleben. Aus der Wirklichkeit des Films schließt der Betrachter auf die Wirklichkeit der Welt des Films, die der lebendigen Welt an Tatsächlichkeit überlegen scheint, und er schließt von dieser auf seine eigene, des Betrachters Wirklichkeit.

Während es vor einem Menschenalter noch schwer war, ja unmöglich, die Existenz und Atmosphäre eines Dschungels, einer amerikanischen oder chinesischen Großstadt beschreibend als wirkliches Erlebnis anderen Menschen zugänglich zu machen, wird heute dieses und jedes andere Erlebnis für ein paar Pennies an jeder Straßenecke feilgeboten. Das Feilbieten, das Vorhandensein werden ebensosehr Tatsache wie das feilgebotene Erlebnis des vor wenigen Jahren Unerreichbaren, Unvorstellbaren und Einmaligen.

Dies ist eine billige, allgemeine und selbstverständliche Tatsache, obwohl sie eine Illusion ist. Illusionen sind für die heutige Masse Tatsachen geworden, und zwar notwendige, begehrte Tatsachen. Denn was im Film gezeigt wird, ist die Illusion einer Welt, die nur so sehr vertieft ist, weil sie beweglich gemacht wurde. Schon diese Illusion des Schwebens, des Über-der-Welt-Lebens, des An-ihr-vorüber-Fahrens sollte genügen, um zur Erkenntnis zu gelangen, daß alle Illusion zwar eine Wirklichkeit, aber an sich eben eine Unwirklichkeit, ein nur Geglaubtes ist. Genau diese Erkenntnis macht der Film unmöglich. Der Film besitzt also in hohem Maß die Funktion des Ausschließens des Zweifels, er setzt eine Gläubigkeit voraus. Ist sie nicht vorhanden, zerstört das den Wert und damit den Genuß des Films.

Es kann also gesagt werden, daß in den Massen der Filmbesucher ein hohes Maß einer Tugend versteckt oder unerweckt, verflüchtigt liegt, der ältesten Tugend, die wir kennen, der Gläubigkeit, die früher anderen Objekten zugute kam und diese deshalb verehrenswürdig machte.

Wir behalten als Ergebnis dieser kurzen Erörterung des Films, wie er vorhanden ist in der Seele des Betrachters: Der Film ist Selbstdarstellung einer Auffassung von ›Welt‹ als einer ›bewegten Tatsache‹, welche die Existenz der Betrachter mitbeweist; der Film appelliert an eine Gläubigkeit *a priori,* welche die Illusion des Films als Illusion überwindet und sie als wahr annimmt. Dem Verlangen nach Filmen entspricht also ein Verlangen nach Gläubigkeit, nach Glauben-Können und vor allem Glauben-Wollen, das sich demonstrativ und als Massenerscheinung, namentlich in den Großstädten, darstellt.

Die Verehrung, die frei und unbeschäftigt blieb und die der gläubige Mensch abführen muß, die Liebe, die Poesie, Gefühle und Herzenswärme, die spendet er jenen unwirklichen Damen und Herren des Films, die in ihm erscheinen – den Film-Stars und nicht jenen Damen und Herren, die Filme erfinden, herstellen und die Elite sind, über deren Funktion noch zu reden sein wird. Die Elite des Films ist namenlos, anonym wie alle Eliten, und nennt sich mit Symbolen wie Warner Brothers, Fox-Film, United Artists oder ABC. Mit dem Gefühlskomplex des Zuschauers, der durch den Film erregt wird, haben die annoymen Gesellschaften nichts zu tun; nur mit seinem Geld, das er für den Film auszugeben bereit ist, ausgeben soll und ausgegeben hat.

Der Film und die Filmindustrie sind in den Vereinigten Staaten zu Hause. Die Lokalisierung ermöglicht bereits, manches seiner Substanz und viele seiner Ingredienzen zu erkennen, nämlich: Sensation, Typus der Schönheit, Art des Geschmacks, Aufbau der Landschaft, Sprache und Tonfall, Musik und Farbe, Beziehung zur Masse, die mitspielt, und Beziehung zur Masse, die nur zuschaut. Diese und tausende anderer Züge, die auf den Kanälen des Films in unser Gedächtnis kamen und damit in unsere Anschauung, in unser Verhalten als moderne Menschen, gruben unvergängliche Bahnen, an denen wir unserer Erinnerung folgen. Sie sind amerikanisch, uneuropäisch, assimilierte Fremdkörper, die den Generationen von Kinobesuchern immer gewichtigere Erinnerungsbahnen und Gewohnheiten eingraben werden.

Das soll nicht heißen, daß wir amerikanisiert werden, sondern daß die Gläubigkeit, die Abergläubigkeit der Massen immer größer wird, je mehr sie in ihrer Besessenheit von der Welt der Tatsachen sich deren Illusion zuwenden, statt ihrer Wirklichkeit. Auf diese Weise gewinnt das ganze Leben zwar ein formal immer reicheres, zugleich aber ein innerlich immer unwirklicheres Ansehen, verwandelt sich vom Erleben und Durchdringen der Wirklichkeit zu einem Ansehen derselben, bis beide für identisch und als das gleiche hingenommen und geglaubt werden. Die Scheinwelt des Films wird zu einer wirklichen Welt und die wirkliche zu einer Scheinwelt, nicht so sehr wegen der dem Film innewohnenden suggestiven Kraft, sondern wegen der Öde der wirklichen Welt, die eine mechanistische, in starren Regeln konservierte Maschinenwelt geworden ist, deren größte und populärste Errungenschaft und Demonstration einer gegenteiligen, eben nicht mechanistischen Welt der Film ist.

Über den Film, wie er notwendig ist als Ergänzung zur mechanistischen Welt, hinaus bleibt die Suggestibilität der modernen Massen, die, durch den Film geschaffen, bewiesen und gesteigert, auf alle Gebiete des gesellschaftlichen und namentlich des politischen Lebens übergegriffen und die Reizbarkeit und Empfänglichkeit für Neues unendlich gesteigert hat. Nur in den Vereinigten Staaten, dem Land der Massenformationen und der als unbegrenzt geglaubten Möglichkeiten, konnte der Film als suggestive Idee und gesellschaftliches Phänomen erdacht, realisiert und verallgemeinert werden.

Ein Film ist ein Bildstreifen, der auf fotografischem Weg hergestellt wird. Die Fotografie aber ist eine Massenfertigkeit, ein mechanisches Malen, die heute nahezu von jedem ausgeübt wird: nämlich den wirklich gesehenen und geschehenen Vorgang, den wirklich lebenden Menschen, das existierende Objekt als Bild auf eine Platte zu bannen, derart, daß man sagen kann, das *ist* der Vater, das *bin* ich, das *ist* unser elterliches Haus. Der Fotografie haften also im Bewußtsein der Massen Wahrheit und Wirklichkeit an, in einem hohen, wissenschaftlichen Grad gilt sie als Erfahrungstatsache und sie bildet als solche eine Art Tatbestand, den man dokumentarisch nennen kann und sehr oft auch so nennt.

In der Fotografie besitzen wir eine Verallgemeinerung eines wissenschaftlichen Fortschritts, wie sie auf keinem anderen

Gebiet demonstriert werden kann. Aus ungemein komplizierten optischen und chemischen Prozessen, aus der Vereinigung zweier Wissenschaften wurde eine historische und soziale Alltäglichkeit, die den gleichen Vorgang auf den Gebieten der Elektrizität, des Telefons und Radios noch übertrifft: durch die Möglichkeit des individuellen Erlebnisses der Ähnlichkeit und Bildhaftigkeit der äußeren Welt, die der Moment der Aufnahme als Andenken festband, das Erinnerungen auslöst und immer wieder betrachtet, immer wieder reproduziert werden kann. Als Dokument hat die Fotografie dem Kunstwerk noch die ›Wahrheit der Wirklichkeit‹ voraus.

Diese Erfahrungstatsache überträgt der Betrachter eines Filmes unbewußt auf diesen, der auch eine Fotografie ist, und sie beschwichtigt Bedenken, die sich der Gläubigkeit entgegenstellen könnten. Die unbegrenzten Möglichkeiten des Films beruhen auf den gleichen wissenschaftlichen Gesetzen, nach denen jeder Besitzer einer Kamera arbeitet und die das Resultat, das fotografische Bild, als exakte Wirklichkeit garantieren. Das Auge der Kamera übertrifft das Auge des Beschauers bei weitem.

Die Dramen und Sensationen, das Leben der reichen und schönen Welt, der in unerhörten Abenteuern und erotischer Spannung sich verzehrenden, verehrten Stars – das alles ist für die Masse wahre Wirklichkeit, allein schon aus der wissenschaftlichen Tatsache des fotografischen Vorganges. Von dieser geglaubten Wahrheit und Wirklichkeit des Films, die der alltäglichen Banalität des Lebens entgegengesetzt ist, geht mehr seelische Wirkung, Sehnsucht, Gläubigkeit, Bildung und Verbildung der Massen aus, als von allen Schulen, Kirchen und Parteien zusammen. Die Filmgläubigkeit ist ein Element des Wesens der Massen; eine Sache, ein Vorgang, eine Forderung finden daher heute besonders leicht und besonders viele Anhänger, wenn sie filmartig sind. Ein Vorgang aber ist dann filmartig, wenn er technisch vollendet, in raschem Ablauf oder sogar stürmisch bewegt ist und an das Gefühl der Masse appelliert, an ihre Solidarität mit einem Helden, einer verfolgten Unschuld, dem guten Armen gegen den bösen Reichen.

Der Einfluß des Films auf unsere Zeit, die wir sind, weil wir sie erlebend erleiden und darstellen, beruht nicht auf der dirigierten individuellen Handlung, sondern auf der Wiederholung der gleichen simplen Vorgänge; aus dieser Wiederholung resultiert eine Suggestion, ein seelischer Zwang, der so weit geht, daß er den Betrachter nicht nur bannt, sondern ihn dahin bringt, die Wirklichkeit des Films aus dem Kino in den Lebensraum zu projizieren, das Leben als einen Film, filmartig zu erleben und darzustellen.

Der Sinn ist der: Die Massen sind es müde, als Betrachter das große Leben nur hinzunehmen, sie wollen es selber darstellen. Sie wollen selber Held und Retter sein, Gangster und Gendarm, sie wollen selbst Regie führen. Die Menge der Besucher eines Kinos ist zu schwach zu dieser Demonstration, aber die Besucher von tausend oder zehntausend Kinos können Masse sein. Und da alle gemeinsam eine Generation lang bereits diesen suggestiven Nachahmungszwang erlitten haben, äußern die Massen ihren Willen unter guten Regisseuren konzertiert und spielen ihre Rollen ausgezeichnet.

Wir nennen die Auslösung jahrelang erlittener Suggestion automatischen Funktionalismus und den seelischen Zustand verminderter Unterscheidungsgabe zwischen Sein und Schein, der ihm zugrunde liegt, Vermassung des Individual-Bewußtseins.

Aus dieser Filmartigkeit des Lebens, die eine Tatsache ist und gewissen Ländern ihren aktuellen und charakteristischen Bewegungszustand verleiht, resultiert die erregte Lähmung der Massen in anderen Ländern, die zwischen Schein und Sein zu unterscheiden gleicherweise außerstande sind und der unbewußten Suggestion unterliegen, das Leben sei ein Film, der abrolle und sich nur aus dem Zuschauerraum in den Lebensraum, in das Tageslicht verirrt habe; der Suggestion, daß die Gangster und Helden, Parachutisten und Spione, daß Verrat und Mord in der Welt, all die Bösewichter und ebenso all die verfolgten Unschuldigen von Rechts wegen in das Kino gehörten. Aber dieser Lebensfilm mit all seiner Kraßheit und Simplizität der Vorgänge läßt sich nicht bannen und abschneiden, und die Welt läßt sich nicht zusperren wie ein Kino. Denn hinter und in diesem Film spielen die Massen selbst, die jetzt abrollen lassen und darstellen, was sie so lange nur betrachten durften.

Nur nebenbei sei noch hingewiesen auf den Einfluß, den der Film gewinnt durch Typisierung des Lebens in seinen dramatischen Ideen, in den Arten seiner Helden und ihrer Taten; Einfluß auch auf die musikalische Bereitschaft der Massen und vor allem auf die Sprache, die er unendlich bereichert und mit zahllosen technischen Ausdrücken versehen hat.

Aus welchen Gründen geht nun aber der Massenmensch ins Kino, zum Film? Mr. Oliver Bell, Direktor des Britischen Filminstituts, beantwortete diese Frage in einem Vortrag vor der psychologischen Abteilung der *British Association for the Advancement of Science* folgendermaßen: »Einer der Hauptgründe ist Flucht vor dem Alltag. Dies erklärt auch die Vorliebe der Hausfrauen für das Kino, die ihrer Dreizimmerwohnung und sich selbst gleicherweise entfliehen wollen. Zweitens – das Kino ist ein Zufluchtsort für Liebespaare, die hier Wärme und Behaglichkeit finden, die ihnen die kalten Straßen der Großstadt versagen. Hinzu kommt noch die Anziehungskraft der Filmlieblinge, die Hollywood ins höchste Raffinement gesteigert hat, nach dem gesunden psychologischen Prinzip, daß es leichter ist, eine Persönlichkeit zu verkaufen als eine Idee.«

In diesem Urteil finden wir den dritten Punkt unserer Frage nach dem Wesen des Films als einer verlangten und daher wertvollen Sache, der nicht im Film, sondern im Betrachter liegt, bestätigt: Furcht vor Einsamkeit und Ekel vor der Alltäglichkeit des Lebens, Flucht aus den gegebenen vier Wänden des Gefängnisses einer Ehe oder eines Junggesellendaseins in die Unendlichkeit des Raumes und des bunten Lebens, Sehnsucht nach Romantik und Erotik, die als Möglichkeiten des Erlebens aus der Welt sich ins Kino, in den Film und in die Gemeinschaft der Zuschauer geflüchtet haben.

Von der bloßen Tatsache, daß in einem verdunkelten, angenehm gewärmten Raum viele Menschen zum gleichen Genuß sich versammeln, geht ein harmonisches Gefühl der Sympathie zueinander aus, ein einigendes Band, dessen Vorhandensein allein geeignet ist, die Einsamkeit für ein paar Stunden zu verscheuchen. Die Zuschauer sind für die Dauer des Ablaufs des Dramas aneinander gewöhnt; sie bilden eine Einheit, eine temporäre Masse, deren Gesamturteilsfähigkeit unter dem Niveau des einzelnen liegen muß, anders könnten so unglaubwürdige Dinge nicht gezeigt werden und würden nicht gläubig hingenommen. Anders als aus der Intelligenzverminderung vermasster Zuschauer sind die Erfolge des Films und der Filmstars nicht zu erklären.

Da die Besucher eines Kinos für diese Verminderung ihrer kritischen Intelligenz noch Geld bezahlen, muß gefolgert werden, daß sie diesen Zustand als wertvoll und begehrenswert betrachten. In ihm liegt offenbar ein Genuß, der romantisch genannt werden kann und der einer kindlichen Religiosität entspricht. In diesem religiösen Gefühl der Massen in einem Kino dürfen wir die Rudimente jenes erhabenen und großen, mythischen Gefühls erkennen, welches die hellenischen Massen bewegte und beseligte, wenn sie im Theater die Geschichte ihres Volkes, ihren Mythos von den großen Dichtern gestaltet sahen. Rudimente solcher Gefühle sehen wir heute in einer filmartigen und pathetischen Demonstration des Lebens in gewissen Ländern am Werk der Kristallisation: revoltierend, vulkanisch und wirklich im Schein, unwirklich im Sein, weil theatralisch-romantisch im Ursprung. Der Film ist das Herabsinken einer großen, aus der ältesten mythischen Tradition stammenden Kunst auf den Stand einer Konserve, eines Massenartikels, der mechanisch hergestellt und mechanisch oft wiederholt werden kann. Der Film ist also ein Symbol des hier zu beschreibenden Vorgangs der Vermassung.

Was aber bedeutet im oben zitierten Urteil: »Hollywood hat das gesunde psychologische Prinzip, daß es leichter ist, eine Persönlichkeit zu verkaufen als eine Idee?« Es ist dies Prinzip jener Kreise, die die Ware Film herstellen und sich, um sie begehrt und wertvoll zu machen, der Psychologie bedienen. Dieses Prinzip der Psychologie, das in vieldimensionaler Weise hier angewandt wird, umgibt den Film und seine Stars wie eine

Aura, bedient sich der Suggestion durch Reklame und Presse und des Apparates der endlos mechanischen Wiederholung, der wiederum ein Bestandteil des Films ist.

Abseits der Tatsächlichkeit Film spielt die stärkste aller Tatsachen, das Geld, eine gewichtige Rolle. Die Kosten der Herstellung eines Films und die Honorare eines Stars müssen gewaltig sein, weil anders eine Wertverminderung des Films eintritt, nicht des Produktes natürlich, sondern im Gefühl von Herstellern und Zuschauern. Je größer die aufgewandte Summe, desto größer ist der Wert des Betrachtens einer Sache, desto größer der ihr innewohnende Reiz der Betrachtung: Der ästhetische Wert wird beeinflußt vom finanziellen Wert des zu betrachtenden Objektes.

Ein solches Betrachten bedeutet, eine Person aus dem Zustand des mit ihrer Welt Beschäftigtseins herauszureißen, einen Zustand der Versenkung in den zu betrachtenden Gegenstand zu bewirken, dessen Inhalt und Sein sie als dargestellten ›Wert‹ auf sich wirken läßt, dem sie sich hingibt, was ihren vorhergehenden, einen privaten, eigentümlichen Zustand tatsächlich verändert. Tritt zum Genuß eines Kunstwerkes das Wissen um den Wert desselben, ausgedrückt in Geld, in sehr viel Geld, hinzu, so erfährt das Objekt im Betrachter eine Erhöhung seines Wertes, eine Art zusätzlichen Respektes, der offenbar Genuß und Wertschätzung erhöht. Die Ästhetik der Massen wird demnach im Film wesentlich von seinen Kosten bestimmt, und umgekehrt kann man sagen, daß der Film den Einbruch der Ästhetik in den Kapitalismus bedeutet. Die kapitalisierte Ästhetik stellt eine Form des modernen Erwerbslebens dar, die sich um das Verhältnis zwischen konkretestem und abstraktestem Wert sorgt, beide durch einander ausdrückt und immer mehr zu amalgamieren trachtet: mit dem Resultat, daß zum Herstellen von erfolgreichen Filmen, Geld, Geld und nochmals Geld gehört. Vereinfacht kann man sagen: Der Film stellt alle ästhetischen Beziehungen der Massen auf dem Umweg über das Symbol unserer Zeit, das Kapital, dar und ist als Vorgang der Rationalisierung der ästhetischen Bedürfnisse der Masse zu erkennen. Alle im Film mitlebenden und -handelnden Vorgänge, deren Produktion und Reproduktion in das Leben und als Leben, stellen sich demnach als vielfach transformierte und in Symbole transmutierte Formen wirtschaftlicher Vorgänge dar.

Aus dieser Darstellung gewinnen wir einen Einblick in die Filmartigkeit des Lebens gewisser Nationen, die uns als Ausdruck wirtschaftlicher Spannungen und Veränderungen in fast undurchdringlicher und unerkennbarer Vermummung jetzt klarer werden können.

Die Verkleidung der Massen symbolisiert auch in ihrer wildesten und barbarischesten Form nichts anderes als das uns alle kommandierende Gesetz des Kapitals, das sich im Lauf seiner kurzen Existenz filmartig entwickelte und eigentlich nur dem Film innewohnende Katastrophen herbeiführte, welche die Massen wiederum mit filmartigen Mitteln abreagieren müssen.

Im freien Spiel der Kräfte, dort, wo der Film auf der Leinwand bleibt, nimmt sich das Kapital der Ästhetik an und produziert Filme, die umso stärker wirken, je mehr sie kosten. Wer sind die Männer, die wir als Anonyme im Zustand der Vergesellschaftung bereits kennenlernten, die Männer, die diese Filme herstellen? Filmproduzenten sind in allen uns bekannten Fällen aus anderen Erwerbszweigen und aus der namenlosen Masse der Zuschauer emporgestiegen, vom Kapital und von der Masse dazu auserwählt, das Bedürfnis der Schaulust der Masse zu befriedigen.

Wir erkennen auch in diesem Vorgang unschwer die Bildung einer Elite, die nach Prinzipien handelt, um sich die Masse zu unterwerfen, die wir – in großen Zügen – bereits beschrieben haben.

Es sei leichter, wurde gesagt, eine Persönlichkeit als eine Idee zu verkaufen. Wir können jetzt hinzufügen, daß dies ein wirtschaftliches, ein rationelles Prinzip ist und daß die verkaufte Persönlichkeit ein Symbol dieses Prinzips ist. Der Filmstar ist das Symbol der wirtschaftlichen, im ästhetischen Gewand auftretenden Verhältnisse, die sich den Film zum Objekt, zur Ware auswählten. Im Filmstar, in der von einer Elite als Symbol ihrer Existenz dargebotenen Persönlichkeit, kristallisiert sich die Idee der Elite, da allein das Symbol alle Inhalte einer Idee einer möglichst großen Gemeinde oder Masse auf kleinstem Raum zusammengefaßt erklären kann.

Die Zusammensetzung dieser Elite ist rationell einfach und nur in ihrem Funktionieren kompliziert, obwohl dieses gerade den Vorgang der Nivellierung erreichen soll und tatsächlich erreicht hat, wenn der Geschmack des Publikums getroffen wird. Wie die Filmelite sich formiert ist bekannt: im Kollektiv, also in einem Symbol der Masse selbst. Die Kollektive der Direktoren, der Manuskriptschreiber, der Regisseure, der Schauspieler bemühen sich, genau jenen Zustand der Intelligenzverminderung zu erreichen, der den Erfolg des Films sichert.

Der Erfolg eines Films aber drückt sich in der Summe der Eintrittsgelder aus, welche die Massen für ihn bezahlen, ausschließlich in Geld. Und Geld bedeutet Macht, die Macht, die hinter dem Film steht, hinter der Elite, die ihn herstellt und deren Macht er wiederum vergrößert. Alle diese vielfachen Beziehungen verflüchtigen sich ins Ästhetische und kehren zurück zu ihrem Ausgangspunkt, zum Symbol aller Symbole, zum Geld. Die Filmartigkeit des Lebens ist vielleicht nichts anderes als der Weg der Massen ohne Kapital zu einer Wildheit des Lebens, die den Besitz von Kapital, also Reichtum und Glück für alle darstellen soll.

4

Wir haben untersucht, wie der Anreiz zur Massenbildung von Reklame und Film ausgeht (ebenso wie von Sport und Tanz, Camping und Strandleben, Wanderfahrten, Schönheitspflege und Presse) und konnten dabei die verdeckte, von Geboten der Zivilisation und Konvention bedrohte Wirkung des erotischen Triebes in den Massen, seine Verstecke in den Aufforderungen zur Massenbildung feststellen: Die Suggestionen der Reklame für alle Arten von Massenvergnügungen und deren suggestiver Inhalt sind latent, zwischen den Zeilen oder Szenen versteckt, erotisch. Es besteht zwischen Masse und Vergnügungsindustrie augenzwinkerndes Verständnis für das, was eigentlich gemeint sei – vom groben, enthüllenden Witz bis zur sentimentalen, verhüllenden Liebes-Parade.

Folgt er deren Aufforderung, erlebt der Genießer die Illusion, am Leben in seiner geheimen Schönheit teilzuhaben, nicht mehr einsam zu sein, kein einzelner mehr, der niedergerungen ist von der Angst vor den vier Wänden, während das Leben draußen irgendwo brausend vorüberrauscht – mit Musik und Liebe, Sekt und Abenteuern. Zwar sitzt man selber brav und ordentlich, aber nicht mehr einsam abseits: Schon das Gefühl, daß die gleiche Angst, unbefriedigt zu sein, Millionen ins Kino treibt, erleichtert es, das eigene Unbehagen in und an dieser Zeit zu ertragen. Das Glück der Massen ist eben, Masse, eine Vielfalt zu sein, besonders im Nacherleben und Reproduzieren der Leidenschaften anderer, die man für die eigenen nehmen kann. Unglück ist, als einzelner, als Individuum ausgesperrt zu sein vom Glück und den Sensationen der Allgemeinheit.

Immer kreist das Vergnügen der Massen um das Sexuelle. Über dem eigentlichen Grundtrieb haben sich ungezählte Bereitschaftszentren zur Anknüpfung an den Sexualtrieb gebildet. Diese sexuelle Bereitschaft der Massen nennen wir Verständnisinnigkeit, ihr dienen Millionen von Symbolen, und die Gehirne aller Menschen sind mit der Auffindung des versteckten Sinnes solcher Symbole für ihr Sexualvergnügen bewußt oder unbewußt beschäftigt, sobald sie der modernen Reklame unterliegen.

Alle Massenvergnügungen sind Ersatz oder Stimulus eines inneren und individuellen Vergnügens. Tatsächlich und funktionell, naturbedingt oder biologisch, das Erlebnis des Sexualtriebes ist das eigentliche Kernerlebnis des Individuums geblieben. Die um diesen Kern gelagerte Schicht der Verständnisinnigkeit geriet in den Machtbereich der Vergnügungsindustrie, die ihre Symbolmacht zum allgewaltigen Apparat der

Reklame ausbaute, große Industrien und Bedürfnisse schuf, deren Suggestivkraft als Mode wirkt, der sich niemand entziehen kann.

Diese Belagerung und Umstellung des Sexualtriebes mit ›Beziehungen‹ und Symbolen hat ihm große Quantitäten seines geheimen Reizes geraubt und ihn zu einem Schauobjekt an sich, zu einer Funktion der Gesellschaft neben und in seiner biologischen Notwendigkeit gemacht, die zuletzt doch nur die Aufgabe oder Sehnsucht zweier einzelner hat.

In dieser Beziehungslosigkeit des Sexualtriebes, der sich einerseits dem anderen, einem Einzelwesen zuwenden will, der aber andererseits verständnisinnig sich der Masse öffnet, stehen wir mitten in einer Revolution der Zivilisation, die schon ziemlich früh, mit der Entfaltung der industriellen Revolution, einsetzte, die durch Krieg, Staatsumwälzungen, Inflationen und Katastrophen, die die Massen der großen Industriezentren und Städte befielen, erst ihren wahren Sinn und Nutzen bekam. Das ganze Leben ist eine endlose Katastrophe – aber: »Seht her«, so lockt die Reklame, »wir geben euch die einzig konstante und reale Freude. Wir bieten sie nicht dem einzelnen, das wäre nichts Neues, nichts Sensationelles – wir bieten sie den Massen, allen gemeinsam, gleichzeitig und im gleichen Raum, mit Chic und Charme, mit den schönsten Frauen und den elegantesten Männern der Welt. Wir bieten euch wirkliche Abwechslung, unausgesetzte Abwechslung; denn nur das Wechselreiche bleibt ewig neu, das Alltägliche ist tödlich; die Aufmachung, der Stil ist der Kern der Verzauberung; der Inhalt ist der allen wohlbekannte; wir machen ihn nur schmackhafter, modern und billig zugleich.« All diese Reklame ist, umgesetzt in die Sprache unserer Analyse, der Prozeß der Zerstörung alles Konservativen: der Prüderie, der Konvention, der Altersgrenze, die zum Verzicht zwingt, gewisser kirchlicher Gebote, die nicht mehr geglaubt werden können, der Herrschaft der Eltern über die Kinder, der Allmacht der Ehe, der Familie, der traditionellen Meinung.

Da diese Umwälzungen in mechanistischem Komfort und Massenansammlungen, vermittelt durch Presse und Organisationen, durch Reklame, Politik und Literatur ihre Wurzeln und Richtungen finden, sind sie abhängig von der Bildung großer Städte. Man kann sagen, die sexuelle Veräußerlichung eines Volkes wächst mit der Größe seiner städtischen Kultursiedlungen. Da Deutschland in Europa das Land der Großstädte wurde und seine Kultur eine städtische, mechanistische, die in den letzten fünfzig Jahren eine totale Umkehrung vom Bäuerlichen weg erfahren hat, kann man annehmen, daß auch alles Sexuelle dieser Ausdehnung in das Städtische unterworfen wurde. Man betrachte nur die Heiratsannoncen und die sogenannten Kleinen Anzeigen in der deutschen Presse, die offene und allgemeine Diskussion sexualpathologischer Probleme, die Häufigkeit und Brutalität der Sexualverbrechen, die Häufigkeit und Leichtigkeit der Ehescheidungen, die große Anzahl unehelicher Mütter und Kinder in Ländern wie Bayern oder Österreich und deren gesetzlichen Schutz, der fast einer Bevorzugung gleichkommt: Hinweise auf die gestiegene Verständnisinnigkeit in den deutschen Massen.

An dieser Stelle muß auch an die Entstehung der analytischen Psychologie in Deutschland erinnert werden, die in einer Welle des Exhibitionismus sich des ganzen Volkes bemächtigte, und es zu Erkenntnissen geradezu zwang, die von den Begründern dieser komplizierten Wissenschaft keineswegs gewollt waren; andererseits aber konnte die Psychoanalyse nur deshalb entstehen, weil die Psychoanalytiker den gleichen Notwendigkeiten der sexuellen Revolution unterlagen wie ihre Zeitgenossen. Sie wurde an ihnen vollzogen und entwickelte sich in ihnen von ihrer frühesten Jugend an wie in allen anderen Deutschen. Daß die Analytiker die Möglichkeit der Darstellung, der Deutung, der begrifflichen Formulierung und Benennung all dieser unbewußten Vorgänge besaßen, beweist nur das Vorhandensein eines Verlangens in der Gesamtheit der Massen des deutschen Volkes; die heilende Analyse wurde zu einer Mode, die wiederum zu einer Krankheit, der sich niemand entziehen konnte, außer durch eine Analyse. Die medizinische Wissenschaft erlitt dadurch, daß sie zur Mode wurde, ein suggestives Verlangtsein, welches sie der Allgemeinheit, nicht etwa nur den Intellektuellen, interessant, reizvoll und wertvoll erscheinen ließ. Der beste Beweis dafür scheint der Übergang der meisten Wortbildungen der psychologischen Analyse in die deutsche Sprache des Alltags und der Presse zu sein; wie auch der Film in Deutschland sich dieses Themas bemächtigte und eine volkstümlich ausfabulierte Version der Vorgänge von Traumbildung und Traumdeutung, neurotischer Krankheitserscheinungen und deren Behandlung herstellte.

Die Wege, auf denen diese Einbeziehung des Sexuellen in den wirtschaftlichen und rationellen Prozeß des Vergnügungsmarktes geplant und geleitet wird, haben wir kennengelernt. Die Leichtigkeit, mit der die Massen diesen Einbruch in ihre Privatsphäre dulden, ihn sogar begrüßen, bleibt verwunderlich; auch in unserer modernen Zivilisation steht diese Leichtigkeit wie kaum etwas anderes im Gegensatz zu der guten alten Zeit, die auch in Deutschland viktorianische Züge trug.

Hier klafft offenbar im Leben der Massen ein Widerspruch. Es ist nicht anzunehmen, daß die Individuen der Masse die je eigenste Freude, die jeder sonst scheu und mit Scham verhüllt, seit Tausenden von Jahren hinter anerzogener Scham zu verbergen gewohnt und gezwungen ist, gern zu einer Schau degradiert sieht. Wenn die Massen sich dazu verführen ließen, dann muß doch ein ganz besonderer Anreiz zum Exhibitionismus und zum Genuß solcher Schaustellungen hinzugekommen sein.

Wir glauben, und werden es später zu begründen suchen: Das tief empfundene Gefühl der Unfreiheit in den technologisch funktionierenden Zivilisationen im Allgemeinen, in Deutschland verstärkt durch den politischen Zwang, läßt den Menschen dieser Zivilisationen die Sexualsphäre und die sexuelle Freiheit als Ersatz für politische Freiheit, ja als Freiheit überhaupt erscheinen.

Es muß aber außerdem noch ein Gefühl des Unbefriedigtseins mit der individuellen Lösung, besser mit der Bindung des Sexualtriebes, wie sie in der heutigen Gesellschaft üblich ist, bei den Massen vorhanden sein, das sie zwingt, eine zusätzliche Schau zu genießen, kurz: sich vorgesellschaftlichen, hordenmäßigen Ordnungen des Sexualgenusses zu nähern, wie sie bei zahlreichen Stämmen Afrikas und auf gewissen polynesischen Inseln anzutreffen sind.

Von Natur aus ist kein Erlebnis des Menschen in seiner biologischen Funktion so uniform und in seiner Wiederholung so gleichartig wie gerade das sexuelle. Dadurch schon bietet es sich an als das Massenerlebnis an sich. Es ist seit Urzeiten keinem Wandel unterworfen gewesen und darin durchaus dem Tod verwandt: Beide Primärerlebnisse des Menschen, so individuell sie auch sein mögen, sind Darstellungen des Massentriebes erster Ordnung, sind Massenerlebnisse, die anderen Massenerscheinungen insofern diametral entgegenstehen, als sie einer rationellen Veränderung nicht unterworfen werden können.

Die als revolutionierend empfundene Veränderung der Auffassung und Darstellung des Triebes in der modernen Zivilisation deutet also auf eine Veränderung seiner Lage und seiner Richtung in den Massen hin: Der Sexualtrieb der Massen bewegt sich aus der unteren, dunklen und unbewußten Lage nach oben, in das Bewußtsein; von seiner primitiven Darstellung als Alltagserlebnis zu dem der Reichen, Eleganten und Extravaganten in einer romantischen Scheinwelt, die man für ebenso wahr nimmt wie seinen eigenen Trieb und seine eigene Existenz.

Im spezifisch deutschen Massenerlebnis ist eine Komponente des Eros, der Tod, gleichfalls als triebbedingtes Massenerlebnis zum Idealtrieb des ›heldischen‹ Volkes gesteigert und als unsublimierter Mordtrieb geplant gegen die ganze Welt gerichtet. Das Einzelerlebnis des Todes ist – im Ersten Weltkrieg – zu einem aggressiven, zerstörenden Massenerlebnis des gesamten Volkes gesteigert, übersteigert worden. Darauf ruht letzten Endes der gewaltige Überbau des Dritten Reiches in seiner Gesamtheit als militärisch-ökonomischer Plan.

Es ist ohne weiteres ersichtlich, und es sei hier nur in Paranthese wiederholt, daß dem Verlangen nach Krieg und Heldentaten, nach dem Erleben der Maschinenschlacht, welche die Kraft der Menschen ins Vieldimensionale gesteigert hat, alle Schauer der Sensation beigemischt sind – eine wilde Gier nach Erleben und Darstellen der größten aller Sensationen, dem wirklichen Massensterben im Gigantenkampf der Technik, Sensationen, die alle Filme, Radioprogramme und Kriegsberichte an Naturalismus und tatsächlicher Wahrheit übertreffen. Es packt jeden, und gerade den Kinoschüler, wenn er am Radio die glühenden Schilderungen derer hört, die wirklich dabei waren und Tonnen von Sprengstoff auf wehrlose Städte niederregnen ließen, die Schiffe versenkten und Divisionen in Abgründe und Sümpfe trieben. Die Flammen des Unterganges lodern in der Phantasie des Hörers, die Explosionen erschüttern wirklich sein Trommelfell, und Jagdeifer und List der Fallschirmspringer glühen in seinem Herzen unendlich wilder, als es die Wirklichkeit selbst bieten könnte.

Das Gefühl, über Zeit und Raum hinweg dabeisein zu können, der Sensation mittelbar-unmittelbar beizuwohnen, übertrifft alle anderen Gefühle der Besonnenheit oder der Angst. Und dies ist das charakteristische Gefühl, die wirkliche Demonstration der technischen Fortschritte, welche die Zivilisation in den letzten 25 Jahren machte: Das ›Wie‹ des Erlebens ist wichtiger geworden als das ›Was‹, als der Erlebnisinhalt. Der Untergang eines Volkes, einer alten Kultur, einer Demokratie, für deren Aufbau Generationen einstmals alles, auch sich selbst, opferten, tritt hinter das Bewußtsein des Erlebens einer der größten Sensationen der Reportage zurück. Die Reportage, und nicht die Wirklichkeit, ist das Brot der Seele des Massenmenschen; ihr Inhalt ist die Spannung, die Gier nach der Sensation.

Die vorweggenommene Schilderung all der ungezählten Möglichkeiten an Sensationen eines modernen Krieges, die eine willige und beflissene Schicht von Reportern und Literaten auf die in Suggestion gebannte Menschheit niederregnen ließ, schuf überall auch die Bereitschaft zum Erleben; dann zum Zurückweichen vor dem Angreifer als retardierendes Moment in der großen Tragödie; und schließlich den Willen zur Darstellung und aktiven Beteiligung an dieser größten aller Sensationen, am technischen Krieg der Massen.

In ihm müssen, wie in Filmen oft gezeigt wurde, ganze Städte von Erdbeben durcheinandergeworfen werden, Dämme berstend ihre Fluten über die Erde schicken, Wälder und Provinzen in Flammen und Rauch aufgehen, große Panoramen schwärzlicher, frösteln machender Ruinen lautlos vorüberziehen, und am Horizont die gebeugten Silhouetten endloser Karawanen von Flüchtlingen marschieren: Die Welt ist in Fluß geraten, sie zieht als Lava vorüber, die Menschheit hält den Atem an, gebannt von diesem Schauspiel, das infolge der Bereitschaft der Massen, es zu erleben, ein Schauspiel bleiben muß. Der wahre Inhalt dieses Dramas ist selbst den von ihm Betroffenen ein dunkles und würgendes Rätsel.

Die Todessehnsucht einer hochmechanisierten Gesellschaft erlaubte einer Elite genialer Mörder, sich der Technik zu bedienen, um alle anderen Menschen zu unterwerfen, zu berauben, zu töten, wie das oberste Gesetz des entfesselnden Triebes in ihrer Brust es ihnen befahl.

Wann der Rückschlag des Pendels einsetzen wird, ist keine Frage, die divinatorische Begabung, Diplomatie oder gar pietistische und chiliastische Hoffnungen beantworten können, sondern der Sache nach eine Frage der Technik und der Änderung ihrer suggestiven Wirkung, denen die Massen, namentlich in Deutschland, ausgesetzt sind.

Das Massenerlebnis der Alltagsehe, der Alltagsliebe, der von Vernunft, von materiellen Erwägungen diktierte Zustand bürgerlicher Konvention, bietet nur die Wiederholung dieses Alltäglichen bis zum Stumpfwerden des Triebes überhaupt; was Film, Presse, Vergnügungsindustrie zeigen, ist die Variation, die Abwechslung, die Nichtwiederholung, das aufeinander Folgende, jeweils Einmalige, kurz, die Serie der Sensationen. Was der von der herrschenden Schicht im Staat erzwungene Triebverzicht verhindert, was aber das Massenvergnügen bietet und anregt, was seine Existenzberechtigung und seinen Wert in den Augen der Massen erst darstellt, ist immer wieder der Wechsel, die Abwechslung, die Folge der Erlebnismöglichkeiten und Abenteuer, welche Jugend, Kraft und Erfolg erst wahr, zu einer Tatsache machen.

Dieses Verlangen nach der erotischen Sensation – welche als die primäre oder fundamentale Sensation in der Reihe aller denkbaren und verlangten Sensationen betrachtet werden muß –, dieses Verlangen nach etwas, das zum ersten und gleichsam einzigen Mal da ist, breitet sich im Verlauf der sexuellen Revolution mehr und mehr aus; es richtet sich als unbewußter Nebentrieb zum sexuellen Grundtrieb, mit aller Logik und unbeirrbar gegen jede Bindung, namentlich gegen die Bindung der Ehe. Die Ehe als ein Sakrament hat ihren geglaubten Inhalt verloren, ist von der Bereitschaft, an Sensation und Triebfreiheit zu glauben, bedroht. Der Protest gegen eine Behinderung des erotischen Wechseltriebes äußert sich ebensosehr in der Häufigkeit der Ehescheidungen wie im raschen Wechsel der erotischen Beziehung zwischen Unverheirateten und Jugendlichen. Dies kann nur restrospektiv als Zeichen des Verfalls der Moral betrachtet werden; in Wirklichkeit handelt es sich um eine Befreiung der Massen von überlebten, also nicht mehr geglaubten Fesseln und um deren Ersetzung durch den Massen bequemere, also genußreichere Geglaubtheiten, die in der technischen Natur unserer Zivilisation liegen und unabwendbar, unaufhaltsam sind.

Es kann hier also keine Rede von einem Angriff auf Erscheinungen der Zivilisation unserer Tage sein, auf Film, Radio oder Vergnügungsindustrie, die als Lebensäußerungen der menschlichen Gesellschaft rein soziologisch betrachtet wurden. Sie sind in Fluß geraten und neue Beziehungen zu den Urtrieben des Menschen werden gesucht. Der Film und alle anderen Formen des Erlebens der Sensation sind nur die sichtbaren, zur Schau gestellten Resultanten einer unendlich langen Entwicklungsreihe von Triebverboten aller Art, von deren Übertretungen und Vernichtungen, von revolutionierenden Erscheinungen der modernen mechanistischen Kultur überhaupt.

Es ist die Absicht unserer Untersuchung, die unabwendbare Wechselwirkung von Zivilisation und Freisetzung von Trieben zugunsten der Erlebnisse der Massen und ihrer Eliten zu erklären.

Nichts wäre sinnloser, als zu sagen: »Schaffen wir diese Erscheinungen und Suggestionen einfach ab; zwingen wir die Massen zurück in die Kirchen, in die Sonntagsschulen, kurz, machen wir sie aus Enkeln zu Großeltern. Erst dann werden unsere Ehen wieder glücklicher, kinderreich und die Massen zufriedener werden.« Jeder spürt, daß eine solche Forderung unmöglich ist. Die Ereignisse nehmen ihren Verlauf, rollen ab, wie die Technik es will und nicht wie der Plan unserer Großeltern oder unserer Behörden es voraussehen wollte. Der Grund für die Veränderungen des Eros der Massen liegt tiefer, und die Veränderung ist nicht aufzuhalten, nicht einmal, mit allen Gesetzen und Planungen aller Staaten zugleich, zu hemmen. Der veränderte Eros der Massen kann höchstens kompensiert, entschädigt und umgeformt werden.

Genauer gesagt: Einer besonders suggestiven Elite wird es immer gelingen, wie das Beispiel der Hitler-Jugend noch zeigen wird, auch den erotischen Trieb der Massen für ihre Zwecke auszubeuten und den verborgenen wirtschaftlichen Zielen ihres ›Großen Planes‹ unterzuordnen.

Der Grund für die Veränderung des Sexualtriebes der Massen liegt in der Tatsache der Technik selbst, welche eine eminent und ausschließlich männliche Beschäftigung, eine Sphäre des Beweises der Existenz des ›modernen Mannes‹ schlechthin ist. Die Männer sind von der Technik absorbiert, die Frauen von ihren Einsamkeitszuständen und den aus ihnen folgenden Bewertungen der Romantik.

Prägt nun die moderne Wissenschaft in ihrem historisch gewordenen Teil, der Technik nämlich, uns Menschen ihren unverwischbaren Stempel auf, um Todestriebe und Ängste zu bannen, um religiöse Triebe zu verändern, um beides zu vermischen und in Neues zu verwandeln, um sie in uns noch unbekannten Formen neu zu schaffen, dann tut sie dies auch und zuerst mit dem stärksten aller menschlichen Triebe, dem Sexualtrieb: Ihr Effekt, die Vermännlichung des Sexualtriebes, äußert sich im Streben nach Wechsel, in welchem wir die Richtung des männlichen Sexualtriebes schlechthin kennen.

Die Erhöhung der erotischen Qualitäten des Individuums, das den angepriesenen Gegenstand betrachtet, erwerben soll, erwirbt, liegt allen Suggestionen der Reklame zugrunde, welche die moderne Zivilisation mit all ihren Ausstrahlungen als erotisch wertvoll erscheinen lassen: indem sie nämlich so tun, als existiere der erotische Vorteil gar nicht. Aber, indem sie ihn verschweigen, nähern sie den Gegenstand der Reklame erst recht jener ›Zone des Schweigens‹, in welcher diese allgemein gehegten, zur erwarteten Sensation gesteigerten Triebwünsche wie in der Verbannung existieren: der Sexualität.

Aus diesem Verschweigen der Dominanz des Sexuellen in den Massen und über die Massen, aus der »öffentlichen Moral« ziehen die in Deutschland herrschenden Eliten den größten Vorteil in ihrem Ansturm gegen das Europa der kapitalistischen und christlich-individualistischen Ordnung. Die Verkündung der Triebfreiheit schafft das christliche Sittengesetz ab, die sexuelle Freiheit tritt an die Stelle der Freiheit überhaupt. Aus dieser, als angenehm empfundenen Freiheit des ›Sich-Auslebens‹ gewinnen die Massenparteien ihre stärkste revolutionäre Werbekraft für die Jugend.

Die Feststellung der Vermännlichung des sexuellen Habitus, ausgedrückt im Streben nach Wechsel der Liebesobjekte, bietet eine Erklärung auch für die Bereitwilligkeit der Frau, ihr statisches Verhalten in der Ehe aufzugeben und sich dem vom Mann geforderten Wechsel zu unterwerfen. Die Frau unterliegt, kraft der Ambivalenz des Sexualtriebes, demselben männlichen Rhythmus der Sexualbeziehungen, den die moderne technologische Zeit bedingt. Wenn zu einer Ehe zwei gehören, dann auch zu einer Scheidung: aus den Statistiken aller Länder ist zu ersehen, daß viel mehr Scheidungen von Frauen verlangt und erreicht werden als von Männern. Die Frauen verlangen die gleiche Möglichkeit erotischen Wechsels, wie sie der Mann bereits außerhalb jeder Bindung besitzt und den Frauen aufgezwungen hat. Dies gilt besonders für das typische Land der Vermassung, Vermännlichung und Technologie, die Vereinigten Staaten.

Die Umschichtung des Sexualtriebes innerhalb der Massen

bietet nun, untersucht am deutschen Phänomen der Vermännlichung des Todestriebes und dessen Technisierung in der Sensation des Krieges, parallel zur allgemeinen Vermassung und Entrechtung des Volkes, zur Homosexualität der Männer- und Frauenbünde, einen Schlüssel zur Triebrichtung all dieser Regressionen, die wir als das Wesen des Massenzeitalters erkennen können und die wir selbst als solches erleben. Indem das Individuum sich seinem Wirken entziehen will und es dennoch darstellt, entdeckt es das Walten der Massentriebe erinnernd, als Spuren der eigenen vorhergegangenen Erlebnisse, in sich selbst und identifiziert sich mit ihrem Wirken.

Die Deutschen stellen die brutalen Komponenten der Triebvermassung dar, sie haben diese bis zum Gipfel möglicher ›Vollendung‹ emporgezüchtet und den reinen Typus der männlichen, aggressiven und technokratischen Gesellschaft geschaffen, in welcher das Freiheitsbedürfnis der Massen in den Sexualgenuß verlagert und ausgeweitet wurde, der nun den Stempel des Verlangens nach ununterbrochenem Wechsel tragen muß.

Unsere Zivilisation befindet sich also im Zustand einer Regression, die ein revolutionäres Tempo angenommen hat, ein an sich wohlbekannter, periodischer Zustand der Menschheit, der am besten als Rückfall in die Urtriebe bezeichnet wird. Diese Urtriebe gehen mit allen Mitteln vor gegen ihre Unterdrücker, gegen die Gebote der Zivilisation und des Christentums, unterhöhlen und zerstören diese. Diese Rückbildung zu primitiven Stadien der Zivilisation mittels der Kräfte der Urtriebe der Horde ist gekennzeichnet durch:

A) Zunahme der Massen-Formationen, also der allgemeinen, mechanistischen Vermassung der Menschheit;

B) Zunahme der Sexualkonflikte;

C) Zunahme der militaristischen Ordnung und der kriegerischen Lösungen aller politischen und ökonomischen Fragen;

D) Abnahme der Bevölkerungsdichte auf Grund des Nachlassens der Zeugungsfreudigkeit, welche identisch ist mit der Zunahme des Todestriebes.

Aus diesem Zustand unserer Zivilisation ergeben sich für

alle Staaten Folgen, die in allgemeinen Linien dem entsprechen, was in den Massenstaaten angestrebt wurde, denen eine sozialisierende und utopische, in die Zukunft weisende Tendenz innewohnt, die mit dem Zwang zur Vermassung durch eine Elite, sei es als Lockung, sei es als aktive politische Idee, einhergeht. Als Gesamtkonstruktion ist das der Große Plan: die Lösung der sozialen Fragen durch die politische Entrechtung der Arbeiter, durch Erfüllung aller Lohn-, Ernährungs-, Wohnungs- und Vergnügungsforderungen (tatsächlich oder nur geredet). Dieser Plan hat eine vollständige Umwandlung der Psychologie der Arbeiterschaft zur Voraussetzung. Die Umwandlung ist Aufgabe der diktatorischen Partei und ihrer Führer, und sie baut sich auf der Umschichtung und Regeneration des Volkes im demographischen Sinn auf: Die Jugend lebt bereits in einer erdichteten, nur geredeten Welt, erfüllt von chiliastischen, germanischen, römischen oder panslawistischen Urtrieben, deren Formulierung und Gestaltung ein Akt des leitenden Gedächtnisses der Völker ist, den wir reaktivierte Geschichte nennen. Das Heilige Römische Reich Deutscher Nation, das Imperium Romanum und das Neo-Zaristische Reich aller slawischen Völker mit dem Zentrum Konstantinopel, sind Staatsgebilde, in denen an sich haltlose, utopisch gerichtete Massen ihren Geplanten Wirtschaften im Großraum politische Form geben möchten.

Maßgebend für die Entfaltung neuer Hoffnungen und neuer Machtmittel sind all jene Staaten, die der Diktatur eines einzelnen Mannes unterstehen. Der Mann als Former des Lebens der Nation, der Masse also, hat diese an den Rand des Todes gebracht: durch die Verkündigung des Todesprinzips im Dauerzustand militärischer Bereitschaft als des wahren, männlichen und heroischen Ideals. Gekleidet in das vieldimensionale Symbol der modernen Technik, verhängte er die Todesstrafe über sich und damit auch über den Sexualtrieb. Als Zeugungswille dient dieser der Erhaltung des Lebens, ist aber nicht imstande, die Kriegsverluste wettzumachen, zumal diese in allen Staaten, zum ersten Mal in der Geschichte namentlich auch in Deutschland, nicht vom Geburtenüberschuß der kinderreichen, sondern von kinderarmen Familien mit einem einzigen Sohn bestritten werden müssen. Jeder Tag aktiven Krieges bringt also in Deutschland in den kommenden Jahren zahlreiche Familien zum Erlöschen, die den Ersten Weltkrieg relativ ungeschwächt überstanden haben, da sie diesen noch mit den überschüssigen vierten, fünften und sechsten Söhnen führen konnten. Die deutlichste Folge des wirtschaftlichen Niederganges der Nachkriegszeit in Deutschland war die Beschränkung des Nachwuchses auf ein oder zwei Kinder, die die Substanz des Volkes für die Zukunft und der heutigen Armee bilden.

Es kann daher sehr wohl sein, daß die modernen Massenstaaten, um dem Verbluten des Landes in ewigen Kriegen Einhalt zu gebieten, das männliche, kriegerische und homosexuelle Prinzip der herrschenden Klasse abschaffen müssen und in ihrer fernen Entwicklung zum Matriarchat, zu einer Gipfelung des Staates in der Urmutter statt im Urvater übergehen werden. Durch diesen Formwechsel würde die Ähnlichkeit mit dem Ameisenstaat nur noch größer werden, und die Gesamtentwicklung deutet ja auch auf ein solches Ziel hin. Je größer das numerische und werktätige Übergewicht der Frau im männerarmen Kriegerstaat geworden ist, der an einem entscheidenden Punkt seiner Existenz sehr wohl von der wirtschaftlichen Tätigkeit der Frau abhängig werden kann, desto stärker wird ihr Einfluß als Trägerin des Lebens auf das Gesamtwesen des Volkes und seines Staates.

Die Schichtung gleichaltriger Männer und Frauen in den großen Verbänden der Diktaturen wird mit Fortschreiten des Krieges und der Kriege den weiblichen Organisationen durch das Dahinschmelzen der Männer das Bewußtsein ihrer wahren Macht schaffen. Auch das würde, immer mit dem modernen Vorzeichen technologischer Planung versehen, in einem weiten Sinne der sexuellen Triebfreiheit den hordenmäßigen Bindungen entsprechen, welche der eigentlichen Familie parallel laufen, die allenthalben unter den älteren Generationen als rechtliche Bindung weiterbestehen wird; jedenfalls so lange, bis der natürliche Ablauf des Alterns und Sterbens zugleich auch das Gedächtnis an das einmal Gewesene mit sich in die Gräber nimmt und ein neues Bewußtsein erotischer Bindung zur Selbstverständlichkeit geworden ist. Vieles in Deutschland deutet auch in der Gesetzgebung auf diesen Zustand hin: Der weibliche Arbeitsdienst erreicht ja erst während der Kriege seine wahre Bedeutung für die psychologische Eigenart der Frauen. Die lange Abwesenheit der Männer und deren überbetont technische Bewußtseinshaltung wird die Entfremdung der Geschlechter vertiefen, das Selbstbewußtsein der Frau aber ungemein heben.

Das aus jeder Massenbildung, namentlich der von Gleichaltrigen und Gleichgeschlechtlichen, resultierende Kraft- und Machtgefühl wird in Forderungen gipfeln, deren Befriedigung von den Frauen leichter erzwungen werden könnte, als es Männern durch technische Streiks möglich wäre. Denn die Frauen können die Existenz des Volkes in der gleichen Richtung bedrohen, wie es Todestrieb und mangelnder Zeugungswille der Männer tun.

In Nordamerika, dem Vorbild aller Massenstaaten, sind deutliche Anzeichen für die Vorbereitung dieser Wandlung zu erkennen, die, als Kompensation für die Technisierung und Rationalisierung des Lebens, neue Tatsachen schaffen. Daß sich dies werdende Matriarchat in den Vereinigten Staaten noch im Gegensatz zum Eros und in kirchlichen, moralisierenden Vereinen bewegt, beweist nichts gegen sein Dasein, das sich in Antizipation einer kommenden Notlage automatisch geformt hat. Seine Duldung durch die amerikanischen Männer beweist der idealistische und tief mystische Kult, den diese um die Frau schufen. Ein Kult, der sich unwiderstehlich wiederum im Film und in der stark sentimental-naturalistischen amerikanischen Literatur, in zwei Weltmodeströmungen also, als erotischer Richtungsinhalt für die ganze Zivilisation manifestiert.

Solange die Diktaturen oder Massenstaaten das Todesprinzip des Hordenmenschen dem Prinzip individuellen Glücksempfindens und individueller Charakterbildung durch Gestaltung demokratischer Freiheit und Gerechtigkeit entgegenwerfen, bedeuten sie eine Gefahr für die Kultur schlechthin, das heißt für die Summe aller Einzelzivilisationen aller an der Menschheitskultur interessierten Länder.

Die Vitalität der demokratischen Länder beruht auf der Familie, auf dem Prinzip des gehemmten und gesetzlich geregelten erotischen Triebes in den Grenzen der Monogamie, die sie befähigt, ihre ganzen freigewordenen Triebkräfte der kulturellen Sublimierung und Vernichtung des Urhorden- oder aggressiven Todestriebes zu widmen: Diesen Vorgang betrachten wir als Grundlage der europäischen christlichen Zivilisation.

Die Zunahme der sexuellen Konflikte ergibt sich aus dem Wesen der Massenseele selbst, die alle ihre individuellen Neigungen zugunsten der Massenneigungen aufgibt; sie gleichsam abgibt in einen Lebensraum der totalen Wunscherfüllung für alle, die große Utopie, die, einmal erreicht, definitiv ist und dem Tod, dem Nirwana gleichzusetzen.

Erotik aber ist, als Triebneigung zum geliebten Objekt, eine rein individuelle, schöpferische Kraft in jedem einzelnen unserer Zivilisation angehörenden Europäer; ihr Genuß ist das typische und befreiende Erlebnis des Seele-Geist-Körper-Systems, das nur in Wechselseitigkeit zwischen den sich Liebenden besteht. Wir können und müssen also von einer Entartung des schöpferischen lebensbejahenden Eros zum Sexus hin sprechen. Wir haben es zu tun mit einer Regression: Das erotische Erlebnis der Individuen, das in der Schaffung eines Kunstwerkes, einer Persönlichkeit, einer Ehe, einer Staatsform, eines Charakters – kurz, im Zeugungswillen überhaupt gipfelt, wird zum sexuellen Genuß, dessen Vorbereitung, Stimulus und Wechsel den dargebotenen Sensationen der Vergnügungsindustrie (einschließlich der modernen Presse) obliegt. Der Genuß dieser Regression hinwiederum unterliegt dem ewigen und immer schnelleren Wechsel der Mode, der sich als schwebender Stil, als moderner und durchaus vielfältiger Geschmack, als Haltung der Masse in unserer Zivilisation, zuletzt als diese Zivilisation selbst zu erkennen gibt. Das Funktionieren des Wechsels bildet den Stil unserer Zivilisation, nicht mehr das Beharren und Entwickeln eines einstmals revolutionären, dann konservativ und traditionell gewordenen Stils einer gläubigen und bürgerlichen Epoche.

Mode aber, ausgedrückt in ihrem eigentlichen Stil, in Produkten des Films, Theaters, Büchermarktes, Pressewesens, zeigt und verlangt vom einzelnen den Wechsel der Sexualbeziehung. Solange es die tägliche Sensation des wechselnden Filmprogramms gibt, das immer neue und immer eigenartigere Frauenschönheiten in immer neuen, sich immer sensationeller steigernden sexuellen Situationen darbietet, so lange wird schon der bloße Nachahmungstrieb, der ja kulturelle und pädagogische Werte enthält und verarbeitet, Männer und Frauen zum Wechsel anregen, die Geneigtheit zum Wechsel in ihnen erzeugen – ohne daß ihr Bewußtsein bei diesem Prozeß innerer Verwandlung in Tätigkeit treten müßte. Charakteristisch für die moderne Form der Massensuggestion auf allen Gebieten des sozialen, politischen und wirtschaftlichen Lebens ist die verhüllte, verhüllende und pseudokonventionelle Technik der Anregung zum Wechsel und die rationelle Dosierung ihrer Verabreichung, die schließlich die Veränderung der seelischen Substanz und die generelle Beeinflussung der Triebrichtung bewirken.

Da die Massenvergnügungen von der gleichen Elite geliefert und suggeriert werden, die den Massen Brot und Arbeit, Freiheit, Urlaub, Hospital, Nationalhymne, Präsident oder Diktator, Armee und Flotte, Nationalbewußtsein und Presse, Schule und Justiz liefern – dies alles sind ganz unzweifelhaft Gestaltungen der Massen- und Triebbeherrschung –, so sind auch diese Darbietungen und Suggestionen sexueller Moden und Modifizierungen der Massenseele normale Erscheinungen innerhalb der modernen Gesellschaft. Ihre Richtung ist erkennbar, ihr Ziel nicht; es ist nur zu ahnen.

Je weiter die Massen sich vom individuellen, durch religiöse und gesetzliche Vorschriften gebundenen Eros entfernen, mit Bestrebungen der Massenkultur in zivilisatorischer Gleichsetzung des Sexualtypus für Mann und Frau aller Länder und Breitengrade, je weiter also Vermassung, Veräußerlichung und

Uniformierung des sexuellen Ideals in wenige genormte Typen voranschreitet, deren Namen in aller Mund und Herzen sind, desto größer ist die Bereitschaft einer Zivilisation zum Faschismus, zu Diktatur und politischer Vermassung.

Die Elite der Vergnügungsindustrie ist die Wegbereiterin der politischen und militärischen Elite. Beide dienen dem Plan der Vereinfachung seelischer und ökonomischer Beziehungen zwischen Elite und Masse. Dieser Zustand findet naturgemäß nicht immer Ausdruck in der augenscheinlichen Formgebung eines Staates, er findet Ausdruck zunächst in der psychologischen Lage seiner Bewohner: in einer dumpfen Ahnung der enttäuschten Lebensfreude von kommenden Änderungen und Erlösungen; in einer unruhigen Stimmung der Massen, die von Ideen statt von Sorgen beherrscht werden und über diese Ideen debattieren, statt zu arbeiten, die ständig Neues hören wollen und ein unerwartet hohes intellektuelles Niveau der Diskussion erreichen; in einer chiliastischen Weltuntergangsstimmung fast aller Menschen, die entdecken, daß es so wie bisher nicht weitergehe, daß die in der Vergangenheit gemachten Fehler nie wieder vorkommen dürften; daß also das Vergangene schlecht sei, das Kommende, Neue dagegen gut sein müsse, zumindest besser, als es war. All diese Erscheinungen am Massenkörper, seine seelisch-geistigen Reaktionen sozusagen, sind automorphe Darstellungen der allgemeinen Unentschiedenheit der Lage der Massen in der westlichen Zivilisation.

Ein demokratischer Staat mit Parlament und allen Symbolen und Details der Selbstverwaltung des Volkes kann demnach sehr gut in den Herzen seiner Bewohner und in deren Unterbewußtsein der Veränderung zum Faschismus hin ausgesetzt sein, ohne daß die herrschende Klasse dieses Staates, die als solche Ausdruck der Intelligenz und Demokratie der Nation im konservativ-traditionellen Sinne ist, von diesem Vorgang irgend etwas zu merken braucht. Die Heimlichkeit der sich zum Durchstoß rüstenden an Geist und Zahl scheinbar unbedeutenden Elite enthüllt ihren wahren Wert erst in der Stunde der Entscheidung: als Treiber und Verkünder, Gestalter und Lenker der angesammelten und in Haß degenerierten Triebe der furchtsamen und verzweifelten Masse.

Das bedeutet, daß der Vorgang der Veräußerlichung des Eros zum Sexus alle Hemmungen, die die Zivilisation in Kulturwerte umgewandelt hat, in Todestriebe, Mordtriebe der Urhorde, in den Vatermord umsetzt, und so den Krieg zum einzigen Ausweg aus der unhaltbaren Lage der Nation, zum alles, vor allem aber die chiliastische Ungewißheit und Erschütterung ändernden Prinzip erheben muß.

Ob nun Krieg sich äußert als offenes und wirkliches, den fremden, den Feind zerstörendes Prinzip, oder als Unwilligkeit zur Zeugung oder Geburt (welches Phänomen in den stetig sinkenden Geburtenziffern und in der Abnahme der Fruchtbarkeit in Diktaturstaaten, und gerade in diesen, zu beobachten ist), das kommt in der Wirkung für die Massen, die Nation, den Staat, auf das gleiche hinaus.

Diese Feststellung erlaubt folgenden Schluß: Die heutige freie und individuelle Verfügung über die Möglichkeiten der Erfüllung der Glücks- und Vergnügungsbedürfnisse der Massen – das sogenannte individualistisch-kapitalistische freie Spiel der Kräfte der Wirtschaft – ist auch aus anderen Gründen als aus bloßen Lohn- und Mehrwertkrisen nicht imstande, den Massen jene kulturelle und zivilisatorische Haltung zu geben und den uns traditionell heiligen Kulturbestand christlicher Prägung zu schützen und zu erhalten, auf daß er vor der hordenmäßigen Lust der Vernichtung bewahrt bleibe. Wir befinden uns in einer Krise der Kultur von unübersehbarer Tragweite, an der wir selbst und unsere technische, fortschrittliche Elite schuld sind. Die Massen können ohne die schützende, schöpferische Kraft und Tradition der klassischen Intelligenz nicht existieren, sondern müssen, selber Materie geworden, von der Hand der Planer in Kriegen gegeneinandergeworfen, wie Materie zugrunde gehen.

Die deutsche Jugend

I

Die Vermassung des deutschen Volkes und der meisten anderen Nationen ist eine Folge des Krieges 1914–18. Sie wird durch den jetzigen Krieg weitere, ungeahnte Fortschritte machen: Das ist die einzige Voraussage, die sich erfüllen wird, weil Krieg Voraussetzung, Tatbestand und Folge der Vermassung ist.

Die Konzentration der Macht in Deutschland während des Großen Krieges in der Hand eines einzelnen Mannes, Ludendorff, und in einer einzigen Stadt, Berlin, Hauptstadt Preußens viel mehr als Deutschlands, wurde noch vorangetrieben durch die Revolution von 1918, durch die Politik der Weimarer Republik und die einseitige Herrschaft des Reichstages, der in Wirklichkeit das Parlament Preußens war, sie wurde von den Massen als Norm empfunden.

Die Sozialdemokraten, die Gewinner der Revolution, waren in ihrer überwiegenden Mehrheit nicht nur Militaristen, stolz auf das Reich Bismarcks, die Kriege und Siege des deutschen Heeres, sie waren ihrer Gesinnung nach auch überzeugte Preußen, die in der Konzentration der Macht Preußens über die anderen deutschen Stämme, genau wie Karl Marx und August Bebel, ihre eigentliche politische Aufgabe erblickten. So glaubten sie auch dem Sozialismus den besten Dienst zu erweisen: durch Akkumulation der bürokratischen Macht in der Hauptstadt des herrschenden Stammes, welcher der Disziplin am leichtesten und dauerhaftesten zugänglich war. Das bedeutete gleichzeitig Konzentration der Ministerien, der Polizei und Armee, der Banken und des Kapitals; diese Vereinheitlichung der Staatsmaschine bedingte die Vereinheitlichung der Verwaltung der Industrie, deren Ausdehnung, Vertrustung und Rationalisierung durch staatliche Hilfsgelder gefördert wurde und auch nach Rathenaus Tode, in dessen Sinn, dem Staats-Sozialismus Vorschub leisten mußte.

Staatspolitisch betrachtet, haben demnach Hitler und seine Elite nichts anderes getan, als dieser sozialdemokratischen Linie der Vereinheitlichung des Reiches zu folgen und den Prozeß der Ausmerzung jeden Eigenlebens der Länder zu beenden. Das Einer-Prinzip, dem alles staatliche Leben in Deutschland seit Bismarck zustrebte, ist durch Wilhelm II. definitiv begründet und anerkannt, durch Ludendorff, Rathenau, Ebert und Hitler zum Prinzip des Deutschtums schlechthin geworden. Von der Sprache des Volkes und der Politiker angefangen bis hin zu den entscheidenden Staatsakten, sind alle Erscheinungen des Lebens unter Hitler vereinfacht, normalisiert, auf die Begriffsfähigkeit des am wenigsten Begabten gebracht und in ihrer Tendenz auf Krieg und Eroberung hin geklärt worden.

Die Reden der Sozialdemokraten und Katholiken während des Weltkrieges unterscheiden sich in nichts von den flammenden Reden, die heute von den nationalsozialistischen Führern zum »Neuen Stahlbad« gehalten werden; die Gedanken der Männer, die während des Ersten Weltkrieges den Lebensraum des deutschen Volkes von Berlin bis Bagdad und die Eroberung der ganzen Welt – nichts anderes bedeutet ja die Vernichtung Englands und Frankreichs – forderten, sind heute ein integrierender Bestandteil des Denkens des gesamten deutschen Volkes. Dessen Leben wird von Ideen bestimmt, die in ungemein kurzer Zeit historisch wurden, das heißt, ohne Debatte übernommen und vollständig außerhalb des Wissens und Lernens des einzelnen liegen, demnach für ihn einen ›utopischen‹ Wert besitzen, dem er alles zu opfern bereit ist.

Diese Gedanken drücken nicht so sehr eine Veränderung, eine Bewegung oder Revolution aus, die sich im Gegensatz zu früheren, mehr zuständlichen und reflektierenden Äußerungen deutschen Geistes entwickelten, als vielmehr die wahre Philosophie der Massen und deren Verwirklichung durch die Massen. Sie selbst bezeichnen diese Haltung des utopischen Eroberers als eine aktive, heroische Weltanschauung, als den Lebensausdruck des heldischen, deutschen Menschen. Sie reden vom Anfang, Aufbruch und Erwachen einer jungen Nation, die sich mit dem Schwert in der Hand ihr Schicksal selbst zimmert und mit Gewalt nimmt, was ihr die reichen und altgewordenen Völker verwehren – das ist das Recht des Jungen, das Recht des Starken. Dieses Recht kommt von der Gewalt; und nur die Macht der Gewalt schafft dieses Recht.

Recht und Jugend sind zwei im Bewußtsein in unmittelbare Verknüpfung gebrachte Ideen, die in Ziel und Wirkung identisch sind: Die deutsche Jugend hat ein Recht auf alles und sie ist die Macht, die dieses und jedes Recht schafft, insofern als sie heroisch, kriegerisch und siegesbewußt ist.

Das Betonen der Jugendlichkeit der Nation wie des einzelnen in Sprache und Haltung ist ein sehr bemerkenswerter Zug am heutigen Deutschen und steht im Einklang mit dem Wesen der modernen mechanistischen Zivilisation des Wechsels. Kein anderes Volk äußert heute eine derart krankhafte und arrogante Sucht, jung, aktiv, unverbraucht, sprudelnd von Tatendrang und knabenhaftem Eifer zu erscheinen und zu sein.

Nichts offenbart deutlicher die Veränderung der Haltung eines Menschen oder eines Volkes als die Wandlung ihres Wortschatzes. Dieses Phänomen ist charakteristisch für gewisse Geisteskrankheiten und namentlich von den Dichtungen der Schizophrenen bekannt, deren Haupttätigkeit ja das Bilden einer eigenen und in sich harmonisch funktionierenden Welt neben der uns bekannten Welt ist, oft mit höchst bemerkenswerter Kraft und Prägnanz gestaltet. Diese Zusammenhänge sind den Deutschen selbst wohlbekannt, und es sei hier nur an sie erinnert, ohne die pathologische Seite des ›Lebens‹ in einer anderen Welt, aber des ›Wirkens‹ in dieser Welt näher zu untersuchen.

Der fieberhafte Eifer, mit dem die Deutschen die Identität beider Welten, ihrer fiktiven und der uns eigentümlichen, zu beweisen bemüht sind, indem sie die nicht-deutsche Welt zerstören und den Gesetzen ihrer bloß geredeten, also fiktiven und bloß funktionellen Welt unterwerfen, offenbart alle Zeichen eines durch Ekstase und Tätigkeitsdrang charakterisierten Anfalls von Bewußtseinsspaltung, messianischer Megalomanie und aggressivem Sadismus, der durch seine absolute Hemmungslosigkeit auf eine lang anhaltende Krankheit hindeutet.

Abgesehen von den neuen Wortbildungen des politischen Lebens in Deutschland, hat sich die gesamte Sprache des Volkes auch im Ausdruck von Dingen des Alltags gewandelt: Der den Deutschen innewohnende hemmungslose Tatendrang und Arbeitseifer prägt sich mit Vehemenz neuartige Worte und Wortverbindungen und drückt sich über die Worte hinaus in einem Pathos aus, das allen seinen Rednern, all seinen Äußerungen zur Lage einen unwiderstehlichen Schwung zur Tat, zum Bekenntnis, zum Sturmangriff auf die morsche Welt verleiht. Der Drang nach Neuem, nach Unerhörtem, nach der Sensation, der sich als Drang nach Vorwärts, als Fortschritt also über alle Gesetze und Bindungen der Sprache, des sozialen Elementes an sich, hinwegsetzt, ist nicht nur das suggestive Lebenselement, der Dynamismus von Elite und Partei, sondern der Dynamismus des Deutschtums überhaupt geworden, Ausdruck der Gefühle der deutschen Massen, die, das Geheul des Angriffs, den unartikulierten Schreckschrei gegen den Feind in der Kehle, unfähig sind, das wahre Wort, das Wort der Grammatik und Logik zu finden, mit den vorhandenen Tatsachen zu identifizieren und logisch zu handeln. Das gesprochene Wort hat neben seinem überkommenen und gewußten Inhalt noch einen zweiten, mythischen und mythologischen Inhalt, es ist zu einem bloßen Lautsymbol zurückgesunken, als welches es in der Unbewußtseinssphäre der Horde seine wahre Bedeutung hatte, die es jetzt wiedererlangt. Der Zustand der Exaltation erleichtert auf der anderen Seite das Assoziieren. Dieses fördert die in Worte gekleidete Ursubstanz der Gefühle zutage, die Erinnerungsspuren an längst Vergessenes, vom Schutt der Jahre, Jahrhunderte verdecktes Erleben. Der Deutsche redet sich seine Wut vom Leibe, er reagiert die Fesseln der Zivilisation, der wirklich vorhandenen Welt ab und redet, baut sich seine bloß utopische Welt in großen Worten, Drohungen, um sie dann, durch Taten, zur Tatsache und Funktion seiner Technik und technologischen Gesinnung zu machen.

Die meisten dieser Sprachschöpfungen entstammen dem Vokabularium des Krieges, genauer des Kämpfens. Die Art des Vortrages, das brutale Auftrumpfen, der Krampf der Entschlossenheit, die Verbissenheit der Überzeugung: all diese Überbetonungen entsprechen durchaus dem Fanatismus, der nötig ist, um den Widerstand im Stürmenden, den »inneren Schweinehund«, zu unterwerfen und zu zerbrechen. Die Terminologie der Bürokratie und der Arbeiter, der Lehrer und der Jugend, der Offiziere und Beamten, der Literatur, des Films, von Presse und Radio und nicht zuletzt der Schulbücher sprüht von flammender Ungeduld, krasser Intoleranz auf der einen, hündischer, sentimentaler Unterwerfung unter das Kommando der Führer auf der anderen Seite.

Das Erstaunliche an diesen Worten aber ist, daß sie nicht von Soldaten, vom einfachen Mann, vom Volk selbst also geprägt wurden, sondern ausnahmslos von Heerführern und Fürsten, von Bismarck, dem Kaiser, von gelehrten Professoren des All-Deutschtums und Dichtern. Nicht eines dieser Worte stammt von den heute führenden Männern des Dritten Reiches. Diese Redewendungen haben in den wenigen Jahren, die zwischen dem Ersten und dem jetzigen Weltkrieg liegen, den Weg vom Gold der Worte großer Männer zur Platitüde des kleinen Mannes, zur Phrase des Volksredners und der Presse durchgemacht: Lautsymbole, die nur noch »Stimmung« vermitteln. Fetisch-Worte des Ersten Weltkrieges, von dem die Nation noch immer glaubt, sie habe ihn siegreich beendet. Dadurch, daß der Deutsche solche Wortfetische laut und lauter, immer und immer wiederholt, suggeriert er sich (und allen anderen auch) die Wiederholung des Sieges. Durch Mechanik der Wiederholung entsteht der Zwang zum Glauben für alle, der eine Wahrheit wird, weil alle das gleiche glauben.

Diese Worthülsen in rhythmischer Wiederholung sind also sowohl nacherlebte als auch vorweggenommene Taten. Sie sind Materie geworden, Waffen, und zugleich tabu: Wer nicht an sie glaubt, ist kein Deutscher, kein Held, nicht jung. Kein Mensch.

In der ganzen Presse und Literatur des Dritten Reiches, erst recht in seinen Filmen und Theaterstücken finden sich immer wieder die gleichen Worte der Vergangenheit, ohne daß es den Hörern oder denen, die sie anwenden, zum Bewußtsein käme, daß sie nichts weiter zum Inhalt haben als die nervöse Ungeduld aller, endlich eingreifen, handeln, zur Tat schreiten, die Grenzen des Erlaubten, des Gesetzlichen und Metaphysischen überschreiten zu können. Allein die Notwendigkeit sofortigen Handelns prägt diese Worte des Nahkampfes und des mechanistischen Mordtriebes um – zu Worten einer Partei, einer Elite, eines Führers und eines Alltags. Das ganze Leben liegt nur noch in diesen Worten, die ganze Energie der Masse, die gebraucht wird, um sich und der Welt die eigene Existenz und deren Notwendigkeit, so zu sein wie sie ist, durch die Tat zu beweisen. Die Sprache des Neuen Deutschtums hat einen Eigenwert neben dem (allerdings verblaßten) Inhalt der Worte: den der Suggestion, die sowohl zu Taten anfeuert, als auch im Wort bereits vollbrachte Taten vorwegnimmt, als wirklich in der wahrnehmbaren Welt vollbrachte Taten. So leben die Deutschen in einer zeitlosen Epoche des antizipierenden, mühelos Zeit und Raum und damit die Kausalität vernichtenden Traumes.

Die Zeit, die sie durchleben, ist eine Große Zeit, weil es gewollt wird, daß sie so sei. Ob sie tatsächlich eine große oder elende sein wird, gemessen an den Resultaten, die die Deutschen in ihr erreichen, wird sich erst *nach* dem Ablauf dieses Geschehens ergeben – wenigstens urteilt die nicht-deutsche Welt in ihrer überwiegenden Mehrheit so. Doch vermag diese Kritik den zeitlosen Traumzustand des deutschen Bewußtseins nicht mehr zu durchdringen. Die Realität dieses an sich irrealen Zustandes hat ihre eigene Logik produziert, der allzu viele Teile und Geschehnisse korrespondieren.

Ein großer Teil des deutschen Volkes ist erfüllt von dem Willen zur Wiederholung, zum Wiedererleben des Zustandes der Ersten Großen Zeit, die sich als so klein entpuppte, als das Gebäude des ewigen Widerspruches zur Realzeit in sich zusammenbrach. Offiziere, Industrielle, die Jugend und die zur Elite avancierten Männer des Jahrganges 1900, sie alle wollen Wiederholung aus Gründen der Reparatur ihrer Ehre. Die damals von nicht kompetenten Heer- und Wirtschaftsführern begangenen Fehler sollen genauer studiert und vermieden werden; das heißt, sie sollen als nicht absolut im deutschen Denken begründet widerlegt werden können. Das Geschehen in der deutschen Welt hat also eine doppelte Bewegung: rückwärts in die Jahre 1914–18, vorwärts in eine Zukunft, die mit Worten wie »Lebensraum; geopolitische Notwendigkeiten; Neu-Verteilung der Erde und ihrer Reichtümer« konkretisiert, den »permanenten Krieg« als Impuls zur mechanistischen Utopie benützt.

Der Krieg ist daher nicht etwa nur ein Mittel, sondern Ziel, etwas Erreichtes und daher schon vorab ein Endsieg. Der Deutsche erlebt den Krieg bereits als vollendete Utopie: als mechanische Ordnung aller Beziehungen, geadelt durch Kriegsethik, und als das Kraftfeld, auf dem er all seine Vitalität und Tüchtigkeit ausprobieren, spielen lassen und beweisen kann.

Der Traum vom Krieg besitzt also einen vieldimensionalen Wert für den Deutschen. Er ist zunächst sein konkretes historisches Ur- oder Hordenbewußtsein. Zum zweiten ist deutsche Geschichte, viel mehr als die irgendeines anderen Volkes, durch Kriege geformt worden; einige davon blieben als ewige Erschütterung in seinem tiefsten Unterbewußtsein lebendig – wie etwa der Dreißigjährige Krieg, die Napoleonischen Kriege. Zum dritten aber setzt etwa mit Stein und Scharnhorst, verstärkt unter Bismarck und Wilhelm II., die Umdrehung des Alptraumes zum Traum vom Krieg ein, der als groß, positiv und wirtschaftlich notwendig erscheint – ein Wunschtraum, der vom Erfolg ausgeht, der die Überzeugung des Sieges als historisches Element der ganzen Nation okuliert, alle ihre Säfte durchdringt, *bevor* der Sieg tatsächlich errungen, ja, bevor der Krieg überhaupt begonnen wurde. Da ein Volk einen Krieg nur dann beginnt, wenn es überzeugt ist, ihn gewinnen zu können, so erleben wir bei den Deutschen den Zustand des errungenen Sieges, der Unbesiegtheit und Unbesiegbarkeit vor, während und nach einem Krieg, selbst wenn dieser unglücklich ausgehen sollte. Mit anderen Worten: Die Wirkung eines Krieges, der Sieg nämlich, steht *vor* der Tat, sei es als Illusion, sei es als Wille zum Krieg, als Todes- oder Mordtrieb, sei es als Weg zum Sozialismus oder als Idee des Großen Planes – in keinem Fall aber handeln die Deutschen gemäß der Logik eines nichtträumenden Tagbewußtseins in Anpassung an die Vorgänge der nichtdeutschen Welt.

Mag sich die Zeit wie immer darstellen, als Sich-selbst-Handelndes oder Durch-uns-Handelndes, die Grenzen der Traumlogik liegen im Bewußtsein der Nichtträumenden. Es mag eine gewisse Zeit lang aussehen, als sei eine neue Logik des nur herbeigeredeten Zustandes der Menschen in oder außerhalb einer Utopie verpflichtend und bindend für diese und für die umgebende normale Welt – eben infolge der großen Massen, die diesem Traumzustand verfallen, und der exakten technologischen Werte, die diesen Zustand abzusichern scheinen: Eine solche Zeit des Traums einer Nation kann nur als Funktion des Relativen, nicht als eine wirkliche und positiv vorhandene Kraft innerhalb der Menschheit betrachtet werden. Das Relative ist der zugegebene Unwert einer Sache in der Aussage des Menschen, der sich der Verantwortung entzieht für das, was er angerichtet hat, oder der aus seinem beziehungslosen, weil traumbefangenen Zustand auf die Welt als auf etwas Unwirkliches sieht.

Dies Verhalten ist charakteristisch für das ethische Verhalten der meisten Deutschen. Ihre traumhafte Beziehungslosigkeit macht sie moralisch immun und zugleich zu allem, auch zu den grauenhaftesten Verbrechen fähig, ohne daß ihr Gefühl des Rechten, Wahren, Edlen, das in ihnen – als Deutschtum – zu einer funktionellen Basis wurde, im geringsten davon angetastet würde. Weltfremd zu sein (wie ein Professor), jenseits zu sein von Gut und Böse, Pazifist, General und Zyniker flachster Zuständlichkeit in einem, das empfindet und erlebt der Deutsche in sich als große Tugend; bei anderen jedoch als etwas Feindliches, das ihn verachtet und vernichten will. Aus diesem Bewußtsein der eigenen antinomischen Stellung zur Welt entsteht die Behauptung, daß es ein anderes Deutschland gebe, ein unsichtbares, das, auf sich zurückbezogen, still in vielen, in den besten Deutschen lebe. Dieses andere Deutschland ist genauso wie das nicht-andere Deutschland reine Traumexistenz, beziehungslos zum geschichtlichen Raum, bestenfalls die literarische Spekulation eines deutschen Professors auf die Dummheit der nichtträumenden Welt.

Wenn es kein anderes Deutschland gibt, das vorhandene Deutschland sich aber im Zustand der Trance, des zeitlosen Traumes, der Bewußtseinsspaltung befindet, so muß daraus gefolgert werden, daß es augenblicklich überhaupt kein Deutschland im Sinn der Wirklichkeit und des Bewußtseins der Menschheit gibt.

Da alle Völker europäischen Geschichtsbewußtseins ihre Wirklichkeit in der Form von Staaten ausdrücken, muß daraus weiter folgern, daß zwar ein deutsches Volk existiert, aber kein deutscher Staat: Das deutsche Volk hat seine Staatsform aufgegeben zugunsten des Hordenzustandes eines Volkes auf der Wanderfahrt, der auf uns zeitlos, wie ein Traum wirkt, in welchem die Gesetze staatlicher Logik aufgehoben, die Geschichte umgekehrt und in Auflösung begriffen sind. Neben und inmitten unserer Wirklichkeit hat sich eine relative Wirklichkeit niedergelassen, die zum Angriff auf unsere Welt übergeht und mittels der realen Technik allerdings den wirklichen Tod über uns bringt. Die Deutschen sind von der Idee des Sieges beherrscht, die *vor* der Tat kommt; ihre Illusion ist daher eine zutiefst gewollte Antizipierung einer bereits erfüllten Tat, eine aktive Illusion, die als Impuls zum Sieg *in* den Massen, als Idee aber *außerhalb* ihrer liegt.

Beide Zustände des Traums der Allmacht und des Sieges sind koordiniert und diszipliniert durch den Großen Plan der doppelgestaltigen Elite: der Kriegerkaste und der Industriellen.

Ihren sprachlichen Ausdruck, den einzig zuverlässigen Gradmesser für Erfahrung und Willen eines Volkes, fand die Welt des erträumten Sieges in all den ungewöhnlichen Worten des Angriffs, der Drohung, der nervösen Ungeduld und des trotzigen Kraftbewußtseins – Worte, die ihrer Sinnsubstanz nach einen Wachzustand voraussetzen, ihrem Zusammenhang nach aber gerade das Irreale des Traums übermitteln. So bedeutet der Furor dieser Worte, daß das Unbehagen der Träumenden über ihre schmerzliche Beziehungslosigkeit zur Welt der Tatsachen durch verstärkte Tätigkeit mittels mechanischer Arbeit und letzthin durch Krieg aufgehoben werden könne. Der Deutsche *muß* handeln um jeden Preis. Dieser Zwang, die absolute Notwendigkeit seinen Zustand zu verändern, von dem des in Illusionen befangenen Träumers in den eines Siegers über die reale Welt zu geraten, ist der eigentliche Inhalt dieser Unrast der deutschen Partei des Nationalen Sozialismus, des Neuen Deutschtums und der Politik all ihrer Gruppen.

Das Charakteristikum des Neuen Deutschtums, wie wir es als eine Bewegung der Jugend gegen das Morsche, Überlebte dargestellt sehen, ist die Abhängigkeit der Deutschen vom Jungsein-Wollen, vom Funktionieren des Sexualtriebes, die sich gleichzeitig als Angst vor dem Alter und als dessen Verachtung manifestiert.

Der Wille, ewig oder so lange wie möglich jung zu erscheinen, hat nur dann einen Sinn, wenn dieser Jugendlichkeit die Energie der sexuellen Freude, des sexuellen Genusses erhalten bleibt. Da sie aber mit der Zeit verlorengehen muß, und dies um so eher tut, als das Ungestüm des Genusses diese Energie vorzeitig verbraucht, so schafft sich der Deutsche im Krieg und in seiner kriegerischen Sprache den Ersatz für diesen Genuß: sei es als sadistische Steigerung der Gewalt, sei es in Worten, die seinem Triebverlangen angepaßt sind. Im Sexualwitz und in der Phraseologie des Helden und Pogromisten, des jugendlichen Teufelskerls, schafft sich die erstickende Atmosphäre sexueller Triebüberspannung Luft; in der kriegerischen und in der sexuellen Libido verbirgt sich gleicherweise das Pathos falscher Jugendlichkeit, welches der erwachsenen Welt so peinlich verlogen erscheint, daß es als unfaßbar beiseite geschoben wurde: ein schwerer psychologischer Fehler. In der Jugend nämlich liegt die ganze Zukunft dieses Dritten Reiches und des Neuen Deutschtums.

Lange bevor es einen Hitler oder überhaupt den Begriff der politischen »Bewegung« als Funktion einer Elite in und an einer Masse gab, existierte die Bewegung der deutschen Jugend: die »Freie Deutsche Jugendbewegung«. Sie und nicht irgendeine Partei, gab dem Zeitalter des jugendlichen Plebejers und Kleinbürgers, den Techniker, Generäle und Politiker zum Sturm gegen die Menschheit führen, den Atem, die substantielle Hoffnung und die metaphysische Stoßkraft des Deutschtums, und verwandelte es, mit Hilfe der sozialistischen Ideologie der arbeitenden Massen, in eine traumhaft utopische Religion der Gewalt.

Die deutsche Jugendbewegung war in der Tat ein einzigartiges Phänomen in Europa. An ihr kann der Vorgang des Hinabsinkens und der Verflachung, der Vermassung eines Ideals verfolgt werden. Dies Ideal hat sich heute in sein exaktes Gegenteil verkehrt, es trägt die deutsche Jugend in eine Richtung, derjenigen entgegengesetzt, die einst ihre Vorläufer und Propheten anstrebten – ohne daß sich im Bewußtsein der Jugend oder an ihrem Glauben etwas geändert hätte. Der Vorgang ist religionsgeschichtlich bekannt: Was einmal die revolutionäre Idee einiger vom Gotte Erleuchteter war, wurde konservativ und historischer oder kirchlicher Besitz einer Masse. Anstelle von Beten und Ringen trat Nachbeten und Singen, welch letzteres ja als Suggestionsmittel einer ursprünglichen und feierlichen Stimmung namentlich bei den Deutschen eine gewaltige Rolle spielt; woraus dann der Irrtum entstand, die Deutschen müßten ein musikalisches Volk sein, was sie nicht sind. Sie haben Musiker von Weltruf hervorgebracht und sie allesamt entweder verachtet oder vergessen, zumindest im größten Elend sterben lassen – eben weil sie als Masse keinerlei Beziehung zum Musikalischen haben, welches schöpferische Erlebnisfähigkeit und Kindlichkeit voraussetzt. Es mag irgendwann einmal anders gewesen sein mit den Deutschen; aber wir haben es hier mit der Brüchigkeit und dem veränderlichen deutschen Wesen generell zu tun und müssen daher die Rolle des Singens innerhalb der musischen oder amusischen Gestalt der deutschen politischen Bewegung als Mittel der gleichen Suggestivkraft erkennen wie die Sprache.

Die Funktion der Schule in Deutschland war vor allem die

Erzeugung blinden Gehorsams im Kind. Jede Möglichkeit der Bildung eines eigenen Ideals oder einer individuellen Wesensart wurde systematisch zerbrochen. Der Lehrstoff war durchsetzt mit starrem, einseitigem Nationalismus und der Verherrlichung des Militärischen; Soldat und Beamter waren höhere Wesen, denen zu gehorchen, Pflicht und Sinn des deutschen Lebens war.

Der Hauptkampf der preußischen Generäle nach den Niederlagen im Napoleonischen Feldzug galt der Einführung der Allgemeinen Wehrpflicht. Um diese dem widerstrebenden Volke annehmbarer zu machen, versprach man ihm die ›Freiheit des Rückens‹, die Abschaffung der grausamen Prügelstrafe und des Spießrutenlaufens; ungeachtet der Proteste der Offiziere und des berühmten ›Revolutionärs‹ der preußischen Verwaltung, des Herrn vom Stein, entriß man dem Feldwebel den Stock und drückte ihn dem Lehrer in die Hand: Die in der Armee abgeschafften Knuten sausten noch auf die Kinder, die Gefangenen, die Schwachen, die Juden nieder, und in den Nachbarländern nennt man die Deutschen schlicht die Kinderprügler – *les batteurs d'enfants*.

Erziehung und Unterricht in Deutschland sind untrennbar von der Ertüchtigung durch Schläge. Der junge Mensch, ob Schüler oder Rekrut, ob Lehrjunge oder Knecht, wird mit Überlegung und Wollust gepeinigt, geschunden, geschliffen und gepiesackt. Die Synonyme für Prügel und seelische Züchtigung und Quälerei jeder Art sind unübersehbar. Sie variieren von der brutalen Alliteration des Vorgangs klatschender Strafen bis zu neckischen, lyrisch anmutenden Wortprägungen. Kein Wunder, daß der Mensch, der als Kind geschlagen und getreten wurde, sich als Erwachsener seinerseits dann an Unterlegenen und Schwachen für die in der Jugend empfangenen Demütigungen rächt. Diese seelische Mechanik erzeugt im deutschen Soldaten jenen unvorstellbaren Kampfwillen, den Gegner zu schlagen und auszurotten, den die Welt den spezifisch soldatischen Geist des Deutschen nennt.

Die Empfindsamen brechen unter dem doppelten Ansturm der Pubertät und der Mißhandlungen zusammen. Deutschland war, und ist in steigender Progressivität, das Land der Schüler- und Soldatenselbstmorde. Gegen diesen Zustand der Sklaverei und der absoluten Wehrlosigkeit protestierte die deutsche Jugend seit Beginn des 19. Jahrhunderts mit aller Vehemenz in den Burschenschaften, den Organisationen der akademischen Jugend; hundert Jahre später fand dieser Protest seinen Weg bis in die Tiefen der deutschen Jugend, aus denen er als eine breite, allgemeine Bewegung der jugendlichen Massen aufstieg und Erstaunen, Furcht und Abscheu erweckte. »Die Freie Deutsche Jugend« – so nannten sich diese Scharen der Wanderer, die im Freien in Zelten lebten und gerührt einer wiederentdeckten Natur in die Arme sanken, verspätete Nachfahren des großen Jean Jacques Rousseau – war der Ausdruck einer allgemeinen Flucht aus der Zeit, war Flucht vor Mechanisierung und Verödung des deutschen Lebens, vor der brutalen Unterdrückung des jugendlichen Willens durch den älteren, vor allem durch den bürokratischen Menschen, Flucht in eine Freiheit, unter der man zuerst und hauptsächlich die Freiheit der Natur und der Sexualmoral verstand. Die Jugend wollte, daß ihre Pflichten, die sie brav und geduldig durch alle Prüfungen hindurch bis zum Selbstmord oder Heldentod erfüllte, durch Rechte sinnvoll gemacht, kompensiert würden.

So kam im Oktober des Jahres 1913 – knapp ein Jahr vor dem großen Erdbeben – das ›Parlament‹ der Freien Deutschen Jugend auf dem Hohen Meißner zusammen, wo sich dreizehn Verbände zur »Freideutschen Jugend« zusammenschlossen. Ihr Programm begann mit den Worten: »Die Freideutsche Jugend will aus eigener Bestimmung, vor eigener Verantwortung, ihr Leben gestalten. Für diese innere Freiheit tritt sie unter allen Umständen geschlossen ein.«

Es ist weiterhin viel die Rede von Treue, Kameradschaftlichkeit, Opferbereitschaft, von Liebe und Natürlichkeit des Wesens. Die eigentliche Bedeutung dieses Zusammenschlusses von nahezu einer Million junger, zumeist kleinbürgerlicher Menschen, Burschen und Mädchen, liegt aber in den Worten »eigene Verantwortung« und »innere Freiheit«: Die Jugend verlangte das Selbstbestimmungsrecht für die Dauer ihrer Jugend, deren Ausdehnung damit unbewußt bereits angedeutet ist – wer möchte wohl ein so köstliches Gut wie das Selbstbestimmungsrecht freiwillig wieder aufgeben?

Innere Freiheit aber tritt von Anfang an scharf in Gegensatz zum Begriff der äußeren Freiheit: Die Freideutsche Jugend ist konservativ und national, wird sehr bald nationalistisch und betont, daß sie allen Parteien, die Umsturz des Staates oder der Gesellschaft zum Ziele haben, fernstehe. Ihre Revolution kommt von innen her, vom Gefühl, vom Erlebnis, der Ahnung eines großen Schicksals und der besonderen Bestimmung, die ihr vorbehalten sind. Diese chiliastische Grundstimmung der deutschen Jugend ist sehr bedeutsam und sie verbreitet ihren Brodem von unten her sehr bald durch das ganze Volk als eine Vorwegnahme jener kosmischen Panik, die gerade diese Jugend und dieses Volk über die Erde senden werden.

Hier erkennen wir das Walten eines typisch deutschen Grundgefühls: Lebensangst und zugleich Hoffnung auf die Gnade, die es erlauben möge, das Verlangte zu erfüllen. Es ist die nämliche Bewährungsangst Luthers, der den trotzigen Ausweg von der Auserwähltheit, die Prädestination, erfand, um den Schrecken der Einsamkeit und der Schwäche zu überwinden, den seine Konzeption vom Glauben und der Gnade nur widerspiegelte; dieser Schrecken, zutiefst verwurzelt, lebt in allen deutschen Massen. Anspruch und Anpassung vermögen dieses chiliastische Gefühl der kommenden Tage nur schwach zu regulieren, und ihre mechanistische Veräußerlichung erfüllt heute die Welt mit Furcht und betäubendem Lärm.

Der Zusammenschluß der einzelnen Jugendverbände von 1913 machte dem freien Leben und der freien Liebe der »Wilden« ein Ende. Der Staat wurde auf die Rebellion seiner zukünftigen Rekruten aufmerksam; die Leiter der Verbände wurden zu staatlichen Jugendführern ernannt und vom Staat besoldet; sie bemächtigten sich der freiwilligen Ordnung und Ideale der einzelnen Gruppen und werteten sie um nach den Prinzipien der militärischen und bürgerlichen Disziplin. Der preußische Generalstab erkannte sofort den Wert freiwilliger, idealistischer Disziplin für seine Zwecke, und wir dürfen in der

Freideutschen Jugend die Urzelle aller paramilitärischen Organisationen erkennen, so wie sie auf der anderen Seite die Urzelle aller modernen Pädagogik ist, die ihren Ausdruck in Koedukation, Landschulgemeinden, im Unterricht im Freien und in Wanderfahrten findet.

Dann kam der Krieg, und die letzte Stunde aller inneren und äußeren Freiheit der deutschen Jugend hatte geschlagen: Die Jugendbewegung wurde eine Zwangsorganisation der Armee und ein lediglich militärisches Instrument; das Wandern entartete zur Felddienstübung, das Leben in Zelten zum Manöver; anstelle der altdeutschen Lieder traten die Haß- und Kriegsgesänge der Soldaten und anstelle der Gitarre Trommeln und Pfeifen. Die Führer waren Offiziere, und bald pflückten die Wandervögel blutige Lorbeeren in Flandern und in Frankreich. Mit ihnen starben die Ideale und blieben doch, zur Tradition entartet, als Instrument der Macht der Politiker und Militärs lebendig.

Nach dem Krieg bemächtigten sich alle politischen Parteien der zersprengten Reste dieser Organisation der jugendlichen Massen und formten sie nach ihren Prinzipien sozialistischer, nationalistischer oder religiöser Ideologien. So kam es zu drei ganz verschiedenen und feindlichen Jugendorganisationen, die aber schon die künftige Gestalt und Vereinigung aller in der nationalsozialistischen Jugendbewegung, der Hitler-Jugend, erkennen lassen.

Nur das rein Äußerliche der ehemaligen Freideutschen Jugend ist geblieben; aber auch dieses zur Karikatur entstellt: Anstelle der »Kluft« tritt die Uniform, anstelle des Wanderns die Demonstration, der Propagandamarsch mit Fahnen und Wimpeln; die Gesänge werden politische Leitartikel. Der Kampf gegen die Erwachsenen wird zum Kampf gegen politische Gegner, mit wohlvorbereiteten Überfällen, bei denen es Tote und Verwundete gibt. Der Feind steht rechts oder links, in jedem Fall ist er ein Deutscher, und durch diese Eigenschaft erst recht hassenswert, weil er ein Verräter, ein Überläufer, ein Spion und Reaktionär ist – ein Ehrloser in jedem Fall, den auszurotten eine gute Tat ist. Der Haß gegen den aus den

Schützengräben vor Verdun und Arras verschwundenen Feind blieb als bestimmungsloser Haß gegen den andersdenkenden Deutschen erhalten. Den Feind im Deutschen wiederzuerkennen, fiel allen leicht, denn die Legende des unbesiegten Heeres ergriff Freund und Feind in Deutschland, und in diesem Geist der Unbesiegbarkeit wurden auch die Schlachten der Jugend geschlagen.

Das Mitglied der Jugendverbände wird zum Prototyp der Sturmtrupper, und seine Gesinnung richtet sich ausschließlich gegen den inneren Feind, der das einzige Objekt seiner aufgespeicherten Grausamkeit und militärischen Aggressivität geblieben ist. Hat sich der Gegner von der Stärke der Argumente ›überzeugen‹ lassen, muß er die ursprünglich gegen ihn angewandte Methode der Vernichtung, gegen seine früheren Kameraden anwenden, ja, noch übertrumpfen, um als richtiger National-Sozialist angesehen zu werden. Auf diese Weise entstehen die an sich sonst unvorstellbaren Verbrechen der verschiedenen Schutztruppen und paramilitärischen Verbände der siegreichen Partei.

2

Im Verlauf der Vermassung der deutschen Jugend, als welche wir diese lange, zuletzt beschleunigte Degeneration eines Ideals verstehen müssen, sollen die reinen und ehrlichen Individuen sich ihrer gesellschaftlichen Schwäche bewußt werden und deshalb, um ihre Ideale zu verwirklichen, nach staatlichen Helfern suchen, an die sie zuerst Konzessionen machen, denen sie dann ihre Macht als Ganzes abtreten müssen, um nicht über ihre Ziele hinausgedrängt, gegen die Gesellschaft kämpfen zu müssen und somit als Feinde des Vaterlandes betrachtet zu werden. Die Konzession ist jene Komponente der Vermassung im Individuum, die der inneren Notwendigkeit zum Handeln in jedem Deutschen Hilfestellung leistet, ohne die eine Tat im Sinn des Deutschtums nicht möglich wäre: Im Sinn des expansionistischen Deutschtums war die Rebellion der Jugend gegen die überlebten starren Moralgesetze der bürgerlichen Klassen eine Bewegung mit neuen Kräften in einer sich langsam, dann immer rapider verändernden Welt der Technik.

Die deutsche Jugendbewegung war in ihren Anfängen eine Art Aufstand der Kleinbürger, eine aufständische Massenbewegung der Söhne und Töchter von kleinen Kaufleuten, Handwerkern, Beamten und Arbeitern, die ihre Lebensziele nicht mehr in den materiellen Verheißungen und Aufstiegsmöglichkeiten ihrer Eltern, der Gesellschaft oder der politischen Parteien sahen, sondern in der unmittelbar *hier und jetzt* durchzusetzenden und zu verwirklichenden Freiheit ihrer Triebe, ihrer Ansprüche an das individuelle Leben jedes Einzelnen und ihrer Forderungen an die Gesellschaft.

Es war der Versuch einer Flucht vor der Vermassung einer Reindividualisierung des deutschen Menschen, der, wie Luther gegen die Fesseln des Abendlandes, von neuem protestierte. Solange sie Einzelne blieben, waren sie in der Tat der Masse gefährlich und damit auch dem immanenten Prinzip des großpreußischen Reiches. Jeder von ihnen schien eine Art Thomas Münzer zu sein. Die Mitglieder der ersten Freien Deutschen Jugend drückten ein großes Erlebnis aus, sie nannten es die Neue Zeit, sie glaubten an sie und an ihren absoluten Unterschied zu jener Zeit, die das Reich Kaiser Wilhelms heraufgeführt hatte. Sie wollten sich und ihre Gefährten befreien von den Fesseln der Maschine, der Berufshetze, des Kapitals, der falschen Ehekonvention, der brutalen Prügelei und Zerstörung ihrer zartesten Träume, ihrer ersten Liebe durch bigotte Väter, Bürokraten und Feldwebel.

Es muß festgehalten werden, diese Jugendbewegung war zwar ungläubig im kirchlichen Sinn, in ihrem Wesen und Verhalten zum Mitmenschen aber zutiefst christlich und voll natürlicher Religion. Ein gläubiger Zug der Naturanbetung ging durch alle diese Gruppen und Scharen, die in versteckten Waldlichtungen sich der Kleider entledigten und sich nackt, wie Natur sie geschaffen, mystischen Sonnentänzen hingaben. Diesen Glauben an die Neue Zeit und die innere Freiheit dehnten sie auf alles aus, was ihrer Meinung nach erneuert werden mußte: Kleider, Haartracht, Möbel, Speise und Trank, Kunst, Tanz und Theater, vor allem aber die Literatur – nichts konnte sich ihrem experimentellen Eifer entziehen. Was wirksam war und geblieben ist, vereinigte sich in neuen Gruppen zu einem neuen Lebensstil, zu einer intellektuellen Schöpfung und ging erst im Aufstand der Massen 1933 definitiv zugrunde: Die Jünger töteten die letzten Spuren ihrer Propheten als das Unreine, Undeutsche, Unvölkische, weil sie es nicht mehr verstanden, seinen Sinn vergessen hatten.

Die Bündischen wollten zwischen ihr erotisches Erlebnis der Pubertät, der ersten idealen Kraft, und dem späteren Leben in Beruf, Militärdienst, Ehe keine Kluft wissen. Sie wollten die Persönlichkeit des ungeteilten und nicht unterdrückten, des ungebrochenen Menschen erhalten – das klassische und eigentlich undeutsche Ideal des Individuums, wie es in den lateinischen Nationen verwirklicht scheint. Die Bündischen verlangten die Beibehaltung der von ihnen gefundenen oder neu geschaffenen Werte der Neuen Gemeinschaft und Kameradschaftlichkeit, weil sie diese Werte im industrialisierten und militaristischen Kaiserreich vermißten und als das erkannten, was sie diesem Deutschland geben konnten, um es von seiner gefährlichen Bahn der Veräußerlichung, der Mechanisierung aller Lebensbeziehungen zurückzureißen. In ihren Thesen hatte diese Jugend klar ausgedrückt, daß sie ihr Leben selbst gestalten und selbst verantworten wolle: das bedeutete zuallererst die sexuelle Emanzipation für beide Geschlechter – für Mann *und* Frau. Die Gleichsetzung beider in ihren Rechten und Pflichten war eine unerhörte Neuerung. Diese Jugend verachtete die literarische Mode einzelner weniger Schwärmer und hielt sich an den Sinn, an die Sinne. Alles, was seitdem für die Emanzipation junger Mädchen (nicht der Frauen) in der Schule und vor der Ehe getan wurde, nahm von diesem Experiment der Freien Deutschen Jugend seinen Anfang, sofern es gegen den Willen des Staates, der Kirche, der Familie und der öffentlichen Konvention geschieht.

Die deutsche Jugend in Bewegung wollte von nichts anderem mehr wissen, als von ihrer persönlichen Freiheit, vom Erwachen ihrer Persönlichkeit während der Pubertät; sie wollte nicht mit einer Freiheit vorliebnehmen, die man geschenkt erhält oder sich kraft seines Geldes, seiner Stellung leisten kann; nicht jene Freiheit des Umgehens moralischer Vorschriften der Gesellschaft, sondern deren Erneuerung, Zerstörung und Ersetzung durch dem Gefühl der Jugend besser angepaßte Gesetze. Auf die sexuelle Freiheit also kam es ihr zuerst und zuletzt an, auf das Erleben ihrer Sinne vor der Ehe. Diese Forderung der Natur im Menschen, seiner Triebe und Kräfte, nach unbeschränkter Entfaltung hat die Erotik zur gefährlichsten aller Waffen in den Händen der Führer der Hitler-Jugend gemacht.

Die Vorverlegung des sexuellen Erlebnisses und der sexuellen Bereitschaft bei beiden Geschlechtern *vor* die religiöse kirchliche Erziehung, die aus den deutschen Schulen von Hitler generell verbannt wurde, ist der eigentliche Schlüssel zum Erfolg der militaristischen Elite und ihrer Ideen bei der deutschen Jugend und damit bei den kommenden Generationen. Was die Jugend und eine sich jugendlich gebärdende, hemmungslose Nation in Bewegung setzt, ist Haß gegen das Christentum, ausgedrückt und dargestellt in der Gier der deutschen Jugend nach absoluter Triebfreiheit im Erotischen. Die Verfrühung der sexuellen Entwicklung, ihre zeitliche Vorverlagerung vor die richtige, von der Natur selbst gesetzte Zeit des Einzellebens, wenn sie sich als der alles in Seele und Leib dominierende, alles idealisierende Generaltrieb des jungen Menschen etabliert, stellt in Deutschland die gesamte europäische Kulturentwicklung auf den Kopf.

Dadurch, daß anstelle der konservativen und traditionellen Hemmungen und Verbote der Kirchen, welche die Fleischeslust zu einer der schwersten Sünden stempeln, mit ewiger Verdammnis und fürchterlichen Krankheiten schon in dieser Welt beladen, welch beide Drohungen heute nicht mehr ernst genommen werden können; dadurch, daß weiterhin anstelle der konfessionellen Erziehung im Sinne der großen klassischen Religionen nun nichts gesetzt wird, jedenfalls nichts anderes als ein Glaube an den Führer, an deutsche Rasse, Tüchtigkeit und Tapferkeit, der alles erlaubt und alles möglich ist – durch diese einfache, durch Erlaß der Behörden erfolgte Veränderung einer bisher als unumstößlich notwendig geglaubten menschlichen Entwicklung, kann der Sexualtrieb des jungen Deutschen, und des Deutschen überhaupt, sich frei entfalten. In der Lehre des Glaubens an den Führer ist nämlich keinerlei sexuelle Hemmung, keinerlei sexuelles Verbot oder Gebot enthalten; in der nationalsozialistischen Doktrin ist nirgends die Rede von Höllenstrafen, gesellschaftlicher Verachtung, die den erwarten, der sich der natürlichen und ohne sein Zutun in ihm brennenden Lust seiner Sinne vor der Ehe hingibt.

Die Auffassung der ersten freien Jugendbewegung, die Liebe des jungen Menschen zu seiner Kameradin sei auf Ehrlichkeit und Gleichberechtigung begründet und ein einfacher, natürlicher Tatbestand hat in der Hitler-Jugend jenen lauten, aggressiven und intoleranten Akzent angenommen, der allem anhaftet, was die Deutschen heute als ihr Credo verkünden: weil sie wissen, daß es einmal einen anderen, ihnen feindlichen und verhaßten Sinn hatte.

Die sexuelle Moral oder Amoral der Hitler-Jugend enthält als politisches Instrument außerdem neben den antireligiösen und asozialen ein gut Teil Klassenkampfinstinkte. »Wir tun nur das, was die oberen Klassen, die Begüterten, seit jeher taten; die niemals an die Höllenstrafen, die Erbsünde, die Verderbtheit des Fleisches glaubten, sondern diese lediglich predigten; die sich ihr redlich Teil an allen Gütern und Freuden dieser Erde nahmen, auch wenn es Gottes Geboten widersprach, und den Armen an Geist und Gut die Todesfurcht vor den höllischen Strafen ließen; sie schließlich den irdischen Richtern überlieferten, die sie zu Strafen verurteilten auf Grund von Gesetzen, die die Reichen selbst zum Schutze ihrer Klasse und ihrer Macht erfunden hatten und die auf eben jenen religiösen Vorschriften beruhten, an die sie selbst niemals glaubten. Unsere Richter sind die Erfinder der Gesetze, zugleich deren Übertreter, und sie wenden sie nur gegen die andern, niemals gegen sich und ihre Klassengenossen an.« – So etwa sprachen die Mitglieder der Hitler-Jugend vor der Machtergreifung durch die Partei.

Diese täglich und überall in Deutschland so und viel schärfer formulierte These ist der Ausdruck eines überwältigenden Volksempfindens, der Rechtlosigkeit des Individuums und der Rechtsunsicherheit der Massen unter der Republik. Dieses Gefühl, namentlich in sexuellen Dingen ungerecht behandelt oder nicht ernst genommen zu werden, war stark und allgemein in der arbeitslosen Jugend, sie reichte tief hinein in an sich konservativ denkende Kreise von Lehrern, Beamten und natürlich Schülern und akademischer Jugend.

Die Bewahrer und Verkünder des Rechtes waren die Alten, die Männer der Vorkriegszeit, die aber den Krieg verloren hatten, weil schon damals das Recht schlecht und falsch war; diese Alten waren an dem ganzen Elend von Nachkriegszeit und Arbeitslosigkeit schuld. Darum mußte und wollte die Jugend mit ihnen und ihrem schlechten Recht aufräumen und ein neues Recht schaffen, das die Jugend bevorzugt, deren Überzeugungen respektiert und in Taten umsetzt. Um dieses Recht der Jugend zu schaffen, schloß sich die deutsche Jugend in einem einzigen Verband Hitler, dem Führer, dem Schaffer des Neuen Rechtes in einem Neuen Reich an.

Das Recht der Jugend ist das Recht der herrschenden Klasse der Zukunft. Als Krieger sind die jungen Deutschen bereits heute im Vollbesitz eines besonderen Rechtes, des Kriegsrechtes nämlich, das ihnen Macht über Leben und Eigentum der ganzen Welt verheißt.

Der Hitler-Junge braucht keinerlei Hemmungen religiöser oder moralischer Art mehr zu überwinden. Indem er seinen Trieben folgt, folgt er nur der ihm von der Natur mit auf den Weg gegebenen Vernunft, die eine irdische, rationelle und materialistische Vernunft ist. Er erspart sich die Jahre schwerster seelischer Konflikte, einer sexuellen Neurose, die das Leben, namentlich der begabten Kinder, so sehr beschweren und oft für immer verbiegen. Wie viele Menschen flüchten aus diesen Konflikten in körperlichen oder seelischen Tod, schleppen sich dahin unter Depressionen und allen Arten neurotischer Erkrankungen, weil ihre Phantasie ihnen die Gespenster der Hölle, die Eltern und Priester in ihre verwirrten Seelen senden, wirklicher erscheinen läßt als die sie umgebende Welt und ihre Sehnsucht, als deren Opfer sie sich fühlen; der Horizont ihres Lebens ist von dunklen Wolken umlagert, von Blitzen, Kriegen, Feuersbrünsten erhellt und bedrückt von der Erwartung fürchterlicher und großartiger Ereignisse, die ihr Echo in jedes Menschen Brust wecken, ein idealistischer Schwung, die irreale Sehnsucht nach dem Erlebnis des Ungeheuren, die rührende Begeisterung und dumpfe Aufsässigkeit gegen die Autorität wirbeln diese Jungen und Mädchen in der Gesellschaft noch mehr durcheinander als die Erwachsenen: alle zusammen aber sind gleicherweise angesteckt und hypnotisiert von dem chiliastischen Gedanken der deutschen Sendung.

Es ist hier, wo es sich um Einordnung und Verstehen von Sinn und Bedeutung einer modernen Massenbewegung der Jugend handelt, nicht der Platz, nun im einzelnen die Etappen der Zertrümmerung der religiösen und moralischen Bindungen der Jugend, der Aufspaltung und Verlagerung der sexuellen Normen Europas zu verfolgen, wie er in Deutschland vonstatten ging. Stattdessen wollen wir nochmals kurz den geistigen Zustand der Hitler-Jugend in Europa und gegen Europa charakterisieren, um allen Einwänden zu begegnen, als seien Bedeutung und Lösung der sexuellen Frage in Deutschland hier überbetont, falsch oder einseitig dargestellt; wobei wir zu bedenken geben, daß diese Einwände durchwegs von *älteren* Menschen gemacht werden, deren gesamtes Denken in dieser Sphäre unfrei ist, eben weil es *vor* dem Einbruch der Pubertät in ihre Leben bereits fest in ihrem Bewußtsein verankert lag und sich seitdem nicht mehr wesentlich verändern konnte.

Zu diesem Mißverstehen der gegebenen Situation in Deutschland rechnen wir auch all jene literarischen und journalistischen Urteile, die im Verhalten der Hitler-Jugend zur sexuellen Frage einen Fortschritt sehen gegenüber der Verkommenheit der Sitten unter der Republik; ein Fortschritt der angeblich auf ein hohes Niveau der natürlichen Reinheit und des Willens zur Familie hindeutet: Der Grund hierfür sei, daß Hitler der deutschen Jugend einen »Neuen Glauben« gegeben habe. Diese Anschauung ist namentlich in England verbreitet und beruht auf dem trügerischen Augenschein des korrekten und sportlichen Verhaltens, der Kameradschaftlichkeit und Ritterlichkeit jener hübschen blonden Jungen, die, als lebende Ansichtskarten, Propaganda für die arische Edelrasse und deren neuen Glauben machen. Selbst wenn wir zugeben würden, daß die Sitten unter der ersten deutschen Republik pervertiert waren – eine Behauptung, die an sich schon einen Mangel an Kenntnis deutscher Tatsachen und eine Beeinflussung durch die Hitler-Propaganda verrät, welche die Objektivität des Kritikers ausgeschaltet hat –, bliebe als kultureller Faktor wirksam, daß die Pubertät vor die religiöse Erziehung verlegt wurde. Denn der neue Glaube, den Hitler anstelle des christlichen setzte, schaltet die sexuellen Triebverbote aus, verkündet und befiehlt dagegen Triebfreiheit. Das ist noch in keinem einzigen europäischen Staat bisher versucht worden. Dieses Experiment ist das wichtigste und ungeheuerlichste Unternehmen in der Domäne der Psychologie des ganzen Menschen, das jemals von irgendeinem modernen europäischen, kapitalistischen und besonders weit technisierten Staat unternommen wurde. Es ist deshalb so gefährlich, weil der deutsche Mensch, im Gegensatz beispielsweise zum Russen, zugleich mit der sexuellen Triebfreiheit auch den Mordtrieb entfesselte und organisierte. Im Deutschen wird bewußt der neue aggressive und technisch hochgezüchtete Typus des modernen, hemmungslosen Europäers geformt, der nur mehr rationell denkt, wenn er zur Vernichtung des Lebens und der Freiheit seiner Mitmenschen kommandiert wird: Alle seine persönlichen Ansprüche auf Recht und Freiheit hat er in die Hände seiner Führer gelegt und sich nur das Recht auf Triebfreiheit reserviert.

Es gibt also in Deutschland keine religiöse oder moralische Erziehung mehr, die *vor* der Pubertät kulturelle, zivilisatorische und soziale Hemmungen in der Vorstellungswelt des Kindes so fest verankern könnte, daß dieses sich einer vorgefundenen und fest geglaubten, also konservativen Moral unterwirft und Verzicht auf das volle Ausleben seiner Triebe leistet; das bei Vergehen gegen die Moral mit einem schlechten Gewissen,

Schamgefühlen, allgemeinen Hemmungen oder individuellen Neurosen reagiert und sich deshalb unglücklich fühlt.

Niemand in Deutschland, weder Lehrer noch Priester, weder Vater noch Mutter haben noch das Recht, Kindern, eigenen wie fremden, Vorschriften oder Vorwürfe über ihre Moral zu machen. Die Hitler-Jugend ist sexuell autonom bis zur Kriminalität; die Statistik der sexuellen Verbrechen und Vergehen Jugendlicher, das sei hier am Rande vermerkt, verschafft Deutschland den unbestrittenen Rekord vor allen anderen Völkern der Erde.

Das Dritte Reich läßt die Kirchen als diesseitige Organisationen einer jenseitigen Macht gelten; ihr geistiger und politischer Einfluß bleibt dagegen ausgeschaltet. In den Hohlraum, der durch den Fortfall der religiösen Erziehung und der Bindung an die Kirche entsteht, gießt Hitler als objektiven Inhalt die sehr konkreten Machtvorstellungen, die sich an seine Person, seine Partei und Armee knüpfen; als subjektiven Inhalt fügt die Natur des Menschen automatisch den Sexualtrieb hinzu, der als Ersatz und Gegengewicht für entgangene staatsbürgerliche Freiheit sich in absoluter Freiheit entfalten kann.

Die Frage, ob der erwachsene Hitler-Junge, der Waffenträger der Nation, Soldat geworden ist und ihm die volle Erlebnisfähigkeit seiner Erotik statt durch den Glauben an Gott verkürzt, durch den Glauben an Hitler garantiert wurde, sich später dieser Errungenschaften zugunsten der Triebverbote der christlichen Religionen begeben werde oder begeben könne, muß verneint werden: Der junge Mensch hat den Genuß der Freiheit seiner Triebe mit dem Genuß der Freiheit überhaupt vertauscht, zumal die wirtschaftliche Organisation des Dritten Reiches ihm zudem Arbeit, Brot und Vergnügen im weitesten Ausmaß all seiner ihm vorstellbaren Bedürfnisse verschafft.

Was anstelle der christlichen Gebote der Nächstenliebe, des Respekts vor dem Eigentum anderer, was anstelle des Fleißes, der Güte, der Aufrichtigkeit, Barmherzigkeit und Gerechtigkeit in diesen Hitler-Menschen noch vorhanden oder neu erstanden ist, als assimilierter und unveräußerlicher Bestandteil der Ethik aller menschlichen Gemeinschaft: All das, was als

Erbe Athens und Roms, als Erbe der Lehre Jesu Christi oder der französischen Revolution von der Menschheit als wahr gelebt und anerkannt wird, hat für den Deutschen keine, oder aber eine von der Auffassung der übrigen Menschheit durchaus verschiedene Bedeutung – eine nationalsozialistische nämlich, die jede dieser Erkenntnisse, Maximen und Tugenden mit dem Vorzeichen kriegerischer Aggressivität versieht und substantiell verändert.

Die christlichen Werte haben ihr eigentliches Wesen, ihre Richtung zum Überirdischen, sei es Gott oder Himmel, also den Begriffsinhalt der Uneigennützigkeit, verloren. Alle Tugenden des Deutschen sind Tugenden des Soldaten, und diesen ist, überwiegend, Aggressivität gegen den nichtdeutschen Mitmenschen und den nichthitlergläubigen Deutschen beigemischt; dies zugleich mit jener jugendlich-fanatischen und todesbereiten Selbstaufopferung des Märtyrers. Der Vorgang ist der einer wechselseitigen Entleerung und Wiederauffüllung mit den ursprünglichen Substanzen von Religion und Politik. Die Kirche, Vertreterin Gottes und Verwalterin seiner Gnade und seiner Sakramente auf Erden, wird zu einem politischen Gefäß, zu einer rein politischen Funktion unter anderen Funktionen des Machttriebes: die Partei nämlich. Die Politik dagegen bemächtigt sich des Gesamtinhaltes der ehemals religiös gebundenen Tugenden und Vorschriften: zur Vervollkommnung und Vollendung des Menschen im irdischen Himmel, im Staat, im Dritten Reich.

Das der Hitler-Bewegung innewohnende und zugrunde liegende religiöse Prinzip kommt namentlich in der deutschen Jugend klar zum Ausdruck; es ist das Prinzip einer Religion der Gewalt, die mit Feuer und Schwert sich den Erdball unterwerfen will. Es bleibt trotz seiner barbarischen Formen ein religiöses Prinzip, das vor allem in der mönchisch-sektiererischen Einrichtung der Ordensburgen, wo die neue Elite künstlich gezüchtet wird, triumphiert.

Die Vereinigung aller Männer in einer, aller Frauen in einer anderen Organisation ermöglicht aber auch die Durchbrechung des Gesetzes der materiellen Gleichheit aller, der sozialistischen oder kommunistischen Rechtsidee, durch das Gesetz der Auslese der Tüchtigen, die dann die Reihen der herrschenden Elite auffüllen und in den Besitz der von ihren ehemaligen Kameraden aufgegebenen Rechte eintreten, zu Führern werden.

Die Sätze der neuen deutschen Glaubenslehre stehen nicht als Forderungen fremder, älterer Menschen oder gar der Eltern vor und über der Jugend. Als etwas zu Erreichendes, etwas Positives und beweisbar Wertvolles für das Ich hängen sie allein von diesem Ich und seinen Anstrengungen, sie zu verwirklichen, ab. Die Gebote der neuen Heilslehre sind also nicht etwas Gegebenes, etwas Gelehrtes, nichts Vorhandenes und Überliefertes, sondern sie sind und beziehen sich auf etwas erst zu Erbauendes, das sich entweder als Tausendjähriges Reich der Deutschen oder als heroischer Untergang des gesamten Volkes darstellt. Diese Glaubenslehre ist Richtung und Haltung jedes einzelnen Hitler-Jungen, und nicht etwas, das von einem sagenhaften Propheten in urgrauen Zeiten geoffenbart und verkündigt wurde und deshalb als etwas Göttliches nicht in Frage gestellt werden darf.

Kräfte der Überlieferung sind in der deutschen Jugend genau wie in den anderen deutschen Massen wirksam; sie alle tragen den gleichen Zug des Heroischen, des geliebt und angenehm Barbarischen; eines uralten Kultes des germanischen Ahnengottes in freier Natur, unter den ragenden Wipfeln des deutschen Waldes. Die Reste deutscher Romantik von Eichendorff und Mörike mischen sich unter das Krachen der Maschinengewehre und Handgranaten. Diese Burschen und Mädchen weihen sich ganz dem Kriegsgott Thor mit dem Hammer und heißen Dietrich, Wolf, Balder oder Hildegarde, Waltraut, Edelgard. Kräftige sonnengebräunte Gestalten, wilden Tieren eher vergleichbar denn modernen Kindern unseres mechanistischen und komfortablen Zeitalters; und dennoch ist es ein kräftiger und unwiderstehlicher Schuß Wirklichkeitssinn, der diese Naturburschen und Mädels von jeder Vergangenheit und jedem christlichen Mythos trennt; sie wie Kletten und mit Ketten zusammenkleben, zusammenleben läßt, ausgerichtet in unduldsamer Härte gegen alles, was sich nicht zu ihnen bekennt, sich ihnen und dem Führer nicht unterwirft oder nach Kompromissen Ausschau hält: Sie glauben an sich und nur an sich. Der Glaube, das ist das *es* über und in ihnen. Was sie singen und sagen, tun und glauben, ist nichts, was in einem Kodex, in Bibel oder Exerzierreglement niedergelegt ist; alles ist vielmehr Angelegenheit der Taktik, der politischen Schläue, der Propaganda; alles ist um der Wirkung und der Haltung willen. Der Glaube und die durch ihn ausgelöste seelische Kraft dienen einem einzigen Ziele – der Verwirklichung ihres Traumes vom künftigen Reich. Was verwirklicht werden soll, hängt von den Befehlen der Führer ab; diese Befehle werden erfüllt, seien sie noch so widersinnig und gefährlich für eigenes wie fremdes Leben. Der Inhalt ihres Glaubens ist also objektiv ein tragendes, utopisches Gefühl der Masse, das den einzelnen oder die einzelne mit der Gesamtheit verbindet und die eigene Existenz auslöscht; subjektiv ist es dagegen ein Gefühl persönlicher Pflichterfüllung und Fähigkeit der Aufopferung, die nur auf den Befehl des Führers warten, um den Einsatz der ganzen Person zu vollziehen.

Praktisch ist damit ein Jahrhundert deutscher Jugendbewegung abgeschlossen. Die Forderungen der Burschenschafter nach dem Großdeutschen Reich, die Revolution der sexuellen Befreiung der Freideutschen Jugend, alles dies und noch viel mehr ist erfüllt; es ist historisch und etwas Alltägliches geworden, nach dessen Werden nicht mehr gefragt wird: Die Ideale der Französischen Revolution, wie sie bei Jean Jacques Rousseau und bei den Enzyklopädisten als philosophische Systeme entstanden, sickerten von der Höhe dieser reinen Individuen durch die Generationen der deutschen Jugend und der deutschen Philosophen hindurch und sind heute Allgemeintrieb, Bewußtsein und Glauben der Jugend und der Massen in Deutschland.

Das Ideal der lateinischen, individualistischen Revolution der Selbstbestimmung und Gerechtigkeit hat in Deutschland sein pervertiertes, vermasstes Gegenideal gefunden, ist an diesem erstickt und ausgelöscht worden.

3

Der individuelle, unabhängige Mensch ist für sich und für die Gemeinschaft der Deutschen eine Gefahr. Er erscheint ihnen als ein asoziales Wesen, das man verfolgen und ausrotten muß. Es muß also das für alle gleicherweise geltende und alle gleichmachende Prinzip des Absoluten, die Norm, gefunden werden, die man aus Unterwürfigkeit, welche aus Denkgewohnheit bei den Deutschen alle anderen Erinnerungen und Gewohnheiten überwog, vom Staat in Empfang nahm, sich vorschreiben ließ.

Gegen den Staat, die Obrigkeit von Gottes Gnaden, wie sie durch Heer und Bürokratie, Partei und Industrie dargestellt wurde, gab es keinen Appell. Da er das Leben begrenzte, begrenzte er auch das Denken und schuf damit die Grenznorm, über die hinaus ein Deutscher sich nicht begeben kann, ohne asozial und Verräter am Volksganzen zu werden: Der deutsche Staat, das Dritte Reich, deckt sich im Denken des Untertanen mit dessen Volkstum, mit dem Deutschtum.

Unter dem Kaiser und stärker noch in der Republik hatte dieser Absolutismus der Staatsgewalt so starke Züge der Unwirklichkeit abstrakter, ungreifbarer und deshalb unangreifbarer Macht angenommen, daß das Volk, mit seinem maschinengewohnten, praktischen Verstand, den Apparat des Staates, wie er namentlich in der Rechtspflege auf den einzelnen am unmittelbarsten wirkte, nicht mehr begreifen konnte und ihn deshalb instinktiv zu fürchten, zu hassen begann: Der Staat war zuletzt nur noch ausgedrückt in der Polizeigewalt.

Der pathologische Ausbruch des Massenrausches der Kriegsbegeisterung 1914, die aus keinem anderen Volk derart wild und spontan aufschoß, war viel weniger auf das Militärische und den Krieg mit millionenfachem Tod und Verderben als auf das endliche Erleben von etwas Übermenschlichem gerichtet: Endlich konnte man sich identifizieren mit dem höchsten Wesen Staat, mit dem Deutschen Reich, mit Deutschland, das mit seinem Recht und seiner Gerechtigkeit endlich als Vaterland erscheinen sollte, dem man alle Liebe berauscht entgegentrug.

Dieser Rausch dauerte nur wenige Wochen, bei den meisten nur wenige Stunden. Die Berührung mit der Wirklichkeit dieses preußischen Staates und seiner Militärkaste machte allen das Blut erstarren.

Allein aus dem Mißverhältnis zwischen Staat und Untertan, aus der Liebe, die brachlag, aus der Eiseskälte der Apparatur, ihrer barbarischen Rücksichtslosigkeit und Ausbeutung, floskelhafter Höflichkeit, die dem rauhen Kasernenhofton entsprach, aus dem Zwang, eben diesen Ton und Drill als Lebensstil anzunehmen oder als Hochverräter gebrandmarkt zu werden – allein aus diesen Gründen, wegen seiner inneren Unwahrhaftigkeit wäre das Deutschland Wilhelm II. auch ohne den Weltkrieg zugrunde gegangen. In ihren Anfängen erfaßte die deutsche Jugendbewegung zutiefst dieses Mißverhältnis des deutschen Staates zu seinen Subjekten: Diese Jugendbewegung war auch eine Flucht in die Isolation der Gleichgesinnten, der Gebrandmarkten, eine Flucht aus der Staatskaserne und dem Maschinenstaat in das Lager- und Räuberleben, in die Umarmung der all-liebenden Natur. Aus Haß gegen das abstrakte Paragraphenleben der Behörden, der Schulen, der Jurisprudenz, gegen den Dekretismus des Staates flüchteten die Kinder in das Dunkel der Wälder, in die Liebe, in Leben und Verantwortung des ungebundenen Freien, der mit Intellektualismus, Paragraphen und Prüderie nichts mehr zu tun haben will und kann. Anstelle der Paragraphen, die bisher jedes Urteil objektiv, außerhalb der individuellen, menschlichen Verantwortung des Richters rechtfertigten, gemäß den überkommenen Gesetzen und um den Älteren die persönliche Haftung abzunehmen, tritt jetzt die persönliche Verantwortung des einzelnen, dann die Kollektivverantwortung der Führer-Elite und schließlich die des Führers allein.

Der Staat ist kein Abstraktum mehr, nicht länger zeremoniell, tückisch, gelehrt, lateinisch, mit Floskeln, Formeln und Klassen überladen und nur mit ihnen und durch sie handelnd. Der Staat ist jetzt greifbar und begreifbar in einem einzelnen einzigen Führer aus der Mitte der Masse, einem Menschen von Fleisch und Blut wie das Ich und das Du in einer Kompanie.

Der Führer wertet und entscheidet persönlich: Er ist eine lebende Persönlichkeit, wirklich vorhanden und außerordentlich einfach. Er gibt der deutschen Jugend endlich das Gefühl der Rechtssicherheit, er gibt ihr das Recht der Jugend gegenüber Eltern, Schule, Behörde, Kirche, Kapitalisten und namentlich gegenüber den eigenen Trieben.

Die Frage nach dem Verhalten des Menschen in der Gemeinschaft, in Staat und Gesellschaft, ist für die deutsche Jugend eine Frage nicht der Moral, des Rechtes, der Selbstbestimmung und Religion, sondern ausschließlich eine Frage des Gefühls geworden, der Psychologie also: Alle Fragen rechtlicher Natur – der Stellung des Individuums zum Staat und umgekehrt – werden durch das seelische Verhalten des Anhängers zum Führer beantwortet, durch gläubige Disziplin. Im umgekehrten Sinn aber wirkt diese Beziehung insofern, als der Gehorchende die Möglichkeit hat, auf ihm recht und richtig erscheinenden Wegen selber zum Richter und Führer befördert zu werden. Diese Maschinerie von seelischer Abhängigkeit und Beförderung bildet einen ambivalenten Reiz, der anspornend wirkt. Ihn verstandesmäßig zu durchdringen, ist dem Hitler-Jungen zwar genausowenig möglich, wie er die abstrakt-juristische Maschinerie des alten Staates begreifen konnte. Es genügt offenbar, daß der junge Mensch anstelle des gegebenen, konservativen und gehaßten Abhängigkeitsverhältnisses von dem ungreifbaren Klassenstaat jetzt ein persönliches Verhältnis zum Symbol des neuen Staates gefunden hat, zu einem jedermann zugänglichen Symbol, dem Führer. Der Staat ist heute eine existentielle Tatsache für die deutsche Jugend und nicht mehr eine solche des Kampfes, der Ablehnung, von Verfolgung und Revolution. Dieser neue Staat appelliert an seine Jugend, appelliert an den Glauben der Jugend an ihn. Gefühlsmäßig äußerst wirksam hat sich die Stellung des einzelnen zum Staat umgekehrt. Nun ist es der Staat, und nicht der in ihm lebende einzelne, der hilfsbedürftig ist, trotz seiner Stärke. Der Staatsbürger kann, darf und muß sogar dem Staat seinen Arm, mehr noch sein Herz leihen, um ihn und damit seine eigene Existenz zu schützen. Der deutsche Soldat schützt den Staat, nicht etwa das Eigentum einer in ihm herrschenden Klasse; der deutsche Soldat kämpft für eine Idee, für ein Ideal, und nicht aus der ihm abverlangten Pflicht, Eigentum von Menschen zu schützen, die er nicht kennt. Der Staat ist Idee, Ideal und Eigentum eines jeden deutschen Soldaten.

Staat und Existenz des Einzelnen stehen in einer umgekehrten, progressiven Beziehung zueinander: Je größer, je mächtiger der Staat, desto enger die persönliche Freiheit des Einzelnen; je enger die Grenzen der Persönlichkeit, desto weiter, bis ins Unendliche, verrückt der Glaube des Einzelnen die Grenzen seines Dritten Reiches. Da aber dieses ›Dritte Reich der Träume‹ gemäß der fiktiven Weltanschauung und Illusionskraft der deutschen Jugend in einer feindlichen, aggressiven Umwelt liegt, so kann dieser utopische Glaube der Jugend nicht anders als heroisch, sein Träger nichts anderes als Soldat sein.

Genau dort, wo die Traumwelt des Deutschen auf die Wirklichkeit der Umwelt stößt, setzt die koordinierte Planung der Elite ein: Sie hat den magischen Kreis der Propaganda und der Religion der Gewalt so eng und dicht um die deutsche Jugend gezogen, daß ihr Glaube als das Material der Disziplin erscheint und die Disziplin die Form für den Glauben bildet. Das Ziel des Glaubens und das der aggressiven, äußeren Disziplin, ist ein und dasselbe: Krieg, Unterwerfung und Zerstörung der nicht-deutschen, fremden, daher feindlichen Welt. Diese Identität der Ziele erscheint der Hitler-Jugend als Harmonie der Wahrheit und als Wahrheit ihres Lebens. Sie fühlt sich in Übereinstimmung mit den Zielen des Staates und glaubt an ihre Richtigkeit und Berechtigung genau so stark, wie sie an Richtigkeit und Berechtigung der eigenen Existenz glaubt. Sie identifiziert die Forderungen des Staates mit den Forderungen der Elite und sich mit beiden, das heißt, die Hitler-Jugend betrachtet sich selbst als Elite.

Das Gefühl, gerecht und gleich zu leben, drückt sich als Gemeinschaftsgefühl der Jugend aus: Sie fühlt sich gerecht und gleichwertig behandelt; findet ihr Recht auf Schutz und Freiheit, Arbeit und Brot, Beförderung und Lob. Diese Jugend erlebt das Phänomen der Rechtssicherheit und damit der Lebenssicherheit so vollkommen wie keine andere Bevölkerungsgruppe im Dritten Reich. Das bedeutet die vollständige Befriedigung des Rechtsinstinkts des Menschen, der so überaus empfindlich ist und bei der leisesten Verletzung automatisch reagiert, die Verletzung mit steigender Aggressivität beantwortet.

Das Gefühl der Rechtsunsicherheit, die Entfremdung zwischen Staat und Individuum, das sich schlecht behandelt glaubt, kann bei den Massen derart überhandnehmen, daß jede Niederlage, jede Erschütterung, jede Krise dieses verhaßten Wesens Staat, als eine Besserung des eigenen Loses und gerechte Strafe für den schlechten, weil ungerechten Staat empfunden wird. Dieses Gefühl der Rache am Staat hat eine große Rolle bei dem passiven Verhalten der Republikaner gespielt, bewegte die Jugend, sich *für* Hitler und *gegen* die Republik zu entscheiden. Denn die Rechts- und Lebensunsicherheit hat in dieser deutschen Republik seit den ersten Morden an ihren besten Söhnen, die nie gesühnt wurden, in der Katastrophe der Inflation, die namentlich den Mittelstand und die Armen traf und deren Verlängerung, der Arbeitslosigkeit von sechs Millionen, dem Hunger also von etwa einem Drittel des gesamten Volkes, den höchsten vorstellbaren Gipfel erreicht. Die Republik der Arbeitslosigkeit erschien allen Deutschen als die Übersteigerung des alten kaiserlichen Klassenstaates, in dem niemand mehr sein Recht bekam, außer einigen wenigen Privilegierten; die Verweigerung des Rechts auf Arbeit wurde von diesem fleißigen, ja arbeitswütigen Volk besonders schmerzlich empfunden.

Begriff und Funktion eines »Rechts auf Arbeit« sind bei anderen Nationen unbekannt; in Deutschland nahm es die Stelle des Rechtes schlechthin ein: Wer der Jugend ihr Verlangen nach Befriedigung dieses Rechts stillte, ihr dauernde, unbegrenzte Arbeitsmöglichkeit versprach oder gar gab, konnte alles von ihr erwarten und erhalten. Das Verlangen nach Arbeit, dargestellt und ausgedrückt im Begriff des Rechtes auf Arbeit des deutschen Volkes, auf mehr und immer mehr Arbeit, ist ein eroberndes Recht. Es ist das Recht des Handelnden, der sich seinen Arbeitsplatz aus zwei Gründen erkämpfen will und muß: aus der zahlenmäßigen Größe der Nation, ihrem Vorhandensein und ihrer Größe in Europa, also aus einem rein massenmäßigen Gefühl; zum anderen aus dem Bewußtsein der eigenen Tüchtigkeit, die ein Bessersein bedeutet, das leicht in eine rassenmäßige Überlegenheit umformuliert werden konnte, als erst einmal das innerdeutsche Recht auf Arbeit gestillt war. Die feindliche Umwelt wurde beschuldigt, den Deutschen ihr Recht auf Arbeit, ihren Platz an der Sonne, zu verwehren; der Deutsche sah sich in seiner Rechtssicherheit bedroht, auf die er mit der ganzen explosiven und jetzt revolutionären Wut seines irritablen Temperaments antwortete und zu den Waffen griff, um sich sein Recht auf Arbeit im Lebensraum anderer Völker zu erkämpfen. Dieses Gefühl des Rechts auf Arbeit, das Hitler und seine Elite vollkommen befriedigten, ist das Hauptglücksempfinden der deutschen Jugend und der deutschen Massen, und erscheint beiden als Verwirklichung des deutschen nationalen Sozialismus.

Der Inhalt dieses Sozialismus, über den noch zu reden sein wird, stellt sich also als eine Funktion, als etwas Funktionierendes dar: als Arbeit und nicht als Lohn oder Leistung; als Beschäftigtsein mit oder für etwas, das einen selbst nur insofern angeht, als es das Gefühl, auf dieser Erde überflüssig zu sein, bannt. Über den Sinn der Arbeit bestimmt nicht der Arbeitende, sondern der Staat: Das Recht auf Arbeit und seine Befriedigung gehen also vom Staat aus, gerade wenn es erfüllt wird und nicht etwa nur, wenn es nicht erfüllt wird, wenn der Staat also *nicht* die Macht oder, wie der Arbeitslose glaubt, nicht den Willen hat, für ihn Arbeit zu schaffen. Hier liegt der Schlüssel zum Verständnis der Passivität der deutschen Arbeiter und der gläubigen Aktivität der deutschen Jugend: Die Arbeiter wollen nichts anderes als Arbeit, und nicht zunächst einen hohen Lebensstandard, wie es das Ziel aller Arbeiter in demokratischen Ländern ist. Die deutsche Jugend aber weiß, daß sie ihr Recht auf Arbeit nicht gegen einen verrotteten, pseudodemokratischen deutschen Staat erkämpfen muß, sondern gegen eine verrottete, pseudodemokratische, nicht-deutsche Welt, wie ihr eingeredet und befohlen wird, damit ihr alle Schätze Indiens und der sieben Meere zusammen mit allem Kriegsruhm in den Schoß fallen.

Gefühle entscheiden, wie in der Familie so auch in einem Staat, über die Beziehungen zwischen Oberhaupt und Kindern, zwischen Staat und Volk. Nicht Gesetze, Verfassungen, Wahlrecht, Krieg oder Frieden, nicht Intelligenz oder künstlerische Begabung, nicht Christentum oder Kirchen entscheiden über die innere Stellung eines Volkes in seinen staatlichen Grenzen und zu seinem, es bestimmenden Recht, sondern Gefühle, Instinkte, Empfindungen von Recht und mehr noch: von Unrecht. Gefühle, oft von so subtiler und unterbewußter Nuancierung, daß das Volk selbst nicht imstande ist, sie zu erkennen oder gar sprachlich zu formulieren. Es bleibt ihm dann keine andere Wahl als die der neurotischen oder hysterischen Abreaktion, um sich mit Gewalt von dem unerträglichen Druck erlittenen Unrechts und allgemeinen Unbehagens zu befreien. Die Bedrohung des Rechtsgefühls wird von einem Volk mit spontanem Haß oder abwartender verschwörerischer Ungeduld erwidert: Der Tag der Abrechnung kommt, muß kommen, weil jeder Staat auf dem Gefühl der Rechtssicherheit selber beruht, die sich für ihn als Kredit bei der Nation bewähren muß. Der Mensch verteidigt seine Rechte auf Schutz und Arbeit vor dem Richter und durch den Richter mit aller Zähigkeit und aller Energie, da es in seinen Augen wohlerworbene Rechte sind und nicht verliehene; im Recht auf Arbeit erkennt demnach der moderne Maschinenarbeiter ein Naturrecht, das seiner Existenz und Wichtigkeit für die gesamte Gesellschaft zugrunde liegt.

Die deutsche Jugend glaubt dieses Recht gegen die Demokratien verteidigen und kämpfend erweitern zu müssen. So weit hat sich die Umformung des historischen Bewußtseins in Deutschland vollzogen, schwarz ist weiß und weiß schwarz geworden: Die Bedrohung des Rechts auf Arbeit geht nicht von der innerhalb Deutschlands herrschenden Schicht der Kapitalisten aus – wie die sozialistische Arithmetik lehrt und bestimmt, daß es sein müsse – sondern von den nicht-deutschen Kapitalisten, die demnach nicht allein ihre eigenen Arbeiter ausbeuten, sondern namentlich noch und vorsätzlich die deutschen. Während die Volksmassen der Arbeiter und Angestellten in der Weimarer Republik ihre Rechtsunsicherheit gerade wegen des Mangels an demokratischer, frei verfügbarer Gerechtigkeit so stark und voller Enttäuschung erlebten und gegen diesen Staat rebellierten, ihm ihre Unterstützung entzogen, zieht heute die deutsche Jugend gegen die Verteidiger der demokratischen und sozialistischen Rechts- und Lebenssicherheit in den Krieg. Ihr Staat, ihre Auffassung von dem, was Recht und Gerechtigkeit sein müßten, ist der Auffassung ihrer Väter und der der Demokratien offenbar diametral entgegengesetzt: Demokratie ist für die deutsche Jugend identisch mit Reaktion, Ausbeutung, Kapitalismus, nicht im politischen, sondern ausschließlich im gefühlsmäßig-moralischen Sinne.

Wir stehen also wiederum vor einem Gefühlskomplex von unübersehbarer, undiskutierbarer Qualität, dem gleichwohl gewaltige Taten und Veränderungen überall auf der Erde entspringen. Nicht das Denken der Jugend, der Arbeiter, der Massen im Dritten Reich verursacht diese revolutionären Folgen, sondern ihr Fühlen. Der an die unabweisbare und zwingende, an die wirkliche und funktionierende Logik der Maschine gewöhnte, mit ihr verwachsene moderne Arbeiter, verzichtet auf Logik, Denken, Idee und Vernunft, sobald er außerhalb seiner gewohnten Arbeit, die ihm ja auch von *außerhalb* seiner Existenz liegenden Mächten übertragen wird, sich diesen Mächten als ein nicht-arbeitender, genießender oder leidender, kämpfender oder sonstwie handelnder Mensch ausliefert: Dann erliegt der moderne Arbeiter unmittelbar seinen Triebillusionen, die ihm von den ihn beherrschenden Mächten suggeriert und in der Richtung bestimmt werden. Je mechanistischer das Arbeitsdenken einer Masse, desto triebhafter und fesselloser ist ihr Gefühlsdenken.

Die christliche und konservative Haltung der Staaten des europäischen Westens bedeutet, daß diese Gesetze und Barrieren die Triebhemmungen voll aufrechthalten, deren Wegfall der deutschen Jugend das freie Ausleben ihrer Triebe gestattet und erleichtert. Das instinktive Gefühl der Rechtssicherheit hat eine Regression zum hemmungslosen Instinkt der Ich-Freiheit erfahren, der sich voller Haß gegen den vermeintlichen, von Hitler proklamierten Angreifer richtet, der die alten Paragraphen der Triebverbote wieder aufstellen möchte. Die Hitler-Jugend in Heer und Kaserne, in Schule und Fabrik kämpft für die Erhaltung ihrer sexuellen Triebfreiheit genau so entschlossen wie für ihr Recht auf Arbeit, für Lebensraum und Größe des Dritten Reiches.

Der Weltkrieg zerstörte die Freideutsche Jugend, deren Führer zugleich mit ihren Ideen: Er pervertierte Freiheit und Jugend, Selbstverantwortung und Naturgefühl – als Gegensätze zum Maschinen-Dasein im Kasernenstaat –, er trieb die Individualisten aus den Wäldern in die Armee. Der Krieg wurde der Schöpfer aller Tugenden, und im Kriegsdienst gipfelte von nun an der Idealismus der deutschen Jugend. Das Ziel war der Krieg gegen die lateinische Jurisprudenz, das Christentum, die westliche Zivilisation, den europäischen Intellektualismus, den sie in der Schicht der jüdischen Intellektuellen, Wissenschaftler, Literaten, Kritiker, Journalisten ganz besonders hassen und verachten lernte; Krieg gegen allzuviel Schule und Examina, Bücherwissen und Fachgelehrtheit, gegen Experten und Spezialisten, um endlich den Weg ins Freie, in die Freiheit der Welt zu finden.

Je größer daher die allgemeine Rechtsunsicherheit in Deutschland wurde, gemessen an den Maßstäben westlicher Zivilisation, desto wilder wurde der Fanatismus der deutschen Jugend in der Gefolgschaft Hitlers: Rechtsunsicherheit und Fanatismus ergänzen einander, werden identisch und treiben gemeinsam zum Konflikt mit der herrschenden Staatsmacht.

Die Brutalität der deutschen Jugend ist viel mehr der Inhalt des Widerstandes gegen die Autorität der verhaßten Republik als dessen Ausdruck. Alle Beziehungen zum neuen Staat, zum Dritten Reich und dieses Staates zur großen Umwelt, werden nicht von der Vernunft, sondern, wie gezeigt, von Gefühlen, nicht von einer politischen Haltung, sondern von Forderungen nach Ausleben des Machttriebes bestimmt: Der nordische

Mensch besitzt höhere Gemütswerte als alle anderen Völker, und auf diese inneren Werte allein kommt es an.

Die Gemütswerte schaffen genau so Recht wie etwa das Christentum; sie setzen sich an Stelle des Christentums als Gesetze für das Handeln der ganzen Nation. Unterstützt vom erobernden Schwert, welches das Kriegsrecht schafft, von der Machtidee des preußischen Staates und dem Todestrieb, der Todesbereitschaft der deutschen Massen, schaffen sie das neue, das germanische Recht des Freien, weil er der stärkere, der bessere Soldat ist. Die Bewährungsangst im Deutschen hat im Krieg und in der Schlacht ihr oberstes Gesetz und ihre Grenze gefunden. Gott oder das Deutschtum selbst setzen sich hier als oberste Hüter der Ausdehnung deutschen Geistes und als seine Vollendung.

Erziehung ist systematisch geleitete Anpassung der ursprünglich asozialen Triebansprüche des Kindes an die Forderungen der Erzieher auf Triebverzicht oder Einschränkung der Triebe. Verlangt aber der Erzieher, der Führer der Jugend nichts als das Gegenteil, den Kult der asozialen Triebe nämlich, als welchen wir in seinem Gipfel die militärische Züchtung des Mord- oder Todestriebes bei der Hitler-Jugend kennen, so erreicht der Erzieher die Formung todesmutiger, todessüchtiger Soldaten. Kriegsspiele, Kriegswaffen, Dolche und Fahnen, Uniformen, Märsche und Lieder sind die korrespondierenden Symbole dieses Unterrichts, denen die ganze Liebe der deutschen Jugend gilt; sie sind der Inhalt ihres Lebens und ihrer Liebe für den obersten Vater und Erzieher, Hitler, der auch ihr oberster Kriegsherr ist. Die deutsche Jugend liebt Hitler und seinen Staat, weil er ihr keinen Zwang auferlegt, sondern weil, im Gegenteil, die Methode des Unterrichts den Trieben der Kinder folgt, sie begleitet und verstärkt. Es ist eine Freude, an diesem Unterricht im Kriegsspiel und Ernst teilzunehmen, es ist eine tiefe Lust, Soldat, Flieger, Fallschirmjäger, Matrose im Unterseeboot zu sein. Das ganze Leben ist nichts als ein mechanisiertes Indianerspiel, dessen Jagdgefilde und Spielgründe sich über die ganze Erde ausdehnen.

Die Sicherheit vor jeder Strafe erfährt im Krieg ihre vollkommene Umdrehung: Niemand, ausgenommen die deutschen Jungs, die deutschen Soldaten, ist vor Strafe sicher. Je mehr zerstört wird, desto größer der Ruhm, der Erfolg und die Belohnung des deutschen Helden.

Hitler, der Schöpfer dieses freien Staates der Jugend, der Spender all der gebotenen und befohlenen Lust an Mord und Raub, an Liebe und Wildheit des blutigen Spiels, hat also gleichsam die Rolle auch der Mutter in der Familie übernommen, die, als Spenderin aller Lust und Liebe, das eigentliche Objekt der Liebesbemühungen der Kinder ist – und nicht der Vater, dessen Rolle sozusagen die des strafenden, in drohenden Wolken thronenden Gottes ist. Anders ist die schwärmerische, an Ekstase grenzende Verehrung der deutschen Jugend für diesen Mann nicht zu erklären. Die Hemmungslosigkeit ihrer Verehrung für Hitler entspricht der Hemmungslosigkeit ihrer entfesselten Triebe, die er ihr verschaffte.

Solche ungehemmten Personen pflegt die menschliche Gesellschaft im Rechtsverhältnis als Verbrecher zu bezeichnen, eben wegen ihrer asozialen, hemmungslosen Einstellung zur Umwelt. Die nach der Rechtsauffassung der westlichen Zivilisation verbrecherischen, asozialen Typen der Hitler-Jugend sind aber innerhalb ihrer Organisationen durchaus soziale, hilfsbereite, aufopfernde und disziplinierte Kameraden.

Dieses Mißverhältnis ihrer inneren und äußeren Triebrichtung kann ihnen naturgemäß nicht zum Bewußtsein kommen: In diesem gewaltigen Bau des Dritten Reiches heben sich alle Sinngebungen westlicher Kultur, alle menschlichen Beziehungen und Bewußtseinsinhalte gleicherweise auf; sie bilden eine harmonische Traumwelt, eine geredete Welt, die sich selbst Anfang und Ende bedeutet. Es ist dies die vollständige Autarkie von Grund und Sinn des Daseins der deutschen Hitler-Jugend. Ihr Staat, das Dritte Reich, ist sich selbst Zweck und Ursache dieses Zweckes.

Die Elemente, aus denen sich der Gegensatz zwischen der deutschen Jugend und der westlichen Zivilisation zusammensetzt, sind vielfacher und sehr verschiedener Natur. Nur in den seltensten Fällen können Kinder richtig angeben, was ihnen mißfällt, was sie zu Protesthandlung oder Rebellion verführt und zwingt. In Deutschland war es ein generelles, dumpfes Unbehagen, ein Gefühl der Sinn- und Aussichtslosigkeit des gegenwärtigen, mehr noch des kommenden Lebens, einer ständigen ungerechten Behandlung, das die deutschen Kinder seit Generationen beherrschte. Das ständige Prügeln der deutschen Väter und Lehrer erzeugte nicht wenig Vaterhaß in seinem echten, gegenständlichen Sinn, den am »Heiligen Vater« oder »den Älteren« abzureagieren den Kindern von Hitler leicht gemacht, ja befohlen und demonstriert wurde. Hitler war in seiner eigenen Partei der Anstifter zu diesem revolutionären Vorgehen gegen Staat und Kirche, das in Triebeinheit mit dem Empfinden der Jugend stand und von ihr als wahre und echte Revolution empfunden werden mußte.

Daraus folgt, daß die Primitivität der revolutionären Formen und Symbole, Forderungen und Schlagworte der modernen Massen-Parteien hauptsächlich auf Jugendliche wirken und so auch berechnet sind; daß die Ursprünge dieser Revolte der Massen sowohl im Jugendbewußtsein oder Erlebnis der Elite, Hitlers wie des gesamten Volkes, liegen und wahrscheinlich erzieherischen Schwächen entspringen, Schwächen der Erzieher mehr als solchen der zu Erziehenden.

Aus dem Gefühl der Lust, körperliche Vergeltung üben zu können, am Vater und dessen Ebenbild, dem Staat, ist dann jene Stimmung des Jahrganges 1900 entstanden, der das eigentliche und reinste Produkt der preußischen militärischen Propaganda während des Weltkrieges war: »Wenn wir noch an die Reihe gekommen wären, wenn unsere Alten nicht alles verpfuscht hätten, dann hätten wir diesen Krieg gewonnen!« – Diesem Gefühl der Enttäuschung hat Hitler persönlich wiederholt Ausdruck verliehen; es liegt seiner ganzen Rachepsychose gegen England zugrunde und reicht weit zurück in seine früheste Jugend, in den ewigen Streit mit und Gegensatz zu seinem leiblichen Vater. »Wenn wir damals an eurer Stelle gewesen wären, wenn wir zu entscheiden gehabt hätten ...« – das ist der stumme, der lauteste Vorwurf gegen die Väter und die Alten auch der heutigen Jugend in Deutschland, die ihre Berufung darin sieht, den Vätern zu zeigen, daß sie besser, tüchtiger, deutscher ist als jene waren: »Heute übernehmen wir eure Posten von 1914. Wir sind wieder Soldaten. Wir schlagen die gleichen Schlachten in Belgien und Nordfrankreich – aber diesmal werden wir siegen! Denn wir führen diesen Krieg als unser Leben, unser Leben ist der permanente Krieg!«

Von der Weltkrise nahm die Ideologie der Hitler-Jugend vom permanenten Krieg ihren Ausgang: Unmöglichkeit einer friedlichen Existenz für Deutschland; einzige Aussicht, einer der sechs Millionen Arbeitsloser zu werden, die Arbeit finden konnten nur, wenn Deutschland aufrüstete, den Kampf um seine Vorherrschaft gegen die ganze Welt begann. Nur eine Welt von tief unten, aus den Urtiefen menschlicher und staatlicher Existenz konnte dieses erträumte Deutschland der Hitler-Jugend wahr machen. Eher und klarer als alle anderen Teile des deutschen Volkes war die Jugend zu Einsicht und Entschluß gelangt, diesen neuen Staat und seinen Krieg zu verwirklichen, ein neues Leben zu beginnen, um sich, Deutschland, dann die ganze Welt zu retten, zu beherrschen und gemäß ihrer Überzeugung und ihrer Lehre zu gestalten.

Dies sind die echten Ziele und Inhalte des deutschen ›Sozialismus‹, wie er von der aktiven deutschen Jugend verstanden und erstrebt wird. Das sozialistische Ideal ist in den Organisationen der Hitler-Jugend geschaffen worden, mehr noch als in denen der Arbeiterschaft: Der klassenlose Staat ist der Prototyp der deutschen Jugendorganisation, in dem die männlichen Massen geschlossen den weiblichen gegenüberstehen, und, außer der sexuellen Beziehung keinerlei gemeinsames Ideal beide Teile beherrscht oder von ihnen gemeinsam realisiert wird. Die Aufhebung aller Klassenunterschiede ist identisch mit der Vermassung der Jugend und des Staates: Die Aufhebung der individuellen Unterschiede setzt sich fort in der Aufhebung der natürlichen, sexuellen Unterschiede. Ihr funktionelles Nebeneinander erst ermöglicht die vollkommene Beherrschung beider durch die mit allen Mitteln des Rechtes und der Macht über Leben und Tod ausgestatteten Elite.

Wenn der klassenlose Staat das ersehnte Endziel der sozialistischen Bewegung ist, dann ist es sinnlos, nach Wegen und Umwegen, nach Kosten und Opfern, nach Farben und Formen der verschiedenen Symbole zu fragen, die der Macht und dem Glauben Ausdruck verleihen. Dieses Ziel ist in der Hitler-Jugend erreicht. Sie bietet uns eine Ahnung von dem, was ein solcher Staat einmal sein wird: ein aggressives, fanatisches, in Männerbünden organisiertes, nur auf sich bezogenes, sich selbst genügendes Wesen, das starr und konservativ in seiner inneren Ordnung, revolutionär und terroristisch in all seinen äußeren Beziehungen zur Umwelt ist. Dieser Staat der Zukunft hat seinen eigenen, germanischen Hordengott, seinen eigenen, jugendlichen Glauben an die Allmacht der Technik. Sein Zeremoniell, seine Mythologie und Ästhetik sind die des Kleinbürgers. Und über allen und allem schwebt die planende Elite, die dieser gewaltigen und einförmigen, uniformierten Masse von Millionen mit ihren Trieben und Besessenheiten Gestalt, Arbeit und Richtung verleiht.

Sehnsucht und Enttäuschung

I

Als die Deutschen die dunklen Tore des Ersten Weltkrieges hinter sich schlossen, Abschied nahmen von den Erdhöhlen und Gräbern, waren sie den Kameraden auf der anderen Seite menschlich näher als den ihrigen in der Heimat. Hier, an der Front, waren alle Menschen wirklich gleich vor der unerbittlichen Tatsache des Todes, der in tausenderlei Gestalt sie jede Stunde dieser viereinhalb Jahre umschlichen hatte. Hier gab es weder oben noch unten, weder Freund noch Feind. Die Soldaten brachten sich um aus mechanistischen Gründen. Niemand wußte diese rasend gewordene Mordmaschinerie zu stoppen. Der Finger saß am Abzug des Maschinengewehres und das Auge starrte über die Lehmklumpen auf das Ziel. Da war kein Gefühl und kein Denken mehr in diesen ausgemergelten Soldaten mit den brennenden düsteren Augen, nur noch der stumpfsinnige Drill, das mechanische Taktak, das in ihnen selber dröhnte und das sie vermißten, als es – o Wunder der Wunder – eines Tages verstummte.

Schlafen, schlafen, Jahre von Schlaf nachholen und ein neues Leben beginnen. Etwas ganz Neues, Unerhörtes und Echtes mußte dieses Leben werden, um einen nur ein wenig zu entschädigen für diese elenden, verfluchten Jahre des Krieges.

Von allen europäischen Völkern waren die Deutschen damals am tiefsten erfüllt von der Erwartung der Umwälzung, von einer chiliastischen Sehnsucht nach einem neuen Staat, einem persönlichen Glück, nach wahrer Gerechtigkeit. Sie wären am liebsten mit ihren französischen, englischen und amerikanischen Kameraden beisammen geblieben, fortgewandert aus dieser Welt, gleichgültig wohin, wenn nur diese übermenschliche Gemeinschaft der Haß-Liebe, des Problematischen im

Leben einmal in Ruhe, ohne Gewalt, ohne Mord geklärt werden könnte. Die Deutschen waren mit einem Schlage Pazifisten geworden.

Aber das war verboten. Auch in dieser Stunde höchster Seligkeit des Gefühls, noch am Leben zu sein, war eine Macht über den Deutschen, hielt sie in Reih und Glied, in Regimentern und Armeen; drei Millionen freier Männer wagten auch jetzt nicht zu rebellieren. Sie warteten, bis die Reihe an sie kam, den Weg zurück anzutreten.

Die Heimat aber wartete nicht. Sie sprang auf und sandte ihnen Boten entgegen, Boten der neuen Zeit, der Freiheit, der Revolution. Überall in Deutschland war plötzlich Revolution. In jeder Stadt, in jedem Dorf loderten Haß und Sehnsucht nach dem Neuen, dem Unbekannten.

Die deutschen Soldaten waren an alles gewöhnt, an Tod, Hunger, Sturmangriffe, Gas – nur an eines nicht, an Freiheit. Sie hatten in den langen Jahren des Krieges den Gebrauch ihrer eigenen Gehirne vollkommen verlernt und das Denken anderen überlassen, ihren Herren, den Offizieren, dem Großen Generalstab, an dessen Spitze diese beiden Männer und Symbole des Krieges standen – Hindenburg und Ludendorff.

Gegen dieses übermenschliche Wesen, den Preußischen Generalstab, sollte einer protestieren können? Der Mensch war nichts vor dem Feind. Ein Stück Eisen, eine Mundvoll Gas – und er war erledigt. Aber was waren sie alle zusammen, Freund und Feind und die ganze Welt, gegen diese Generäle?

Die Nachrichten wurden dringlicher, klarer und schließlich konnte es keinen Zweifel mehr geben – auch die Heimat wußte, daß der Krieg verloren und zu Ende war. Die Generäle konnten es nicht verhindern, ihre Macht brach sich an der Macht der Zivilisten, der Sozialdemokraten, die ihre Versprechen jetzt einlösten und die Deutsche Republik der Arbeiter, Bauern und Soldaten ausgerufen hatten. Einer von ihnen erklärte den Kaiser für abgesetzt und Deutschland für eine Republik.

Das waren Teufelskerle, diese Sozialisten, diese Staatsfeinde, diese Roten, sagten die Bauern. Und die Arbeiter reckten die

Fäuste – ihre Partei hatte gesiegt. Die Generäle hatten den Krieg verloren, die Partei der arbeitenden Klassen und Massen hatte ihn gewonnen. Man war also nicht besiegt. Auf einmal war alles klar: dieser ganze Krieg hatte nur geführt werden müssen, um den Kaiser und seine Trabanten zu vernichten. Es war ein Krieg der Arbeiter aller Länder gegen den Militarismus der Hohenzollern und Wittelsbacher, der Habsburger und Romanoffs gewesen – die Russen hatten das zuerst begriffen –, das war des Rätsels Weltkrieg Lösung.

In der Heimat aber zitterten die Führer der Sozialdemokratie vor dem Heer, vor seiner Rache. Was sollte aus dem Reich werden, wenn plötzlich Millionen bewaffneter Männer die Revolution der Tat, den Bolschewismus, über Stadt und Land brachten? Wenn sie zu der schon vorhandenen Meuterei der entfesselten, halbverhungerten Zivilisten noch die Disziplin des Mordens und vor allem ihre Waffen und ihre Offiziere hinzufügten? Waren denn die Offiziere noch Herren der Truppen?

Die Führer der Sozialdemokratie waren vom ersten Tag der Volkserhebung oder des Umsturzes in ständigem Kontakt mit dem Großen Generalstab, und bevor noch der Kaiser die Grenze überschritten hatte, sandten sie an Hindenburg jenes Telegramm, in dem sie den Offizieren volle Befehlsgewalt über die Truppen bestätigten und die von den Regimentern gewählten Soldatenräte und Vertrauensleute zu Untergebenen der Offiziere machten. – Die erste Sorge der neuen Regierung war der Aufbau einer Armee gegen die Revolution.

Im Juni des nächsten Jahres zählte die provisorische Reichswehr bereits 400 000 Mann, ein Sozialdemokrat deckte als Verteidigungsminister den Generalstab und führte die von diesem angeordneten Exekutionen gegen die Arbeiter, die Mitglieder seiner Partei, die ihm Macht, Autorität und Existenz gegeben hatte, persönlich durch. Mit einer Brutalität, und, wie wir heute wissen, gegen alle Vernunft, gegen den Willen des deutschen Volkes und aller Völker Europas, was ihm den Respekt der preußischen Offiziere eintrug. Mit zynischer Gelassenheit quittierte dieser Mann, Gustav Noske, den Dank und gab sich selbst den Titel eines Bluthundes. Einer mußte seine Ehre darein setzen, das Element der Ordnung, das preußische Offizierskorps auf Kosten der Existenz der ganzen Nation zu verteidigen, selbst wenn diese ihm das Mandat gegeben hatte, sie zu beschützen und ihr zu ihrem Recht zu verhelfen, das sie durch die alten Herren, die kaiserlichen Offiziere, verletzt fühlte. Denn – waren nicht die obersten Herren geflohen? Hatten sie nicht durch diese Flucht selbst zugegeben, daß sie verbrecherisch am Volk, ja an der ganzen Menschheit gehandelt hatten, als sie diesen Krieg begannen?

Die Flucht des Kaisers und der Zusammenbruch der Front, das nahm das Volk als Urgrund des Rechts, den Staat jetzt selbst in Verwaltung zu nehmen. Es handelte sich also bei dem Versuch einer Revolution in Deutschland um eine Empörung des verletzten Rechtsgefühls der Massen, die fünf Jahre, ja, wie sie jetzt plötzlich erkannten, seit jeher in diesem Preußen und durch es Unrecht erlitten und anderen Völkern zugefügt hatten. Sie hatten geglaubt, in diesem Krieg das Recht des deutschen Volkes zu verteidigen und sahen mit einem Schlag, daß sie einer Suggestion, der Propaganda, der Lüge der Generäle erlegen waren, als diese Propaganda zum Schweigen gebracht war. Wenige Wochen nur klaffte zwischen der Arbeit der Propagandamaschine und deren neuem Beginnen eine Lücke des Schweigens, in der die Deutschen bereit waren, die Wahrheit anzuerkennen; eine Lücke, in der die Geschichte der Welt, die von diesem Tag an in der Schwebe war, hätte geändert werden können und müssen.

Aber diese wenigen Wochen waren zugleich der Höhepunkt der Gefahr für ein System, das an sich wie an das Ewige, das Recht, die Existenz der Nation glaubte, an das *es*, das über allen anderen geglaubten und zu glaubenden Symbolen stand. Dieses System war das preußische Offizierskorps und seine oberste Inkarnation, der Große Generalstab. Er kulminierte damals in der Figur des Alt-Preußen Hindenburg, der wie ein Vater für seine Armee gesorgt hatte, und jetzt in der Stunde der Not dem deutschen Volk väterlich alles verzieh, Republik und Rebellion, wenn es nur das *es* und seine Machtverwalter, den Generalstab, walten lassen würde.

Die deutsche Masse war auf der einen Seite organisiert in einem militärischen Körper, der Armee, die automatisch und blind den Offizieren zu gehorchen gewohnt war. Auf der anderen Seite in politischen Parteien, von denen nur eine, die sozialdemokratische, eine Massenpartei war, deren Programm ›zufällig‹ in den Rahmen der Revolte der beleidigten Rechtsgefühle paßte und die deshalb befugt schien, diesen verletzten Gefühlen Genugtuung zu verschaffen.

Keiner der sozialdemokratischen Abgeordneten, die vor dem Krieg zu ganz anderen Zwecken und unter ganz verschiedenen Voraussetzungen gewählt worden waren und die während der ersten entscheidenden Wochen – für die ganze Menschheit entscheidenden Wochen, wir werden nicht müde das zu wiederholen! – die herrenlos gewordene Macht in Deutschland von der Straße auflasen und ausübten, hatte vom deutschen Volk, vom Kaiser, von den Behörden oder gar vom Parlament eine direkte Mission erhalten. Ihre Mandate waren als Auftrag des Volkes mit dem Ende der Existenz des alten Reichstages erloschen.

Es war also der reine Zustand revolutionärer Neugestaltung aller Prinzipien der Macht nur an diesen Männern sichtbar, nur durch diese Männer zu erkennen. Ihre Existenzen waren identisch mit nichts von dem, was vorher die Macht in Deutschland darstellte. Mit ihnen begann die Existenz des Volkes in einem neuen Staat, der sich diesen neuen Verhältnissen entsprechend erst bilden mußte, wenn anders dem Rechtsgefühl und der Erwartung des Volkes Genüge geleistet werden sollte. Wenn Hindenburg und seine Generäle das Alte symbolisierten, dann waren diese unbekannten Männer aus der Masse des Volkes Symbole eben dieses Massenglaubens an das Neue, der in dem System des kaiserlichen Deutschlands und im *es* das Böse, das Unrecht sah. Diese Männer aber, die aus der Masse emporgestiegen waren, in welche das deutsche Volk langsam zuerst, dann, während des Krieges, immer schneller und unaufhaltsam umgeformt, gepreßt worden war: durch Drill, Maschinen und nicht zuletzt aus Tradition, die inzwischen zur Neigung wurde, diese Männer waren die heimlichen Verbündeten jener Generäle, deren Feinde sie doch hätten sein sollen. Es waltete eben bereits damals in Deutschland jener Sinn, der sich nurmehr in der Welt der Tatsachen, nicht in der Psychologie und schon gar nicht in Moral oder Ethik zurechtfindet.

Die Vertreter des Volkes sahen sich vor Tatsachen gestellt, die sie zu handeln zwangen; sie mußten handeln um jeden Preis. Da sie nie anders als auf Befehl gehandelt hatten, wandten sie sich instinktiv an jene, die ihnen als die Inhaber aller Befehlsgewalt in Deutschland bekannt waren. Ihr Rechtsempfinden war von dem der Masse verschieden; es war unverletzt und in ihrem Weltbild herrschte Ordnung: Diese Ordnung mußte als primäre Tatsache vor der Existenz der Republik wiederhergestellt werden, wenn sie gestört war.

Zwischen der Masse und ihren Vertretern bestand also eine breite, unüberbrückbare Kluft, die sich, je länger je tiefer, zwischen beiden Teilen auftun mußte und die mit Gewalt zu schließen oder zu verdecken, Parteiführer und Armeeführer sich bemühten.

Jene sozialdemokratischen Abgeordneten entstammten der an sich amorphen Masse der deutschen Arbeiter, der erst die Partei eine Gestalt, der verlorene Krieg einen Sinn gab. Die Partei aber ist parallel zur Entwicklung der Massen zu einer Maschine, parallel zur deutschen Weltanschauung des Opportunismus nichts als eine Tatsache, ein Machtfaktor geworden. Die Macht, welche die Beamten von dieser Maschine empfingen, gaben sie an diese zurück, ohne aber ihre Existenz von diesem Machtbegriff, den sie verkörperten, abzuziehen: Sie begriffen sich als diejenigen, die über die Macht der Maschine verfügten, über die Maschine selbst und deren Massen. Sie entfernten sich von der Weltanschauung der Masse und glichen äußerlich Kapitänen gewaltiger Schiffe, die während der Fahrt Recht über Leben und Tod der Passagiere ausüben.

Auf der anderen Seite aber waren ihre Existenzen Teile einer anderen Maschine, nämlich der des Staates, den sie im Parlament vertraten – zwar als Opposition, aber doch als Teile des Reichs, die Ansprüche stellten und Ansprüche des Staates bewilligten. Ihre Stellung als staatserhaltende Mitglieder des Parlamentes wurde allerdings bestritten – von jenen Mächten, denen Staat und Volk zu eigen waren: Kaiser, Offiziere, Deutschnationale, Schwerindustrie und Kirche erklärten die Sozialdemokraten kurzerhand zu Staatsfeinden und Hochverrätern. Zwischen den beiden Gewalten, der proletarischen, amorphen Masse und der aristokratischen oder bürgerlichen Herrenschicht eingeklemmt, formten die sozialdemokratischen Parteiführer mit vielen ihresgleichen einen Mittelstand, den der preußischen Kleinbürger.

Im Laufe der Entwicklung Preußens zum Großdeutschen Reich hat gerade dieser Stand, diese Klasse eine große, historische Rolle gespielt und spielt sie noch heute; ja, der Kleinbürger hat in den meisten Ländern der weißen Rasse seine Laufbahn erst angetreten, die ihn, wie in Italien, Rußland und Nordamerika über seine eigentlichen Domänen, Bürokratie und Technokratie, zur Macht bringt und der Welt den Stempel seines alles nivellierenden Geistes aufzwingt – mittels der typischen und typisierenden Apparaturen und Mechanismen der modernen Zivilisation. Hitler, Mussolini und Stalin sind die bekanntesten Repräsentanten dieses Geistes, der aber ebenso rein bereits damals in den Führern des revolutionären deutschen Volkes zu finden war.

Die Enttäuschung all jener Hoffnungen auf Gerechtigkeit, welche die Deutschen aus dem Krieg mit in die Heimat nahmen, Hoffnungen, die mit so viel Blut und Elend erkauft waren, die Enttäuschung über die von allen instinktiv gefühlte Verräterei der Führer, hat die seelische Substanz der deutschen Massen, namentlich aber der Jugend und der Intellektuellen zersetzt, sie mit Skepsis und Pessimismus und schließlich mit tiefer Verzweiflung erfüllt. Sie griffen zu jedem Mittel, wenn nur dieser Zustand der Unsicherheit und Lebensangst geändert werden konnte.

Der Mißerfolg der Revolution vom November 1918 brachte den Deutschen eine doppelte Enttäuschung, deren Ursachen sich ineinander verwoben und die Existenz des ganzen Volkes in jedem einzelnen, sein Deutschtum und sein Weltgefühl in Frage stellten: Das Opfer der Zerstörung des Bismarckschen

Reiches, die sich in der Vertreibung des Vater-Kaisers symbolisch ausdrückte, war genauso wirkungslos geblieben wie das Opfer von Millionen Leben und der eigenen wirtschaftlichen Existenz; Opfer, die durch den Erfolg, durch die Tatsache der deutschen Republik eine Entsühnung des Volkes und eine menschliche Rechtfertigung hätten erfahren können.

Aber – die neuen Herren waren die alten, und die mit ihnen einziehende Gerechtigkeit war die alte Ungerechtigkeit des Klassenstaates. Diese Erkenntnis war bald allgemein und grub sich tief in das Bewußtsein der Massen, assimilierte sie der allgemeinen Philosophie des preußischen Menschen: Macht allein schafft Recht. Aller Idealismus und alle Hoffnung auf bessere Zeiten sind nichts als Irrwahn, Lug und Trug – wenn hinter ihnen nicht Macht, eine bewaffnete Organisation steht, die den richtigen Nutzen aus Besitz, Arbeit, kurz aus der Wirtschaft erkämpft und sichert.

Dadurch erst kann erlittenes Unrecht wieder in Recht verwandelt werden, daß das ganze Volk den Vertretern dieser Theorie und den Verfechtern seiner Ehre wiederum die Treue hält und den endgültigen Schlag gegen den erbarmungslosen Feind, die westlichen Demokratien, vorbereiten hilft: Das Schlimmste muß verhütet werden – der Zerfall des Reiches.

Die Verteidiger dieser preußischen Anschauung waren die bürgerlichen Frontoffiziere und der Jahrgang 1900, sie stellten die ersten Kader der Freikorps und Zeitfreiwilligen für Noske. Ihre Führer waren die Generäle vom Stab und ihre Auftraggeber die Vertreter des sozialistischen Volkes.

Viele junge Frontoffiziere stammten aus der Freien Deutschen Jugend. Diese jungen Männer, an sich schon der Heimat entfremdet, überließen sich in den Schützengräben Träumen einer großen nationalen Revolution nach den Gesetzen der Kameradschaft im Feld, einer klassenlosen, aber sozialistischen Kampfgemeinschaft des deutschen Volkes, die der übrigen Welt ihre Gesetze aufzwingen werde. Sie nährten und steigerten, vielleicht ohne es zu wissen, in sich den Elan der revolutionären Elite, die allein befähigt war, die Leitung des Staates zu übernehmen.

Auf der anderen Seite war da der Jahrgang 1900. Er war übriggeblieben von den Einberufenen, sozusagen der gärende Most der deutschen Jugend, bereit, sich in den Kampf der Jahrhunderte zu stürzen und teilzunehmen an diesem Abenteuer, an dieser Glorie des deutschen Menschen im Aufstand gegen eine Übermacht. Der deutschen Jugend erschien der Krieg schon damals als eine Revolution des Deutschtums gegen die feindliche Welt. Dieser Jahrgang 1900 hatte sich während der viereinhalb Jahre Krieg wie ein trockener Schwamm vollgesogen mit den Aspirationen auf Weltherrschaft, den Drohungen gegen England, Frankreich, Nordamerika, gegen die ganze christliche Zivilisation. Diese Burschen haßten diese Welt um der Zivilisation willen. Sie wollten keine Zivilisation, sondern eine Kultur, die auf einer Weltanschauung, auf etwas Totalem und Allumfassendem beruhte, das auszudrücken sie nicht anders imstande waren als durch Kampf, Kampf bis aufs Messer. Dieser mit Patriotismus und Todessehnsucht wie eine Bombe mit Dynamit geladene Jahrgang wartete nur darauf, von der Hand des Obersten Kriegsherrn, dem Vater des Vaterlandes, ausgepreßt, gegen die Welt geschleudert, sein Blut über Frankreichs Gefilde zu verspritzen.

Die deutsche Jugend war an die Bilder des Krieges mehr gewöhnt denn an die des Friedens. Durch Entbehrungen und Märsche auf den Militärdienst vorbereitet und gestählt, und nun, da sie zu den Fahnen gerufen werden sollte, von der Illusion des Filmheldentodes und der Schlachtengemälde der Journalisten zur Wahrheit des echten Gastodes, der echten Flammenwerfer avancieren durfte – da waren diese heiligen Fahnen, war dieser Vater des Vaterlandes plötzlich nicht mehr da.

Die jungen Frontoffiziere und der Jahrgang 1900 bildeten die Stoßtrupps der mythologischen Ordnung der *nationalen* Revolution gegen die geforderte *internationale* Ordnung der aufständischen Massen. In den Krieg gegen das eigene Volk legten sie ihren ganzen Haß und ihre ganze Enttäuschung; es war, als schwinge außerdem die mechanische Ordnung und Tendenz des Tötens selbständig und der Kontrolle des Bewußtseins entzogen weiter in ihnen: Der Kampf, das Morden vollzog sich in ihnen selbst als ein transzendenter Automatismus der Unordnung und der Vernichtung zivilen Lebens außerhalb ihrer eigenen militärischen Existenz, für die allein sie Respekt verlangten, als Elite der Nation. Sie waren die Trupps entfesselter Kleinbürger, die an der Welt der Niederlage verzweifelten und die ideale Ordnung, die des kämpfenden Heeres von Kameraden auf Tod und Leben, verwirklichen wollten – auch gegen den Willen des arbeitenden Volkes. Sie weigerten sich, die Hölle der Republik, der Zivilisten und Revolutionäre mit dem Idealbild des Vaterlandes der Krieger und Heroen zu identifizieren, das für sie das einzig wahre, weil einzig erlebte Deutschland war.

Das war die Stimmung der deutschen Jugend, der Freischärler und Zeitfreiwilligen unter des Sozialdemokraten Noske Leitung im Jahre 1919; sie ist die Basis und identisch mit der Stimmung der deutschen Jugend 1940.

2

Die Folgerung aus der Erkenntnis, die das Aussetzen der suggestiven Propaganda gegen England und Frankreich durch den Großen Generalstab ermöglichte, nämlich, daß die Massen an der Front und in der Heimat belogen und betrogen worden waren, wurde schnell gezogen: Nicht die Deutschen, sondern die Verbündeten, die Feinde waren die Überfallenen, die Angegriffenen, die sich viereinhalb Jahre gegen den Überfall verteidigt hatten.

Aus dieser plötzlichen Einsicht entwickelte sich in den deutschen Massen unterbewußt ein Schuldgefühl, ein schlechtes Gewissen und zugleich eine Art Trotz, wie er bei störrischen Kindern auftritt: Je länger die Strafe ausblieb, um so tiefer sank das Verlangen nach Strafe ins Unbewußte der Seelen und verstärkte dort das generelle Unbehagen; schaffte zugleich aber Klarheit in den Gehirnen, im Bewußtsein der Massen, die ihren Trotz als ihr gutes Recht ansahen, die mit der Drohung der

Weltrevolution und eines Bündnisses mit Rußland spielten. Dies war deshalb nur ein Spiel, weil das deutsche Volk zu einer Revolution unfähig und die Möglichkeit dazu bereits verpaßt war. Die Kader der Revolutionäre, Soldaten und Matrosen waren niedergeschlagen, zersprengt, ihre Führer ermordet.

Die Wahrheit, die Tatsachen des Alltags begannen sich durchzusetzen – Inflation, Arbeitslosigkeit, Zusammenbruch der Wirtschaft und Ende des bürgerlichen Mittelstandes. Es war ein leichtes, diese Verarmung des ganzen Volkes als Folgen des verlorenen und verratenen »Sieg-Friedens« hinzustellen und den allgemeinen Haß im Volk, kaum daß er sich richtig orientiert hatte, gegen die vermeintlichen Urheber, die Sieger, umzulenken. Dies war die eigentliche Aufgabe der Mächte hinter der Republik.

So wuchs die Idee der Revanche im Volk selbst und nahm besonders in der enttäuschten Jugend bis dahin nur dumpf geahnte, im Lauf der Elendsjahre aber immer gewalttätigere Formen und Symbole an: Sprache, Organisationen, Programme und Parteien, die ganze deutsche Philosophie, Wirtschaft und Wissenschaft stellten sich auf den Boden dieser Tatsachen und waren bereit, nur noch Kampf und Krieg als Lebenselement des deutschen Volkes gelten zu lassen.

Die Politik der siegreichen Staaten rings um Deutschland aber war damals schon diktiert vom Instinkt der Selbsterhaltung, statt von Vernunft und Denken: So tief wirkte noch die Furcht vor den Deutschen und dem Terror, den sie während des Weltkrieges ausübten, daß schon kurz nach Friedensschluß die europäischen Staaten sich duckten und vor der neuen Form des Großen Generalstabes, des Kriegswillens des neuen Deutschlands also zurückwichen und, nur um ihr Leben zu bewahren, Verständnis für die schwierige Lage des Besiegten zeigten; daß sie aus christlicher Scham über die eigene Barbarei, zu der sie sich gezwungenermaßen erniedrigt hatten, nachgaben, statt dem Phantom des Terrors mit der Überlegenheit ihrer Intelligenz und Macht von Anfang an entgegenzutreten und es im Keim zu ersticken.

Zu tief war die Philosophie der Tatsachen auch in das Denken der Demokratien eingedrungen: Die Vorgänge in Deutschland seien »nichts als die seelischen Störungen« eines besiegten Volkes, das sich Luft schaffen muß, und würden vorübergehen wie jeder nervöse Anfall.

Schuld am Heraufkommen dieser Despotie der Kriegerkaste in Deutschland trägt die Annahme, daß ewiger Frieden jetzt herrschen werde und müsse. Das war eine allgemein geglaubte und besonders wünschenswerte Tatsache, die aber allen Erfahrungen des täglichen Lebens und der Geschichte Deutschlands widersprach. Völkerbund, Abrüstung und gewisse Doktrinen pazifistischen und abstrakten, theokratischen Inhaltes – die falsch waren, weil sie der in Politik und Wirtschaft allgemein geübten Praxis entsprechend der Macht der Tatsachen ideel zuwiderliefen und sich dem Verständnis, der Erfahrungsmöglichkeit der Massen entzogen – ließen in den Köpfen der nur zur Militärdiktatur neigenden preußischen Aristokratie und der Elite der Frontoffiziere die Idee einer Wiederholung des großen Spiels und der Revanche auch im praktischen Denken, nicht mehr nur im Gefühl, immer zielbewußtere Gestalt annehmen.

Die Machtlosigkeit des Rechts, durch Gesetz und Überredung zu wirken, des auf Übereinkommen beruhenden Rechts, wurde den Deutschen durch die Machtlosigkeit der völkerrechtlichen Institutionen geradezu suggeriert und bewiesen. Denn diese waren doch wohl der höchste denkbare Organismus, dem alle Völker gehorchen sollten, wenn anders Recht als wirkliche und wirksame Macht existierte. Es war aber ein Recht ohne Macht. Das Recht des Völkerbundes konnte das Unrecht in der Welt in keiner Weise aufhalten oder verhindern, und daher also kam es, daß auch bei anderen Völkern Recht nur durch Macht geschaffen wurde. Weshalb auch deutsches Recht nichts anderes sein konnte als Macht – das Gewicht, das hinter dem Recht stand, um es mit Gewalt durchzusetzen.

Recht ist nun aufs Engste liiert mit dem Christentum, das ebenfalls Frieden auf Erden predigt. Das Christentum aber war für die Deutschen längst überwunden und keine Notwendigkeit mehr, an die zu glauben noch einen Sinn hatte. Die Deutschen verlangte nach der Möglichkeit, fanatisch zu glauben. Fanatisch glauben aber kann man nur an einen neuen Messias, an einen Helden, der seine Macht in unwiderstehlichen Tatsachen ausprägt, die nicht mehr mißdeutet werden können – Wirtschaft, Krieg, Heeresmacht und Organisation schaffen solche Tatsachen, nicht Kirchen und Völkerbund.

Was der Außenwelt als Barbarei, Kriegsgreuel, Massenwahn erscheint, ist dem deutschen Volk die Ausweitung und Umsetzung seines Willens zum Handeln, hinter dem ein Gebot steht: das *es*, die mythische Sendung, erlebt als Utopie des verwirklichten Sozialismus.

Die jedem Deutschen *a priori* immanente Sehnsucht nach Vereinigung mit dem Nachbarn, dem Kameraden, dem Land, dem Volk, mit Gott und dem Weltall treibt den Nachkriegs-Deutschen zurück in den Herdenwahn der Armee, der Partei, der Trusts, der Nationalen Arbeitsfront und schließlich des Krieges und des Staates der Bürokratie, der die eine Hälfte der Nation damit beschäftigt, die andere mit Terror niederzuhalten. In diesen Massenorganisationen sucht der Deutsche Zuflucht für seinen Pessimismus und eine Waffe gegen die primär als feindlich empfundene und erlebte Umwelt.

Diese Organisationen des Dritten Reiches sind Darstellungen der Denkfunktionen und utopischen Willensakte des Volkes, die um ihrer selbst willen existieren, autonome Körperschaften geworden sind, um sich das Volk, die Massen, mit Hilfe der Elite und des Terrorapparates der Partei und des Krieges zu unterwerfen. Diese Verwaltung der Massen nur durch den Staat, der das Wesen über den Wesen ist, bedeutet für diese: Zuteilung größtmöglicher Glücks- und Machtgefühle an größtmögliche Massen.

Diktatur über die Massen ist Ausdruck der Veränderung der Psychologie der Massen, nicht der Produktionsgesetze der Industrie, nicht der Verwaltungsgesetze des Staates oder der Armee.

Arbeitslosigkeit und lange Mußezeit infolge der allgemeinen Entwöhnung von geregelter Arbeit und die Rationalisierung des Arbeitsprozesses erzeugten in der Nachkriegszeit bei den Deutschen auch eine seelische Arbeitslosigkeit, häuften seelische Kräfte an, die unbeschäftigt blieben, genau wie die Hände. Diese Muße setzte sich um in Diskussionen über das, was sein müßte, sein sollte; was anstelle des jetzigen Zustandes treten würde, wenn es einmal anders, gerechter zugehen sollte auf dieser Welt. Daß diese Welt schlecht sei, daß sie verdiene, zugrunde zu gehen, wurde so allgemein geglaubt, daß selbst konservative Kreise an ihrem Untergang nicht mehr zweifelten.

Die Lehre aber, in der dieses Ende wissenschaftlich bewiesen und bereits herbeigeführt war, der Sozialismus, oder, wie man im Nachbarland Rußland sagte, der Marxismus, paßte zu gut in die Welt der Deutschen und ihren düsteren Glanz des Unterganges, als daß sie hätte bezweifelt werden können.

Die Idee des Sozialismus als Leitgefühl für alle Hoffnungen der Intelligenz und der arbeitenden Massen hielt die deutschen Massen zusammen. Es war der äußerste Punkt der Welt der ›unbefriedigenden Tatsachen‹, auf dem sich die deutsche Gesellschaft noch als solche erkannte, selbst wenn sie ihren eigenen Untergang damit besiegeln mußte. Auch die deutsche konservative Gesellschaft war überzeugt und entschlossen, den Zustand der deutschen Gesellschaft wie er durch den Krieg herbeigeführt worden war, mit allen Mitteln, auch solchen der Gewalt, zu ändern.

Die Elite der ersten Massenpartei, die sozialdemokratischen Führer hatten 1918 versagt. An ihrer Stelle bot sich die Kaste der preußischen Offiziere an, die zu Rußland in ausgezeichnetem Verhältnis stand, und die Offiziere assimilierten sich diese arbeitslosen, ungeleiteten Kräfte im deutschen Volk mit Hilfe des eigens zu diesem Zwecke etablierten Apparates der neuen Partei, die sowohl national als auch sozialistisch war. Sie taten dies nach den genau festgelegten Gesetzen der modernen Revolution mit der vorhandenen Eliteund deren paramilitärischen Verbänden, die sich aus den nicht-determinierten, von keiner Partei erfaßten Kadern des Mittelstandes, den preußischen Kleinbürgern zusammensetzten.

Das revolutionierende Prinzip der Arbeitslosigkeit, der

Muße, der geredeten und geträumten sozialistischen Utopie hat noch eine andere Folge: Es akkumuliert die natürlichen Kampfinstinkte im Menschen, die unter dem seelischen Druck der Verbitterung, des Ehrgeizes, der Rache, des beleidigten Rechtsempfindens und schließlich des Antisemitismus eine Spannung erreichen, daß denjenigen, die diese Konstellation der Zeit tragen und erleiden, Gewalttaten als eine natürliche Lösung, ja als Erlösung erscheinen.

Der dem Deutschen aus der Vergangenheit seines Volkes innewohnende und alles dominierende Gewalttrieb, zu Kriegslust und Militarismus sublimiert, ist wesentlicher und stärker als alle seine politischen oder zivilisatorischen Schöpfungen. Der Entladung dieses Gewalttriebes brauchte man nur, in Einordnung der Tatsachen in utopische Erwartungen, den Namen »Deutsche Revolution« zu geben, und die doppelte Identität des Geschlagenen war hergestellt, die Heilung all seiner Wunden erreicht: einmal paßte der Deutsche wieder zu seiner Vergangenheit, zum anderen paßte er zu der allgemein erwarteten Lösung des Weltkonfliktes durch eine Revolution, die nur aufgeschoben, nicht aufgehoben ist.

Seit 1914 etwa befinden sich die Deutschen in permanenter revolutionärer Erregung. Aus dieser langen Zeitdauer und aus der Fülle der Veränderungen, Gewalttaten, Exzesse und aggressiver Handlungen kann man ermessen, wie tiefe Kräfte atavistischer, unbewußter Erbmasse in den Deutschen entfesselt wurden und nun alle Schleusen und Barrieren des normalen europäischen Lebens niederreißen. Der permanente Krieg ist in Wirklichkeit eine permanente Revolution und dieser permanente Krieg ist am Werk seit dem Tag der Kriegserklärung im Jahr 1914.

Diese ungeheure Anstrengung aller Kräfte, die das deutsche Volk in eine seiner Meinung nach bestimmte, in Wahrheit aber unbestimmte, unbestimmbare Richtung treiben, ist eine Konzentration des Willens aller zur Ur-Revolution des Deutschtums, die dem Wort vom Aufbruch der Nation zugrunde liegt. Die nationalistische und sozialistische Revolution ist der Marsch des deutschen Volkes in die Zukunft der Zeiten.

Krieg, Partei, Armee, Arbeitsfront, Diktatur – all das sind nur Symbole und Synonyme für das Ursymbol des Triebes, den wir ›gerichtete Kraft‹ nennen. Gerichtet, in Reih und Glied fest verbunden ist diese Kraft durch die Form der Kompanien, Divisionen, Armeekorps, die die Träger von Macht und Befehlsgewalt den deutschen Massen geben.

Um die deutschen Massen ihrem Willen gefügig zu machen, mußte die Elite an den Mythos, den Urinstinkt im Deutschen appellieren, der vor mehr als tausend Jahren in ihm lebendig war, als seine Vorfahren in der Völkerwanderung den siegreichen Marsch gegen die klassische Welt und das werdende Christentum antraten; den sie in der Reformation wiederholten, als sie das neue römisch-katholische Reich und damit die Einheit des Glaubens in Europa zerstörten. Alles, was ein Volk einmal erlebt hat, bleibt als Spur des Sich-Erinnern-Könnens und Trieb zur Wiederholung in ihm lebendig. Es kann durch Verdrängung auf eine tiefe, primitive Stufe der Existenz hinabsinken, und, wieder geweckt, seine elementaren Rechte und Funktionen in einer gewaltigen Regression aller Kräfte der Nation auszuüben beginnen.

Dieser Zustand latenter Spannung und plötzlicher Entladung in Regressionen zur Gewalt erzeugt eine Verzerrung des deutschen Wesens bis zum Zerreißen aller Bindungen mit der zivilisiert gebliebenen Umwelt und führt zur Isolierung des Deutschen in symbolhafter verkrampfter Haltung: der des Kriegers, des Helden, des Barbaren aus Trotz, des unschuldig Verfolgten, der sich jetzt mit der Waffe in der Hand gegen eine Welt von Feinden verteidigen zu müssen glaubt.

Auf der Suche nach der Utopie, nach dem Zweck des Daseins außerhalb jeder Religion, Kirche und Ideologie, fand der Deutsche zurück zum Mythos von der Urhorde, vom Stamm, der war, bevor der Mensch und sein Individualismus, seine falsche Zivilisation waren. Dieser Mythos verwirklicht sich dem Deutschen in der Kameradschaft, die der Krieg schafft, der das ganze Leben der Nation beansprucht, ihm Gestalt verleiht.

Der Krieg aber stellt das Leben schlechthin in Frage. Gerade dieser Widerspruch zwischen ›Sein im Leben‹ und ›Sein im

Krieg‹ verschafft der isolierten deutschen Seele das Glücksgefühl der Masse, daß nämlich im Krieg, im Tod also, alle endlich gleich sind, was der höchste Ausdruck geschaffenen Rechtes und der Gleichheit aller, also ein revolutionäres Prinzip ist.

Die Umwelt ist den Deutschen ein System von Widerständen, Reaktion, Heuchelei, Mammonismus, das nur durch Krieg gebrochen und geändert werden kann. Das Militärische ist die Gestaltung des Willens zur Überwindung aller feindlichen Widerstände. Im Militärischen äußert sich der Machtinstinkt der deutschen Massen am deutlichsten: Drill ist das Einhämmern einer exakten, gleichen Bewegung in eine Anzahl von Individuen, um sie zu einer Masse, allen anderen einzelnen gleichzumachen, ihre Intelligenz so weit zu vermindern, bis sie den Nullpunkt, den blinden Gehorsam unter dem Willen eines Mächtigeren, erreicht hat und die Masse nur noch von instinktiver Furcht vor dem Offizier bewegt wird. Dann ist diese Anzahl von Individuen zu einer Masse uniformiert und erniedrigt worden.

Die Lust an dieser Gleichmachung aller vor dem einen herrschenden Willen entstammt der tiefen Befriedigung, daß es keinen gibt, der sich dieser Prozedur entziehen und dadurch etwas Besseres werden könnte als alle anderen. Es gibt kein Anders-Sein, kein Unbekanntes mehr, und eine große Sicherheit strömt aus diesem Gefühl der besiegten Einsamkeit, absoluter Gleichheit und Kameradschaft in den einzelnen.

Das Heer ist ein Verband von Brüdern, die sich duzen, und sich als Mitglieder einer großen Familie betrachten. Jeder tut, denkt, fühlt und weiß zuletzt nur noch, was ihm der Vater der Familie, der Führer, der Offizier vormacht und befiehlt. Es entsteht der Zwangszustand der Disziplin, der sich niemand entziehen kann, der sich alle freudig unterwerfen. Diese Einheitlichkeit der Reaktionen geht bis in die äußere Erscheinung und erzeugt weiter neben der äußeren auch die seelische, die gefühlsmäßige Einheit und Gleichheit, die Zufriedenheit mit dem gleichen Los, das alle gezogen haben und welches selbst dann, wenn eine Katastrophe eintreten sollte, nicht so schlimm sein kann, weil es alle gleicherweise trifft. Die Vorzüge dieser instinktiven Kollektivität und der kameradschaftlichen Sympathiegefühle sind die Schnelligkeit, mit der gegebene Befehle ausgeführt werden, und der Mangel an Opposition, Debatten oder Abstimmungen, unter denen die Disziplin leiden könnte.

So entsteht die intellektuelle Farblosigkeit und Meinungslosigkeit der einzelnen wie der Massen in Deutschland. Sie ist ein gewollter Erfolg und ein Zweck in sich: Sie stärkt das innere Machtgefühl und erweckt im Fremden den Eindruck einer unwiderstehlichen Einheit, einer Maschine über den Maschinen. Der Leviathan, die Staatsmaschine hat sich in einen Maschinenstaat verwandelt.

Das moderne Heer ist der reinste Ausdruck der Technokratie, als welche die sozialistische Utopie des Deutschen, angetrieben von seiner Lust der Zerstörung der schlechten Weltordnung, sich darstellt, Gestalt angenommen hat. Der grundlegende Unterschied zwischen der deutschen Armee, die das Fleisch und Stahl gewordene Machtprinzip der deutschen Massen wurde, und den Armeen aller anderen Staaten ist: in Deutschland ist das Heer Fundament und Nährboden der Gesellschaft – wie Friedrich II. von Preußen formuliert hat: »Preußen ist kein Staat, sondern das Hauptquartier einer Armee.« Das Heer ist also eine eminent soziale Institution, die alle anderen Beziehungen der Einwohner untereinander reguliert, bewertet, befruchtet und damit beherrscht.

In allen anderen Staaten existieren Gesellschaft und Armee nebeneinander; die Gesellschaft ruft das Heer zu ihrer Verteidigung herbei. In Deutschland ruft das Heer, ruft der Große Generalstab die Gesellschaft zu seiner Verteidigung herbei. Hier ist die Armee die große Lehrmeisterin und Prinzip der Wirtschaft, der Politik, der Presse, der Literatur und der gesamten Erziehung. Dieses militärische Prinzip hat sich nach seiner völligen Vernichtung in Deutschland in so kurzer Zeit wieder durchgesetzt, daß es für die Deutschen einen Wert an sich darstellen muß und einem tief verwurzelten Bedürfnis Befriedigung gewährt. Wir kennen dieses Bedürfnis, das eine Lust ist, als Militarismus.

Die frühen, vorgeschichtlichen Erlebnisse des Deutschen reproduzieren sich also automatisch aufgrund seiner ihm eigentümlichen Triebveranlagung: Wanderungen von Osten und Norden nach Süden, Zug gegen Rom und Zerstörung der römisch-hellenischen Kultur, Abenteuer der Nibelungen, Kreuzzüge der Erwachsenen und der Kinder, das chiliastische Gefühl des Mittelalters und die Exzesse der Flagellanten, die Reformation mit ihrer zweiten Zerstörung der römischen Kultureinheit, Bauernkriege, Religionskriege, der Dreißigjährige Krieg, der Siebenjährige Krieg, die Napoleonischen Kriege, die Kriege 1864, 1866, 1870/71, 1914–18 ... – all diese endlosen Wanderungen und Kriege, Zerstörungen großer Kulturen und die Siege über höher geartete Völker, gaben den Trieben der Deutschen nicht nur Richtung, sondern schufen auch ihr Kulturideal – das des Soldaten.

Nichts ist erstaunlicher als die Tatsache, daß dieses in seinem Gesamtverhalten der Umwelt gegenüber so kriegerische, das heißt asoziale Volk die Idee des Sozialismus gebar und in seinen sozialistischen Parteien und Gewerkschaften die stärkste von der Ideologie des Sozialismus beherrschte Masse in der Welt und für die Welt hervorbrachte. Dieser Widerspruch ist jedoch nur scheinbar: Die deutschen Massen fürchteten sich, die Forderung nach revolutionärer Selbstbestimmung mit eigener Hand zu vollstrecken und wählten den Umweg über die Massenorganisation der Partei, in der sich dieser Opportunismus des Kleinbürgers darstellt und selbständig macht – als eine die Welt nur noch wirtschaftlich, rationalistisch begreifende und gestaltende Macht, deren Instrument die Armee ist.

An diese Macht glaubt der Kleinbürger; sie wird seine Utopie, in die alle Denkinhalte des Marxismus und Materialismus eingegangen sind; mit diesem Instrument kann er endlich handeln um des Handelns, um der Tat willen. Die Armee schafft die neue Notwendigkeit, vor die sich der moderne Mensch gestellt sieht, in einer Welt, die er als ein Ganzes nur noch als Tatsachen schaffende Massenorganisation begreifen kann. Unbeseelt an sich und »nichts anderes als« ein Schlachtfeld, auf dem Sieger bleibt, wer die bessere Organisation hat.

Der Werdegang dieser mechanistischen Utopie in Deutschland von der Revolution der Massen zur Revolution der Elite stellt sich uns historisch dar: als Entwicklung in der Zeit und durch diese Zeit, die einmalig, vielversprechend ist. Sie ist jung, das Volk ist jung, man muß selber jung sein, um sie begreifen, handhaben und in ihr handeln zu können.

Die Unzufriedenheit der deutschen Massen mit ihrer sozialen Lage, vermehrt um die Unzufriedenheit der Elite, der herrschenden Klasse in Deutschland wegen der Verminderung ihrer Macht und ihres Ruhmes, akkumulierten und steigerten sich gegenseitig, glichen sich einander an und schufen eine neue, politische und ökonomische Lage des gesamten Volkes. Für die herrschende Klasse ergab sich die doppelte Aufgabe: den primären Haß der unteren, revolutionären Massen der Arbeitslosen durch Terror und Propaganda von sich, den wahrhaft Schuldigen ab-, gegen die böse Umwelt umzulenken. Diesen gebrochenen, entmachteten Haß aus dem geschichtlichen und ökonomischen Rahmen des politischen Klassenhasses in den des nationalen Hasses umzuformen und militärisch in einem Aufstand der deutschen, jetzt antikapitalistisch-nationalrevolutionären Massen gegen die Umwelt zu verwerten.

Pan-Militarismus

I

Der Zusammenbruch des Regimes in Deutschland nach der Niederlage 1918 war vollkommen. Der Beweis für diese Auflösung eines streng in Kasten eingeteilten Volkes liegt in der Bemühung gerade der Opposition, der politisch Unterdrückten, der Sozialdemokraten, von der herrschenden Ordnung zu retten, was zu retten ging. Ihre einzig erkennbare Hilfe empfingen sie nicht von den Schichten der Intelligenz oder der Wirtschaft, sondern allein vom Militär.

Psychologisch richtiger ausgedrückt: Der Glaube und das Wissen, was Ordnung und Disziplin seien, verdeutlichten sich den Führern der aufbegehrenden Massen als das Militärische. Sie alle, namentlich der Abgeordnete Gustav Noske, wußten und wollten keine andere konkrete Macht als die der Offiziere, keine andere Hilfe zur Herstellung von Ruhe und Ordnung als die der Armee. In der Armee, und nicht im Volk, verkörperte sich für diese plötzlich der Unfreiheit beraubten Kleinbürger der Staat, die Gesellschaft und die Macht schlechthin.

In ihnen war die Tradition Bismarcks und Moltkes so lebendig, daß ihnen zunächst die Erhaltung dieses von den Reichsgründern geschaffenen Staates, und nicht dessen Umwandlung in etwas Neues, am Herzen lag. Das Neue sollte dem Alten insofern gleichen, als es die geglaubte staatenbildende Funktion der Armee voll konservierte und in ihr, nicht in dem ursprünglichen Element eines jeden Staates, dem Volk, das Bewußtsein traditioneller und schöpferischer Kraft bilden wollte.

Es ist wesentlich zu erkennen, daß von Seiten der Sozialdemokraten ein doppelter Defekt die Bildung einer Volksregierung verhinderte: einmal ein Defekt der Einsicht in die Schuld der Militärs an diesem Zusammenbruch, in die Schuld der dem preußischen und damit dem deutschen Staat innewohnenden Grundidee, die sich in den Offizieren verkörperte und deren Inhalt, Richtung und Mythos sie waren; zum anderen ein Defekt des Willens zur Macht, ohne den kein Teil eines Volksganzen, kein Stand oder keine Klasse (um uns der von den Sozialisten und insbesondere von Marx geschaffenen Terminologie zu bedienen) einem anderen, unterlegenen Teil die Leitung des Staates entreißen kann.

Eine Kaste entsteht entweder unter dem Druck eines fremden Willens oder dem des eigenen Willens zur Macht. Die Kaste der Unreinen in Indien übernimmt unter dem Druck der Reinen alles Unreine, macht es zu ihrem Geschäft und befreit auf diese Weise das Ganze des Volkes vom Unreinen. Die Kaste wird nicht nur selbst ›unrein‹ und ›unberührbar‹, sie ist auch die Verwirklichung aller nur denkbaren Beziehungen der Glieder der indischen Gesellschaft zum ›Unreinen an sich‹, sei es nun reguliert durch bloß geglaubte, geoffenbarte Inhalte des Religiösen oder durch die in der Praxis des sozialen Lebens geforderten Erledigungen unsauberer Geschäfte wie etwa das Schlachten von Tieren als Metzger, von Menschen als Soldaten, das Ausräumen von Kloaken oder der Handel mit Geld, Fleisch oder Häuten. Die unter dem Druck, der Macht des eigenen Willens entstandene Kaste stellt alle denkbaren Beziehungen des Volksganzen zu einer höheren, verehrten und geglaubten göttlichen Macht oder einer unentbehrlichen Sache dar, welche die Kaste als Monopol ausübt oder besitzt. Wobei sie sich meistens die geglaubte Macht des Gottes selbst zulegt, seine Symbole zu den ihren, seinen Fluch oder Segen sich, und damit ihrer äußeren Macht, noch hinzufügt.

In unserem Fall, dem der preußischen Militärkaste, treffen eigentlich alle Funktionen der Macht einer Kaste zusammen: Sie ist eine Fusion von Machtfunktionen, die in ihrer historischen Entwicklung und Existenz anonym, fast unbeachtet, sich auch der ökonomischen Beziehungen der Mitglieder des Staatsganzen bemächtigte, indem sie diese ihrem eigentlich abstrakten Ziel, der Pflege des kriegerischen Geistes und der richtunggebenden Macht im Staat, der Armee, unterordnete und für diese monopolisierte.

Zum Wesen der Militärkaste gehört, daß sie im Besitz der ausschließlichen Verwendung der Waffen ist, das heißt jener Maschinen, die den Menschen erst zum modernen Soldaten und zum Träger des Angriffsgeistes machen. Diese Ausschließlichkeit, mit dem feierlicheren Fremdwort Exklusivität belehnt, bedeutet sowohl die monopolistische Verfügung über die Machtmittel des Staates als auch die Ausschließung der anderen Kasten oder Klassen von deren Verfügungsgewalt und vom Stand der Militärs überhaupt. Es ist der Adel in Preußen, der die Offiziere stellt. Die Ernennung Bürgerlicher zu Offizieren bedeutet den Verfall der Armee und damit des Staates.

In dieser Kaste walten Gesetze, die nur dem Stand der Offiziere eigentümlich sind; Gesetze einer ganz besonderen Moral, Ehre, Tugend, Auswahl der Mitglieder, Sprache, Erziehung, Tracht, Gefühlsbewertung und Tradition, die nachzuahmen beim Deutschen außerordentlich beliebt ist, die aber ihren wahren Wert eben nur innerhalb dieser streng abgeschlossenen Kaste beweisen. Ihr höchstes Symbol ist der Fahneneid, der alle Offiziere gemeinsam an den König und die Armee, jeden einzelnen noch an seine Kameraden bindet. Es mag im Grunde der Geist der Ritterschaft sein, der sich im preußischen Offizierskorps über alle Stürme der europäischen Revolutionen hinweg gerettet hat, und so wollen die preußischen Offiziere sich auch gerne zeigen und gesehen wissen: als ritterliche Verteidiger des Vaterlandes, der verfolgten Unschuld und der Ehre und Macht ihres Volkes, für die sie sich mit Gut und Blut einsetzen.

So weit wir aber die Geschichte Preußens auch zurückverfolgen, seine Ehre war immer angegriffen und wurde immer verteidigt, nicht, weil das unschuldige Land angegriffen war, sondern weil die Offizierskaste und ihre Führer den Augenblick einer solchen Empfindlichkeit, der gekränkten Ehre nämlich, bestimmten und, ihr nachgebend, den Verletzer ihres Ehrbegriffes mit Krieg bestraften. Die besondere Stellung der preußischen Offizierskaste ist ausgedrückt durch jene subjektivistische Allmacht des Gefühls, das unmittelbar erkennt, wann es beleidigt, gekränkt, unterdrückt, bedroht oder in Gefahr ist, eine Verminderung seiner absoluten Bedeutung für den Staat zu erleiden. In der preußischen Militärkaste ist der Träger dieses exklusiven Wissens um die Beleidigung oder Bedrohung seiner Existenz zugleich auch der Richter und Vollstrecker des Urteils am Beleidiger. Da nun diese Kaste sich mit dem gesamten Land, dieses sich mit ihr identifiziert, ist die Folge einer Gleichgewichtsstörung des Selbstbewußtseins dieser absolut und undefinierbar herrschenden Kaste allemal für die Gesamtheit der Nation verbindlich und folgenschwer: sie bedeutet nämlich Krieg. Krieg war und ist für Preußen der kürzeste Weg zur Macht, Politik immer der längste.

Die Kaste betonte neben ihrer Abgeschlossenheit und Sonderstellung als Verwalterin der militärischen Macht des Staates ausdrücklich ihre unpolitische Haltung. Ein Soldat durfte keiner Partei angehören, war also ein Bürger, ein Zivilist zweiter Klasse, besaß kein Wahlrecht und damit keine politische Existenz. Der deutsche Soldat führte ein Leben außerhalb der Nation, und es umgab ihn auch genau präzisiert ein zweiter Gürtel der Ausschließlichkeit, der ihn von allen übrigen Menschen innerhalb des Volksganzen isolierte. Solange der Kaiser als oberster Kriegsherr sich mit der Kaste identifizierte und beider Ziele – Vermehrung der Macht der Armee durch Menschen und Material – gesichert waren, flößte die Exklusivität von Stellung und Macht der Offiziere den Zivilisten eine mythische Scheu ein: Sie gehorchten dem leisesten Wink und Wunsch ihrer Offiziere, was auch immer diese verlangen mochten.

Der Glaube an die Unbesiegbarkeit der preußischen Armee war stärker als irgendein anderer Glaube, selbst wenn ihm ein Großteil Furcht beigemischt war, den Militärs zu widersprechen oder laut Zweifel über ihre Notwendigkeit und Allmacht zu äußern. Sobald der mürrische oder revolutionäre deutsche Zivilist seinen Rock ausgezogen und den des Soldaten, des Kaisers Rock, wie man zu sagen pflegte, angelegt hatte, war er ein anderer Mensch – das heißt, er war überhaupt kein Mensch mehr, sondern ein Menschen-Teil, ein Maschinen-Teil. Ein stärkerer Wille als der seine bemächtigte sich seiner ganzen Existenz, löschte sie aus, machte sie lächerlich, zu einem zivilen Nichts – und sei es die Existenz des größten Genies.

Das Genie hatte sich dem Willen des Vertreters der Militärkaste zu unterwerfen, dessen Intelligenz als die überlegene anzuerkennen und in der Disziplin, die dieser von ihm wie von allen anderen Zivilisten verlangte, alle Regungen, die ihren Ursprung und ihre Beziehung außerhalb der Kaserne hatten, auszulöschen.

Als Entgelt für diesen Verlust an persönlicher, individueller Bedeutung nahm der deutsche Soldat dann teil am Mythos dieser Kaste, die sich die Macht des Gottes direkt zulegt, seine Symbole zu den ihren, seinen Segen oder Fluch zu ihrem macht, derart, daß der deutsche Soldat der beste der Welt, das deutsche Heer a priori unbesiegbar sein muß. Die Teilnahme an diesem Mythos, der als Rausch – neben anderen Gefühlen – die Massen in den Krieg und, nach der Niederlage, aus dem Kriege trieb, erzeugt im deutschen Volk jenen Geist, den wir Militarismus nennen.

Militarismus ist die Summe aller denkbaren Funktionen und Wechselwirkungen der Beziehungen einer militärischen Kaste innerhalb eines in streng geschiedene Klassen zerfallenden Volkes von Zivilisten und dieser Klassen untereinander, die ihre Mordtriebe zugunsten dieser Kaste aufgeben.

Er äußert sich als jener Einfluß, als Suggestion der Gewalt, der das Wesen der ihm Ausgesetzten so verwandelt, daß diese den Verzicht auf ihre persönliche Willens- und Triebfreiheit leisten, um dafür teilzunehmen an einer Machtillusion, einer Exklusivität und einem Mythos, die ursprünglich und eigentlich nur der Kaste zugehören. Dieses *es* fällt an die Kaste zurück, sobald der jetzt zum Krieger disziplinierte und verwandelte Zivilist den Bannkreis des Militärischen wieder verläßt. Trotzdem ist es ihm kraft der allgemeinen Geltung und Anerkennung dieses Mythos unmöglich, sich seelisch davon freizumachen. Der volle Glanz des Ruhms und Heldentums bleibt mit ihm, wenn er für das *es* fällt.

Die Macht der Kaste erhebt sich also ins Metaphysische, nur

noch zu Glaubende, ähnlich der der Priester, die sie verdrängte, als die Macht der einzigen Kirche zerbrach; oder der Macht der Richter, welche die Kriegerkaste sich anmaßte, indem sie als höchsten Ausdruck ihrer staatserhaltenden Funktionen ein eigenes Militär- und Kriegsrecht schuf, welches alles Zivilrecht aufhebt.

Die absolute Macht des preußischen Offizierskorps über Leben und Tod der Untertanen konnte nur durch Freisetzung und Übernahme einer schon vorhandenen, ebenso starken Macht geschehen. Es war die Macht der Kirche, hierarchisch starr, konservativ, die bezweifelt, zu Tode protestiert und in Kriegen erledigt wurde, in die das zur Macht drängende Korps der revolutionär, ungläubig und nationalistisch gewordenen preußischen Offiziere schlüpfte.

Die Reformation spaltete Deutschland in zwei feindliche Hälften von Trägern der religiösen Macht, welche die früher geschlossene Einheit der Priesterkaste vernichteten. Im weiteren Verlauf der religiösen Dispute wurden große Teile des Glaubensinhaltes einer rationellen Untersuchung und damit dem Zweifel ausgeliefert, außer Kurs gesetzt. Mit der Zerstörung der Kirche zerfiel auch deren jenseitige Ideologie der Offenbarung, der offenbarten Wahrheiten, an deren Stelle die gewußten oder wissenschaftlich, das heißt objektiv bewiesenen Wahrheiten traten.

Es bildete sich also mit fortschreitender Zerstörung des Mythos vom Jenseits, ein Mythos vom Diesseits, vom Jetzt und Hier, vom Glück auf Erden, eine Utopie. Indem die Menschen den Himmel auf die Erde zu verlegen glaubten, verlegten sie ihn zugleich ins nirgendwo, in eine kommende bessere Zeit, die dann anbrechen muß, wenn die Jetztzeit so schlecht geworden ist, daß es »so nicht mehr weitergehen kann«.

Dieses Gefühl der Verzweiflung über den Verlust der Kindschaft Gottes und gleichzeitig der Hoffnung und Gewißheit des Anbruches des neuen, des glücklichen Zeitalters, ist das chiliastische Gefühl, das die Massen in Unruhe versetzt und Ausbrüche fanatischer Roheit wie ekstatischer Selbstaufopferung hervorbringt, die eben auch unsere Zeit charakterisieren.

Die Reformation mündete in eine Reihe von Kriegen, die Deutschland dreißig Jahre lang verwüsteten und an den Rand der Erschöpfung brachten. Der Westfälische Friede im Jahre 1648 brachte diese Unrast zur Ruhe. Der Deutschen hatte sich aber eine tiefe, allgemeine Skepsis, ein Pessimismus ohnegleichen bemächtigt, und aus diesem Gefühl entschlossener Irdischkeit schuf im Jahre 1655 der damalige Herrscher in Preußen, der Große Kurfürst, jenes Instrument der Macht über aller Macht, über König, Staat und Volk – den preußischen Generalstab. Er sollte das wissenschaftlich exakte, mathematische Instrument der Macht werden, das ganz irdisch, militärisch und rationalistisch konstruiert, die Wiederkehr eines solchen nationalen Unglücks, wie es der Dreißigjährige Krieg war, zu verhindern bestimmt war; die zugleich den Kleinstaat Preußen mit seinen slawisch-tatarischen Mischvölkern aus Leibeige nen unter einer hemmungslos aggressiven Aristokratie, die den Krieg zu der einzigen ihr angenehmen Beschäftigung erwählt hatte, zur Herrschaft über Deutschland und weiter über Europa führen sollte.

Das zu Glaubende der Religion Christi wurde durch zu Lehrendes und zu Wissendes ersetzt. Anstelle des im Glauben an die christliche Lehre von der Erlösung des Menschen mitschwingenden Lebensgefühls der Hoffnung auf eine jenseitige Gerechtigkeit trat ein tiefer irdischer Pessimismus: Die Kirchen als Mittler zwischen Gott und den Menschen hatten versagt; das Resultat ihrer Lehren von Güte, Barmherzigkeit und Gleichheit aller Menschen vor Gott war eben dieser entsetzliche Dreißigjährige Krieg, der ausdrücklich um der Lehre Christi willen entbrannte.

Aus dem Zustand der Rechtsunsicherheit und der intellektuellen Verrohung der Deutschen während der Religionskriege entstand der Glaube an die Gewalt als das einzig Reale, das Ordnung und Recht zu schaffen imstande ist. Aus der religiösen Unsicherheit erwuchsen die Skepsis der Wissenschaft, der Pessimismus der preußischen Aristokratie, die Offizierskorps und Generalstab als ihre Machtinstrumente gegen das Herz Europas formten. Aus diesem bereits ungläubigen Zustand der

Vernunft, des bewußten Denkens also, über den noch magisch gebundenen, unbewußten Schichten der Seele sich formend – ein dialektischer Prozeß von äußerster Schärfe, Brutalität, kältester und zynischer Berechnung – erstand der Atheismus, die Negation allen nur geoffenbarten Glaubens in der preußischen Aristokratie und namentlich bei ihren Königen. Unter diesen überragt die Gestalt Friedrichs II. von Preußen das ganze Jahrhundert: Er ist der eigentliche Gründer der Dynastie der Hohenzollern, der Armee, des Staates, Vollender und Gesetzgeber des Großen Generalstabes. Von seinem Rationalismus, der vielmehr ein allein betonender und allein herrschender Atheismus ist, kommt die Idee der preußischen Sendung und des preußischen Mythos. Dieser verwandelte die von den Franzosen gelieferte Ideologie des Berufsheeres und des Nationalstaates, welcher unter einem König alle Menschen der gleichen Sprache vereinigen muß, falls er seine Mission der Macht erfüllen soll, im Lauf der europäischen Entwicklung und bis heute unaufhaltsam wachsend, in eine allgemeine und für alle Deutschen geltende Utopie.

Es ist das Wesen dieser Utopie vom Primat des preußischen Menschen und des preußischen Schwertes, daß sie angenommen oder im Kampf überwunden werden muß, bevor sie durch eine andere Utopie ersetzt werden kann. Denn eine Utopie ist nicht etwa zu glauben, wie eine kirchliche Lehre zu glauben ist. Die Utopie ist vor den kirchlichen Bindungen, ja vor allen Religionen vorhanden: Sie ist der Ausgangspunkt auch von Religionen und Kirchen, die alle *post factum* kommen und Korrekturen an den Worten und Taten der Verkünder oder Führer eines Volkes auf dem Wege zur Verwirklichung der Utopie sind.

Über allem Hohn, den Friedrich II. von Preußen für Gott, Kirche, Religion, menschliche Gefühle jeder Art so verschwenderisch und beißend äußerte, bei allem Zynismus seiner Politik und aller Sachlichkeit dem Geld, den Verträgen und Friedensschlüssen gegenüber, bei all seiner Roheit, all seinem Haß gegen eine objektive, seinen Untertanen dienende Zivilisation, lebt in ihm das Pathos des schöpferischen, tätigen Menschen, was nichts anderes ist als die Ahnung von etwas Göttlichem, das ihm überliefert wurde und das er zu vollstrecken glaubte.

Friedrich II. glaubte also doch etwas; er glaubte an etwas sehr Subjektives, ausschließlich an seine Person Gebundenes, das sich im Fahneneid kristallisiert, sich in Offizierskorps und Großem Generalstab den Körper schafft, der die Gedanken – Heer, Wirtschaft, Volk – in Taten umsetzt, die Geschichte sind, das Geschehen, in welchem allein der Mensch seine Existenz in Zeit und Raum beweist. Daß er, der zwergenhafte und kropfige, tückische und auch sexuell verkrüppelte Hohenzoller aber den Anstoß zu diesem Werden einer neuen europäischen Geschichte liefern konnte, das ermöglichte ihm allein sein Glaube an etwas Transzendentes und Absolutes über den Erscheinungen – seine eigene miteinbegriffen. Und dieses Absolute setzte sich durch, ob man es nun negativ im Sinn christlicher Wahrheit und Ethik, Gerechtigkeit und Moral faßt, oder positiv, indem es einer neuen Philosophie zur Erscheinung des Geistes im Gedachten verhilft oder aber eine industrielle Entwicklung in großen Staatsräumen ermöglichte – dieser Glaube allein erhält sich lebendig; einseitig, unmotiviert und gegen den Willen des Volkes – 1848, 1862, 1918 sind nur Etappen dieses Protestes – und gegen den Willen der ganzen Welt.

Protestiert die Welt gegen den preußischen Gedanken, so protestiert dieser mit immer stärkeren Waffen, immer stärkeren Heeren, wird immer negativer, weltfremder, aber mit der Gewalt seines Glaubens unterwirft er ganze Völker und rückt die Grenzen der Befehlsgewalt, als welche sich die Gewalt seines Glauben-Müssens manifestiert, immer weiter vorwärts in den europäischen Raum. Mitten in die Herzen der Völker trägt er seinen Glauben an die Gewalt, die er mit Zweifeln und Furcht, mit ohnmächtigem Haß und einem pessimistischen Chiliasmus erfüllt, als sei nun das Ende der Welt gekommen, eine neue Welt aber werde gleich aktiv beginnen mit den Drehungen der Propeller und Dynamos, der Filmkameras und aller Mechanismen, in welche sich die Zivilisation der letzten hundert Jahre verwandelt hat.

Der Ursprung dieser Glaubensmacht liegt also im Zerfall, in

der Spaltung der katholischen Kirche, aus welcher sich die protestantischen Sekten auf der einen, Wissenschaft und Strategie auf der anderen Seite entwickelt haben. Eine Entwicklung, die sich in einer vollkommenen Verlagerung des Bewußtseins des Menschen und in seiner gesellschaftlichen Abhängigkeiten von Staat und Wirtschaft äußert. Es scheint, daß die heutigen Prozesse von Krieg und Revolutionen, der allgemeinen Unsicherheiten geistiger und materieller Existenz, immer noch Erscheinungen jener allgemeinen Umwälzung sind, die der europäische Mensch durchmachte bei seiner Geburt aus dem Mutterleib des Mittelalters in das Licht der Neuzeit, die alles in Frage stellte, was er seit zweitausend Jahren geglaubt hatte.

Anstelle des im Glauben mitschwebenden Aberglaubens trat also die allgemeine Skepsis, die Satire, das Pamphlet und die bewußte, besser gesagt: gewußte Ungläubigkeit. Aus dem Zustand der religiösen Unsicherheit der Reformation und der Religionskriege erwuchs dem Europäer das ›Recht auf Zweifel‹, und aus diesem bereits ungläubigen Zustand der andererseits noch magisch gebundenen, unbewußten Schichten der Seele erstand der Atheismus der preußischen Herrenschicht, unter Führung ihres bedeutendsten Kopfes, Friedrichs II. von Hohenzollern.

Erst die Zerstörung der Macht der Priesterkaste in Deutschland, die das Volk in einer Kultur von beträchtlichem Alter und ehrwürdigsten Traditionen band und die all seine Beziehungen irdischer Art religiös, also durch sich und in sich regelte, sie darstellte und zum Inhalt hatte, gab dem preußischen König und Adel die Möglichkeit, diese überirdische Macht der Priester und Bindung an ein geglaubtes Höchstes Wesen zu übernehmen, zu rauben. Ganz bewußt setzten sie anstelle des Himmels das Vaterland, anstelle Gottes den König, anstelle der Bischöfe die Offiziere im Großen Generalstab und anstelle der Priester die Feldwebel. Ihre Symbole und Fahnen, Musik und Paraden, Kasernen und Feldzüge begannen die durch den Auszug der religiösen, auf das Jenseits gerichteten Ideen freigewordenen Denk- und Gefühlswelten der Deutschen zu füllen. Die

Bindung des Deutschen an die christliche Religion als an ein lateinisches oder hellenisches Kulturideal war, je weiter nach Osten, desto schwächer, und so entstand zugleich mit dem Zerfall der religiösen Bindungen und dem Ausgleich der beiden Bekenntnisse eine Art seelischer Heimatlosigkeit und des Heimwehs nach etwas unwiderruflich Verlorenem in diesem an sich sentimentalen Volk, für das sich jetzt ein nationales und kämpferisches Ideal anbot: eben dieser friderizianische Militarismus, der seinen Wert für diese Welt durch kaum glaubliche Siege auch bewies. Es war also keineswegs eine Schande, wenn man sich unter die siegreichen preußischen Fahnen scharte; und die Ahnungen von etwas kommendem Großen, alle Deutschen Vereinenden, die manchen Patrioten, ob Preußen oder Bayern, schon damals überkamen, sind ein Beweis dafür, wie tief Friedrich II. auf die Deutschen wirkte.

Parallel zu dieser Einführung einer neuen, absoluten Macht entwickelte sich in Deutschland ganz allgemein das Bewußtsein, selbständig, das heißt frei von religiöser Bevormundung und allen transzendenten Idealen denken und existieren zu können.

Der preußische König nahm von dieser Bewegung eines eigenen, nationalen Geistes in den deutschen Landen keine Kenntnis; nicht so sehr, weil er der deutschen Sprache nicht mächtig war, als vielmehr deshalb, weil er, im Vollbesitz der ausschließlichen und höchsten Machterkenntnis und Verwaltung, gar keinen zweiten deutschen Inhalt neben diesem erkennen konnte: Der nationale deutsche Gedanke, wie er durch Persönlichkeiten wie Lessing, Herder oder Goethe als europäischer, also übernationaler Wert empfunden wurde, drang gar nicht in Friedrichs Ideenwelt, die abstrakt in ihren Empfindungen, konkret und aggressiv in ihren Darstellungen war. Er sprach Französisch, weil das die Sprache der Gebildeten, der Kaste, nicht weil es die Sprache Frankreichs oder Voltaires war. Friedrich II. war nicht Franzose, er war auch kein Preuße oder Deutscher: Er war ein Symbol und setzte sich als solches an die Spitze seiner Offiziere, um in ihnen und durch sie zu wirken. Er war für seine Zeit und für die ganze preußische

Geschichte bis auf unsere Tage die reinste Darstellung der Kaste der Offiziere, die einen Staat beherrschen, verwalten, bewirtschaften, kurz: ihn besitzen.

Der Staat ist ihr und sonst niemandes Eigentum. Ihr Geist ist diesem Staat eigentümlich, und ihr Denken, Handeln und Sprechen ist das des Staates; nicht etwa das des Volkes. Das Volk macht andere Schicksale, Veränderungen durch, und seine Ideen suchen tastend und ringend nach Verwirklichung. Konstant und unverrückbar konservativ ist nur das Ideal und Bild des preußischen Offiziers geblieben, über dem Volk, exklusiv, starr ausgerichtet in seinen Idealen und Prinzipien, die er tief und tiefer als Politik in und gegen die Welt vorträgt, mit Hilfe seines Volkes, das diese Macht als ein Fremdes über sich nicht sieht und fühlt, sondern für einen Teil seines eigenen Seins hält; vielleicht sogar als sein wahres Wesen betrachtet, das es mit Hilfe des von der Kriegerkaste geschaffenen und verwalteten Machtapparates in Kriegen verwirklichen muß. Die Kriegerkaste ist also das Symbol und der Inhalt aller Machtaspirationen des preußischen Volkes.

Die Kriege waren zunächst alle erfolgreich und schufen innerhalb der deutschsprechenden Länder einen Staat nach den Prinzipien Richelieus, zentralistisch, einheitlich verwaltet und dem König als Eigentum zugehörig; der Monarch regierte absolut und war niemandem Rechenschaft schuldig – außer Gott. Doch ist der Inhalt dieses Gottes dem König und seinen Dienern einverleibt, soweit Gott gleichzusetzen ist mit Macht über Leben und Tod. Als religiöse Idee dagegen rottete Friedrich II. den Glauben an Gott in sich und seinen Freunden so vollkommen aus wie kein anderer deutscher Fürst jemals zuvor oder später. Seine ganze Vorliebe für die Franzosen entsprang nur deren Freiheitsgefühl der Kirche gegenüber, deren Atheismus; von französischen Werten, von französischer Zivilisation, Kunst und Philosophie verstand er nichts, wollte er auch nichts wissen. Seine Untertanen aber durften nicht den geringsten Zweifel äußern in irgendeine der Institutionen des Königs, zu denen als Machtmittel und ausschließlich als solches selbstverständlich auch die Kirche gehörte. Ihre einzige Funktion war zu gehorchen, zu kämpfen, zu zahlen – blind und ohne Murren.

Gehorsam und Disziplin blieben die einzigen Funktionen des Bürgers, die einzigen Äußerungen seiner Existenz. Das ganze preußische Gebiet glich einer einzigen Kaserne, einem riesigen Gefängnis. Berlin war eine ungeheure Wachstube, und über allen Rücken tanzte die Spießrute, die neunschwänzige Katze, die der Feldwebel schwang. Der Feldwebel brach jeden Widerstand, tötete die Seelen und ließ vom Leib nur das Sterbliche, das Sterben für des Königs politische Idee, die er verkörperte. Der König allein und sonst niemand war Staat, Macht, Politik. Ein einziges Mal wagten westfälische Bauernsöhne gegen die Brutalität der Feldwebel zu rebellieren und meuterten, standen in passiver Resistenz auf dem Kasernenhof und verlangten die Abschaffung des Spießrutenlaufens. Der König sandte als Antwort seine preußischen Regimenter nach dem Westen. Jeder zehnte Mann des protestierenden Regiments wurde erschossen, der Rest der Mannschaft lief so lange Spießruten, bis die Männer um die Wiedereinstellung in den Dienst des Königs mit allen seinen Torturen baten.

Der König von Preußen glaubte, ein guter Menschenkenner zu sein. Er kannte aber nur seine Preußen, jenes Mischvolk aus klein-slawischen Leibeigenen, die seit dem 13. Jahrhundert von den Deutschherren-Rittern unterworfen und kolonisiert worden waren. Mit diesen Sklaven eroberte er, ein umgekehrter Spartakus, weite Provinzen, besiegte er Österreicher und Franzosen, das heißt katholische, hochkultivierte Völker; erwarb er sich den Ruhm des größten Feldherrn seiner Zeit, der ihn zum Bundesgenossen und bezahlten Vasallen Englands machte und seinem Staat das Prestige militärischer Unbesiegbarkeit verschaffte.

Der preußische Soldat war ebenso sehr das Idol seiner eigenen militärischen Gesinnung wie, bei den anderen europäischen Nationen, das Objekt des Respektes, der Bewunderung oder des Grauens vor seiner maschinenartigen Präzision und Todesbereitschaft.

Der preußische Militarismus bewies zum ersten Mal in der

Geschichte klipp und klar, daß ausschließlich der Beruf den Soldaten macht, nicht seine Überzeugung, sein Idealismus oder gar seine Intelligenz. Die Bewegungen der Formation, in die der Wille des Offiziers von außen, die Furcht vor den Spießruten oder dem Feldwebel von innen her die Männer zusammenpreßte, mußten denen eines einzelnen Wesens gleichen, welches die Kräfte all seiner Glieder zum plötzlichen und anhaltenden Einsatz bringt, also den gleichen Effekt hat, wie ihn eine Maschine ausübt. Da nun aber außerdem jeder Soldat über Gewehr oder Kanone, über eine Maschine verfügt, die seine Einzelkraft weit über das naturgegebene Maß hinaus steigert, ist der Effekt der preußischen Taktik der einer aus Maschinen gebildeten Über-Maschine. So ist es bis heute geblieben, und gerade die letzte Entwicklung beweist, daß die preußische Taktik sich lediglich in der maschinellen, mechanistischen Ideologie des Krieges weiterentwickelt hat. Die Seelenlosigkeit der Maschine ist die oberste Funktion des preußischen Militarismus, die nach seiner eigenen Definition reibungsloses Wirken der Organisation ermöglichen muß. Dies Abstraktum »Organisation« wird Inhalt und Lehrbegriff der militärischen, preußischen Disziplin schlechthin.

Die Offizierskaste leitet, behandelt und treibt diese Organisation von Berufs wegen. Das Heer, das unter Friedrich II. aus Leibeigenen oder gepreßten Söldnern bestand, erfährt nach den Niederlagen durch Napoleon eine strukturelle, keine psychologische Wandlung. Das Offizierskorps bleibt seinem Wesen nach, was es war. Zwar tritt eine äußerliche Abschwächung der Strafen ein, aber ihre Schärfe, die gegen die Menschenwürde des einzelnen, gegen das Zivile, gegen das Zivilisierte im Individuum gerichtet ist, im Heer als Schweinehund im Menschen bezeichnet, bleibt bestehen. Und weil die Welt ringsum, namentlich England und Frankreich den umgekehrten Weg beschreiten und das Individuum von den Fesseln der Vergangenheit, des Aberglaubens, der Krankheiten, des Hungers und der Unwissenheit befreien, wächst der Abstand zwischen dem Schicksal der Deutschen und dem der anderen europäischen Staaten zu einem unerträglichen, tödlichen Gegensatz, der auf beiden Seiten zu einer geschichtlichen und gefühlsmäßigen Einstellung des Hasses führt.

Im Mittelpunkt all dieser Erörterungen und Empfindungen über die Lage des Menschen im Staat steht naturgemäß der Begriff der Freiheit, und zwar der persönlichen, sich selbst setzenden Freiheit, die ein Volk kraft seiner Unabhängigkeit und Mündigkeit sich in Gesetzen unantastbar und für ewige Zeiten errichtet. Das Volk setzt sich seine Freiheit selbst, die dem Individuum ein Maß der Ausdehnung seiner Lebensenergien und Fähigkeiten ermöglicht, das er dem anderen gleichfalls zugesteht. Freiheit ist also auf einem Gefühl des Respekts für den anderen, auf Achtung der Rechte des anderen aufgebaut und nicht auf dem Recht *über* einem oder *an* einen anderen kraft eines Privilegs, welches von etwas als über den Menschen stehend Geglaubtem verliehen wurde. Obwohl der Begriff der Freiheit zuletzt ebenfalls etwas Geglaubtes, sogar etwas Negatives ist, indem der Freie es sich versagt, die Freiheit des Mit-Freien anzutasten, somit eher das ›Recht‹ auf Freiheit als diese selbst entsteht und vorhanden ist, so sind doch alle Gründe und Folgerungen aus dieser freiwillig geglaubten und angenommenen Beschränkung persönlicher Freiheit auf einem Übereinkommen begründet: auf dem allen in einem Staat gemeinsamen Recht auf Freiheit, für dessen Vorhandensein jedes Volk sein Leben und seine Existenz einsetzt; dessen Überschreiten oder Verletzen das Gefühl der Rechtsunsicherheit erzeugt, das gefährlichste aller revolutionären Gefühle, das ein Volk befallen, zur Raserei oder Verzweiflung treiben kann.

Dieses Gefühl des Rechts und des gegenseitigen Übereinkommens ist das Grundgefühl im französischen, englischen und amerikanischen Staat, um die größten zu nennen. Es ist dem preußischen Geist der Kaste, den Privilegierten so vollkommen fremd, ja feindlich und verhaßt, daß sein Vorhandensein allein genügt, um all die zahllosen Kriege und kriegsähnlichen Manöver zu erklären, die Preußen gegen deutsche und österreichische Länder, später gegen die westliche Zivilisation als Träger des Freiheitsgedankens vorangetrieben hat.

Um es noch sinnfälliger zu machen: Das Recht auf Freiheit ist in Deutschland nicht etwas vom Volk Geglaubtes, und existiert nicht aus beiderseitigem Übereinkommen zwischen den Verwaltern dieses Rechtes, den Richtern und Behörden einerseits, und den es Hinnehmenden, dem Volk andererseits, dem beide Teile gleicherweise und unwiderruflich unterworfen wären – Richter, Behörden, Offiziere genauso wie der ärmste Bettler oder der letzte Verbrecher –, Recht ist vielmehr, was dem deutschen Volk nützt, etwas von Fall zu Fall Wandelbares, das der Auslegung durch die Verwalter des Rechtes, der Taktik, der Politik, der Diplomatie unterliegt. Verwalter des Rechtes ist der Staat. Der Staat ist aber die deutsche Wehrmacht, das deutsche Offizierskorps; sie letzten Endes entscheiden über die Auslegung des Rechts.

Gerade weil dem so war, erfand man jene Legende über den Müller von Sanssouci, dem der König die Mühle wegnehmen wollte, ein Vorgang, den das Berliner Kammergericht für ungesetzlich erklärte – daß überhaupt eine solche Legende notwendig war, beweist, daß es in Preußen kein objektives Recht gab und später im groß-preußischen Reich keines geben konnte.

Die Politik der preußischen und deutschen Regierungen ist nur dadurch zu erklären, daß sie bewußt, und unter Betonung dieses Willens zur Verleugnung des Rechts auf Freiheit, gegen das Recht handelten, welches sich das Volk gegeben hatte oder zu geben versuchte.

Es ist müßig, geschichtliche Beweise herbeizutragen, um diese These zu stützen; weil es keine geschichtlichen, das heißt, abgeschlossenen und brauchbare, aus dem Bereich der experimentellen Psychologie in den der Tatsachen übergegangenen Beweise geben kann: Diese Auflösung des Volksrechtes auf Freiheit ist ja unser, der Europäer Problem schlechthin. Was zur Stützung dieser These von der Unfreiheit und Rechtsunsicherheit unter Roon, Bismarck, Wilhelm II., unter Ebert und Hitler beigetragen werden könnte, kann solange nicht als objektiver Rechtstatbestand angesehen werden, als er nicht als wirkliches Unrecht von den ihn Erleidenden, den Deutschen nämlich, eingesehen und geändert wird.

Wir wenden uns also hier gegen die mechanistische Deutung der Geschichte und gegen die mechanistische Psychologie gleicherweise, zugunsten einer solchen der Bestimmung des Erfolges. Mit anderen Worten: Es ist nur dann etwas bewiesen, als Problem erledigt, wenn aus *gegenseitigem Übereinkommen* von Völkern Folgerungen gezogen werden, die aus dem erlittenen Schaden und aus der Existenz des Schädigenden wie des Beschädigten gleicherweise etwas Neues, etwas Besseres machen.

Psychologie ist nicht nur ein Teil der objektiv existierenden Wissenschaft – was die Geschichtsforschung, da zutiefst subjektiv, nicht ist –, sondern mit dieser zusammen ein Teil des Funktionierens der Erkenntnis im Menschen, die sich zusammensetzt aus historischen, benützbaren Erkenntnissen und aus nur gedachten oder geredeten, geglaubten oder gefühlten Erkenntnissen. Unser Wissen um das Gegebensein eines Inhaltes menschlichen, totalen Wissens hat unter anderem bereits die Schlüsse der Psychologie zur Voraussetzung, die hinterher, nachdem eine Tat geschehen ist, wiederum in Wirksamkeit treten, das heißt: zu Schlüssen, Beweisen oder neuen Voraussetzungen für zu Beweisendes werden, das in Zeit und Raum menschliche Existenz genannt wird.

Eine Art des Denkens, die bloße Tatsachen aneinanderreiht und bewußt oder unbewußt an den Kreis des allgemeinen Denkens assimiliert, dem der Denker entstammt, kann nur zu einer mechanistischen Deutung der Welt führen, die das Moralische, das Gewollte, Gesetzte oder sich Setzende ausschließt als nicht zum Historischen oder objektiv Gegebenen gehörig.

In diesem Versuch, Zusammenhänge und Abhängigkeiten der Tiefengründe eines Gegensatzes aufzudecken, der weder wirtschaftlich noch politisch zu erklären, sondern wirtschaftlich und politisch *geworden* ist, nachdem er zuvor etwas Seelisches, nämlich Religiöses war und heute wieder ist, soll ja gerade der Ausweg gefunden werden aus einer Geschichtsforschung, die Tatsachen nur mechanistisch koordiniert.

Was wir eben ausführten, wie das Wollen der Unfreiheit an die Stelle eines freigewordenen religiösen Gefühles getreten ist, das gewollte Wieder-Abhängigsein von etwas *über* allen Menschen Schwebendem, und wie heute der Deutsche den gleichen Prozeß wieder durchlebt, das scheint uns einer der stärksten Beweise gegen eine auf das Historisch-Vorhandene bezogene Wissenschaftslehre zu sein, insofern als die Tatsachen, das Historische oder die Wissenschaft das Werden dieses Volkes gar nicht berührt haben, sondern das Werden sich all dieses Denken und Gedachte amalgamierte, es zerdachte, erledigte und verwarf. Was blieb, war ein Prozeß der immer mehr anwachsenden Exklusivität einer Kaste, einer Utopie gewordenen Ideologie von der Göttlichkeit des Königs und seines Staates, durchgeführt mit Hilfe eines unterwürfigen Volkes gegen die auf Übereinkunft gegründeten Gesetze der übrigen Gesellschaft.

Wie weit die ursprüngliche Ideologie der Herrenkaste zur Utopie von ihrer allgemeinen Mission im weitesten sozialen Sinne wurde, wird später gezeigt werden. Wobei hier vorausgeschickt sei, daß die Strukturwandlung des Heeres von einem Söldnerheer zu einem Volksheer mit allgemeiner Dienstpflicht naturgemäß auch indikativ ist für die Wandlung des ganzen Volkes, somit auch für die des Offizierskorps, insofern es nicht mehr ausschließlich aus dem preußischen oder deutschen Adel gebildet werden konnte.

Aber die Fähigkeit der Assimilierung, das mechanische Gehorchen der zur Assimilierung fähigen Bildungstriebe im Deutschen ist so stark, daß die Armee imstande blieb, über die Republik hinweg, und erst recht unter der von ihr abhängigen Diktatur des geistig mindestbegabten Mitgliedes der Volksgemeinschaft, sich die vorherrschende sozialistische Ideologie des deutschen Volkes zunutze zu machen und als eigentliches Kriegsziel sich anzupassen. Das soll heißen, daß die der Utopie immanenten Ideen stärker sind als die von ihr ausstrahlenden Richtungsgefühle, derart, daß die Ideologie der Offizierskaste als der eigentliche Kern dieser Utopie der Allgemeinheit zutage tritt und geglaubt wird.

Während nun bisher angenommen wurde, daß der ideologische Kern der sozialistischen Utopie des deutschen Volkes, namentlich des Proletariats, ursprünglich zumindest, von Karl Marx stamme, müssen wir jetzt annehmen, daß im Geist der preußischen Armee das Prinzip der disziplinierten Vermassung unter Gesetzen des blinden Gehorsams und der Auslöschung der Individualität, der Unfreiheit und Rechtlosigkeit des Menschen also im Sinn der Übereinkunft, zuerst nur schwach, dann aber immer klarer zu ähnlichen oder gar gleichen Folgerungen führen mußte, wie sie der Begründer des materialistischen Sozialismus aus der Entwicklung der modernen Industrie ableitete und wie sie seine Jünger in der Sowjetunion verwirklichten.

Der Geist der Diktatur einer Kaste, in unserem Fall der deutschen Militärkaste, entwickelt sich nur den zeitlichen Verhältnissen entsprechend anders, in der Endwirkung aber, rückwärts und vorwärts blickend, durchaus gleichartig wie der Geist jeder Kaste, die entweder die politischen oder wirtschaftlichen Beziehungen einer ihr unterworfenen Masse auf sich und in ihren Händen konzentriert.

Die Zertrümmerung der im Besitz der wirtschaftlichen und daher politischen Produktions- und Machtmittel befindlichen Klasse, die nach Karl Marx zur Diktatur des Proletariats führen sollte, hat in der Sowjetunion und in Deutschland zu einer Diktatur *über* das Proletariat, das klassenlose, vermasste Volk geführt, die in beiden Ländern in den Händen jener Menschen liegt, die über die Machtmittel, über Waffen verfügen.

Der Unterschied zwischen beiden Ländern ist nur ein äußerlicher oder nur ein geredeter: In Deutschland besitzt die Kaste der Offiziere eine Tradition der Machtausübung und genießt die vollen Früchte einer jahrhundertelangen Erziehung, die niemals durch eine geglückte Umschichtung der das Recht auf Freiheit gebenden Kräfte gebrochen wurde: Ihre Symbole und deren Mythologie sind geschichtlich und intakt; sie blieben auch während der Weimarer Republik vorhanden und waren den neuen Herren der Diktatur das Heiligste, was die Nation überhaupt besaß. Die Nationalsozialisten betrachteten es als ihre Sendung, diese Symbole der Offiziere mit ihrem verpflichtenden Rechtsinhalt und Glaubenszwang wieder einzusetzen, sie über dem Volksganzen wieder zu errichten und den Zustand der Rechtsunsicherheit, der von den Richtern der Republik willkürlich und absichtlich, infolge ihrer inneren Abhängigkeit von den Gewalten der Offizierskaste herbeigeführt worden war, durch das klassische Recht Friedrichs II. von Preußen zu ersetzen; mit all seiner Barbarei und Brutalität, mit Dezimierung und Spießruten, Enteignung und totaler Rechtlosmachung des gesamten Volkes – mit Ausnahme natürlich der Mitglieder eben jener Kaste, die dieses Recht ererbte und schaffte und der sich die neuen Herren anschlossen.

Das Recht der preußischen Könige war das Recht des Krieges, das Recht des absolut und gegen jedes Übereinkommen regierenden Monarchen, an dessen Stelle die Offizierskaste trat, als im Jahre 1918 der Vater des Vaterlandes und Urenkel Friedrichs II. die Sache, das heißt das Land Preußen, aufgab. Das verwaiste Vaterland bedurfte eines Herren, nicht einer neuen Ordnung, nicht eines neuen Rechtes, nicht einer Anpassung an die übrigen Ordnungen und Rechtsbegriffe in Europa; es war vom ersten Tag der Republik an klar, daß dieser neue Herr nur der alte Herr sein werde, in dem der Geist Preußens lebendig geblieben war. Dieser Geist ist der des Anspruchs auf die Herrschaft im Land und über das Land, das der Kaste gemeinsam gehört, das ihre gemeinsame Sache ist, für die sie kämpft mit aller Zähigkeit, Schlauheit und Anpassungsfähigkeit, deren ein auf Gedeih und Verderb zusammengeschweißtes, einheitliches Lebewesen nur fähig ist.

Das Wesen des preußischen Geistes ist das der Tätigkeit aus Notwendigkeit. Notwendigkeit steht hier für die Erhaltung der Existenz der Kaste schlechthin. Die wenigen Wochen der Lähmung und des Entsetzens über den Zusammenbruch des Mythos von der Unbesiegbarkeit des Kaisers, des Offiziers und der Armee, welche damals bereits das ganze Volk in Waffen umfaßte, führten zu keiner anderen Erkenntnis als zu der von Jena und Auerstedt: Die Idee Preußen ist lebendig, die

Kraft ihrer Symbole muß erhalten bleiben und die Armee wird zur Trägerin des Staatsgedankens.

Dessen Bedrohung durch den chiliastischen Gefühlsüberschwang der Verzweiflung und Hoffnung auf ein gerechtes und freiheitliches Reich der deutschen Arbeiter und Bauern wurde hintertrieben durch die Benutzung der sozialdemokratischen Führer, in denen potentiell der preußische Geist der Ordnung, Disziplin, kurz, alle verwirklichten Inhalte der herrschenden Kaste stärker waren als die Hoffnungen und Forderungen der plötzlich vaterlos gewordenen Massen, die gerade auf ihre demokratischen Führer so große Hoffnungen gesetzt hatten.

Die rasche Enthauptung dieses Gespenstes des Aufruhrs gegen die rechtmäßigen Herren, als welchen die preußische Generalität und mit ihr die sozialdemokratischen Volksführer diese das Recht, Vergeltung suchende und ein neues, wirkliches Übereinkommen fordernde Volksbewegung schaudernd und voller Abscheu werteten, vollendete eigentlich das Werk der Zerstörung am deutschen Volk, das der Weltkrieg nahezu vollbracht hatte: die Auswahl der Tüchtigsten – durch den Tod. Übrig blieben und bleiben immer nach Kriegen nur die Schwachen an Geist und Gliedern.

Hat einmal längere Zeit eine solche Vernichtung der Intelligenz des deutschen Volkes nicht stattgefunden, derart, daß sie kraft ihres Reichtums an Wissen oder Macht den wahren Hütern des Staatsgedankens gefährlich werden könnte, so gewinnt triebhaft innerhalb der Kaste ein Gefühl der Unsicherheit und Beengung die Oberhand. Da aber diese Kaste der Auserwählten des Volkes zugleich die Hüterin der Waffen, der Symbole der Mordlust und des Todestriebes ist, gelingt es ihr immer, durch Suggestion und Anrufung des Vaterlandes, durch Hinweis auf seine Ehre und Freiheit, den Mordtrieb auch in der Masse zu entfesseln. Durch diese Überwältigung und Bindung der individuellen Intelligenz in und an die Kader des Machtapparates, der Armee nämlich, gelingt es, diese ans Messer zu liefern, sie unter die Fuchtel des niedrigsten Geistes, des Korporals, zu beugen, zu entmachten und zu dezimieren.

Die Schwächung des Reichtums einer Nation an Intelligenzen bedeutet allemal eine Steigerung der Machtmöglichkeiten ihrer Kriegerkaste, der Verwalterin des Todes- und Mordtriebes.

Es bedarf keines Beweises: Man erkennt aus den Statistiken der Jahre 1918–1940 in Deutschland ohne weiteres die überwältigende Fülle politischer Morde durch das Militär und die diesem assimilierten Parteiformationen. Zu erklären sind sie nur durch eine grundlegende Änderung in der Struktur und Lage der Offizierskaste, da es vor dem Zusammenbruch dieses Machtapparates in Deutschland keine politischen Morde gab.

Aber dies ist nur ein schwaches Symptom im Vergleich zu den tragischen Folgen der allgemeinen Triebbefreiung, die in Deutschland erfolgte und dieses Land mitsamt Europa in Blut taucht.

2

Es heißt, daß der preußische Geist der Pflichterfüllung, der Korrektheit und Selbstaufopferung, kurz, aller soldatischen Tugenden, einen allgemein menschlichen Wert besitze und, über alle Zeiten hinaus, für die Menschheit schlechthin auch bewahre: als etwas, dem nachzueifern, vor allem die Jugend angehalten werden müsse.

Die Frage nach dem Ideal-Wert des preußischen Geistes stellen, heißt nicht, ihn aus einem Gefühl der Aversion bereits verneinen. Denn gerade der preußische Geist wendet sich ausschließlich an das Gefühl; er lehnt in seiner Gesamthaltung den Verstand ab und erwartet, als das Führende, das Führer-Prinzip an sich anerkannt zu werden und blinden Gehorsam zu finden: um die göttliche Organisation, als welche das preußische Heer dastehe, erst zu ermöglichen.

Mit diesem Begriff des »blinden Gehorsams«, der oberstes Gesetz der preußischen Idee für alle Zweige des öffentlichen Lebens in Deutschland ist, nicht nur der militärischen, sondern auch der erzieherischen und politischen, selbst der zivilsten, wie Wissenschaft, Ehe und Glauben – mit diesem *Pan-Militarismus* haben wir es zu tun, wenn wir die Wurzeln der modernen Organisation des Deutschtums bloßlegen, die da Preußen, Offizierskorps, Nationalismus heißen; Substantiva, die Funktionen der Militärkaste zum Inhalt haben, identisch sind mit ihnen und nur als Ausprägungen der primären Idee des blinden Gehorsams zu werten und zu verstehen sind.

Die deutsche These, daß Wehrhaftmachung des Volkes, Wiederaufrüstung und Wiedereinsetzung der Militärkaste in ihre alten Machtpositionen notwendig geworden seien, weil bereits eine Koalition von Kleinstaaten genügt hätte, um das Deutsche Reich, die Erste Republik nämlich, zu unterjochen, ist einer dieser Patriotismen, die nichts anderes zum Inhalt haben, als was sie eigentlich erst erzielen wollen: ein Gefühl nationaler Scham über die Erniedrigung des Vaterlandes, welch letzteres gleichzusetzen ist mit der Offizierskaste, die sich ihrer Arbeitsstätten und ihres Besitzes beraubt fühlt.

Die Veröffentlichungen der französischen und britischen Diplomaten beweisen, daß alle Völker und Regierungen bereit waren, Deutschland in der wirtschaftlichen Krise, die in allen anderen Ländern ebenso stark, wenn nicht noch stärker wütete, zu helfen, seine Kriegerkaste zu rehabilitieren und seine Industriellen mit Anleihen stark zu machen. Es sind den Deutschen von allen Ländern, namentlich von Nordamerika, Summen baren Geldes geborgt worden, die bis heute der Rückzahlung harren und die zu nichts anderem dienten, als die geheime Aufrüstung der Reichswehr zu finanzieren, was die Voraussetzung für ihre Machtposition innerhalb des Reichs und im Angesicht der Welt darstellte.

Diese Aufrüstung bedeutete gleichzeitig das politische und wirtschaftliche Ziel, auf welches die Armee die neue Partei der Kleinbürger hinlenkte und einschwor. Die Aufrüstung und das militärische Prinzip der Unterordnung unter einen Führer sind der eigentliche Inhalt und die Bestätigung der nationalsozialistischen Partei in ihrer Macht durch die Armee.

Der blinde Gehorsam, wie ihn Hitler verlangt, ist der gleiche, wie ihn der preußische Offizier verlangt; beide heben das Eigenleben, das Eigengewicht des höchsten wie der einfachsten Menschen gleicherweise auf. Der blinde Gehorsam verwandelt die Existenz des Individuums in Triebkraft der Armee und hier auch des Staates, in Dynamik. Die Armee verschleiert das Ziel, den Krieg, indem sie blinden Gehorsam zu einem Ende an sich, zur Dynamik um der Dynamik willen macht. Hat die Armee, entsprechend der Erkenntnis aus dem letzten verlorenen Krieg, den nötigen Anfangserfolg, den Schwung der »Nation in Waffen« erreicht, dann gibt es kein Aufhalten mehr auf dem Weg zum Angriff auf die nicht militärisch organisierte Welt.

Die militärische Organisation, das Organisieren des Volkes in Heereskörpern ist die Verwirklichung eines inneren Prinzips, dem sich jeder Offizier von Natur aus unterwirft. Der Offizier ist ein Mensch, der die Prinzipien der Kaste, der Exklusivität, des Ausschlusses von zivilen Lebensformen zum eigenen Prinzip erhoben hat und der es nun für den gesamten Machtapparat verwirklicht. Er schließt alle zivilen, auf Übereinkommen fußenden Rechtsbegriffe aus dem Bereich der Organisation aus und schafft sich als Ersatz dafür die Ökonomie des Mordtriebes, die Strategie, die Taktik, den Drill und die latente Drohung gegen den aufs Korn genommenen Feind.

Dieser Schwung organisierter, zu entfesselnder Todesbereitschaft, ist keineswegs der Schwung einer Revolution, sondern der Reaktion auf ein erlittenes Trauma – denn während des Weltkrieges war ein Gefühl im preußischen Offizier erstanden, das er ertragen konnte, ohne es sich eingestehen zu müssen, solange der Befehl der Kaste, die Tiraden des Kaisers, Ludendorffs, solange Marschmusik und Kanonendonner es betäubten, nämlich das Gefühl, das zugleich eine Erkenntnis war: ein Feigling zu sein.

Ein Feigling, nicht im Sinne der preußischen Tradition, als ob er etwa, aus Mangel an persönlichem Mut, nicht zum Sturmangriff angetreten wäre; nein, ein Feigling vielmehr im unpersönlichen Sinn, gegen seinen eigenen Willen, aber dennoch ein Feigling, weil das *es*, die Prinzipien der Kaste, unter dem Feuer des Gegners in ihm selbst zerbrachen; weil das hieratische Über-Ich sich duckte, als der Offizier, das Individuum in der alles gleichmachenden Front versagte: Er, der in der Masse der Kompanie, des Regimentes, der Armee und der Nation, im Flugzeug und in den Kasematten der Siegfriedlinie Schutz suchte, nicht vor dem Feind, sondern vor den Unbilden der in ihm heraufdämmernden Selbsterkenntnis, die ihm von den minderen und schlechter organisierten Gegnern mit den gleichen Mitteln der Technik, wie sie das ›auserwählte Volk Preußens‹ ersonnen hatte, beigebracht wurde. Das eigene Prinzip war schlecht, denn es führte zur Niederlage. Auf dieses Phänomen des preußischen Menschen als Individuum in der Masse, getrieben von Lebensangst und Verzweiflung, werden wir noch zu sprechen kommen; es enthält alle notwendigen Elemente der Kompensation zum blinden Gehorsam und zur Todesbereitschaft innerhalb der hermetisch abgeschlossenen Kaste.

Die Wurzel des großen Verhängnisses, das über Europa hereingebrochen ist, steckt allein und ausschließlich in Deutschland: der Hang des deutschen Menschen zur militärischen Unterordnung. Auch das Verhängnis bezieht sich, sich zu seinem Ausgangspunkt zurückwendend, nur auf dieses Land.

Es ist ihm gelungen, heute die Weltgeltung seiner Kriegerkaste in einem Attentat gegen die Zivilisation, an der sie doch teilzuhaben glaubt und wünscht, wiederherzustellen – ein Vorgang, der vielen oder allen Zuschauern rätselhaft blieb und nur durch Fragen zu erläutern ist: Weshalb wurde dem Beginn dieses vorbedachten und lange geplanten Attentats nicht die Warnung, die Drohung, schließlich jene Operation zuteil, die es zerstört hätte? Wäre es nicht leicht gewesen, der Ersten Republik zu einem Erfolg zu verhelfen? Oder aber Hitler bei der Besetzung des Rheinlandes abzufangen? Oder ihn bei seinem ersten strategischen Manöver, der Sicherung der deutschen Achillesferse im Südostraum Europas, niederzuschlagen? Weshalb haben die Alliierten, vor allem Nordamerika, Preußen scheinbar ermuntert durch Verträge, Anleihen, Unterhandlungen und so viel Glauben an die Vernunft in diesem Instrument des preußischen Willens zur Macht, das doch nur blinden Gehorsam erwartet, Unterwerfung unter seinen Willen, und als Ungehorsam alles empfindet, was sich der preußischen Sendung widersetzt?

Man kann dies Schweigen und Abwarten, Ermahnen und Flehen, die Berufung auf das europäische Gefühl der Solidarität des Abscheus vor dem Krieg als den großen Gegensatz werten, der sich als tödliche Kluft zwischen der preußischen Offizierskaste und der übrigen Welt enthüllt: weil die übrige Welt ein soziales, auf Übereinkommen und Recht aufgebautes Gebilde ist, welches mit Mitteln der Politik wirken will, was der preußische Generalstab und die Politiker Deutschlands gerade nicht wollen, nicht verstehen, als Feigheit empfinden; weil der Friede als Ausweg aus dem Krieg, die Stabilisierung friedlicher Beziehungen zur Umwelt, in der Tat den Gegensatz zur heroischen Lebensauffassung und zur freien Verfügung einer Minderheit über ein ganzes Land mitsamt allen seinen Bewohnern und deren Existenz darstellt.

Die Niederlage von 1918 hatte in Wahrheit nicht etwa die Minderwertigkeit des deutschen Volkes, sondern die vollkommene Lebensunfähigkeit des preußischen Machtprinzips erwiesen. Die erste Republik war nichts weiter, hätte nichts weiter sein können und sollen als der Beweis für diesen Niederbruch des preußischen Militarismus und seiner Weltanschauung.

Es steht hinter all den Proklamationen: »Not der Nation; Revolution der Jugend; Aufbruch eines Volkes; Willen zum Aufbau«, hinter den Bünden und politischen Kreisen aller Schattierungen des deutschen Nationalismus – genau wie hinter deren Abarten des Sozialismus – nichts anderes als eben dieser Wille der preußischen Offiziere zur Macht, der militärische Imperialismus; das Vakuum eines Ressentiments, eines Weltgefühls und eines Unbehagens, das wir als das Neue Deutschtum kennen.

Es trat nach der Niederlage eine Unterwertigkeit der deutschen Sehnsucht, der Utopie des Deutschtums nach Weltgeltung zuerst, dann nach Welterneuerung ein, die keine Grenzen mehr kannte und der die preußische Armee, der deutsche Generalstab als das einzig intakt Gebliebene, als regulierendes

Ventil an diesem überhitzten Dampfkessel des deutschen Humanismus erschien. Daher die Flucht so mancher Europäer unter den Deutschen in die Arme der Schüler von Clausewitz, Scharnhorst, Moltke und von Seeckt, die ihnen als einzige Männer die totale Vernichtung Deutschlands und Europas durch revolutionäre Auflösung aller Klassenunterschiede zu verhindern, noch fähig erschienen.

Erst als die Aufrüstung Deutschlands und ringsum das Erwachen der Völker zur Wahrheit zu erkennen gaben, daß sie den Sinn dieses Aufbruchs einer Nation begriffen hatten, erschienen die Generäle schließlich allen Deutschen als Retter in der wirtschaftlichen und politischen Not. Die nationale Erhebung, die Einsetzung eines Führers, die Auslieferung und Rückgabe des Staates an die Armee, erhielten erst nachträglich ihre historische Berechtigung und den Schein weiser Voraussicht, der eine Bescheinigung und ein Freibrief des Krieges, der Revanche für die Niederlage war.

Die Völker erwachten und erinnerten sich: das Land Friedrichs des Großen, des Führermythos, der permanenten Mobilisation und der Allmacht der Offizierskaste bejahte die Gewalt als den einzigen politischen Gestaltungsfaktor in Europa, welches sie an der Schwelle der Neuzeit, im vorrevolutionären Stadium des 18. Jahrhunderts zurückhalten wollen.

Dieses ganze Deutschtum, aus ewig begeisterter Jugend und künstlich, um der Aufrüstung willen herbeigeführter Armut, aus Träumen von unendlichen Lebensräumen und Kreuzritterromantik, reklamiert jetzt einen Goethe, Herder, Beethoven und Kant neben Nietzsche, Houston Stewart Chamberlain und Friedrich II. von Preußen als seine ewigen Werte und Wertschöpfer. Die Welt erstarrte, als sie sah, wie dieses bisher abstrakte und unorganische Gift des Deutschtums plötzlich dynamische Wirklichkeit, Organisation wurde, sich der modernen Technik des Todes und der Propaganda unter den Massen bemächtigte, sich dem modernen mechanistischen Leben assimilierte und alle politischen Hemmungen über Bord warf. Alles, was diese ewig feuertrunkene Jugend voller Idealismus zu tun schien, enthüllte sich als taktische Manöver des Großen

Preußischen Generalstabs, um den Vorkriegsraum des Reiches von 1914 wieder zu erobern, zu organisieren, zu befestigen und von allen nicht-deutschen Elementen durch Pelotons und Gestapo zu säubern.

Aus gar keinen sittlichen oder wirtschaftlichen Gründen ist zu erklären, weshalb dem deutschen Offizier eine Mission zufalle, die ihn gegen die Jugend und Arbeiterschaft Europas treiben muß. Dieser Offizier als Apostel und Jünger der neuen Zeit, die seinetwegen und mit seiner Hilfe als Stahlbad über die Welt hereinbrach, ist ein Genie, ein Künstler in seinem Fach; aber ein Diktator, also ein Dilettant in allen Dingen des zivilen Lebens, über das er sich im Laufe der letzten Jahre gleichwohl dieselben Rechte angemaßt hat, wie er sie ausschließlich über die Armee ausübt. Unter allen Größen, welche die Massen inspirieren, nivellieren und zu Taten emporreißen, welche die Kraft des einzelnen um ein Vielfaches übersteigen, ist der Nationalist – der Offizier, der Gauleiter und Chef der Gestapo als ihm gleichwertige Verkörperungen der Militärmacht im Staat – schließlich doch der am wenigsten befähigte Typus.

Die moderne Welt und das Massengefühl anerkennen den Mann der Wissenschaft, den Ingenieur, den Betriebsleiter, anerkennen den Sportler, aber nicht den traditionellen, aus ferner Vergangenheit hereinragenden Typus des Drillmeisters als den Prototyp des modernen Menschen. Gerade diese Erkenntnis ist es, gegen die sich das mittelalterliche Herrenbewußtsein des preußischen Offizers aufbäumt. Über und in ihm waltet die Konvention, die es wollte, daß unter allen Ständen und Klassen, in die Deutschland zerfiel, die Offizierskaste den obersten Rang einnahm. Die Wandlung der modernen Zeit stellt sich dem Offizier folgendermaßen dar: Er glaubt, durch Organisierung der Massen im Geist der modernen Fabriksleiter und Transportingenieure in einer Armee die anderen Nationen zum Ruin ihrer Wirtschaft, ihrer politischen Systeme und ihrer Währungen zu bringen, um in dieser allgemeinen Revolution der Massen, dem ›letzten Krieg aller gegen alle‹, die wahre Revolution, die Europa braucht, nämlich den bewaffneten

Aufstand der deutschen Massen zur Wiedergewinnung ihrer Freiheit in seinem eigenen Land und den organisierten Aufstand der Massen der feindlichen Länder, nämlich deren Sieg über Deutschland, verhindern zu können.

Marschall Foch, der den preußischen Geist wie niemand sonst durchschaute und ihn bei seinem ersten Versuch, Frankreich und England zu zerstören, zurückschlug, hat die Absichten der preußischen Militärs folgendermaßen definiert: »Zu allen Zeiten hatte Preußen, Heimat der Junker und Wiege sowohl des Militarismus als auch einer stark positivistischen Philosophie, eine nationale Industrie gepflegt: den Krieg. Inspiriert von einer Politik, die besonders den Hohenzollern ans Herz gewachsen war, hatte diese Industrie aus dem Kurfürstentum Brandenburg das Deutsche Reich gestaltet. Nachdem es Österreich, das ihm standhalten und ein anderes Ideal hätte repräsentieren können, aus Deutschland ausgeschlossen hatte, verwirklichte Preußen die Einheit Deutschlands zu seinem rein persönlichen Vorteil. Es hatte dieser Einheit eine Anzahl von Bevölkerungen mit friedlichem Geist und rein christlicher Moral einverleibt, wie etwa die rheinische Bevölkerung. Aber allmählich unterwarf seine eiserne Hand, die sich sowohl in der geistigen wie in der materiellen Sphäre betätigte, auch diese Bevölkerungen den Ideen und Einrichtungen der östlichen Provinzen; dieses durch eine Verwaltung, durch Beamte, Lehrer und namentlich Offiziere preußischer Herkunft oder zumindest Art. Preußen hatte diesen friedlichen Bevölkerungen überdies dank seinem weltweiten militärischen Prestige eine wirtschaftliche Entwicklung und infolgedessen eine materielle Prosperität verschafft, die sie bis dahin nicht gekannt hatten.« (Vgl. Marschall Foch, Meine Kriegserinnerungen 1914/18, Leipzig 1931, S. 37.)

Die Wandlungen des Lebensgefühls, welche sich in der deutschen Philosophie darstellen und am Denken im Subjekt und am Objekt am besten zu erkennen sind; die Wandlungen des deutschen Geltungsbedürfnisses, welches mit der wirtschaftlichen Entwicklung in den übrigen Ländern durchaus Schritt hält; die Verwirklichung und letzte Bestätigung beider in der deutschen Wissenschaft, die sich auf Grund ihrer Tüchtigkeit mehr denn ihrer Originalität in der Welt durchsetzte; schließlich noch die Annahme der sozialistischen utopischen Weltanschauung durch die Massen in Deutschland anstelle einer ständischen, konservativen Weltordnung; kurz, all diese Wandlungen der Moral des einzelnen wie der Masse in Deutschland, die nicht in ruhigen Laboratorien, sondern im Kampf der Parteien, Industrien, Kirchen, Klassen, Verfassungen den Rückstand einzuholen versuchten, als welcher sich der Krieg von 1914–18 schließlich enthüllte, schufen die Gefahr einer geschlossenen zivilen Front gegen das Rudiment des Mittelalters, die geheiligte Kaste der preußischen Offiziere, der diese früher oder später unterlegen wäre. Nicht die Angst um das Vaterland, um seine Ehre und Größe, nicht der Kampf gegen das Diktat von Versailles und die Tribute, sondern *die Angst um den Verlust des Besitzes dieses Landes und seiner Möglichkeiten an Macht und Befriedigung des Herrschtriebs* – dies scheuchte die Generäle aus ihren konservativen Bezirken unpolitischen Verweilens innerhalb der Staatsgrenzen in die Ministerien, in die Konzerne, in die Parteien und schließlich in die Macht über die Parteien. Zwang sie, ihre eigene Schöpfung und Wiederholung, die nationalsozialistische Partei, zu etablieren, an die Macht zu bringen und ihr einziges Instrument der Innenpolitik, das Kriegsrecht der eisernen Faust, in das zivile Leben des Landes als einzig geltende Rechtsnorm einzuführen. Denn das allwaltende, in jedem Deutschen zutiefst vorhandene Gefühl der Lebensangst hatte sich auch dieses ehern gesetzten Körpers des deutschen Schwertadels bemächtigt.

Als Einheit, als Individualkörper fühlten sich die preußischen Offiziere in der wirtschaftlich sich anders gruppierenden, utopisch sich wandelnden, sich selbst denkenden Masse untergehen. Die Gesetze, nach denen sich die modernen Massen gruppierten, drohten, sich der Bestimmung, der Kompetenz der Offiziere zu entziehen. Dic Massen setzten sich selbst als neue und gewaltige Einheiten unter Leitung von Wirtschaftskörpern, Wirtschaftsbegriffen und Anonyma, die ihrerseits ohne den konservativen Begriff der Ehre, der Tradition, eines geglaubten Vorrechtes auskamen und sich neue, technologische oder technokratische Vorrechte schufen, Vorrechte sozialer, wenn man genauer hinsah, sozialistischer Art – Stillung des Hungers, Erziehung und Unterricht für alle, gesunde Unterkunft und Hygiene. Diese neue Kaste der modernen Offiziere mußte sich selbst als fähig erweisen, indem sie zuerst Zeitungen, dann Parteien und Vereine gründete und finanzierte – mit den Geldern, welche die Deutsche Republik so reichlich spendete –, indem sie Ministerien schuf und besetzte, und schließlich dem Staat sich selbst als notwendige Leitung und Inhalt aufdrängte.

Marschall Foch erkennt richtig das Wesen des Pan-Militarismus als wirtschaftliche Macht. An diese schlossen sich die Offiziere als die zukünftige Großmacht innerhalb des koordinierten, geplanten Staatensystems der modernen Welt an. Die deutsche Wirtschaft war seit jeher militaristisch, aggressiv, brutal in ihren Konkurrenzmethoden, und ihre Waffe, widerstrebende Kunden, die ihr Monopolrecht nicht anerkennen wollten, die auf Konsumfreiheit bestanden, gefügig zu machen, war die Drohung mit militärischer Intervention.

Der Kampf um die Macht im Reich spielte sich nicht ab zwischen Linken und Rechten, zwischen Individualparteien und der Partei der Diktatur, nicht zwischen Republik und einer erst zu realisierenden Fiktion, Drittes Reich genannt, sondern in Wahrheit zwischen der Kaste der Offiziere und der Kaste der Konzernleiter. Oder, noch präziser ausgedrückt: zwischen den neuen Herren, welche durch die Tatsache der Wirtschaftsbeherrschung auch die Massen beherrschten, und den alten Herren der Offizierskaste, die einen traditionellen Anspruch auf Teilhaberschaft an der Beherrschung der Massen vorwiesen.

Beide Kasten einigten sich: nicht auf Hitler oder seine Partei, die ja nicht bestehen würden, wenn ihnen Gnade und Gelder der beiden allein und wirklich existierenden und die Macht ausübenden Kasten entzogen würden, sondern auf den weißen Krieg. Der Krieg, die nationale Industrie Preußens, sollte der Wirtschaft die Möglichkeiten unendlicher Prosperität, der Armee die Rehabilitierung ihres beschädigten Ansehens verschaffen. Was aber den Industriellen die Armee als besonders lohnenden Partner erscheinen ließ, war nicht nur die Einführung straffer Manneszucht, die aus dem modernen, an Maschine und Werkgang geschulten Arbeiter einen guten Soldaten, aus guten Soldaten gute Arbeiter macht, sondern auch die Beziehungen des deutschen Offizierskorps zu Rußland.

Die Abwandlung und Aushöhlung der russischen Ideologie, ihre Befreiung von den alten urchristlichen und pazifistischen Inhalten und die Entwicklung zu einer militärischen Diktatur der technokratischen Elite über das Proletariat wurden von den preußischen Militärs gefordert, gefördert und als vollzogene Tatsache erkannt.

Den deutschen Industriellen stellte sich Rußland immer als der fehlende Markt dar, auf dem sie Rohstoffe einkaufen und dem russischen Bedürfnis angepaßte Produkte absetzen konnten. Die bolschewistische Gefahr hat als Realität für sie nie bestanden: weder als russische Ideologie noch als den deutschen Arbeitern und Sozialisten innewohnende, potentielle oder nur gedrohte Utopie. Als »Bolschewismus« erscheint ihnen viel mehr die drohende Konkurrenz Frankreichs und Englands auf den Überseemärkten, der sie in den russischen, und damit in den asiatischen Raum ausweichen und zuvorkommen wollen. Hier, wie überall, ist es Leitidee der deutschen Wirtschaftspolitik, die Hochachtung der Russen für den deutschen Ingenieur und Offizier zu wecken.

Der deutsche Offizier schuf in der preußischen Armee das Vorbild, den Urtypus für jede Organisierung der Massen unter der Leitung einer Kaste, sei sie nun militärisch, bürokratisch oder technologisch, oder durch alle drei Funktionen zusammen orientiert.

Die Veränderungen der Herrschaftsformen, die mit Auflösung der Macht der Kirche über die Seelen in Deutschland begann, und der Militärkaste, die, selbst ungläubig im dogmatischen Sinn, den antiken Herrschaftsanspruch der Kirche buchstabengetreu mitsamt Inquisition und Ordensregeln übernahm, in ihn schlüpfte und Gott, Papst, Kirche in einer Überpersönlichen Einheit darstellte, diese Veränderungen betrafen nicht die preußische Insel, diesen *rocher de bronze*, auf dem die Kirche der Strategie ruhte, sondern ausschließlich deren Umwelt, die ihr um so fremder, das heißt feindlicher wurde, je mehr sich auch die Massen im preußisch-deutschen Dominium diesem feindlichen Ideal assimilierten.

Das lutherische Ideal der ewig protestierenden deutschen Kirche trat eben nur als Protest gegen die alle Kasten und Klassen nivellierende und zutiefst revolutionäre Gleichsetzung aller Staatsbürger vor dem Gesetz in Kraft; der wahrhaft vollständige Anspruch auf Gehorsam, Disziplin, Treue und Gläubigkeit wurde im Innern aufrechterhalten: eine allein seligmachende Kirche hätte das nicht besser vermocht.

Aus diesem Gefühlsbewußtsein der Einzigkeit strömt auch zuletzt der rückerinnerte und reaktivierte Herrschaftsanspruch über die Welt als Römisches Reich Deutscher Nation, das ursprünglich als Vollstreckerin und Verteidigerin des Willens der Kirche, des Papstes entstand und in Europa während dreihundert Jahren lebendig wirkte und eine große Kultur schuf. Als aber das zu Glaubende und die sichtbare Macht des alten Kaiserreichs in die preußische Militärkaste einging, formte diese das ›Weltreich Deutscher Nation‹ nach ihren eigenen, absolut gewordenen Notwendigkeiten und Einsichten.

Nun vermögen bloß angezüchtete oder bloß ererbte Eigenschaften oder Eigentümlichkeiten wie Disziplin, Sentimentalität, Organisierbarkeit, Tüchtigkeit nicht zu erklären, wieso die Massen von der generellen Richtung der Entwicklungsformen moderner Staaten sich derart abseits hielten und vollkommen auf Freiheit, Glück, Selbstbestimmungsrecht und gerechte Behandlung verzichten. War doch die Möglichkeit der Einsicht in ihre schlechte Lage während und nach dem Weltkrieg, ja eigentlich während der ganzen, zwei Jahrhunderte ansteigenden Entwicklung Preußens zur Großmacht und zu Mitteleuropa immer gegeben.

Spannungen und Zerrungen aus diesem Mißverhältnis zwischen Deutschen und Nicht-Deutschen haben sich innerhalb des Volkes nur mehr als Grundgefühl, als eine Verstärkung der ihm innewohnenden Urtriebe geäußert, die aber die mit ihm vor sich gehenden Veränderungen nur begünstigten. So groß auch diese Veränderungen sein mögen, die mit dem deutschen Volk vor sich gehen oder gingen, es erlebt sie nicht, es symbolisiert sie höchstens unter dem Wortbegriff ›historische Notwendigkeit‹, der aber inhalts- und meinungslos ist, weil das Ichbewußtsein des Volkes gleichgeblieben ist, das sich in der von ihm geformten Sprache gleich ausdrückt, ohne sich deren gewaltiger Veränderungen je bewußt zu werden: Es war das deutsche Volk, das unter den Hohenstaufen und den Hohenzollern, unter Friedrich II. und Wilhelm I., unter Blücher und Moltke kämpfte und siegte; es war das deutsche Volk im Königreich, im Kaiserreich, in der Republik, genauso wie es das deutsche Volk, und zwar dasselbe deutsche Volk, heute ist, morgen und in Ewigkeit sein wird, wie groß auch immer die Distanz zwischen den einzelnen Metamorphosen der nicht-deutschen Umwelt erscheinen möge.

Ja, das Ichgefühl des deutschen Volkes, als das Bleibende an sich, konnte sich erst unter den preußischen Generälen wieder erholen, neu konstituieren und in seinen Urtrieben ungehemmt entfalten; es konnte unter Hitler zum ersten Mal in seiner Existenz als Massenstaat das eigene Gesicht erkennen, weil dieser Mann, der Gipfel der Mittelmäßigkeit, die tiefsten Tiefen seiner Triebexistenz aufwühlte und diese zugleich in Frage stellte; dadurch also das Grundgefühl der Lebensangst des deutschen Volkes vor die entscheidende Wendung führte und es bejahte, als heroisch und zu Recht bestehend.

Die Unerschütterlichkeit des Deutschen bei allen Kriegen, Überfällen und Pogromen bedeutet nicht etwa nur angeborene Roheit oder Gefühlskälte, sondern sie ist tatsächlich die Darstellung seines Ich-Empfindens in der Welt; seine Art, sich selbst als handelnd zu erleben, und gewaltsam, mit Gewalttaten in den Mittelpunkt der Geschehnisse zu stellen, die er nicht anders als das Seiende erleben kann: Aggression, welche sich als Zerstörung durch Kriege, Terror, funktionelle und manische Verlogenheit, als Tötung der Wahrheit darstellt, ist das in den Deutschen waltende Prinzip. Seine Verwüstungen existieren in der Welt und gleicherweise im deutschen Denken, Fühlen und Wollen als gegen sich selbst, das heißt gegen ihren Träger gerichtet. Der Deutsche ist von Natur aus feige, empfindsam, weich und amorph als Indviduum. In Massen dagegen verwandeln sich diese seine Schwächen in Massentriebe, er wird aggressiv, blutdürstig, brutal, maßlos und ist nur durch ein größeres Gewicht der reagierenden Massenkräfte zu bändigen. Er berauscht sich immer an seiner Zahl, an dem Gefühl, nicht allein, sondern Masse zu sein; an den Millionen, die mit ihm im gleichen Schritt und Tritt, im gleichen Rausch, unter gleichen Bannern marschieren und, die gleichen Exzesse begehend, sich in die gleichen Schuldgefühle, in die gleiche Schuld verstricken. Wir kennen diese Urschuld, die er immer wiederholen muß, und werden ihrer noch öfter zu denken haben.

Als eisernen Kordon um diesen Massenwahn und bedrohlichen Mordinstinkt der Deutschen hat die Kriegerkaste, und in ihrem Auftrag Hitler, die Disziplin, den blinden Gehorsam, den preußischen Militarismus neu geschmiedet. Das Heer ist die Darstellung des Militarismus in einem Volk. Ein Heer ist eine Masse, der die Furcht vor dem Offizier die Ausbrüche des Instinktes der Gewalt einengt, aufspeichert und hemmt. Der Drill der Offiziere reichert die unterdrückten Haß- und Gewaltinstinkte mit nationalem Haß und persönlichem Ehrgeiz an, um dann, auf ein gegebenes Kommando hin, diesen gedrillten Instinkt der Zerstörung als Mordlust gegen den zum Feind erhobenen Fremden, den nicht der Landessprache Mächtigen, loszulassen.

Die Haltung des Dritten Reiches den Offizieren und dem Obersten Kriegsherrn Hitler gegenüber, beweist, wie die Haltung der Umwelt gegenüber, daß das heutige Deutschland identisch ist mit jeder Phase seiner in anderen Staatsformen ausgedrückten und vergangenen Existenz – so wie das England von Elisabeth, Cromwell oder Pitt das England von 1940 ist oder das des Jahres 3000 sein wird.

Die Niederlage des Jahres 1918, der Untergang der bürgerlichen Prosperität und der Hoffnungen auf Eroberung der Welt, hat zum ersten Mal die Identitätsgefühle des deutschen Ich-Bewußtseins im ganzen Volk erschüttert. Die Kontinuität zwischen den einzelnen Phasen ›deutsches Volk‹ war unterbrochen, daher der gewaltige, gewaltsame Pendelschlag zurück auf die Basis des ungetrübten und unbestrittenen Glücksgefühls unter Friedrich II. von Preußen, dem Soldatenkönig. Die »verdammte Rasse«, wie dieser König die Deutschen nannte, will eben dieses wieder sein, weil sie es sein muß: verdammt, gefürchtet, brutal, zu allem fähig.

Der Wille des Volkes geht automatisch, kraft der ihm wie jedem Lebewesen innewohnenden Funktion der Richtung und des sich selbst Reproduzierens – des sich selbst im Raume Orientierens und Organisierens – in diese militärisch-aggressive Richtung zur Rehabilitierung des ursprünglichen, als wahrhaft deutsch erlebten Ich-Bewußtseins, eben als das deutsche Volk. Erst die vollkommene Veränderung der Existenzform mag vielleicht auch eine Veränderung des Ich-Bewußtseins eines Volkes herbeiführen, wie es etwa den Persern widerfuhr.

Das durch Kriege und Gewalttaten entstandene Schuldgefühl übernimmt die Masse als zusätzlich verbindende, vermassende und verpflichtende Triebgefühle, ohne daß nun außerhalb des Massenbewußtseins auch das Gefühl der Verantwortung für die Verbrechen entstünde. Eine Staatsmaschine und deren politisches Wirken ist kein Ersatz für diese Verantwortung eines Volkes der Menschheit gegenüber, sofern diesem vagen Kollektivbegriff ›Menschheit‹ überhaupt irgendein hemmender oder moralischer Wert zuerkannt werden kann. Es ist gerade diese vollendete, abstrakte Funktion der preußischen Staatsmaschine, nämlich deren Verantwortungslosigkeit, daß sie im Krieg die Erfüllung ihres eigenen Wesens sieht.

Wer ist wem in Deutschland verantwortlich? Einer für alle, alle für einen; keiner jedem, jeder keinem; zum Schluß, heißt es, werden der Kaiser, Bismarck, Hindenburg und Ludendorff, der Große Generalstab und der Führer – also alles Anonyma oder anthropomorphe Anonyma – die Verantwortung schon tragen.

Wem aber waren oder sind diese Diktatoren des deutschen Volkes wirklich verantwortlich? Wem ist ›das Deutschtum‹, jenes andere magische Anonym, jene Propaganda gewordene mythologische Weltanschauung der Zerstörung, verantwortlich? Niemandem. Sich selbst. Gott, dem Volk, das noch nicht existiert, der Geschichte – lauter Wort-Subjekte anonymer Inhalte, unter denen sich kein Mensch etwas Konkretes, Persönliches, Gesetzmäßiges und vom Volk frei Gesetztes vorstellen kann.

Das Abwälzen der Schuld und die Flucht vor der Verantwortung sind genau die Funktion dessen, was der Deutsche Dynamik des totalen Staates nennt, und das heißt, Mechanisierung der moralischen Prinzipien und deren Vernichtung durch das Funktionieren der Maschine.

Das Aufheben der Verantwortlichkeit ist gleichzeitig die Funktion der Beziehungen der Kriegerkaste untereinander und mit allen ihr zu- und untergeordneten Mitgliedern des Heeres, des Volkes in Waffen und schließlich des ganzen Volkes.

Den Generälen gelang es, den Urzustand der germanischen Seele, die Gefolgschaftstreue wiederherzustellen: Anarchie des Krieges und Sklaverei des Heeres, Lust der Zerstörung und Lust der Unterwerfung. Ihre Methoden sind originell, poetisch, gefühlsbetont und zugleich immer brutal; sie nähern sich metamorphorisch und real den Methoden asiatischer Diktatoren, woher sie, als aus ihrem Urgrund, stammen. [Durch diese mythische Beziehung ist auch die heutige Wahlverwandschaft der deutschen Diktatur mit Sowjetrußland zu erklären.]

Nirgends aber handeln Massen so geschlossen und im Vollbesitz ihrer ungehemmten, nur ihnen eigentümlichen Instinkte, wie im Krieg; niemals kommt daher das deutsche Gefühl des ›Größeren Vaterlandes‹, der strömenden, ewig jungen Kraft stärker zum Ausdruck als im Krieg. Wir dürfen deshalb leider nicht erwarten, daß irgendein Volk, am allerwenigsten das deutsche Volk, über die ›Berechtigung und Gerechtigkeit‹ seines Krieges auch nur einen Augenblick im Zweifel ist.

Die Organisierung der Massen zum Krieg als Mittel der Bindung und Bändigung der Zerstörungstriebe und zugleich als Mittel des Erwerbs, gibt dem nationalen Gedanken in Deutschland erst den wahren Sinn, den Zug ins Große und praktischen Wert; der Krieg schafft Tatsachen. Er stellt die Welt vor vollendete Veränderungen ihrer Grenzen und Inhalte, der Güterproduktion und -verteilung, der Wertung und Entwertung ihrer Finanzen.

Der moderne Krieg hat infolge der preußischen Idee Begriff und Funktion des Raubes seines moralisch-amoralischen Wertes entkleidet und zur Lebensraumidee sublimiert, der die Deutschen eine eigene Wissenschaft, die Geopolitik, zugrunde legen: Jedem Volk stehe ein seiner Tüchtigkeit und Wertschaffung entsprechender Raum zu. Die Deutschen haben also eine Art neuen Naturrechts erfunden, welches in der Tatsache, daß ein Staat sich mit Gewalt Lebensraum verschafft, zugleich auch die rechtliche und wissenschaftliche Norm für diese Grenzverschiebung findet. Staatsrecht stellt sich nach den Deutschen immer und automatisch dann ein, wenn die Einengung des Lebensgefühls eines Volkes mit kriegerischer Gewalt reagiert und diesem, Volk und Staat schaffenden Lebensgefühl, Raum zur Organisierung, also Verbesserung der im neuen Raum herrschenden Lebensbedingungen der Allgemeinheit zufällt.

Diese Umschreibung des Rechts des Stärkeren erscheint den militanten Rechtsfindern in Deutschland als das »Neue Deutsche Recht« und als das einzig wirksame Recht, da es historische Ungerechtigkeiten und daraus entspringende Rechtsirrtümer wiedergutmache. Sie lehnen den Vorwurf der Regression, nämlich vom Recht durch Übereinkunft zum Faustrecht, mit der Begründung ab, daß dem modernen Staat eine Tendenz zur Vereinfachung, Vereinheitlichung innewohne; zur Vereinigung kleinerer, unpraktisch gelagerter Einheiten zu großen, organischen Gebilden, deren Formen eben nur durch ein einheitliches Staatsrecht geschaffen und zusammengehalten werden könnten.

Als Prototypen dieser neuen Rechtsverbände nennen die deutschen Staatsrechtler die Vereinigten Staaten von Nordamerika, die Sowjetunion und namentlich immer wieder das British Commonwealth: Diese Staatsgebilde seien alle ausnahmslos durch Gewalt und nicht durch friedliches Übereinkommen entstanden; ihre rechtliche Existenz sei eine Idee nach der Tat, als welche alle Rechtsfindung *a priori* anzusehen sei.

In der Tatsache aber, daß der Großteil dieser Staaten außerhalb Europas liegt, sehen die Deutschen kein Urverbot mystischen Ursprungs, das der europäischen Individualzivilisation hellenischen oder christlichen Werts widersprechen könnte; im Gegenteil, sie erklären mitsamt der christlichen Zivilisation auch deren individuelles Recht für verfallen und überlebt und setzen an dessen Stelle das Recht auf Arbeit und das neue Lebensrecht des modernen Groß- oder Massenstaates sozialer Planung als Ideal der Zivilisation und des Rechtes, welches primär ein Recht auf Arbeit, Brot, Vergnügen, Möglichkeiten der Bildung und des Aufstiegs sei. Je mehr Menschen ein Staat in diesen Forderungen befriedigt, desto mehr Recht schaffe er. Wie er dieses Recht schaffe, sei nebensächlich, sei immer eine Frage der Einsicht des Schwächeren, des Nachgebens vor dem Stärkeren, dem Führer-Staat, der kraft seiner Organisation und Masse, zentripetal auf die Partikel einer europäischen, zu verwirklichenden Großgestalt wirke, die wiederherzustellen Mission Deutschlands und die Quelle des Rechts sei, dem es instinktiv gehorche.

Es sei hinzugefügt, daß die Formulierung dieses schwebenden Rechts bereits vor den weißen Kriegen des Großen Generalstabes feststand und die Basis der Rechtsfindung in Deutschland bildete. Die Einverleibung der verschiedenen Kleinstaaten in den Bereich des Rechts des deutschen Staates vollzog sich nach diesen Grundsätzen, die von allen Deutschen anerkannt und als Recht empfunden werden. Diese allgemeine Auffassung erklärt auch die sonst unverständlichen Konfiskationen und Amalgamierung fremder Vermögen, Parteien, Wirtschaftsinformationen und die langsame, aber unaufhaltsame Absorbierung der christlichen Bekenntnisse, welche ja die reinen Ausprägungen des festen, auf Übereinkommen und Glauben basierenden Rechts darstellen.

Man wird ohne weiteres erkennen, wie sehr die Gestalt dieses Rechtsbegriffs – sofern von einer Gestalt dieses Rechts die Rede sein kann – mechanistisch und utilitaristisch ist, wie er ganz und gar dem Bereich des militärischen Wirtschaftsbegriffs angehört, dem der geglaubte Wert einer ›sozialistischen Utopie‹ der Massen (oder für die Massen) den ethischen Sinn geben soll.

Kritik an dieser Rechtsauffassung zu üben, ist deshalb so schwer oder unmöglich, weil wir nicht das Recht dazu haben, solange die deutschen Massen nicht selbst gegen eine solche Auffassung rebellieren – was aber kaum zu erwarten steht, da sie nichts so sehr unter die Diktatur der Kriegerkaste brachte als eben diese messianische Hoffnung auf Sozialismus, an die, als an die Erfüllung aller Forderungen auf Brot und Arbeit, geglaubt wurde. Den Platz des Glücksgefühls im Individuum nahm eine mystische, chiliastische Lebensangst ein.

Der deutschen Soldatenkaste dient also ein doppeltes Recht zur Entschuldigung ihrer Angriffe auf das Recht der übrigen Welt: das Kriegsrecht und das Recht auf Krieg. Das erstere dient der Ermöglichung der Disziplin innerhalb und außerhalb des Heeres, wo immer es hinkommt oder seine Macht etabliert ist. Das zweite verleiht der der Kaste der Soldaten und Wirtschaftler immanenten Idee von der Überlegenheit der deutschen Strategie und Ökonomie wissenschaftliche und objektive Möglichkeit, ihren Wert zu beweisen.

Der Begriff des Rechts und der Freiheit, der den Massenheeren und Maschinenaggregaten der Deutschen vorangeht und den Soldaten die Sehnsucht in die Weite als Sturmangriff oder Fliegerüberfall so lieblich erscheinen läßt, wird nicht etwa durch die Tatsachen des Protests und der Abwehr durch die Überfallenen widerlegt und zerstört, er wird vielmehr vollkommen ins Irreale, Zukünftig-Messianische verdrängt und umgewertet. Erst Sieg für die Deutschen; dann Recht, Freiheit, Brot und Arbeit für die Besiegten, die den Deutschen als die Erlösten und Bekehrten erscheinen. Als Folgen eines deutschen Friedens werden dann die nichtdeutschen Massen so organisiert wie die deutschen, also gleichbeteiligt. Innerhalb dieser Erwerbsfreiheit des permanenten Krieges werden sie Glück, Betätigung und Bedeutung finden: Die Deutschen sind das einzige Volk, das glaubt, andere Völker mit Gewalt befreien, zu seinem Freiheitsbegriff der Diktatur zwingen zu können.

Das ist der deutsche Gedanke vom Krieg und seinem Recht, und dieser Krieg ist ausschließlich die Mission des deutschen Offiziers.

Es hätte nun den Intelligenten unter diesen Kriegern und Berufssoldaten klar sein müssen, daß ein moderner Krieg Gleichheit der technischen Bedingungen, der Waffen und der sie bedienenden Ingenieur-Soldaten voraussetzt.

Gegen eine neue und geheime Waffe, welche die Deutschen erfinden, wird eine noch neuere und noch vollendetere kämpfen, gegen große deutsche Massen immer noch größere feindliche Massen. Es ist der Krieg der qualitativen Quanten, und das Resultat ist nicht eine Schaffung neuen Lebensraumes, sondern das der Verengung des gegebenen Raums. Die moderne Technik hat die Welt nicht erweitert – Welt als den uns zur Verfügung stehenden Lebensraum *in toto* gemeint –, sondern nur verengt, verkleinert, die Menschen unausweichbar zusammengepreßt.

Das Zeitalter der aristokratischen Waffengänge ist endgültig und für immer vorbei. Der Krieg bedeutet in Wahrheit für die Deutschen die Entfesselung und Sendung gedrillter Massen, mit allen Mitteln moderner Technik ausgerüsteter Soldaten gegen die Bollwerke der klassischen Zivilisation, hinter denen ihr kindlich-mystischer Sinn für das Irreale die unbegrenzte Weite der Ozeane, Indiens, Afrikas, den unendlichen Lebensraum wittert. Es ist den Generälen und Parteiführern gelungen, die Deutschen zum Großen Abenteuer der Nation aufzurufen und ihre Existenz aufs Spiel zu setzen.

Nichts ist im ›historischen Sinn‹ so falsch wie die immer wieder und feierlich verkündete These der Deutschen, daß ein Volk nicht untergehen könne, am allerwenigsten das deutsche. Das Gegenteil scheint uns wahr: Die Todessehnsucht der Deutschen, welche sie in 75 Jahren fünf Mal in große Kriege gegen Europa trieb, deutet auf schwere konstitutionelle Fehler in der Erbmasse, in der Gruppierung und Lagerung nach Berufen und Wissen der deutschen Massen; auf eine falsche Schichtung der Länder innerhalb des deutschen Reiches; und auf die falsche Stellung Deutschlands innerhalb der westlichen Zivilisation.

Das seelische Unbehagen der deutschen Massen, ihre Lebensangst, ausgedrückt in Todessehnsucht, entstammt ihrer Nicht-Assimilierung an Europa, die entweder künstlich herbeigeführt wurde oder konstitutionell ist. Sie wirkt wie ein schwärendes Gift, das den deutschen Körper in Todeskrämpfen gegen die übrige Menschheit schleudert; es sind die Keime des Todes, die Europa-Feindschaft seiner Weltanschauung, der Mangel an persönlichem Glücksbedürfnis des einzelnen, die das deutsche Volk reif machen zum Untergang.

Es stimmt auch nicht mit dem Deutschtum. Goethe und Herder, Kant und Hegel, Bach und Beethoven, all die Großen, welche die Deutschen als Muster-Europäer zitieren, sind als Emanationen des deutschen Geistes nur Wucherungen, Selbstdarstellungen des Anders-als-die-Masse-Seins. Diese Großen differenzieren sich von ihrem Ursprung um so mehr, je klarer sie ihn ausdrücken: Das Schwärmerisch-Vage ihres Humanismus, das Mechanistisch-Irdische ihrer Philosophie, das Abstrakt-Tüchtige ihrer Lebensweisheit überspannen all diese isolierten Phänomene des Deutschtums, bis sie nunmehr den Grundtrieb des Volkes, Todessehnsucht, Weltverachtung und Übermenschentum, im Gott-Staat darstellen.

Was waren, was sind den Deutschen, den Massenmenschen all diese großen Namen ihrer Vergangenheit? – Propagandastoff, abstrakte Veranlassungen, ebenfalls das darzustellen, was sie zum erkannten Inhalt haben: den Größenwahn der besseren Menschen, der besseren Rasse. Die deutschen großen Männer bildeten in ihrem Volk nirgendwo Bewußtsein einer Orientierung innerhalb Europas, Handlungsantrieb zum Besseren, Fundamente des Selbstbewußtseins des primär Menschlichen, weder im nationalen noch im übernationalen europäischen Sinn. Diese großen Namen sind Worthülsen geworden, anonyme Symbole einer Größe, die nur mehr eine Forderung auf Respekt, aber keinen Beweis mehr als Leistung der Heutigen darstellen; Forderung auf Unterwerfung und Anerkennung der absoluten Überlegenheit der Deutschen, die ganz und gar durch die Überlegenheit der in Heereskörpern und Maschinen kristallisierten Massen verwirklicht scheint. Die Kaserne, nicht das Gesetz, das Militärische, nicht die Partei, die Wirtschaft, nicht die Religion entscheiden die Haltung der deutschen Nation. Die Kaserne, das Militärische, der Große Generalstab sind der reine Ausdruck des neuen Deutschtums in der Disziplin des Volkes, der Auserwählten wie der Masse: Disziplin ist die Voraussetzung der deutschen Existenz und diese gestattet, die Masse in Kasernen zu hegen und zu drillen.

Auf der anderen Seite aber ist eben dieser Große Generalstab, das Hirn der Kaste und des Volkes, *die Folge dieser Disziplin* des deutschen Volkes, ihre Selbstdarstellung. So wie das Gehirn nicht die Voraussetzung des Denkens, sondern sein Ergebnis ist: Der Mensch dachte sein Gehirn, indem er es zwang, sein Denken und Erinnern aufzunehmen, das Gedachte in Gedanken zu entwickeln, in der Erinnerung wiederzuerkennen, in der reproduzierenden Funktion des Gedächtnisses, kurz, das einmal Getane und zu Wissen Gewordene zu wiederholen.

Nichts ist so überraschend an diesem Gebilde der preußischen Suprematie wie die ewige Wiederholung der Disziplinierung und Entwöhnung vom Denken und Sich-frei-Fühlen des Einzelwesens in der deutschen Masse. Jeder Sieg, jeder beendete Krieg scheint einen Anfang in sich zu enthalten; neue Aushebungen, neue Truppen und Waffen werden nach neuen Erkenntnissen und Erfahrungen geplant und aufgestellt – Urmasse, aus der die neue Welt erbaut wird, die eine ältere zu zerstören hat.

Das Schöpferische dieses Vorganges, dem die preußischen Philosophen und Rechtslehrer, von den Historikern und Dichtern ganz zu schweigen, staatsbildende Kraft zusprechen, ist also im Prinzip das Gegenteil des Schöpferischen: indem es nämlich nur Abwandlungen des Sterbens, des Vernichtens, also des Todes ersinnt.

Die deutsche militarisierte, *nur* militarisierte Masse, und einzig sie, widerspricht allen Gesetzen und (scheinbaren) Unlogiken der übrigen Massen. In der militarisierten deutschen Masse, im preußischen Heer, ist das Denken nicht niedriger als das des einzelnen und nicht gleich dem Denken des Mindestbegabten in ihr, sondern unendlich höher als beide: Die Einteilung in kleinste Einheiten, denen ein einzelner vorgesetzt ist, paßt sie nicht aneinander, sondern an die komplizierte, wissenschaftliches Denken darstellende Maschinenwaffe an, die einen neuen Faktor in das mechanische Nachahmen bringt, das der ursprüngliche Drill des Kasernenhofes bedeutete. Die moderne Maschine befiehlt heute das Verhalten, also das Denken der militärischen Masseneinheit; der Offizier reguliert nur mehr dieses Verhalten, dem auch er sich vollkommen unterordnen muß. Der moderne Offizier ist also, ob er will oder nicht, Teil einer mechanistischen Masse und, genau wie der Mindestbegabte in ihr, dem höheren Organismus der Maschine unterworfen. Dieses Verhalten setzt einen später noch zu untersuchenden Glauben an die Maschine, also eine bestimmte seelische Haltung voraus. Die Maschine bringt also einen neuen Zug in die primär vorhandene Haltung der Disziplin, welche zwischen dem unbekannten Feldgrauen und dem Chef des Großen Generalstabs die gleiche mystisch-technische Verschmelzung und Verschmolzenheit, absolutes Gehorchenmüssen herstellt; eine Tugend, wie sie zwischen dem Unbekannten Gefreiten des Weltkrieges, Adolf Hitler, und der Gesamtmasse des deutschen Volkes als Bindung funktioniert: Disziplin, blinder Gehorsam, Glaube an das Recht des Staates, Krieg zu führen, wann immer das Vaterland, das *es* danach verlangt. Das ist, wie im Heer, im Dritten Reich das Gesetz über den Gesetzen.

Die deutschen Massen haben also vor ihren Brudermassen etwas voraus: diese ererbte, als richtig bewiesene und in das Unterbewußtsein jedes einzelnen hinabgesunkene und Instinkt gewordene Disziplin. Daher die unwiderstehliche Stoßkraft der Verschwörerwerbung der Partei, deren anarchistisches Temperament nur infolge der militärischen Disziplin der Massen das Dritte Reich noch nicht zerstört hat.

Deutschland erscheint dem Instinkt der Disziplin als das Symbol der Ordnung schlechthin. Sein größtes Grauen ist die Zerstörung dieser Ordnung. Was aber ist diese ›Ordnung‹?

Ordnung ist jenes große, kleinbürgerliche Tabu, welches den Deutschen an sich heilig und so *über* ihnen allen ist, wie es *in* ihnen nicht ist; die ständige Herstellung des Gleichgewichtes in der Negierung der inneren Unordnung, durch Bejahung und Übertreibung der äußeren Ordnung; Organisierung, Disziplinierung, Zerstörung und Wiedereinführung der Ordnung ist ihnen der Ersatz für das, was andere Völker Betätigung und Selbstbestimmungsrecht innerhalb der Freiheit nennen.

Das Gefühl, daß alles in Ordnung sei, ist dem Deutschen identisch mit dem Wohlgefühl der Freiheit. Das Wohlsein innerhalb dieses komplizierten Gefühls empfindet er als *Gemütlichkeit*, wenn immer es die Ordnung gestattet, daß Gefühle den Geist bewegen statt Kommandos mechanischer Disziplin. Gemütlichkeit ist für den Deutschen Lohn der Seele für geleistete Disziplin, die sich als Ordnung äußert. Ungemütlichkeit, Beengung des Wohlgefühls, kurz, Unfreiheit herrscht dort, wo Unordnung herrscht, als deren Inbegriff der Ausdruck »polnische Wirtschaft« dient: Sie herrscht überall auf der Welt, wohin der Deutsche mit seiner Qual, die ihm jede Unordnung bereitet, noch nicht gekommen ist.

Dieser Ordnungssinn, der einen Mangel an Gefühl für persönliche Freiheit, also innere Unordnung oder Undisziplin bedeutet, fördert die letzten Absichten des preußischen Generalstabes ebenso wunderbar wie der ererbte Sinn des Deutschen für äußere Disziplin und stummen Gehorsam: es wird zu einer Pflicht, einer heiligen Aufgabe, die Unordnung aus der Welt zu schaffen, welcher der Mensch gerne gehorchen wird, wenn sie seiner Art liegt und er sie so rein verkörpert, wie es beim Deutschen der Fall ist. – Von seiner Tüchtigkeit kann man allerlei erwarten.

Die Welt ist in Unordnung geraten; nicht etwa, weil die Deutschen wollten, daß es so sei; nicht etwa, weil sie entsprechend ihrer inneren Unfreiheit und Unordnung im Seelischen, ihrer Hemmungslosigkeit im Triebhaften, die Beziehungen der

Staaten untereinander und mit jedem einzelnen in Unordnung brachten; nicht etwa, weil der Große Generalstab und sein Beauftragter, Adolf Hitler, abermals das Blutopfer vom deutschen Massen-Volk verlangten, indem sie es zum Herren-Volk machten – keiner dieser Gründe ist den Deutschen zugänglich. Sie glauben, die Welt sei in Unordnung geraten, weil der Deutsche nicht über sie herrscht.

3

Der Krieg wirkte in Deutschland – wie übrigens in allen Ländern – als der große Zerstörer der Intelligenz.

In den Männern, die fielen, hatte das Volk Jahrhunderte seiner geistigen Kraft, deren Darstellung und Wiederholungsmöglichkeit, sein Kultur- oder Zivilisationsgedächtnis verloren.

Diese Schicht der Intellektuellen ist jene Elite, die kraft ihres Wissens und ihrer Klassen- und Rangordnung die herrschende, die hemmende Klasse ist. Ihr sind Wissenschaft, Religion, Gesetz und Geschmack anvertraut; sie verleiht dem Angesicht des Volkes die unvergänglichen Züge seiner Kunst, Dichtung, Musik, Bildhauerei und Architektur. Durch seine Intelligenzschicht denkt das Volk, das gestaltlos und nur handelnd, triebhaft ist.

Dieser Körper des Volkes ist nur dann lebendig, fühlt nur dann seine Existenz, wenn er sie sich in Handlungen, in Taten und Tatsachen beweisen kann. Das Denken der Nation vollzieht sich oberhalb und außerhalb ihrer Existenz, innerhalb ihrer zu diesem Zwecke geschaffenen und hochgezüchteten ›Organismen der Intelligenz‹.

Der Krieg ist die stärkste denkbare Betätigung eines Volkes und daher das stärkste Erlebnis für die Masse, der absolute Beweis ihrer Existenz. Die Aktion, die Tätigkeit oder das Schaffen von Tatsachen, erlebt das Volk mit seinem ganzen Körper und empfindet sie durch eben diesen, in Lust an der Tat oder am Mord, sich betätigenden, bewegenden Körper: Angriff,

Verteidigung, Vormarsch und siegreiche Eroberung ganzer Länder sind ihm sichtbare, unwiderlegliche Beweise seiner Kraft, seiner Tätigkeit und daher seines Seins.

Die Intelligenz einer Nation ist im kriegsmäßig operierenden Heer, der uniformierten Masse, dieser gleichgeordnet, daher von ihrem Niveau der individuellen Kontrolle über die Masse herabgesunken, in ihrem eigentlichen Bereich funktionslos geworden. Dadurch, daß die Schicht der Intelligenz in Deutschland noch stärker dezimiert wurde als in allen anderen Ländern, gelang es der Masse, sich mittels des Krieges ihrer fast vollkommen zu entledigen.

Wir haben gesehen, daß es in Deutschland, unabhängig von der sich normal, durch Auslese und Lerneifer sozusagen zivil und klassisch bildenden Intelligenzschicht, eine zweite, in der starr ausgerichteten Kaste der Krieger anonym gewordene Organisation der Intelligenz gibt, den Großen Generalstab, der alle denkbaren Funktionen der nichtmilitärischen Intelligenz dann übernimmt, wenn er sich von ihr bedroht fühlt; der deshalb den Krieg als einzigen Ausweg aus dem entstandenen Dilemma kennt und erstrebt – und in Deutschland immer durchsetzt.

Während viereinhalb Jahren übte dieser anonyme Organismus Großer Generalstab, personifiziert in Hindenburg und Ludendorff, alle hemmenden und sorgenden Funktionen der Intelligenz aus. Der Große Generalstab gab das Signal zum Angriff, er allein bestimmte die Gründe für diesen Angriff, ihm allein gehorchten alle anderen Gesellschaftskörper und Gehirne der Nation: Wirtschaft, Rechtsprechung, Presse, Finanz, Schulen und Universitäten, Kirchen und hauptsächlich die Parteien, die doch das staatliche Leben des Volkes in seiner Gesamtheit, also auch Heer, Generalität und Krieg kontrollieren und den politischen und ökonomischen Möglichkeiten Deutschlands anpassen sollten.

Das Ende des Krieges sah das Ende der bürgerlichen Intelligenz, nicht aber das des Großen Generalstabes, der jene überlebte – vollkommen und intakt. Denn das ist das eigentliche Gesetz der preußischen Kaste, daß sie sich selbst immer wieder darstellt und verewigt, unsterblich macht, durch den inneren Kern, das Gehirn des Gehirns der kriegerischen Nation: durch den Großen Generalstab, der anonym, immun, an unbekannten Orten von der Welt abgeschlossen sitzt und Politik genauso leitet wie Operationen im Felde.

Die Massen aber, eben noch in vollster Betätigung und im Erleben ihrer Existenz, ihrer Macht, im Gefühl eines nahen Sieges, sahen sich plötzlich der noch stärkeren Macht anderer Massen gegenüber, die den sinnvollen Prozeß ihres Lebens und Angreifens, die durch das Gehirn des Großen Generalstabes erteilte Richtung, in das Gegenteil – in Flucht und Niederlage verwandelten.

Das Band zwischen Hirn und Körper riß; der in vollster Lebendigkeit weiter agierende Körper wandte sich, entsprechend der durch den Gegenstoß der stärkeren Massen gegebenen negativen Richtung, rückwärts, gegen die zu Hause Gebliebenen oder die als Urheber für dieses schmerzliche Erlebnis verantwortlichen Symbolfiguren, den Kaiser, Hindenburg, Ludendorff, den Großen Generalstab. Dennoch blieben die Mitglieder der militärischen Elite von diesem Anprall der Massen unberührt.

Da es an einer sinnvollen Leitung dieser Reaktion des deutschen Volkes fehlte, eben infolge der Vernichtung der Intelligenz durch den Krieg, verwandelte sich diese kurze Zeit des revolutionären Vakuums nicht in eine Befreiung des Volkes, sondern nur in eine emotionale Gestaltung des Hasses, der eben noch in vollster Aktion begriffenen, plötzlich zum Halten gebrachten Massen: schnell absterbende Zuckungen eines enthaupteten Körpers.

Nach und während der Ausmerzung der natürlichen Intelligenz des deutschen Volkes, welche das zeitweise außer Macht gesetzte Gehirn, das Kontrollsystem des Volkes darstellte, bildete sich aus den Frontoffizieren, die gleich der Masse der Soldaten und mit ihnen die Maschinen lenkten, eine Art emotionaler Intelligenzschicht, die Elite. Wir lernten diesen Begriff bereits kennen gelegentlich der Analyse der Urreligion, des Films und der Soldatenkaste. Während sich diese Eliten aber auf Respekt, Konvention, Geld, Tradition und zu Glaubendes stützen, bezieht die ›Neue Elite‹ aus der Masse der Namenlosen des Heeres ihren Anspruch ganz aus dem Emotionalen, das sich aus der Spontaneität der Tat im Krieg als »Fronterlebnis« setzt, als Forderung nach Entgeltung für den geleisteten Dienst am Vaterland, für tausendfachen Einsatz des Lebens und selbstlose Pflichterfüllung vor die Nation tritt.

Die Deutschen aber wollten in ihrer Enttäuschung, die ihnen der vitale Schock des Gegners versetzt hatte, nichts mehr vom Krieg wissen; vorläufig zunächst. Das Fronterlebnis und die moralische Forderung an die Nation blieben aber brennend in den Herzen der starr, aktionslos gewordenen jungen Sturmtruppführer stecken; sie schmerzten um so mehr, als sie mit ansehen mußten, wie die Sieger in Frankreich und England ihren Ebenbildern Kränze flochten und sie mit Macht und Ehren überhäuften.

Es war nur natürlich, daß sich diese Elite zu einem Bund, einem Kreis, einer Bewegung und schließlich zu einer Partei zusammenschloß, in welcher der Begriff der Elite die eigentliche Funktion der Politik des ganzen Volkes werden sollte. Und daß sie sich der anderen, wirklichen und beglaubigten Elite, der preußischen Offizierskaste, von der abzustammen sie ja prätendierte, vollkommen assimilierte und schließlich unterwarf.

Nur noch in einem einzigen anderen Land konnte die Masse des Volks das Erlebnis der Niederlage des verhaßten Staates voll als Rache an den Urhebern ihres Elends auskosten: in der Sowjetunion. Dort gewann gleichfalls eine Elite den Sieg über die zuckende und rebellierende Masse, eine Elite, die durch Zufall und dank der Mithilfe der Großen Elite, des Preußischen Generalstabes nämlich, am Leben geblieben und in ihr Heimatland expediert worden war. Diese russische Elite der Revolution hatte sich theoretisch auf den Tag der Niederlage bestens vorbereitet, die wahre Chance der Trennung von Masse und Gehirn richtig begriffen und sich anstelle des militärischen und administrativen Hauptes des russischen Staates eingeschaltet.

Ihre Leitidee war die gleiche wie die jeder Elite; ihre Aktion, ihre Idee durch die Bewegung der Masse auszudrücken, und sich mit dieser Bewegung, welche die Masse als Revolution empfindet, an die Macht zu bringen und in ihr zu erhalten.

Das Hauptaugenmerk der Elite muß also darauf gerichtet sein, die Masse erst in Bewegung zu bringen, ihre Spontaneität künstlich durch Suggestion oder Provokation zu entfesseln und sie dann den eigenen Wünschen gefügig zu machen.

Am russischen Beispiel, welches die eigenen wie die Rezepte französischer und italienischer Theoretiker der direkten und spontanen Aktion unter Leitung eines revolutinären Generalstabes demonstrierte, konnten die deutschen Theoretiker des Staatsstreichs Phase um Phase ihren eigenen Weg studieren; dies um so leichter, als ja der Chef des Großen Generalstabes der seelische Urheber und Vater dieser gelungenen Revolution war: Lenin und seine Getreuen wurden auf Befehl Ludendorffs nach Rußland zurückgeschickt.

Die Ähnlichkeit beider Staatsstreiche ergibt sich nicht nur und erst aus der jüngst erfolgten Assimilierung beider Länder an ein [gemeinsames] militärisch-ökonomisches Programm. Sie liegt in der Natur einer jeden, durch eine revolutionäre Elite der Masse aufgezwungenen Bewegung oder verzögerten Spontaneität der Reaktion; die Abweichungen der beiden Theorien über ihren Endzweck ergeben sich aus der Differenz der Temperamente der Völker, mehr als aus der Differenz der beiden gewollten Staatsformen.

Diese Gleichheit der als Eliten sich den Massen überordnenden Theoretiker der Revolution hat auch das wirtschaftliche Phänomen der Widerlegung der marxistischen Auffassung von der »mit Notwendigkeit eines Naturprozesses« sich vollziehenden Negation des Kapitalismus herbeiführen müssen: Die große, lustspendende Tat kann nur der Masse zugemutet werden. Sie wird vollzogen, und von der Elite, nicht mehr von der Masse, konsumiert, eingeordnet und als konservatives Regime etabliert.

Das einfachste Gesetz aber befiehlt, daß der Körper, der arbeitet und Tatsachen schafft, auch genährt werde. Daher der Kampf der russischen Revolution gegen die Bauern, die man kollektivierte, das heißt Bedürfnissen außerhalb ihrer Existenz liegender Aktionen und Körperschaften der industriellen Massen unterordnete.

Dies ist der wahre Parallelvorgang zur nationalsozialistischen Wirtschaftsrevolution. Die Planung der industriellen Entwicklung ist in der Sowjetunion knapp auf dem militärischen Sektor, und auch dort nur mit deutscher und amerikanischer Hilfe gelungen; auf dem agrarischen Sektor hat sie versagt.

Der bäuerliche Mensch unterliegt dem Kommando und den Forderungen einer revolutionären und technokratischen Elite am allerschwersten. Die Bedingungen seines Lebens sind ganz auf ihn allein zugeschnitten und hängen ab von einer über allen Menschen herrschenden Macht, der Natur. Da die russische Revolution weder Wirtschaft noch Generalstab intakt ließ, im Gegensatz zu Deutschland, wo diese erhalten blieben und das Erbe der erledigten Herren antraten, mußte die russische Elite diese neu aufbauen, neu planen und nach Erinnerungen, geographischen und strategischen Gegebenheiten organisieren.

Die Ausprägungen, die der wirtschaftliche und militärische Sektor des russischen Staates unter dem Druck der marxistisch denkenden Elite erfuhr, ist nicht identisch mit einem utopischen Ideal, das Karl Marx und Friedrich Engels oder Bakunin und Proudhon schufen, sondern mit dem der deutschen oder italienischen Elite, das sich unter dem Einer-Prinzip so auswirkte: Diktatur eines Mannes, der nach militärischen und wirtschaftlichen Prinzipien um der Erweiterung des Raumes willen, die Massen in Bewegung hält und zu ständig neuen Taten und Abenteuern führt.

Als die ersten Führer der russischen Revolution die dieser innewohnenden Kraft der christlichen Utopie der Gerechtigkeit und Gleichheit aller vor dem Gesetz zugunsten der politischen Ideologie von Marx und der Elite verwarfen, handelten sie zwar logisch im Sinn ihrer eigenen Erkenntnis, die ihnen von der als historisch und einmalig gegebenen Lage Rußlands vorgeschrieben war. Infolgedessen aber hätten sie jeden Versuch einer Bekehrung anderer Nationen unterlassen sollen und sich, wie es zwangsläufig später geschah, auf Rußland beschränken müssen.

Alles, was an Umstürzen von den Führern der russischen Revolution in anderen Ländern versucht wurde, um in diesen gleichfalls die marxistische Revolution zu entfachen, war demnach Einmischung in die innere Politik dieser Länder, waren eigentlich militärische und ökonomische Angriffe einer imperialistischen Politik.

Hätte die russische Revolution die Ideale der Demokratie verwirklichlicht statt diejenigen der Elite, deren Macht in Bürokratie und Technokratie akkumuliert war, hätte sie die Macht der frei gewählten Vertreter und gleichberechtigten Bürger der Union etabliert, wäre es niemals zu einer nationalsozialistischen Diktatur des preußischen Generalstabes gekommen; mit anderen Worten: Die Fälschung der russischen Revolution ist der Grund für den Sieg Adolf Hitlers.

Während die deutsche Elite zunächst hinter den Erfolgen der russischen zurückblieb, überflügelte der Schüler den Lehrer bald auf einem von beiden als das wichtigste Prinzip erkannten Gebiet, dem der wirtschaftlichen Organisation, also auf dem eigentlich von Marx als »Fechtboden der Weltgeschichte« angenommenen und vorausgesagten Sektor der Entscheidungsschlacht um die zukünftige Zivilisation.

Die wirtschaftliche Organisation eines Volkes beseitigt den Hunger und schafft die Möglichkeit für die Wiederherstellung des Anfangszustandes beider Systeme, des Krieges nämlich, der diesmal als Sieg der Elite den endgültigen Strich unter die kapitalistische Vergangenheit setzen muß; durch vollständige Widerlegung und Vernichtung der noch existierenden feindlichen Herrschaftsformen und durch den Beweis der Überlegenheit und Richtigkeit des eigenen Systems, der Diktatur über die Massen, ausgeübt von einer Elite der Nation. Diese würde damit zur ›Elite der Menschheit‹ avancieren.

Von diesem Standpunkt der letzten Entscheidung über die Existenz unserer Zivilisation ergeben sich alle Ähnlichkeiten beider Systeme: Wirtschafts-Planungen, Abschaffung der Klassen durch totale Vermassung des Volkes, Abwesenheit jeglicher offenbarter, nur zu glaubender Religion, Nichtexistenz des Geldes und damit von auf Vermögen aufgebauter Macht, die sich als Zivilisation über die Massen erheben und in diese eingehen könnte – außer bei den Mitgliedern der Elite und der beiden Kasten, Militär und Industrie; Abwesenheit des auf Übereinkommen basierten Rechts, an dessen Stelle mit Massenprozessen, Massenhinrichtungen, Konzentrationslagern, Pogromen und Zwangsarbeit der absolute und konstante Terror tritt.

Die diesen Funktionen scheinbar widersprechenden Rechte auf Bildung und Arbeit dienen nicht dem allgemein unter ihm verstandenen Zweck der freien Auslese der Tüchtigsten, sondern der Züchtung von Nachfolgern der Mitglieder der Elite: Diese muß als Zwang zur Reproduktion der Macht und Überwindung des Widerstandes der Zeit und des Krieges betrachtet werden, die von der Elite als Lebenszeit und Lebensaufgabe empfunden werden.

Die Erkenntnis, daß die Entfesselung der Massen zur Darstellung der Macht und des Erlebnisses der Erregung, welches die Aktion selber ist, gefährlich sei, hat die russische Elite sehr bald zur Bildung einer Armee veranlaßt.

Eine Armee dient einem doppelten Zweck: die Masse einer spontanen Aktion abgeneigt zu machen, ihr das gegen sie gefällte Bajonett zu zeigen, und sie andererseits für eine kommandierte, militärische Aktion als Ausdruck der Macht der Gesamtheit im Staat zu drillen.

Hier setzt die Aufgabe des deutschen Generalstabs als Lehrer der Philosophie des Krieges in Rußland ein.

Die Geschichte der Beziehungen zwischen der deutschen Armee und der Roten Armee ist noch nicht geschrieben; aber die Grundlage dieser, erst durch Hitler für kurze Zeit unterbrochenen Freundschaft bilden die Gefühle, wie sie ein Lehrer, ein Gelehrter für den jungen, begabten und vor allem willigen Schüler empfindet, dessen Hilfe man eines Tages brauchen wird.

Die im voraus kalkulierte strategische Lage Deutschlands bei der kommenden Revanche für die Niederlage von 1918 erzwang diese Politik des deutschen Generalstabs und gab ihr die Basis einer deutsch-russischen Schicksalsgemeinschaft, welche sich in dem Bündnis der beiden Diktatoren verwirklichte, dessen Urheber niemand anderer ist als das ›Hirn des deutschen Volkes‹, der Große Generalstab.

Der Einfluß beider Armeen, der deutschen und der russischen, auf die ihnen um- und untergeordneten Völker hat scheinbar wie aus einem höheren und unbewußten Zwang, aus einer Art soziologischem Automatismus nicht nur die Massen einander in paramilitärischen Reaktionen und Formationen angeglichen, sondern auch die beiden, ursprünglich voneinander so verschiedenen Rassen so ähnlich gemacht, daß der journalistische Vulgärhistorizismus bereits Worte wie »National-Bolschewismus«, »Naz-Intern« und »Kom-Nazismus« erfand. Der Krieg wird diese Ähnlichkeiten noch vertiefen und mit seiner entfesselten Macht Vereinigungen zustande bringen, zu denen früher Jahrzehnte der Ruhe nicht ausgereicht hätten.

Im übrigen aber handelt es sich nicht um Äußerungen oder Verwirklichungen politischer Ideologien, sondern um durchaus natürliche Äußerungen und Selbstdarstellungen der Massen im modernen, paramilitärischen Trust-Staat, der uns das letzte und konkrete Ziel aller modernen Politik zu sein scheint.

Alles in diesem geplanten Staat hat sich der Idee des Krieges und der Eroberung fremden Raumes untergeordnet, und stark utopistische, marxistische Strömungen in den Willensbildungen der Massen begünstigen die Verstaatlichung des gesamten Lebens, Strömungen, die seit jeher in Gebilden herrschten, deren Prinzipien dem Staat und der Armee zugrunde lagen, die, umgekehrt, ihrerseits Vorbilder für Staat und Armee wurden: die industriellen Körperschaften, Trusts, Konzerne der Monopolindustrien und Waffenschmieden.

Der moderne Arbeiter, der an die Disziplin der Fabrik und Handhabung komplizierter Maschinen gewöhnt ist, der den Befehlen seiner Ingenieure blind gehorcht und an deren absolute Überlegenheit glaubt, ist auch ein guter Soldat – eine Erkenntnis, die von Karl Marx stammt. Die Tugenden des guten Arbeiters im modernen Fabrikbetrieb sind auch die Tugenden des guten, das heißt zuverlässigen und technisch geschulten Soldaten.

Die ungeheure Industrialisierung beider ursprünglich bäuerlichen Länder, die Abwanderung der landlosen bäuerlichen Massen zur Industrie (allein eine Million Männer wanderten in Deutschland unter dem Hitler-Regime zusätzlich, also neben der normalen Landflucht, vom Land in die Stadt, von der Fabrik in die Kasernen, Arbeitslager und Befestigungsbauten) haben der vollendeten Militarisierung der Massen vorgearbeitet. Psychologisch ergab sie die Zielsetzung der kriegerischen Handlungen als Vervollkommnung primitiver, unordentlicher, undisziplinierter Massen, als Beglückung großer, nur landwirtschaftlicher, industrieleerer Kolonialräume mit den Fortschritten modernen Massenkomforts.

Die deutsche Sozialdemokratie, die ursprüngliche deutsche Massenpartei, die allen anderen Parteien in Deutschland und Rußland, namentlich der nationalsozialistischen und kommunistischen, als Vorbild diente, war immer nationalistisch und imperialistisch, war vom Besser-Sein, von der moralischen und organisatorischen Überlegenheit des deutschen Menschen über alle anderen überzeugt. Sie sah auch in der Akkumulation des deutschen Kapitals und der Vertrustung der deutschen Industrien nur eine ›Abkürzung des Weges zum Sozialismus‹, der den Staat erobern werde, wenn die politische und geistige Bildung des deutschen Arbeiters es ihm ermögliche, in Parlament und Fabrik die Stellungen der kapitalistischen Herren zu besetzen.

Die Passivität der Sozialdemokraten wirkte provokativ auf die Spontaneität und Aggressivität der neuen, revolutionären Elite der Frontoffiziere. Das Subjekt des Trust-Staates, die militärische, politische und wirtschaftliche Elite, hat die Freiheit aller Staatsbürger auf sich und in sich vereinigt, einschließlich der staatlichen Exekutive, des privaten Kapitals, der Rechte des Staatsbürgers und all seiner Selbstbestimmungsrechte. Das Objekt des Staates wird mit den Mitteln der Bürokratie, des neuen Staats-Sozialismus, kaserniert, reglementiert, terrorisiert und von der Machtausübung ferngehalten durch die paramilitaristische Durchdringung des Staates mit der Ideologie der herrschenden Klasse oder Rasse.

Allerdings fällt ein Abglanz der Macht des Staates auf den Massenmenschen, der zum Feldwebel, SS-Mann, GPU-Agenten, Polizisten, Gestapo-Agenten, zum Konsular-Spion, zum Richter oder Journalisten befördert wird, kurz zum Beamten mit all seinen Privilegien.

Durch dies korrumpierende Gift der Beförderung, der Anteilnahme an der Exekutive in der brutalsten, daher überzeugendsten und befriedigendsten Form, werden aus der sonst starr nivellierten Masse besondere Charaktere als staatserhaltend ausgewählt und befördert, die in Wirklichkeit der Freiheitsbildung der Masse am feindlichsten gesonnen sind. Diese Träger der Gewalt, die als einzige den Genuß der Freiheit im Massenstaat des utopistischen Sozialismus kennen, begeben sich mit Leib und Seele in die Hand der Staatselite und bilden die heftigste und gefährlichste Opposition zu jeder nur denkbaren Änderung des Regimes der Diktatur. Die Masse dieser Bevorzugten entstammt einer durch sie wiederum charakterisierten Klasse, jener der Kleinbürger, und sie sammelt sich im weiten Bassin der Bürokratie, ein ganz besonderes Phänomen, welches Rußland und Deutschland gleicherweise eigentümlich ist, beide Länder beherrscht und formt. Die Bürokratisierung des Deutschen Reichs hat sich parallel zur Bürokratisierung seines Schwesterstaats, Sowjetrußlands, und nach dessen Vorbild entwickelt.

Der *Nationalsozialistische Almanach für 1940* gibt eine zwar schwache, aber sicherlich korrekte Idee von der Größe dieses Phänomens seit der Machtübernahme durch Hitler. Die Großdeutsche Volksgemeinschaft ist in die engen und starren Grenzen der verschiedenen Organisationen der NSDAP eingezwängt: Die Partei besteht aus 481 875 Blocks, 92 696 Zellen, 27 989 Lokal-Gruppen, 822 Provinzial-Gruppen und 41 Distrikten, die in ihrer Gesamtheit die administrative Parteieinteilung des Dritten Reiches darstellen. Der Almanach nennt zwar die unzähligen Organisationen, die außerdem noch der

Partei angegliedert sind; hütet sich aber, genauere Zahlen über deren umfangreiche Bürokratie zu geben, welche sich der eigentlichen staatlichen Berufsbürokratie angeschlossen und neben ihr entwickelt hat.

Wir haben also zwei Arten der Bürokratie zu unterscheiden: die Originalbürokratie des Staates und die Parabürokratie der Partei, die zusammen die totale Macht der Bürokratie ergeben, welche als Staatsmaschine sichtbar und in jedem ihrer Mitglieder als Macht persönlich in Erscheinung tritt.

Für das Alt-Reich, also ohne Österreich, die Protektorate und Polen, ohne die nordischen Länder, Belgien und Holland, beschäftigt die Nationale Arbeitsfront, Erbin der sozialistischen, christlichen und kommunistischen Gewerkschaften, 33 000 bezahlte Beamte und 1,2 Millionen freiwillige Mitarbeiter, deren Dienste aber auch teilweise entlohnt werden. Das Budget dieser Organisation betrug im Jahre 1938 nahezu 500 Millionen Mark, eine Summe, die dem Gesamtbudget eines mittleren europäischen Staates entspricht: Zu dieser Summe müssen aber noch 20 Millionen Mark ›Nebenspesen‹ gerechnet werden. Der Zweck, dem diese Summen dienen, wird sorgfältig geheimgehalten. Aber jeder in Deutschland weiß, daß Unternehmen wie Kraft durch Freude Unsummen verschlingen, die der Arbeiterklasse weder direkten noch indirekten Vorteil bringen und lediglich paramilitärischen Zwecken, dem Bau von Truppentransportschiffen, die Vergnügungsdampfer, von Kasernen und Lazaretten, die Erholungsheime genannt werden, dienen.

Die Rechte und Freiheiten der Masse, die Freiheit und Leben ihrer Bürokratien, der legalen und der partei-geschaffenen, mit ihrer Arbeit bezahlt haben, werden durch diesen Prozeß der Aussonderung der soldatischen, gewalttätigen und paramilitärischen Typen noch mehr eingeschränkt, derart, daß der nur noch funktionelle Typus des bloß arbeitenden und zeugenden Massenmenschen, der moderne Maschinensklave, zur reinsten Form gedeihen kann.

In diesem Prozeß sehen wir also ein zu erstrebendes Resultat des neuen Arbeits- oder Trust-Staates vor uns: die Verwirklichung der mechanistischen und verwaltungstechnischen Idee des Ameisenstaats. Der Prozeß der Bestimmung und Aussonderung, ja der Zuchtwahl der Tüchtigsten, ist von oben her, von der Elite und dem Generalstab geplant und ins Werk gesetzt; von unten, von der Masse widerspruchslos angenommen oder sogar begrüßt worden.

Die Lenkung und Schaffung, also die Planung von Massen ist in der Entwicklung der modernen Technik, im Umgang mit Maschine und laufendem Band, die zu ihrem Funktionieren noch einer aus Menschen aufgebauten Hilfsapparatur bedürfen, sowie in der Gruppierung von Wirtschaftseinheiten zu Industrielandschaften und in der modernen Güterverteilung gleicherweise begründet.

Die letzte Ausprägung dieser Organisation der Organismen führt zu einem jenseits-feindlichen, erneuerungslosen, traditions- und geistfremden Typus des nur gehorchenden, verantwortungslosen Sklaven, der nur einen Marktwert und in diesem eine doppelte Funktion besitzt: er ist Arbeitnehmer und Arbeit-, also Güter-Konsument.

Die Idee des Marktes, der den Wert der Wirtschaft und ihren Lebensatem, die Prosperität, bestimmt und den Menschen zum Objekt des Arbeitsprozesses macht, bestimmt Politik, Partei, Elite im Staat und entscheidet über Krieg und Frieden, Bündnisse und Strategie. Die politische Eroberung des Marktes, des Lebensraums für die Massen, zielt mit den geeinten Brüdern, Armee und Industrie, nach dem gleichen Objekt: Menschen für Produktion und Konsum dort zu organisieren, mit Gewalt zu erobern, wo sich auch die Rohstoffe befinden. Dieser Vorgang der Bewertung des Marktes nahm in Sowjetrußland revolutionäre, in Deutschland militärische, und in beiden Ländern schließlich kriegerische Formen an.

Aus den Marktfragen, gegliedert in Fragen von Rohstoff, Produktion, Export und Konkurrenz, erhob sich für die deutschen Führer von Armee und Wirtschaft gleicherweise das russische Problem, welches zum Kernstück der deutschen strategischen Ökonomie wurde: der russische, strategische und wirtschaftliche Großraum, der mit den beiden Grundstoffen des modernen Staats-Kapitalismus oder »National-Sozialismus«, nämlich undeterminierten Massen von Menschen und Rohstoffen, gefüllt ist, mußte versöhnt, organisiert und der Idee und Planung des deutschen militärischen Trust-Staates angegliedert [oder mit Gewalt unterworfen]* werden.

[Die unterbewußten Neigungen und Sympathien, die natürlichen Gleichheiten, die sich in ähnlichen oder gleichen sozialen Formationen ausprägten, bis sie den Staat selbst darstellten, brachten in Sowjetrußland und Deutschland ein Bündnis der Eliten beider Länder zustande; nicht die das Gegenteil, Haß, Krieg, Vernichtungswille proklamierenden Ideologien, Reden, Programme der Diktatoren, Bürokraten und Journalisten, eine feindselige Einstellung, also einen Krieg, wie es von den demokratischen, individualistisch regierten Staaten erwartet wurde.

Wie sich diese zwangsläufige Parallelität der Endabsichten in den verschiedenen Individuen beider Eliten verwirklicht, sei es als Überzeugung, oder Schlußfolgerung aus wirtschaftlichen und politischen Tatsachen, wollen wir im Folgenden an einigen Beispielen zeigen. Womit wir gleichzeitig erhärten, daß das Denken der Massen sich in körperlichen und seelischen – zumeist utopischen – Reaktionen äußert, und das Denken der Individuen produziert; genau das Gegenteil also von dem ist wahr, was von den ›Philosophen‹ der Diktatur behauptet wird: daß der Führer die Masse leite, ihr seinen Willen aufzwinge.

Der in beiden Völkern lebende Wille zur Verwirklichung der chiliastischen Utopie strebte und strebt nach einer Vereinigung; das soziale Denken der beiden Massen liegt ihm zugrunde, und die aktuelle Lösung durch Krieg im Sinn der Diktatur der Elite und der Krieger-Kaste kann nur vorläufig sein.]**

* Vom Autor handschriftlich ergänzt

** Vom Autor nach dem 22.6. 1941 gestrichen

Der Große Plan

1

Das Dritte Reich ist der erste moderne und hochkapitalistische Staat in Europa, der in der Gegenwart die Absichten für die Zukunft erkennen läßt und dieser Zukunft alles unterordnet.

Die Zukunft erscheint den Männern der Wirtschaft unter den Zeichen des Sieges ihrer Armee und ihrer Organisation. Der Sieg der deutschen Tüchtigkeit erst gibt den Plänen für die Zukunft den Aspekt der Sicherheit, die als das höchste Ziel und der sinnvolle Wert erscheint, welcher dem Ganzen noch fehlt.

Das Gebäude der Zukunft erhält dadurch, daß es auf einen nur geglaubten Faktor hin ausgerichtet und aufgerichtet wurde, den Charakter einer Spekulation, so sehr auch immer die Konstrukteure bemüht waren, militärische und politische Unsicherheiten und Risiken auszuschalten. Die sinnvolle Gestaltung des Reiches gleicht entfernt dem System, das ein glücklicher Spieler befolgt; das Charakteristikum von Spielern ist das starre Festhalten an ihrer Methode, die erst im letzten Spiel und gleichsam am Ende aller Berechnungen das positive Resultat, Sieg und Gewinn ergeben soll.

Die starre, maschinengleiche Akkuratesse und absolute Gleichmäßigkeit des Funktionierens der deutschen Staatsmaschine und Wirtschaft sind das hervorstechendste Merkmal des deutschen Lebens. Abgesehen von den gewollten, gleicherweise vorhergesehenen und vorbereiteten Überraschungen politischer und militärischer Natur, Verrat und Überfall, gibt es innerhalb der Normalität des Gangs von Produktion und Konsum keine Störungen, keine inneren Überraschungen mehr. Der Grund liegt in der Eliminierung aller Individuen, die früher in den verschiedenen Zweigen des öffentlichen Lebens ihre Begabung durchsetzen und dadurch dem Ganzen oder zumindest wichtigen Teilen desselben ihren Willen aufzwingen konnten. Diese Vorposten demokratischer Anschauung vom freien Spiel der Kräfte sind im Dritten Reich ausgemerzt worden.

Die Individuen der Intelligenz sind dem Prozeß der Vermassung zum Opfer gefallen, entweder liquidiert, vertrieben oder von der Bürokratie aufgesogen worden, von der sie assimiliert und in der vom Staat gewollten Richtung geleitet werden. Die Ausschaltung der Individuen hat zur Folge, daß weite Gebiete des gesellschaftlichen Lebens, der Wissenschaft, Erfindung, technischer Fabrikation, des Handels, der Kunst, der Finanzen und des Verkehrs im Dritten Reich nicht mehr existieren. Mit dem Verschwinden dieser Exponenten des freien Spiels der Kräfte ist eine weitgehende Verödung des rechtlichen Lebens der Individuen eingetreten; man kann in Deutschland in der Tat von einer Umwandlung des Geistes der Gesetze vom Individualrecht zum Massen- oder Körperschaftsrecht sprechen: ein juristischer Fall wird nicht mehr nach seiner Qualität, sondern nach der Quantität der von ihm erfaßten Personen beurteilt. Das Recht als Basis der Gesellschaft wie des einzelnen ist an der Existenz des einzelnen desinteressiert, sie ist nicht des Urteils, der Rede wert. Dagegen gibt sich die deutsche Rechtsprechung alle Mühe, den Körperschaften, wirtschaftlichen Verbänden, hier kurz Trusts genannt, gerecht zu werden und ihnen ein eigenes Recht zuzubilligen, welches den Individuen zuzuerkennen unbillig wäre.

Es ergibt sich so eine starke Angleichung, ja ein Übergewicht des Gesellschaftsrechts im Verhältnis zum stärksten Recht, dem Staatsrecht. Dieses befindet sich im Vormarsch gegen alles, was Individuen als recht und billig erscheinen mag; auf dem Rückzug aber vor den Forderungen der großen wirtschaftlichen Einheiten, welche nicht nur zu Körperschaften besonderen Rechts wurden, sondern geradezu das Staatsrecht überdecken und immer mehr ersetzen. Lange vor dem Dritten Reich hat diese Wandlung des Rechts in Deutschland begonnen; sie war bereits in der wilhelminischen Ära eine der typischen Erscheinungen deutschen Lebens.

Erst ihre rechtliche und eigenrechtliche Stärke macht es den großen Einheiten der deutschen Wirtschaft möglich, über die Maschinerie des Staates unabhängig und ohne Furcht vor juristischen Behinderungen durch schwächere, individuelle Konkurrenten zu verfügen. Auf diese Weise gelang es ihnen, die früher mit individuellen Repräsentanten des freien Spiels der Kräfte besetzten Schlüsselstellungen in Handel und Finanz, in den technischen, chemischen und elektrischen, den medizinischen Wissenschaften mit ihren eigenen Männern zu besetzen.

Der eigentliche Wert eines Spezialisten liegt nicht so sehr in der erreichten Vollendung in seinem eigenen Fach als vielmehr in seinem Verständnis für das Ganze, für die Planung. Aus dem Körper der Spezialistenelite werden also noch ganz besondere Typen ausgewählt und in Schlüsselstellungen gebracht, wo sie, Individuen mit absoluter Vollmacht, Generaldirektoren und Konzernleiter, den Großen Plan des Ganzen ausdenken, den Notwendigkeiten der Stunde und der Zukunft anpassen; wo sie Pläne anderer Planer annehmen, modifizieren oder verwerfen und schließlich ihren Gesamtplan der Politik und der Kriegführung des Staats untermauern oder zu deren Motiv und Richtschnur machen, wobei ihre rechtliche Sonderstellung den Ausschlag im Kommando gibt.

Macht schafft nicht nur dem Staat Recht, sondern auch den ihn ausfüllenden Zellen, den Kleinstaaten, in welche er verschachtelt ist und die in ihrer wirtschaftlichen Funktion alle anderen Körper und Bürokratien umfassen und in Funktion setzen.

Die Planer allein geben dem Dritten Reich den Aspekt eines geplanten, eines zukünftigen Staates, ja, sie vollziehen die Idee der Planung in und mit dem Staat: Die Trusts planen die Gestalt des Staates, indem sie alle Funktionen der Wirtschaft, Politik, Strategie vorherdenken, aneinander angleichen, rationalisieren.

Als die beste Zeit für diese Art ›positiver Krise‹ erscheint den Deutschen der Krieg. Im absoluten Krieg unterliegt das ganze Leben der Nation *einem* Kommando. Ludendorff und Rathenau waren die Vorkämpfer dieser Idee, um deren Realisierung allein es ihnen zu tun war. Diese beiden Männer wußten, daß die Wirtschaft den Krieg, und der Krieg die Wirtschaft entscheidet. Denn die Wirtschaft ist die einzige Gestaltung modernen Lebens, die organisatorisch dem Militär adäquat ist: Beide handeln nach den Plänen der Strategie, die eine Art psychologischer Mathematik und Gesetzgebung für die Zukunft ist.

Die erste Phase dieser militaristischen Rationalisierung der deutschen Wirtschaft, die sie an die zweite Stelle aller Industrien der Welt brachte, erfolgte während und nach dem Weltkrieg.

Die störenden Einmengungen in den Vollzug des Plans durch die demokratischen Individualisten wurden mit Gegenmaßnahmen der Industrie beantwortet, die in Massenaussperrungen der Arbeiter – also in Streiks der Spezialisten und Generaldirektoren – gipfelten und, unter seelischer Depression der Massen, im Heraufholen des Diktators und Hypnotiseurs der Massen ihren Abschluß fanden.

Die Durchführung des Plans erscheint zunächst als taktisches Manöver *innerhalb* der Grenzen des alten Reiches: Pazifizierung und Reglementierung der Massen, Zusammenlegung und Kontrolle der für den Krieg nützlichen Industrien unter Zerstörung der unproduktiven oder überflüssigen Industrien der Verbrauchsgüter für den Inlandsmarkt. *Außerhalb* der Grenzen des Reichs zielte der Plan gegen die Vormacht der Rohstoffe produzierenden Länder, die einer ungleich schwereren Krise ausgesetzt waren als Deutschland.

Es galt also, die Krise in Deutschland abzubrechen, zu verlagern, das heißt der Produktivität des Gesamtplanes zu opfern, in welchen der Krieg als das belebende Moment eingeschlossen war; die wirtschaftliche Krise der Demokratie durch Erzeugung künstlicher Rohstoffe und Dumping zu verschärfen; den Binnenmarkt der Demokratien aber durch eine Konstanz der Arbeitslosigkeit derart zu schwächen, daß die wirtschaftliche Unzufriedenheit der demokratischen Massen sich politisch günstig für das Dritte Reich, das Land ohne Arbeitslosigkeit, auswirken mußte. Diese taktischen Manöver gelangen in verschiedenen Ländern, wenn auch politische Erschütterungen nur in Frankreich, infolge des Flankenangriffs in Spanien, spürbar in Erscheinung traten.

Strategische Gestalt nahm die Planung erst bei Kriegsausbruch an, als Sowjetrußland in die siegreiche Zukunft des deutschen Plans einbezogen wurde. Alle anderen vorhergegangenen Besetzungen fremder Räume dienten lediglich der Rückgewinnung der ökonomischen Form des Reichs und der Störung erstarkender Konkurrenz in der chemischen und Eisenindustrie.

Für die Planung des Dritten Reichs, die im Krieg ihre Hochkonjunktur und potentiell stärkste Expansion erblickt, gelten die Formeln: Das *potentiel de guerre* ist das Optimum des *potentiel de paix*; die Friedenswirtschaft ist Erkenntnis und Funktion der Kriegswirtschaft; der absolute Krieg ist der Vater und das Gehirn der absoluten, voll-rationalisierten Friedenswirtschaft.

Die deutsche Friedenswirtschaft umfaßt und verfeinert alle Stratageme des ökonomischen Sozialismus, indem sie die Schlüsselstellungen von Politik und Wirtschaft nicht Politikern, sondern Wirtschaftlern, Spezialisten ausliefert, denen die Obersten des Großen Generalstabes und die Kader der Armee beigeordnet sind. Aus diesem Funktionieren eines modernen Großstaats ergibt sich das Bild einer gewollt konservativen Hierarchie, die, trotz der revolutionären Unruhe eines Krieges und der nur durch Terror und Arbeit, durch Hypnose und Militarismus gebändigten, gelähmten Nachdenklichkeit der Massen, zur endlichen Ruhe kommen will, zur Beharrung nach so langen Jahren unruhiger Pendelschwingungen: zur ökonomischen Prosperität im Sinn der absoluten Konkurrenzlosigkeit des deutschen Industriemonopols, ein Bestreben der Spezialisten nach ausgeglichener Mechanik des gesamten Lebens der Nation. – Um einen mechanistischen Konservativismus, eine technokratische Utopie, welche beide uns als Illusionen bereits begegnet sind, handelt es sich insofern, als diese Spezialisten, Schüler des Großen Generalstabes, die psychologische Situation der Massen verkennen, die durch einen Krieg nicht erleichtert, sondern nur erschwert werden kann und zu jenem

Tief zurückgebracht, in welchem die Massen sich vor dem »Großen Plan« befanden.

Der Große Plan ist auf ein schwaches, von Miasmen der Unzufriedenheit erfülltes Sumpfgelände gegründet, schon deshalb, weil der Krieg in sich selbst eine Krankheitserscheinung eines Staates und einer Wirtschaft und keine Erscheinung der Prosperität, nicht einmal bedingter Prosperität ist.

Trotzdem funktioniert der Plan. Er ist elastisch, in der Defensive wie in der Offensive, auf Rückschläge eingerichtet, die aber alle außerhalb seines Kraftfeldes liegen, das heißt, nur mit dem Einsatz von Heeres- und Maschinenmassen in Bewegung paralysiert werden können.

Ungewiß bleibt die Rückwirkung solcher Risse im Gesamtplan auf die Stimmung der Massen, deren Wesen wir als labil, pessimistisch und depressiv, kurz als prärevolutionär kennenlernten; diese wollen wir jetzt im Zusammenhang mit der geplanten und zu planenden Gestaltung des Dritten Reiches aus seiner Wirtschaft heraus untersuchen: Wie wirken das Streben konservativer, wenn auch aggressiver und zeitweise revolutionärer Elemente, wie die technischen, wirtschaftlichen, politischen und militärischen Spezialisten der herrschenden Elite auf die Erstarrung der hypnotisierten Massen?

Nur über einer erstarrten, der Freizügigkeit und des Selbstbestimmungsrechts beraubten Masse läßt sich ein absoluter Plan aufbauen. Jede Planung einer zukünftigen staatlichen Ordnung, sei es zur Erhaltung oder Vernichtung einer bestehenden Ordnung, zugunsten einer erdachten, die von einer denkenden Minderheit, einer Elite geglaubt und propagiert wird, nimmt Macht vom Volk und läßt diese in den Händen der Elite zu einer konservativ gerichteten Kristallisation werden.

Das bedeutet, daß jede Planung die Keime eines Bürgerkrieges oder einer Diktatur, eines Kampfes um das ›Recht der Rechtsverminderung‹ der Arbeiter in sich trägt, selbst wenn ihr ein Bürgerkrieg, ein internationaler Krieg oder eine seelische Umwälzung innerhalb der Massen voranging, die das Unerwartete und Schockartige der Zeit wie etwas Alltägliches mit Gleichgültigkeit hinzunehmen sich angewöhnt haben.

Die Planung oder Vertrustung eines Staates oder eines seiner Sektoren ist immer ein seelischer Prozeß und psychologischen Gesetzen viel mehr unterworfen als doktrinären Theorien und Ideologien. Ein verlorener Krieg, eine Enttäuschung großer menschlicher Hoffnungen eines Volkes, zermürbende Krisen schaffen nämlich nicht günstige, sondern ungünstige Situationen für Idealisten oder Ideologen.

Der Wert einer Ideologie sinkt mit der steigenden chiliastischen Lebensangst oder Lebenshoffnung der Massen, die ihre Macht nicht an utopische Erneuerer, sondern an Gewaltmenschen ihrer eigenen, rohen und ungebildeten Substanz übergeben, deren Rache die isolierte und volksfremde Clique der Weltverbesserer zuerst zu spüren bekommt.

Spezialisten sind anonym, ohne Ideologie, außer der von der Notwendigkeit des Handelns, dem Erzeugen praktischer Werte und des Geldverdienens. Jeder intellektuelle oder geglaubte Wert außerhalb ihrer praktisch technokratischen Planung erscheint den Spezialisten sinnlos.

Die Massen reagierten auf diese Art des Vorgehens in den großen Diktaturstaaten positiv, solange das Leiden nicht zu spüren und die äußeren Vorteile des Neuen, des Großen Plans zuhanden waren. Darum erscheint uns der Wert gewollter Planung als Mittel zur Abwehr der Diktatur der Massen fraglich, eher eine beschränkte Verwirklichung marxistischer Phantasien deklassierter oder entwurzelter Intellektueller der sozialistischen Parteien zu sein, die an ihrer geliebten Utopie verzweifelten und ganz unter dem Terror der Ereignisse in Deutschland stehen.

Jeder intellektuelle Planer unterliegt der Suggestion vom seelischen Terror genauso wie der vom körperlichen Terror. Das Individuum aber ist *immer* das Opfer der Massen und niemals deren Leiter; es sei denn, es setze sich in den Besitz der Terrorapparatur, das heißt, der Waffen, der Polizei und der Schlüsselstellungen der waffenproduzierenden Industrie. In diese aber setzten sich die Planer selbst, Feldherrn und Spezialisten. Das ist das Schema in Deutschland, Italien, Sowjetrußland und Japan. In all diesen Ländern hat es gesiegt, hat seine

Macht und deren Expansion unter Zustimmung, blutigen Opfern, Hunger und Elend der Massen errungen. Die Massen aber geben sich zufrieden mit der Illusion der glücklichen Zukunft und den Resultaten der ewigen Prosperität, die ihnen die Diktatoren versprechen.

Eine friedliche, gegen Krieg und Expansion gerichtete Planung müßte also zumindest eine Bereitschaft der Massen zum Opfer wecken und benützen können, was zum Beispiel ein geglaubtes und aktives, ein soziales Christentum erlauben würde.

Sinkt aber die Stimmung der im Vollzug eines Plans angegriffenen Massen auf das Niveau *vor* Plan und Aggression, so müssen die Massen ungeplant eine Form des Widerstandes annehmen, welche sich der feindlichen Macht angleicht und ihr überlegen zeigt. Aus dieser Angleichung folgt dann der Zusammenbruch der bisherigen demokratischen Staatsformen und jeglicher persönlichen Freiheit sowie auch der Fortfall des Kriegsgrundes: So erklärt sich das von Deutschland gewollte, siegähnliche Unentschieden, welches dennoch die Aufteilung der Rohstoffquellen der Welt hätte ermöglichen sollen – eine Richtung der deutschen Zukunft, wie sie auch dem Großen Plan wieder zugrunde liegt.

Es kommt also immer auf die seelische Lage der Massen an, nicht auf die Planungsideologie enttäuschter Politiker oder messianisch gestimmter Intellektueller. Die Massen-Seele ist das absolute Prinzip des Plans, welcher alle Schattierungen ihrer Hoffnungen, Enttäuschungen, Ängste und Glaubensinhalte annehmen muß.

So variabel auch die Seele der Massen sein mag, ihre Ruhe nach dem Sturm, ihr Erstarren unter der Macht der diktatorialen Formeln und Suggestionen zur Bannung aller Lebensangst ist erst die Folge einer seelischen Lähmung, die, *a priori* vorhanden, vom Terror und Krieg nicht mehr berührt werden kann.

Die demokratischen Massen aber haben keineswegs solche Erschütterungen durchgemacht, daß die Ruhe der Erschöpfung jener Erstarrung gleichkäme, welche eine Diktatur der

Planer und deren militärischer Elite ermöglichen würde. Die Voraussetzungen des Erfolgs einer aggressiven Planung erscheinen als psychologische Zersetzungsarbeit der modernen Zeit an den deutschen Massen in absoluter Reinheit, sozusagen als klinischer Fall, den wir hier weiter verfolgen und analysieren wollen; um, nach diesem kurzen Ausflug ins Spekulative, wieder zurückzukehren zu unserem Thema der Findung des ›Wertes‹ in Mythologie und Planung des Dritten Reiches als eines gesellschaftlichen Phänomens.

2

Die Vielfalt der aufgezeigten Krankheitserscheinungen in Europa ergibt das Bild einer seelischen Krise: Die Lage der Staaten hat sich trotz der Fortschritte der Wissenschaft, die eine weitgehende Überwindung geopolitischer und klimatischer Nachteile ermöglichte, außerordentlich verschlechtert. Der traditionelle, konservative Staat, wie ihn Männer gleich Richelieu, Cromwell, Bismarck schufen, ist durch den Druck der Massen, die er einengt, von innen her in Frage gestellt. An seine Stelle tritt etwas vollkommen Neuartiges und Erstmaliges, das in jedem Land vielleicht anders verstanden oder geformt werden wird, über kurz oder lang aber doch eine allumfassende Potenz der Macht und Sorge werden muß: die in Breite und Tiefe gestaffelte, geplante und organisierte nationale Wirtschaft.

Die Gründe der europäischen Krise, seit Jahrzehnten latent, ausgelöst durch die russische und die japanische, durch die deutsche Krise zur Entscheidung gebracht, umfaßt neben den erörterten seelischen Faktoren solche wirtschaftlicher Natur. Die seelische Krise des deutschen Volkes stülpte sich nach außen als »ökonomisches Tief«, gab dem allgemeinen wirtschaftlichen Prozeß des Verfalls der Finanzen und der Einengung des Konsums eine ganz besondere deutsche, damit eine ganz besonders gründliche Form, welche sich bis zur Explosion im Zweiten Weltkrieg steigerte und das traditionelle ökonomische Prinzip Europas, aufgebaut auf Kredit und Export, in Frage stellen möchte.

Es sei hier nochmals und ausdrücklich festgehalten: In Deutschland trafen die wirtschaftlichen und politischen Krisen auf einen generell vorhandenen, seelisch krisenhaften Zustand, auf eine seelische Bereitschaft zur Krankheit, die in anderen als wirtschaftlichen Ursachen zu suchen ist. Die Disparität zwischen Deutschland und den übrigen europäischen Ländern äußert sich in einer Krise der Kultur, der moralischen Werte und des Geldes, auf welchen drei Gegebenheiten die westliche Zivilisation aufgerichtet ist.

Innerhalb des Gesamtkomplexes ›Krise‹ nach wirtschaftlichen Faktoren zu fragen, bedeutet uns also eine rein phänomenologische Erörterung, insofern als wir an ihr etwas der allgemeinen Erkrankung des deutschen Menschen Wesentliches nochmals abwandeln können. Die wirtschaftliche Erörterung ist lediglich eine Wendung des ganzen Problems, um seine wirtschaftliche Seite oder Einbuchtung besser sehen zu können: wir machen es handgreiflicher, gradezu betastbar, anschaulicher und zu etwas, das jedermann schon so empfunden oder am eigenen Leib erfahren hat.

Außerdem ist das ökonomische, das Licht der wirtschaftlichen Notwendigkeit ein ganz besonderes – klar bis zur Roheit. Es macht seelische Wahrheiten beinahe zu Binsenwahrheiten, und es blieb nur der deutschen Pseudowissenschaft des Marxismus vorbehalten, diesem ›Problem von der Sättigung‹ eine göttliche Omnipotenz und den Primat vor allen anderen Wissenschaften und Lehren zu verleihen. Es fand seinen klassischen Ausdruck in der Lehre vom »Historischen Materialismus«, dem nichts und niemand entrinnen könne; über aller Erörterung unserer Kunst und Kenntnis bleibt für ewig die Wahrheit gesetzt, daß der Mensch zunächst nur durch und in Geschichte existiere; daß diese von den materiellen Gegebenheiten gemacht werde, welche sich ökonomisch in ihrer Beziehung zum Menschen und in ihrer Macht über seine Geschicke oder Geschichte ausprägen. Derart, daß die wirtschaftlichen Notwendigkeiten, im System zur ›Notwendigkeit und zum

Schicksal‹ mythologisiert, den Menschen als erfahrenden Teil der Natur beherrschen, lenken, zu seinem Ziel zwingen – ob er dieses Ziel billigt oder nicht, kennt oder nicht kennt, will oder nicht will.

Diese Anschauung der Marxisten, der starren und der weichen, der revolutionären und der nur planenden, entspringt nicht einer wissenschaftlichen Erkenntnis, einer naturwissenschaftlichen etwa, wie Marx glaubte, Saint-Simon und Hegel zu glauben verlangten, sondern einer sehr subjektiven, rein dialektischen Setzung, einer Annahme. Einer seelischen Haltung also, die aus Rasse, persönlichem Schicksal, aus der Zeit des Philosophen, aus seiner historischen Gebundenheit an englische und deutsche, damalige, nicht all-malige Verhältnisse entsprang, die als alleinbestimmend *über* die Massen gesehen wurde. Diese Politik der Selbstsucht (ein schuldhaftes Verhalten also) wurde entschuldigt mit Armut und Hunger derjenigen, die zu erlösen waren. Armut und Hunger (von den Philosophen nicht selbst erlebt) wurden so zum bösen Prinzip in der Welt überhaupt gemacht.

Es beginnt und endet diese so eiskalt sich gebende Wissenschaft, die sich Schicksal nennt, mit einem moralischen Prinzip, welches sich als Methode und Zweck zugleich einführt und mit seiner Lösung, die es erstrebt, mit revolutionärer Gewalt also und in unserer Lebenszeit, nicht in der ihr folgenden göttlichen oder religiös erlebten Ewigkeit, sich selbst erledigt. Diese wenigen Worte geben einen klaren Blick in die sehr bedingte, aus Leiden und Trotz gemischte Unwissenschaftlichkeit dieses Mischprodukts aus Französischer Revolution und frühem Industrialismus.

Wir können Marx und den Marxismus da lassen, wo sie hingehören: an den Beginn einer jeden Wirtschaft, die wie in Rußland etwa, primär expansionistisch und willkürlich, das heißt unabhängig von starken, stärkeren seelischen Widerständen der zu Beglückenden ist. Denn nicht die materielle Lage eines Volkes schafft seine seelische Disposition zu Krisen, sondern umgekehrt: die Disposition zu Krisen ist der national gegebene Charakter eines Volkes; wie auch die Nicht-Disposition eines

Volkes zu Krisen ein national gegebener Charakter ist. Beide Charaktere sind älter als das nationale Bewußtsein eines jeden Volkes und können durch nichts verändert, durch nichts ersetzt werden; am allerwenigsten durch das, was Marx unter Wirtschaft verstand. Nicht die Krisenanfälligkeit, nicht die Krisenfestigkeit eines Volkes schaffen die Krise der Wirtschaft, welche zu einer Revolution führen muß, sondern sowohl die eine wie die andere seelische Haltung eines Volkes *kann* zu Revolutionen führen, die keineswegs mit ökonomischen Spannungen zusammenfallen oder aus ihnen entstehen müssen.

Der Marxismus erklärt nichts. Er benennt nur gewisse Erscheinungen des wirtschaftlichen Lebens mit politischen Ausdrücken; und da er sie falsch benennt, gaben wir dieser Erscheinung der Generalisation im Fall der deutschen Propaganda vom ›Deutschen Sozialismus‹ den Titel der geredeten Weltanschauung, im Gegensatz zur erlebten und zur wissenschaftlich erwiesenen. Nicht die ökonomische Krise mündet demnach in die marxistische Weltanschauung, sondern diese mündet in die totale deutsche Krise, von der der Marxismus nur einen Teil ausmacht. Auch die marxistische Weltauffassung des Deutschen erfährt ihre Ordnung erst als seelisches Verhalten im seelischen Gesamtbild der Krise.

Die Wirtschaft eines Volkes ist nicht etwas oberhalb, sondern unterhalb seiner seelischen Gesamtdisposition Liegendes. Sie vermag als Körperbau eines Volkes höchstens gewisse Neigungen seines Charakters auszudrücken; aber weder drückt die Wirtschaft den gesamten Charakter eines Volkes aus, noch ist sie gar der Charakter eines Volkes oder vermag ihn so wesentlich zu beeinflussen oder zu lenken, daß seine Geschichte nun ausschließlich im ökonomischen historischen Raum verläuft.

Nicht die wirtschaftliche Lage des deutschen Volkes war schlecht, und deshalb geschichtsbildend im Sinn eines unausweichlichen Zwangs zu Diktatur, Krieg und Abschaffung aller auf Freiheit und Gerechtigkeit gegründeten menschlichen Bindungen; sondern *die Auffassung von der Bedeutung der*

Wirtschaft für den einzelnen Menschen und für die Gesamtheit, die Massen, war falsch und daher schlecht.

›Der Deutsche‹ bedeutet hier: einmal jene weit überwiegende Majorität der Arbeitnehmer, der Arbeitslosen, der Bauern, der Angestellten und der Mitglieder freier Berufe; zum andern jene kleine Zahl von Männern, Wirtschaftsführer und Großindustrielle, die, genau wie ihre Firmen, unpersönlich sind und Generaldirektor oder Direktor heißen. Sie stellen einen autokratischen Typus dar, der dem deutschen Leben eine einmalige und charakteristische Note verleiht, einen Typus, den man in anderen Ländern nicht antrifft, nicht einmal in Nordamerika, das zu imitieren Deutschland doch nie müde wurde und wird.

Die anonyme Personifizierung der Wirtschaft, ihre Mythologie, ist nur der Ausdruck der Anonymität der deutschen Wirtschaft, der Industrie überhaupt. Diese deutsche Industrie, zusammengewachsen und dargestellt in Wirtschaftskörpern, unbegreiflich gewaltig und formelhaft, ist das, was der Deutsche als Wirtschaft kennt oder, besser gesagt, nicht kennt, sondern nur empfindet. Die deutsche Industrie ist das, wovon er glaubt, daß es *die* Wirtschaft sei: I. G. Farben, der größte Konzern der Welt – über-amerikanisch in seiner finanziellen Struktur und der Mannigfaltigkeit seiner Produkte, aber deutsch in seiner wissenschaftlichen Arbeit, der gelehrten Gründlichkeit seiner Forscher und Chemiker, kombiniert mit den modernsten Methoden der Rationalisierung, die er an alles wendet. Ein Kriegsinstrument des Großen Generalstabes und zugleich das chemisch-pharmazeutische Laboratorium der Welt. Es folgen: Vereinigte Stahlwerke, R. W. E., Gelsenkirchener Bergwerks AG, Mannesmann, Viag, Krupp – um nur die größten dieser endlosen Kette anonymer Kristallisationen der deutschen Wirtschaft zu nennen. Anonyme mythische Gebilde, mit anonymen und mythischen Generaldirektoren und Konzernleitern, ein Maschinenhimmel, in den sich die Hoffnung auf Lebenssicherheit geflüchtet hat. Diese Anonyma erscheinen den Deutschen als übermenschliche oder göttliche Organismen, denen keine Krise und kein Krieg etwas anhaben können; sie verdauen beides zu ihrem und damit des Volkes Vorteil.

Ihre Bedeutung wird sofort klar: Nur ein Fünftel der Bevölkerung Deutschlands – zumeist Kleinbauern – hat irgendeinen Sicherheit gewährenden Besitz, über den sie, bis zum Krieg, mit gewissen Einschränkungen verfügen konnten; vier Fünftel der Bevölkerung dagegen sind Arbeiter oder Angestellte, leben ein Leben, das von etwas abhängt, das *außerhalb* ihrer individuellen Existenz und Begabung liegt – von Staat und Heer, und, alle umfassend und bedingend, von der Wirtschaft. Diese soziale Abhängigkeit des gesamten Volkes von etwas Determinierendem, *über* dem Menschen Stehendem, ist das Hauptmerkmal des deutschen Lebens.

Die wirtschaftliche Notwendigkeit ist das Schicksal, welches drohend und absolut, alles beherrschend, über vier Fünfteln der deutschen Bevölkerung hängt und auch das letzte, unabhängige Fünftel ist vom Krieg verschlungen worden. Die wirtschaftliche Notwendigkeit ist symbolisiert oder vergottet in den Trusts, Konzernen, Aktiengesellschaften und *nicht* im Geld, nicht im Besitz. Die in den Trusts angelegten Milliarden, das Nationalvermögen des deutschen Volkes, werden nicht gesehen als Geld, sondern lediglich als Abwandlungen, Formen und Funktionen der nationalen Arbeit, der Arbeit der Nation: aller Deutschen also, die innerhalb der Grenzen des Staates leben und arbeiten.

Der Nachdruck der Existenz hat sich also vom individuellen Begriff des Besitzes, zu der allgemeinen Funktion der Arbeit verflüchtigt, veredelt im Sinn der Arbeitsmöglichkeit für alle oder doch für möglichst viele Mitglieder der Volksgemeinschaft. Die Arbeit hat sich gleichfalls vom Gebiet der individuellen Leistungsbefriedigung und des individuellen Erfolges, welcher sich in Geld, Komfort, Zivilisation ausdrückt, gewandelt zu der rein sozialen Funktion der Lebenssicherheit durch Lohnempfang für Arbeit an etwas, das der Mensch schuf, um seine Kräfte ins Unermeßliche zu steigern – an der Maschine nämlich.

Die Wandlung des Arbeitsprozesses von der Hand- zur Maschinenarbeit hatte eine Wandlung der gesamten Arbeitshaltung zur Folge, welche seit der politischen Schwenkung zur Diktatur ihre Vollendung erfuhr: Das deutsche Volk, kraft seiner Begabung und Tüchtigkeit, ursprünglich ein Volk von Bauern und Handwerkern, machte die größte innere Wandlung durch, die einem europäischen Volk beschieden sein konnte – die Flucht von Acker und Dorf in die Großstadt, wurde vollendet durch die Flucht von Amboß, Leisten, Hobel weg zur Maschinerie im Massenbetrieb; vom einzelnen Stück und Werk des gelernten Handwerkers zum Massenartikel, dessen mangelnde Einzelqualität durch Reklame oder Markenmonopol ersetzt wurde. Fast ein Drittel der Bevölkerung des Dritten Reiches lebt in Großstädten, und was heute deutsche Zivilisation heißt, ist städtischen, kollektiven Ursprungs.

Diese Städte bilden sich, entstehen rings um die großen Ansammlungen der Maschinen, derart, daß beispielsweise reine Stadtprovinzen wie Rheinland, Westfalen, Thüringen oder Sachsen sich formten, in denen Bauer und Handwerker ausgestorben sind oder ein Leben führen, das allen übrigen Einwohnern fremd, unmodern, primitiv und armselig erscheint.

Die soziale Abhängigkeit solch großer Massen, geballt in nächster Nähe des konzentrierten Reichtums einzelner, zwang letztere zu jener Anonymität, die sie jeder Rache und jeder Verantwortung entzieht, sowie zur Einbeziehung staatlicher Hilfe gegen mögliche Rebellion der umwohnenden Arbeiter oder Arbeitslosen, um in dieser überprivaten Anonymität den Schutz eines besonderen Rechts und seine Durchführung zu garantieren.

Die Anonymität beider Überwesen über den gemeinen Wesen, welche den Staat, die *res communis* ausmachen, gestaltet staatliche und wirtschaftliche Organisationen einander so ähnlich, ihre gegenseitigen Verpflichtungen und Aufgaben spielen so tief ineinander, daß die Frage Verstaatlichung der Trusts oder Vertrustung des Staates am Wesen beider nichts Grundlegendes ändert, obwohl die erste Lösung als Sozialismus, die andere als Staatskapitalismus bezeichnet wird.

Man wäre versucht, zu sagen, daß es dem Geschmack eines Volkes überlassen bleibt, seinem nationalen Charakter, seinem Besitz- oder Machthunger, der individuellen Stufung seiner Vermassung, welche Form des Besitztitels es wählt: Für die große Masse der Arbeitnehmer ändert sich durch diese oder jene Formulierung nichts. Ihr eigentlicher Anspruch bei den Deutschen, und von diesen ist hier die Rede, stellt sich als Forderung oder Recht auf Arbeit vor alle anderen Forderungen und Rechte.

Während nun der Staat gezwungen ist, sich in Personen zu manifestieren, Rechtspflege, Polizei, Post, Eisenbahn, Steuer und Armee in ihren Funktionen durch Beamte in Uniform noch besonders kenntlich und glaubhaft zu machen, unterliegen die Wirtschaftskörper nicht dem Zwang, sich äußerlich als verantwortlich zu erkennen zu geben. Sie sind in der Tat vollkommen privat, anonym, unpersönlich; als Wesen unangreifbar, wenn auch in ihren menschlichen Gehirnen, den Generaldirektoren, Konzernleitern oder Spezialisten, verwundbar, so daß ihre Depossedierung und Ersetzung durch staatliche Funktionäre zwar Einzelexistenzen vernichtet, die Gesamtexistenz des Wals oder Mammuts aber von solch revolutionären Handlungen nicht bedroht ist.

Die Wege der Macht der Trusts sind verschieden von denen aller anderen menschlichen Institutionen einschließlich des Staates. Kraft ihrer Anonymität, die Unangreifbarkeit ist, und ihrer geistigen Herrschaft über die Existenz von Millionen von Staatsbürgern, sind sie in der Lage, als Apparatwesen auf das andere Apparatwesen, den Staat, Einfluß auszuüben, den Staat zu nähren, zu lenken, zu bedrohen und zu planen – eine Form der akuten Symbiose, welche nach einem ständigen Ausgleich der Kräfte, der Wege und der Ausstrahlungen oder Formen der Macht strebt. Es gibt daher keine starre Formel, weder für die reine Form des Sozialismus noch für die des Staatskapitalismus, besser gesagt, des modernen Trust-Staates.

Es zeigt sich also zunächst, daß die Funktion des Staates als Teilhaber an der Profitrate eines Unternehmens, dessen Arbeitgeber der Staat fast ausschließlich geworden ist, dadurch zustande kommt, daß der Staat sich gewisser Teile seiner rechtlichen Machtansprüche an die Trusts begibt, um dafür große Teile der finanziellen Macht der Trusts zu übernehmen, zu kontrollieren, für politische Zwecke zu verwenden oder zu belehnen und in Gestalt von Steuern, die oft ein Mehrfaches der den Aktionären überlassenen Anteile des Reingewinnes ausmachen, zu konfiszieren.

Andererseits aber tritt der Staat selber als Unternehmer und damit als Konkurrent der Konzerne in Erscheinung; es sei hier nur auf das buntscheckige Gebilde der *Hermann-Göring-Werke* hingewiesen, welches aber keineswegs ein rein staatskapitalistisches Agglomerat von Erzgruben, Hütten-Werken, Walzwerken und Banken darstellt, sondern eine ganze Anzahl von Privatpersonen und mehrere nominell privatkapitalistische Unternehmen als Teilhaber mit umschließt. Die Wirkung der deutschen Konzerne auf den Staat und dessen Machtabgabe an jene reguliert sich nach den Gesetzen der Konjunktur, das heißt, der Sicherheit kontinuierlicher Aufträge und der daraus folgenden Rationalisierung, letztere als extensive Möglichkeit und Zwang.

Die Vorgänge, die zur Bildung dieser gewaltigen Akkumulation von Produktionsmitteln, Kapital, Massen und Macht führen, sind demnach kurz folgende: Der größte denkbare Auftraggeber eines Konzerns, der Staat, als sich selbst setzende Funktion des arbeitenden, konsumierenden und exportierenden Volkes, ermöglicht die Planung des Produktionsverlaufes, der Konsumregulierung, der Exportüberwachung und der Devisenverwendung; der Staat ermöglicht durch Erteilung umfassender Aufträge an diese Gesellschaften das der Planung entsprechende System von Wirtschaftseinheiten (Konzernen und Trusts) zusammenzuschweißen, welche, aus nationalem Kapital aufgebaut, große Teile der Massen dauernd beschäftigen können. Dadurch also, daß der Staat entsprechend seinen politischen Aktionen oder seinen Ideen über Wirtschaftsplanung diese Aufträge ausschließlich an bestimmte Unternehmen erteilt, bringt er andere, schwächere oder der politischen Richtung der Staatslenkung inadäquate Unternehmen zum Erliegen; er sichert dem aus dem Konkurrenzkampf siegreich hervorgegangenen Trust eine entsprechend hohe und konstante Profitrate, an welcher eine große Anzahl seiner bevorzugten Bürger und der Arbeiter in Gestalt von Gehältern und Löhnen teilnimmt.

Durch gewisse politische Mittel – Aufhebung der Koalitionsfreiheit, der Freizügigkeit, Monopolisierung des Verteilungsapparates, durch Lohndiktat und Konsumdiktat – wird der sogenannte Arbeitsfriede geschaffen: Streiks werden illegal und die Arbeitnehmerorganisationen, durch Einführung des ursprünglich proletarischen Klassengefühls der Solidarität, werden Teile der Massenapparatur des Staates, der sogenannten Nationalen Arbeitsfront.

Da zu dieser die Konzernleiter, Generaldirektoren und Spezialisten genauso gehören wie die einfachen Arbeiter, die Proletarier, wird das Gefühl der Solidarität auf die Klassenfeinde der Arbeiterschaft ausgedehnt. Im Gegensatz zur marxistischen Auffassung also wird die Umwandlung des Klassenkampfs in eine einheitliche, solidarische und nationale Wirtschaftspolitik des ganzen Staates vollzogen. An die Stelle der kämpferischen, human und religiös gefärbten Ideologie des Sozialismus tritt eine solche des nationalen Egoismus des Staates *innerhalb* des kapitalistischen Systems, welches aber, der liberalen und individuellen Führung beraubt, nur noch den Interessen einer kleinen Gruppe der jeweiligen Machthaber im Staat dient, auf welche die Massen selbst keinen Einfluß mehr haben. Sie sind nurmehr Träger der Arbeitsleistung im mechanischen Sinn: Welche Zwecke diese Arbeit fördert, ist ihnen fremd, sogar gleichgültig, solange das Gefühl der Sicherheit, des Lohnempfanges nämlich, bei ihnen das Gefühl der Lebensangst und Unsicherheit überwiegt oder ganz ausschaltet. Dadurch, daß der Staat aus innen- und außenpolitischen Machtgründen zum Hauptauftraggeber der Trusts wurde, schreibt er diesen vor, was und wie sie zu produzieren und zu liefern haben.

Um diese Forderungen des Staates zu erfüllen, sind die Konzerne gezwungen, sich der Politik des Staates zu unterwerfen, genau wie die Arbeitnehmer; ferner ihre Betriebe ununterbrochen zu vergrößern, zu modernisieren. Sie rationalisieren, sie vergrößern ihre Anlagen, um ihren Produktionszweigen neue, den Arbeitsgängen parallel oder vorausgehende Produkte oder Produktionen anzugliedern, um die Transportfrage zu erleichtern oder vorhandene Kraftanlagen besser auszunützen; sie modernisieren ihre Anlagen, um neue Erfindungen zu verwerten, welche, wie die Ersatzstoffe, etwa das künstliche Benzin, monopolistische Industrien ganz eigenartig deutschen Charakters entstehen lassen, an die der kriegsmäßig denkende Generalstab und der autark gemachte Staat ganz besondere Hoffnungen knüpfen. Und zum letzten, sie rationalisieren ihre Betriebe, weil, infolge der Vielfalt der Staatsinteressen, die Massen, welche doch erst dieses rationelle Denken ermöglichen, nicht leistungsfähig oder stark genug sind, um all diese Werkgänge an der Maschine, oder gleichzeitig andere Aufträge, wie die des Festungsbaus und des Kriegsdienstes, von Hand zu vollbringen.

Der Staat, im Besitz der Notenpresse, vermag all diese Umformungen und Rationalisierungen der Wirtschaft auf die einfachste Weise zu kreditieren oder selber auszuführen.

Durch diese Ausbeutung der Arbeitskräfte des Volkes schafft er, neben der Arbeit, noch das moderne Kampfinstrument des qualitativ und quantitativ billig arbeitenden Großbetriebes, der die Weltpreise unterbieten und die konkurrierenden Betriebe der feindlichen Staaten vom Weltmarkt vertreiben kann: Der monopolistische Staat, der, in Großbetrieben organisiert, mittels seines Machtapparates, sei es als Terror, sei es als Solidaritätsgefühl verkleidet, den Mehrwert unermeßlich steigern kann, erfüllt ein doppeltes Ideal: Er sichert sich seinen Anteil am Mehrwert der Großbetriebe für seine Elite, der naturgemäß auch die Wirtschaftsführer zuzurechnen sind, den Massen aber dauernden Erwerb und Lebenssicherheit, neben dem Glücksgefühl nationaler Macht. Für den Kriegsfall hat er einen entsprechend starken Apparat für Angriff und Verteidigung zur Verfügung, welcher die komplizierte Maschinerie des modernen Kampfes zusammen mit der gelernten Bedienungsmannschaft liefert.

Es ist demnach nicht so, daß der Staat als monopolistischer Auftraggeber die alleinige Macht in diesen Großkörpern der ihm zuliebe geplanten Wirtschaft innehat und ausübt; durch eine ganz bestimmte Politik des Risikos, von welcher diese Wirtschaftsgebilde und ihre solidarisch haftenden Teilhaber nicht mehr zu trennen sind, eine Politik, die sie selbst veranlaßten, ist der Staat auf diese Form und Handhabung der großen Wirtschaftseinheiten angewiesen, um gewisse rein machtpolitische Fragen in seinem Sinn und im Sinn der Konzerne und der Massen zu lösen.

Mit dem Erfolg dieser machtpolitischen Ideen des nationalsozialistischen Staates bzw. mit deren Versagen, steht und fällt die Existenz seiner wirtschaftlichen Gebilde als Exponenten und Faktoren der expansionistischen deutschen Politik; mit ihrem Zusammenbruch werden die durch sie gefesselten Massen frei, sich auf den wahren Wert des Daseins, den wahren Aufbau eines Staates zu besinnen. Der moderne, monopolistische und diktatoriale Staat ist ausgedrückt und zusammengehalten, ist geformt durch die eisernen Maschen der Konzerne, Trusts und Kartelle, welche ebensosehr Ausprägungen seiner politischen wie seiner wirtschaftlichen Spannungen und Terrorapparate sind.

Das »eherne Lohngesetz« erscheint uns umgewandelt in ein Gesetz der Sympathie, oder, wie es klassenmäßig heißen muß, der Solidarität, dessen Sprengung nur durch den Beweis der Tatsachen anderer Natur möglich wäre, einen Beweis, der stärker sein müßte als die gesamte Macht des geplanten Diktaturstaates.

Diesen Versuch eines Beweises der *Übermacht* der feindlichen Spannungen nennen wir den *Zwang zum totalen Krieg*, welcher sich also auch hier als eine seelische Verfassung manifestiert, innerhalb der wirtschaftlichen Verfassung des Dritten Reiches. Der totale oder absolute Krieg umfaßt nicht etwa nur die Armee, das *potentiel de guerre et de paix*, sondern vor allem auch das psychologisch determinierte *potentiel de travail*, welches man als den suggerierten Willen des Proletariats zur nationalen Arbeit bezeichnen kann.

Ist nun der Staat als Auftraggeber und Abnehmer der Produkte auf den Arbeitswillen der Masse und das Funktionieren des Arbeitsprozesses angewiesen, so bedarf es eigentlich keiner weiteren Erklärung, weshalb es in Deutschland, im Gegensatz zu Sowjetrußland, keinen einzigen Fall eines rein staatlichen Unternehmens von der Größe der oben genannten Konzerne gibt. Wenn selbst unzweifelhaft staatlich gelenkte Betriebe wie die Hermann-Göring-Werke oder neuerdings die August-Thyssen-Werke gemischt staatskapitalistische und privatkapitalistische Betriebe geblieben sind, dann ist nicht der Staat der wirklich Mächtige, sondern der Betrieb als das Zusammenspiel aller Kräfte; nicht der Aktionär, nicht der nominelle Besitzer – Krupp, Klöckner, Mannesmann, Göring –, sondern die wirtschaftliche Funktion, welche sich in der anonymen Zusammenarbeit all der verschiedenen Kräfte darstellt und als Existenzbedingung oder Sicherheit von den Arbeitern empfunden wird, kurz, die über allen Deutschen existierende Notwendigkeit, die geglaubte und vergottete Wirtschaft: Sie allein beherrscht und erhält diese Konzerne.

Aus dieser Wechselwirkung zwischen Staat und Wirtschaft ergibt sich uns vor allem eine dem Prinzip des revolutionären Marxismus klar widersprechende, neue Eigenschaft der großen, über Massen herrschenden und von Massen beherrschten wirtschaftlichen Gebilde, die gleichfalls wechselseitig ist: sie sind national bedingte Einheiten, Individuen, übermenschlicher Kraft.

Von dieser ihrer Eigenschaft, daß sie dem Wirtschaftsleben der Nation eine deutsche, aggressive und expansionistische Gestalt verleihen, nationale Ziele oder Lebensmöglichkeiten erweitern und stabilisieren, beziehen sie den Namen respektierter, weil sozialer und notwendiger Einrichtungen: Auf dem weiten Umweg der staatlich garantierten, privatkapitalistischen Formen der nationalen Wirtschaft wird heute jenen Forderungen der Massen nach Lebenssicherheit Genüge geleistet, welche in anderen Ländern, in Sowjetrußland zum Beispiel und dem Kodex des Marxismus folgend, eine schwere und blutige Revolution zur Voraussetzung hatten.

Aus der Tatsache der vermiedenen Revolution bringt die deutsche, nationalsozialistische Wirtschaft viele ausländische, namentlich amerikanische Sympathiegefühle in ihre Scheuern, die sich als Kredite und Exportmöglichkeiten auch in barem Geld ausdrücken. Kontinuierlicher Profit ermöglicht kontinuierliche Zinszahlung.

Ob andererseits die Identität des ökonomischen und politischen Verhaltens der russischen und der deutschen Massen konstant bleiben wird, vermag erst der psychologische Schock der Zertrümmerung jener suggerierten Solidarität oder symbiotischen Sympathie zu zeigen. In jedem Fall stecken in diesem Verhalten der deutschen Arbeiter ebenso viele Inhalte marxistischen Denkens wie solche der Lebensangst, die ihnen eher die Frage vorlegt, was aus ihnen und den ihrigen werden soll ohne Fabrik, Walze, Hochofen, Maschinenbau, Gußstahl, als ihnen den Impuls zu verleihen, um der Freiheit und Gerechtigkeit willen etwas zu wagen. Dieser revolutionäre Gefühlsimpuls ist den Deutschen nicht fremd. Er wird lediglich durch Terror und den suggerierten Gefühlsgedanken, durch nationale Einfühlung in die Solidarität mit dem Feind ihrer individuellen Freiheit verdrängt und gelähmt durch die alles beherrschende Lebensangst.

Zwischen den Staat und den, seine Hilfe in Gestalt von Gehalt, Rente, Lohn, Unterstützung empfangenden Staatsbürger (welches die Funktion des sogenannten deutschen Versorgungsstaates unter der Republik in ausgedehntem Maße war) sind für die Masse der Arbeiter die Betriebe, ist ihre Summe, die deutsche Wirtschaft getreten. Sie setzte der Arbeitslosigkeit ein Ende und entlastete den Staat von direkter Intervention durch Arbeitslosenunterstützung, welche ihn, den Nicht-Anonymen, zum Schuldigen an der Misere stempelte und moralisch ruinierte, so wie das Dritte Reich jetzt für die Befreiung von dieser Plage das höchste Prestige genießt: Hitler hat die Arbeitslosigkeit liquidiert.

Diese Liquidierung der Arbeitslosigkeit in Gestalt der Heeresrüstung brachte den Betrieben wirtschaftlich unbeschränkte Macht, dem Staat den Machtapparat der Armee, die ihrerseits nationalen und wirtschaftlichen Forderungen dieses besonders gelagerten Machtapparates des Dritten Reiches Genugtuung verschaffte, welche zum konstanten und absoluten Krieg mit Nachbarn und Konkurrenten führte. Für die Massen in Deutschland, unter dem Zwang der Suggestion von der nationalen Solidarität, ist der Krieg ebenfalls nur noch ein ›wirtschaftlicher Vorgang‹, also eine Notwendigkeit.

Krieg lockert die vorhandenen Bestände an Mensch und Material, erweitert die Wirkung der deutschen Wirtschaftsstrahlung und ihren Raum, zerstört Werte, deren Wiederherstellung und Wiederaufbau – letztere eine besonders beliebte Verdrängungskategorie für Krieg – neue und gegebenenfalls unbegrenzte Arbeitsmöglichkeit verschafft. Die Vorstellungsreihe Krieg, Zerstörung, Wiederaufbau erleichterte Hitler auch die Verträge mit Sowjetrußland, die seinem Temperament der Bauernschläue als friedliche Kriege wirtschaftlicher Expansion und Durchdringung erscheinen. Die ironische Wendung, daß der Krieg der Hauptexportartikel Deutschlands sei, wird von den Deutschen ernst genommen. Sie sind bereit, zu seiner wirtschaftlichen Durchführung alles beizutragen und patriotisch alles Elend zu erdulden, das der Wirtschaftsdiktator, einstmals Rathenau, diesmal Göring, von ihnen verlangt.

Das wirtschaftliche, richtiger: das marxistische Denken, dem sie sich seit nahezu hundert Jahren hingaben, hat die Deutschen aus der rein spekulativen und individuellen, theoretischen Enge des, mit der Zeit »automatischen Zusammenbruches« des Kapitalismus, wie es in der sozialistischen Ideologie heißt, zum Bewegungskrieg der nationalen und sozialistischen deutschen Wirtschaft innerhalb Europas, und damit der Welt, geführt. Dies ist die geglaubte und gefühlte, ehrlich geglaubte und gefühlte Überzeugung der deutschen Arbeiter, welche ihrer scheinbaren Passivität zugrunde liegt: Die Einbeziehung fremdsprachiger Völker in den Wirtschaftsraum Groß-Deutschland wird von den Deutschen nicht als Freiheitsberaubung betrachtet, sondern als Befreiung von Fesseln bürgerlicher Reaktion, als Maßnahme der notwendigen Rationalisierung wirtschaftlicher Räume und als Teil der, wie jeder anderen, auch der nationalen deutschen Wirtschaft immanenten, internationalen Funktion des ›Sozialismus der Tat‹ – selbst dann, wenn dieser in seiner Wurzel national und militaristisch, in seiner Dominante kapitalistisch und reaktionär sein sollte. Der Zweck heiligt die Mittel. Die Entwicklung wird im Kampf der Auswahl der Tüchtigsten schon den richtigen Weg zum Sieg des Ideals finden, ein sublimierter historischer Materialismus unbewußter und religiöser, messianischer Art. Das deutsche Volk hat eine Sendung und muß diese auch mit Gewalt und gegen den Willen der Unwissenden durchführen. Alle Einwände gegen diese Doktrin werden von den Deutschen mit dem Hinweis auf England, Frankreich, Amerika und Rußland abgetan, deren Wirtschaftskörper gleichfalls in der Dominante national, in ihrer äußeren Komposition aber imperialistisch seien und manche, zum Teil sogar die ältesten Kulturen der Welt umfaßten, beherrschten und ausbeuteten.

Das individuelle Schicksal der Tschechen oder Polen, der Dänen, Norweger oder Holländer bleibt dem Deutschen, der das russische Vorbild einer wirtschaftspolitischen Einheit zahlloser Völker als rationelle moderne Lösung betrachtet, gleichgültig, die Haltung der Westmächte aber unverständlich oder deutschfeindlich um der Feindschaft willen: Entsprechend der überwältigenden Macht der sozialistischen Idee in ganz Deutschland, der einzigen, welche als Erbe und Inhalt des 19. Jahrhunderts den Arbeitern erhalten und überliefert war, schien es das Los der Kleineren zu sein, in den Wirtschaftsbereich der Großen zu fallen, von ihnen absorbiert und amalgamiert zu werden. Historische Zwänge, solche des materialistischen Kampfes der Auslese, schaffen die Tatsachen der deutschen Wirtschaft und des deutschen Krieges, welche der höheren Wertigkeit der deutschen industriellen Leistung, Organisation und Tüchtigkeit den wohlverdienten, im natürlichen Ablauf der Entwicklung eigentlich selbstverständlichen und somit gerechten Sieg verleiht.

Der Deutsche glaubt, daß nichts mehr vorhanden sei, an das man noch glauben könne, außer der Tatsache von etwas, das sich selber setzt und enthalten ist in den Überbegriffen: Staat,

Wirtschaft, Politik, Krieg, Maschinenzeitalter, Krise, Einmaligkeit und Neuartigkeit der modernen Welt, Organisation, Tüchtigkeit, Nation und Sozialismus. Einerseits ist der Deutsche erfüllt von der eigenen Glaubenslosigkeit, welche als religiöser und idealistischer Unglaube funktioniert; zum anderen stülpt er diese Lehre von der totalen Abwesenheit innerer Glaubenswerte nach außen und findet in der Welt nichts, außer wirtschaftlichen, wissenschaftlichen, materiellen Tatsachen, die historisch wirken, das heißt, die deutsche Geschichte formen. Oder ganz schlicht und daher noch echter: Der Deutsche findet in der Welt nichts als Tatsachen und er glaubt an nichts als Tatsachen.

Die von ihm geleugneten, in der Diskussion erledigten inneren Werte erhalten durch tatsächliche Adjektiva, wie »national, jugendlich, heroisch, wirtschaftlich« und durch ihre Abdrängung in das Triebleben einen aggressiven, militaristischen Charakter und speisen so den Machttrieb der deutschen Massen, welcher wiederum nichts anderes als Tatsachen schafft. Die Bedeutung der Wissenschaft als Erfinderin und Vollstrekkerin dieser Tatsachen ist bekannt und an anderer Stelle, besonders in ihrer Wirkung auf das Verhalten der Kleinbürger in Deutschland, beschrieben. Der Zusammenhang zwischen dem sozialistischen Denken der Massen und der Wissenschaft wäre nun aber unklar, wenn nicht die zu glaubende und geglaubte Erlösung des Deutschen aus seiner Glaubenslosigkeit zu allem hinzu käme als ein Triebelement zukünftiger Stabilisierung: als das Ergebnis der Perfektionierung des Menschen im Kampf der Auslese der Tüchtigsten, wobei der Nachdruck auf dem gefühlten und erhofften, zugleich aber skeptischen Begriff ›Zukunft‹ liegt.

Augenblicklich, jetzt, in diesem Leben und in dieser Konstellation der Machtverhältnisse, haben wir es nur und ausschließlich mit Tatsachen zu tun, als welche alles zu betrachten ist, was dem Deutschen den Zustand des Handelns in der Spontaneität, des Am-Leben-Seins und jenen Elan injiziert, der ihn zu großen Taten, ja, zu Planungen und Risiken befähigt, welche zu überschauen er gar nicht in der Lage ist, deren Risiko ihn aber gerade reizt, das scheinbar Unmögliche zu wagen. Es ist ein Gefühl geschwellter Kraft in den Massen, dem an sich schon ein starkes Glücksgefühl und Überlegenheitsgefühl über die anderen Massen innewohnt: also eine Überkompensation jener dämonischen Lebensangst, unter der alle Teile der deutschen Massen, Arbeiter, Kleinbürger und Intellektuelle existentiell leiden. Nichts inspirierte den Deutschen in dieser Lust, das Risiko der Existenz zu wagen, mehr als Nordamerika, das Land der unbegrenzten Möglichkeiten, nichts beeinflußte Deutschland mehr in seinen Äußerungen und Forderungen an die Zukunft seiner Existenz als moderner Staat, als die in Amerika geleistete Vollendung der Rationalisierung der sozialen Bedingungen der Massen nach Zahl, Technik, Gleichartigkeit des Geschmacks und Benehmens, in der Befriedigung ihrer Schaulust, in ihrem Sinn für Tatsachen, besonders ihrer Vollendung und Verwendung der Maschinen, kurz in allem, was wir den ›modernen Stil‹ nennen.

Diesen gleichen intellektuellen Einfluß Nordamerikas erleiden die Russen. An die Stelle der Vernunftherrschaft einiger weniger, die als *common sense* dem Ganzen der Nation das Gepräge der Ausgeglichenheit und Tradition, also etwas Konservatives verleiht, tritt in beiden Ländern eine absolut gebietende Technokratie der beweisbaren Tatsachen, deren Elemente den Massen das Gefühl der unbegrenzten Möglichkeiten als Lebensgefühl verleihen. Die Technik kann nicht irren und ist außerdem wirklich vorhanden; wer sich ihr anvertraut, weiß, woran er ist. Das Lebensgefühl ist das unbeschränkter Kraft und Macht des technisch und rationell geleiteten Kollektivs.

3

Von allen ausländischen Beobachtern Deutschlands ist immer wieder die erstaunliche Kritiklosigkeit, ja Blindheit der deutschen Presse und Literatur, der öffentlichen Meinung also, unterstrichen worden, welche sich von den tatsächlichen Gegebenheiten des deutschen Daseins weg zur Verherrlichung der mechanistischen Größe und Macht der Vereinigten Staaten wandten als zu einem Vorbild schlechthin, dessen sichtbare Kultur (dieses Wort in dem weit umfassenderen deutschen Sinn einer namentlich philosophisch und ästhetisch untermauerten Zivilisation gemeint) sich zuerst im Film entscheidend manifestierte. Amerikanische Autoren brachen alle Rekorde, und es ist kein Zufall, daß die Jugend eines jeden deutschen Kindes von der Vorstellung dominiert ist, es sei wirklich ein Indianer und müsse diesen Zustand in sein weiteres Leben hinüberretten; wozu ja auch gehört, daß der Lieblingsschriftsteller Hitlers ein gewisser Karl May ist, der Indianergeschichten schrieb, welche nicht nur in Amerika spielen, sondern in ihrer Struktur und Art der Handlung den reinsten Typ des Amerikanismus, nämlich die Leistung des Unmöglichen darstellen und endlos variieren.

In Wahrheit bedeutet eine unbegrenzte Möglichkeit eine Unmöglichkeit. Das Unmögliche, Übermenschliche, wird von den Deutschen als Symbol in den amerikanischen Maschinen- und Industrieanlagen verstanden und erlebt. Alle Sektoren des Volkes wurden und werden durch diesen Amerikanismus, durch Anbetung der Technik, des Fortschritts, durch immer schnelleres Sichfortbewegen, durch den Begriff der mechanistischen Rationalisierung verseucht und verwirrt – während im Grunde doch kein Volk in Europa so wenig zu dieser mechanistischen Entseelung geeignet war wie gerade das deutsche.

In weniger als einem Menschenalter ist dieses zutiefst bäuerliche und schwerfällige, um nicht zu sagen rohe und sektiererische Volk in das am meisten städtische und daher kollektivierte Volk der ganzen Welt verwandelt, verdreht und verfälscht worden. Dieses Volk der Sektierer, Grübler und Dichter, der Querschädel und Haarspalter wurde in ein amerikanisches Milieu vertrieben, in welchem ihm nichts bekannt, nichts vertraut und gegeben, aber alles tatsächlich, vorhanden und mechanisch war.

Die Großstadt war für die Deutschen der Schmelztiegel, in welchem sie den Prozeß der Umwandlung aus dem Zustand primitiver Menschlichkeit und Gläubigkeit in den des proletarischen Massenzustandes der gesichtslosen und geschichtslosen Ameise erlitten, die nur durch ihre administrative Wirtschaftsfunktion einen Sinn bekommt; durch etwas also, das außerhalb und oberhalb ihrer Existenz schwebt und bei ihr als Trieb, als Schicksal beim Menschen wirkt.

Anstelle der alten Gott-Gläubigkeit trat das Nichts-Glauben, als welches man Film, Parade, Bierbank, Militärdienst, Arbeit und Sexualität betrachten muß, trat ein Die-Zeit-Ausfüllen, ohne das Leben zu erfüllen.

Hinter diesen nichts-seienden, weil nicht zu erlebenden oder zu glaubenden, sondern von Staat und Partei gelieferten Inhalten aber brannte ein heimliches Feuer in jedem Deutschen, im landflüchtigen Proletarier ebenso wie im kultivierten Wirtschaftsführer, Bankier, Politiker, Professor. In den jüdischen Seelen brannte es nicht minder als in den christlich gewesenen: es brannte in ihnen allen – die Angst.

Angst ist das dominierende Lebenselement in der Seele des Deutschen aus der Masse. Sein Nichts-Glauben, als Skepsis funktionell in den Tatsachenbereich des Lebens eingeführt, sublimiert und umgedacht, ist nur eine Ersetzung, ein Ersatz, und keine Setzung, kein Gesetz, das dem Handeln des Deutschen, so wie er heute handelt, Berechtigung verleiht. Die vitale Angst des Deutschen, seine Lebensangst, ist nicht, wie materialistische Historiker dem Volk einreden und beweisen wollen, erst das Resultat des letzten unglücklichen Krieges oder der Zertrümmerung der Kultur des Bürgertumes, der liberalen Kultur, wie sie in England, Frankreich und Nordamerika dominiert. Die Lebensangst des Deutschen und die mit ihr verbundene Skepsis, als Lebenshaltung, ist Resultat der Denaturalisierung des deutschen Menschen von einem naturgebundenen Wesen zu einen maschinengebundenen Unwesen und des damit verbundenen Verlustes seiner ursprünglichen Moral.

Der landflüchtige deutsche Bauer wußte in seinem Dorf nichts von bürgerlicher Kultur, konnte sie also in der Stadt auch nicht vermissen, geschweige denn unter ihrem Verlust leiden oder ihr Vorhandensein bekämpfen. Was ihn aber überwältigte, war die Notwendigkeit, seinen Lebensunterhalt nicht aus dem ererbten Besitz, sondern aus vorhandenen Arbeitsmöglichkeiten zu finden, einen Lebensunterhalt, der sich aus dem zusammensetzte, was die Großstadt bot, aber in Wirklichkeit nur Forderung war, alle seine Lebensgewohnheiten und Auffassungen dem Milieu der Massen anzupassen. Aus den entwurzelten Bauern rekrutierte sich die Masse der Wähler und Mitglieder der NSDAP, deren Prophezeiungen und Verheißungen, Schlagworte und Formen vom »deutschen Blut und Boden und Bauerntum« in den Ohren der Landflüchtigen, die keine Bauern mehr und noch keine Städter waren, ein entferntes Echo weckten. Sie traten als sentimentale Erinnerungskraft neben die Lebensangst, neben den chiliastischen Glaubenswahn vom Untergang der Welt, neben die Angst, welche sich unter der Fuchtel des deutschen Wirtschaftsführers, Philosophen, Politikers und Feldwebels in potentielle Lebensgier nach dem Unmöglichen, der Weltherrschaft, überkompensierte.

Ganz anders entstand die Lebensangst der bürgerlichen Mittelklasse, der Besitzenden, die sich in ihren Komponenten von der aller anderen Bewohner nur durch das Bewußtsein, daß es mit ihrer Klasse zu Ende sei, unterschied. Aufgeschreckt aus ihrer Sicherheit der endlosen Prosperität und Festigkeit des preußischen Staats und der Wirtschaft der Vorkriegszeit, erlitt sie die Katastrophe des Zusammenbruchs des Kaiserreichs, der Inflation, der Wirtschaftskrise von 1929 und der Finanzkrise vom 13. Juli 1931 mit voller Wucht und seelisch unvorbereitet. Nicht so sehr die einer Naturkatastrophe gleichende Inflation hat die materielle Lebensangst (kristallisiert in Furcht vor Arbeitslosigkeit namentlich bei Akademikern, leitenden Beamten und Angestellten) zu einem der metaphysischen Angst vom Weltenende unterliegenden Element gesteigert, als vielmehr jener Zusammenbruch der Wiener Rothschild-Bank, der Darmstädter & National Bank und der Dresdner Bank, ein Bankrott größten Ausmaßes, der mit einem Schlag auch alle anderen Banken und Sparkassen, also das ganze Kredit- und Währungssystem der Deutschen Republik zum Einsturz brachte und dem ganzen Volk als bis in die letzten Tiefen korrupt enthüllte. Da dieser tödliche Schlag – wie wäre es anders möglich gewesen? – nun aber gleichfalls von Nordamerika ausging, das aus einem dem deutschen Gefühl der Lebensangst parallel gerichteten Mißtrauen seine so reichlich gegebenen Anleihen massiv abrief, wurde es dem deutschen Mittelstand klar, daß dieser Über-Apparat jenseits des Ozeans sein Todesurteil über Deutschlands augenblickliche Verfassung ausgesprochen hatte; also war ein schwerwiegender, endgültiger Grund mehr vorhanden, verzweifelt und deshalb entschlossen diesen Zustand der totalen Krise in Deutschland zu ändern.

Der Änderer stand vor der Tür und seine Massen erfüllten die Straßen der deutschen Großstädte, erst recht der zahllosen Kleinstädte mit ihrer entschlossenen Stimmung des Alles oder Nichts.

Aus den Darstellungen dieser, das Schicksal der Deutschen Republik und damit Europas, ja der Welt entscheidenden Wochen geht das Grundwesen der deutschen Wirtschaft klar hervor: ihre Aszendenz über die Regierung, deren Leiter, Reichskanzler Brüning, den Eindruck eines verängstigten, mit Entlassung bedrohten Angestellten einer Fabrik in der Provinz macht. Die Fremdheit der wahren Situation des Landes gegenüber ist ein charakteristischer deutscher Zug, welcher auch Presse, Literatur, Philosophie, Verwaltung und namentlich die Rechtsprechung beherrscht. Er ist identisch mit dem rein funktionellen, emotionalen, nicht mehr zu begründenden Zug des »Handelns aus Notwendigkeit«. Die Blindheit aller in dieser Krise Handelnden, die nichts sahen als das Geld, ihr Geld, das doch des Volkes Geld war, etwas, das den Millionen Arbeitsloser, welche draußen im Land hungerten und rebellierten, den Umsturz um der Veränderung der Massenlage willen vorbereiteten, gleichgültig war; weil sie wirtschaftlich und sozialistisch dachten, und nicht individuell und schon gar nicht bürgerlich. Massen, die nur würgende Angst empfanden vor dem, was aus ihnen werden sollte.

Die Fremdheit der Deutschen in der Politik, die Verstiegenheit ihrer Ideologie, eine der gefährlichsten Eigenschaften vor allem ihrer Staatslenker, die sie selbst als Ehrlichkeit, Aufrichtigkeit und Männlichkeit bezeichnen, ist in Wirklichkeit aber ausschließliche und asoziale Konzentration auf das eigene Problem, den eigenen Vorteil.

Die Angst des Deutschen vor und in der Welt ist eine Tiefenangst, eine konstante Untergangsstimmung, ein dominierendes Element seines seelischen Aufbaus und zugleich dessen Funktion. Ihre Inhalte sind sehr verschiedener Natur und teilweise als Glauben an die Zukunft des deutschen Volkes, teilweise als eine Art plebejischer Philosophie der Bauernschläue und Skepsis, teilweise als das Gefühl der Tüchtigkeit des Deutschen sublimiert vorhanden oder ins Aggressive überkompensiert. Sie existiert neben und inmitten der generellen modernen Lebensangst, die als Depression, Krisenstimmung oder Panik die Massen emotionell beherrscht.

Sofern aber bei den Deutschen eine materialistisch zu erklärende Kulturkrise bestand, wurde sie als Voraussetzung eines alle Klassen gleich gut oder schlecht stellenden Sozialismus und als gerechte Strafe empfunden; oder als Baustein der besseren Zukunft eines neuen Deutschlands gewertet.

Diese Stimmung der Notwendigkeit radikaler Veränderungen, des Untergangs der bestehenden Gesellschaftsordnung, der Einmaligkeit und Neuartigkeit dieser allgemeinen Situation, lag jedem Gespräch, jedem Zeitungsartikel, jeder Wahl und jeder Rede der alten und neuen Führer zugrunde. Wie weit diese Krise des Bewußtseins beim Deutschen zurückreicht, wie tief und klar sie gedacht wurde, zeigt, als ein Beispiel aus dem Jahre 1926, Thomas Mann in seiner kleinen Schrift *Pariser Rechenschaft*: »... denn wir sind ja in Deutschland noch nicht so weit, daß ein Schriftsteller vom ungefähren Charakter Bunins den Staub des Vaterlandes von den Füßen schütteln und das Brot des Westens essen muß. Aber ich habe gar nicht zu zweifeln, daß unter Umständen mein Schicksal das seine wäre.« Auf der gleichen Seite sagt der Autor über die Zukunft der Freiheit in Europa: »Ein heikles, ein kritisches Thema – denn wer empfände nicht, daß die Freiheitsidee in schwerer Krise liegt, neben ihrer Komplementäridee, der Gerechtigkeit?

Überall zugleich ist die gegenidealistische Wende wieder einmal da, wo der europäische Mensch in einer gewissen Moralverkrampfung und eigentümlich perversen Grausamkeit gegen sich selbst, begeistert und mit zusammengebissenen Zähnen, das Absolute positiv zu machen, ein Positives, die Macht, das Vaterland, die Klasse, ins Unbedingte zu erheben entschlossen ist.« Hier sind alle Elemente, wenn auch nicht sehr logisch oder tief ausgedrückt, doch gefühlsmäßig vorhanden; sogar der Glaube an das Heroische, welches wir das Tüchtige im Deutschen nennen wollen, um es des letzten Restes angelesener Romantik zu entkleiden, ist in diesen Sätzen enthalten.

Schon aus der Möglichkeit des Sichbewußtmachens all dieser Elemente der Krise geht hervor, daß sie nicht als die wirkliche, dem Wesen, der Substanz des deutschen Volkes zugrunde liegende Triebkraft bewertet werden darf oder kann. Daher versanken ja auch alle philosophischen und politischen Erörterungen über die Krise der Kultur, die Neue Sachlichkeit, die Umwertung der gesellschaftlichen Ordnung und Glaubensinhalte durch neue, kollektive oder zu hoffende Inhalte kurzerhand und auf Nimmerwiederhören, als der Trieb im Deutschen aufbrach: als die Wirtschaftsführer einen politischen Führer über das Ganze des Volkes bestellten, der in seinem verqualmten, aber instinktsicheren Gehirn nichts weiter erwog, als die gewalttätigen und arbeitshungrigen Massen gegen seine Feinde, gegen die liberale Intelligenz und später gegen die Demokratien, in den Krieg zu führen.

Diese Möglichkeit der Verwirklichung einer wirtschaftlichen Idee vom Trieb her war von allen Soziologen der Skepsis und allen Politikern des Marxismus übersehen worden. Ihnen allen schwebte das Bild des nachbarlichen Sowjetlandes vor, welches aus dem Nichts einer halbbarbarischen Rückständigkeit und dem ›Unterwerfungs-Willen‹ des Muschik den Neuen Menschen formte, nach keinem Ebenbild, sondern entsprechend der wirtschaftlichen Ratio, der Einmaligkeit der revolutionären Zeit, ihrer totalen Voraussetzungslosigkeit und ihrer wissenschaftlichen Dialektik, in welcher sich das ›innere Nichts‹ mit dem ›äußeren Nichts‹ auseinandersetzt.

Den deutschen Nichts-Gläubigen war entfallen, daß die russische Revolution begonnen hatte, nicht um das Ideal des Maschinenmenschen zu gestalten, sondern ein zutiefst christliches Ideal – das der sozialen Gerechtigkeit. Wo aber konnte es Gerechtigkeit geben in einer Welt, die, nach Überzeugung der marxistischen Philosophen, erst im Begriff war zu werden, die also selbst als ein Werdendes noch nicht begonnen hatte, noch nicht ›geplant‹ war und infolgedessen nicht feststand? Die Welt wurde aus Statistiken, und zwar aus amerikanischen, errechnet und im Kampf der Konkurrenz der Trusts geformt, um jenen Typus zu schaffen, welcher auch das deutsche Ideal war: den *homo economicus,* den wirtschaftlich rationell denkenden Menschen, der, Arbeiter und Konsument zugleich, auch Inhalt und Ziel der Macht des Staates, nicht aber seiner selbst ist.

Die deutsche Wirtschaftsphilosophie machte sich die Vorgänge in der Gesellschaft als historische Vorgänge bewußt und glaubte, zugleich mit ihrer Deutung, welche aber nur eine Deutung ihrer eigenen individuellen Lebensangst war, wirkliche Geschichte zu machen, Tatsachen zu schaffen. Innerhalb dieser Wirtschaftsgeschichte, welche an Stelle aller individuellen Leistungen und Geglaubtheiten, aller Moral also tritt, gibt es keinen anderen absoluten Wert als den der Angst vor Arbeitslosigkeit, Krise, Bankrott, eine Angst, die eben die Einstellung oder Gesamthaltung des Menschen zur gegenwärtigen Welt produziert: Die deutsche Wirtschaftsphilosophie ist eine Geschichte der relativen Gültigkeit oder der Gültigkeit der Relativität aller Werte, unter der sich – neben einer modernen, das heißt falsch verstandenen Wissenschaftlichkeit – nur die persönliche Furcht vor der Verantwortung ausdrückt, die man einging, als man Millionen und Abermillionen deutscher Menschen einem ungewissen Schicksal überlieferte. Dieses Schicksal ist die Erklärung der Heiligkeit der Wirtschaft, und der Raub aller individuellen Glaubensinhalte und des *common sense* an den Massen, ohne diesen irgendwelche anderen Inhalte moralischer Natur oder Sicherheit des Lebens auf dieser Welt zu bieten als den Irrglauben an die deutsche Rasse und die

Unfehlbarkeit des Führers. Die Solidarität der deutschen Arbeiter in der Nationalen Arbeitsfront ist ja nur eine geredete, künstliche Tugend, welche die Unverantwortlichen erfanden, hinter der Mehrwert und Terror, Krieg und Worthülsen, Unfreiheit und schlecht verhülltes Elend lauern.

Was den Wirtschaftslenkern als wahr erscheinen mußte, war die Erfahrung der konstanten Krise, welche die äußere Welt ebenso verhexte und verpestete wie die eigene innere Krise der permanenten Angst vor dem Ende Deutschlands. Die äußere Welt, das wußten sie, existierte in weit stärkerem Maß als Krisenherd, der seine Bazillen gerade nach Deutschland trug, um es immer tiefer in den Abgrund, in politische und wirtschaftliche Ohnmacht zu stoßen. Gegen diese Krise gab es keine Stabilität irgendwelcher wahren und, gewissermaßen darüberstehenden krisenfesten Grundsätze. Innerhalb dieser Welt herrschte nur ein Prinzip – das der Konkurrenz, des Krieges, des Sieges oder Untergangs, und mit dieser Erkenntnis war tatsächlich alles in Frage gestellt, aber auch alles möglich.

Die deutsche Bourgeoisie hatte keine Macht, vor allem aber kein überwältigendes Ideal mehr, um aus ihrer Mitte große Lehrer, Bekenner oder opfermutige Heilige hervorzubringen, wie sie in Zeiten nationaler Krisen doch oft in Völkern aufzustehen pflegen. Der Propheten des Unterganges und ihrer tristen revolutionären Melodie war alle Welt müde. Der einzige Wundertäter, welcher dem Volke erstand, war dieser kleinbürgerliche Adolf Hitler, vor dem sich alle anderen Parteiführer verkrochen. Nicht so die Wirtschaftsführer.

Also waren die deutschen Skeptiker doch im Recht: Nicht das Leben, nicht Gefühle wie Gerechtigkeit, Freiheit, Nächstenliebe und *common sense* existieren, sondern einzig und allein die Wirtschaft existiert, mit ihrem rauhen Wind der Tatsachen, des Kampfes um Märkte, Rohstoffe, Kolonien.

Da war Politik selbst nur noch eine mindere Funktion der Taktik und Camouflage, untergeordnet dem Selbstzweck des Massenstaates, alle Bewohner wirtschaftlich zu lenken, rationell auszubeuten und zu versorgen. Von der Wirtschaft und vom Sieg über die Arbeitslosigkeit her wurde das Leben endlich klar und ordentlich; sogar der Krieg. Die Tradition bekam wieder einen Sinn: die Deutschen sind ein tapferes und tüchtiges Volk, welches sich die Welt nach seinen Ideen baut, über dem ein ganz eigener Gott waltet, der preußische.

4

Die Zweiteilung der deutschen Wirtschaft in Kreditinstitute und Industriebetriebe entsprang einem alten Gesetz, welches im Lauf der letzten Entwicklung der Finanzkrise durchbrochen wurde, dem aber ganz andere, sehr alte Gesetze zugrunde liegen, die dem Werden Preußens und des großpreußischen deutschen Reiches vorangingen, seinen Aufstieg zur Macht bedingten, und, aneinander wachsend, vorantrugen.

Es gab zwischen den Jahren 1851 und 1869 auf dem heutigen Reichsgebiet nur 205 Aktiengesellschaften für industrielle Produktion mit 2404 Millionen Mark Kapital; bis zum Jahr 1874, als Folge des ersten siegreichen Krieges gegen Frankreich entstanden 857 industrielle Neugründungen mit 3306 Millionen Mark Kapital; heute steht Deutschland mit 15 % der Weltproduktion an Industriegütern an zweiter Stelle, hinter den Vereinigten Staaten. Die Hauptentwicklung der deutschen Industrie fand nach dem Ersten Weltkrieg statt. Kriege wirken als die stärksten wirtschaftlichen Impulse auf die Deutschen. Sie befreien ihr traditionelles, bäuerliches Denken, und reinigen es von allen Schlacken individueller Widersätzlichkeit. Hinzu kommt, daß Friedenswirtschaft mit ihrer freien Konkurrenz und ihrem ungedeckten Risiko schwer, Kriegswirtschaft dagegen mit ihrem klaren Programm und dem Kommando eines einzigen Willens in einer einzigen Richtung, leicht ist. Solchen Gedanken wohnt nicht nur Logik inne, sondern der Logik wohnt auch ein Zwang inne, ihr zu folgen und mit ihr neue Tatsachen zu schaffen. Auch hier zeigt sich, daß der Träger eines logischen Gedankens nicht nur sein Urheber, sondern auch sein Opfer ist. Aus der Erkenntnis, daß Rationalisierung eine absolute Notwendigkeit der modernen Wirtschaft ist, folgt, daß das Maximum dieser rationellen wirtschaftlichen Leistung, als welche für den Deutschen der Krieg gilt, zu erstreben und zu verwirklichen ist. Während nun früher der Krieg auf dem Funktionieren des Kredits, des Geldmarktes, kurz, auf der Kriegskasse beruhte, erscheint der Krieg heute als das Resultat wirtschaftlicher Koordination, deren Geld die Arbeitskraft des Menschen ist, diese ins Überdimensionale gesteigert mittels der die menschliche Leistung potenzierenden Maschine. Man müßte also die Anzahl der durch Maschinen ersetzten Arbeiter den tatsächlich arbeitenden oder im Felde stehenden Deutschen hinzurechnen, um die ganze Spekulation des wirtschaftlichen, absoluten Maschinenkrieges erkennen zu können. Und um ferner die wirkliche Größenordnung der vom Dritten Reich aufgestellten Massen zu erfahren, welche im Massenangriff des Krieges durch Zerstörungen der Konkurrenzwirtschaft in Erscheinung treten.

Der Deutsche ist sich dieser Summe der Machtmittel außerhalb seiner beseelten oder entseelten Existenz vollkommen bewußt; daher sein Fetischismus für Blut, Stahl und Eisen als Grundelemente der neudeutschen mechanistischen Magie.

Die feudale Abneigung der herrschenden Klasse in Preußen gegen Geld und Börse, gab der am meisten unterdrückten Klasse oder Rasse, den Juden, die Möglichkeit, den deutschen Geldmarkt zu gründen, die preußischen Kriege zu finanzieren, lange bevor es überhaupt eine deutsche Industrie, eine deutsche Landwirtschaft oder gar einen Nationalstaat gab, der alle Länder umschloß und ihre Industrie- und Agrarprodukte marktwürdig oder exportfähig machte. In keinem einzigen Fall gelang es den Juden, in der deutschen Schwerindustrie Fuß zu fassen, und nur eine einzige der großen Industrien, die Elektro-Industrie, kennt einen jüdischen Ahnherrn – Emil Rathenau. Die Kraft und Aggressionslust der deutschen Industrie ist demnach bodenständig, im Volk selbst verwurzelt und die Wurzel des Neuen Deutschtums geworden. Dem Geldwesen aber blieb in den Augen der Kriegerkaste das Odium des Fremden, Unreinen, dem Reparationszahlungen, Inflation und Zusammenbruch des 13. Juli 1931 noch den Haß des gesamten Volks hinzufügten: Die Welt des Geldes war eine Welt für sich, eine fremde, daher feindliche, undeutsche Welt verdächtiger Individuen, die Welt der Plutokratie, der Demokratie.

Das Wesen des Geldes kann in der heutigen Epoche seiner totalen Entwertung im deutschen Denken als Machttitel genauer präzisiert werden, als dies früher jemals möglich war – zumindest im Rahmen der deutschen Tatsachenpsychologie und universalen Skepsis: Geld ist die am meisten an das Individuum gebundene Form des verwirklichten Machtanspruches innerhalb einer geordneten Klassenherrschaft, die auf Triebverzicht aufgebaut ist und bei der das Risiko generell vom Besitzenden getragen wird, die Nutznießung des Geldes dagegen einer großen Anzahl von Individuen zugute kommt. Das Geld, als Ausdruck individueller Macht, muß versagen, nicht etwa dann, wenn es als Einzelvermögen oder Kredit innerhalb einer Volksgemeinschaft oder eines Staates aufgehört hat zu existieren, sondern genau dann, wenn das Individuum als Träger der durch Geld ausgedrückten Macht oder der infolge der Geldmacht sich entwickelnden Kultur aufgehört hat, als frei über sein Vermögen disponierendes Individuum zu existieren. Wenn also das Geld im Apparat der Masse aufgegangen, das Individuum aber in Gegensatz zur Masse oder in tödliche Schwäche vollkommener Entmachtung und Rechtlosigkeit geraten ist.

Das Schicksal der Juden in Deutschland ist also keineswegs das Schicksal einer Religionsgemeinschaft oder eines Volkes – als beides haben die Juden seit langem aufgehört zu existieren –, sondern das Schicksal ihrer durch Geld ausgedrückten individuellen Macht und Kultur, ein Schicksal, welches sie mit allen Individuen in Deutschland teilen, die sich der Vermassung entgegenstellten oder einem Ideal nachlebten, welches der Masse fremd ist. Schon die Selbstausschaltung der Juden und ihres persönlichen Arbeitseinsatzes innerhalb der deutschen Schwerindustrie enthielt im Keim dieses Schicksal, welches der Rassegesetze von Blut und Boden nicht bedurft hätte, um wirksam zu werden. An diesem Beispiel zeigt sich ebenfalls die falsche Auffassung, ja Unwissenschaftlichkeit der Marxschen

Lehre, der nicht die Macht der Juden, sondern das Kapital in toto liquidieren wollte und der Überzeugung war, daß diese Erledigung des Kapitalismus auch die jüdische Frage umfassen werde. Von dieser Frage hätte er ausgehen müssen, genau so wie die Doktrinäre seiner Lehre, die aus ihr eine absolute Wissenschaft machten oder machen wollten. Beide, der Prophet und seine Kirchenjünger, sind zeitgebunden und unterliegen der gleichen Schicksalswende, welche das Geld abgeschafft hat; welche die Massen als Spender des Gedankens »Arbeit ist Geld« in Kurs, die Zwischenschaltung dagegen, als welche wir Geld empfinden und erkannt haben, außer Kurs setzten.

Die Masse als solche ist dem Geld, insofern es Träger individueller Macht ist, die in Geltung, Wissen, Lehren gewisser zu wissender, nicht zu erfahrender Tatsachen oder nur zu glaubender Formungen der Zivilisation, zumal solcher metaphysischen Inhaltes besteht, gleichgültig, feindlich und zerstörerisch gesinnt. Die Masse zeigt nur der Brauchbarkeit des Geldes und seinem Gebrauch gegenüber Verständnis und Interesse: als dem Resultat oder dem Beleber der Wirtschaft, die ihr Arbeit, Brot, Vergnügen garantiert; eine realpolitische Gesinnung, die sie selbst mit dem ethisch verbrämten Endzweck allen modernen Lebens als Sozialismus zu bezeichnen pflegt. Das marxistische Ideal des politischen Sozialismus, welcher den Staat erobert, ist in Deutschland in sein krasses Gegenteil verkehrt – in das des reinen Utilitarismus und der animalischen Genugtuung, für diesen Verzicht auf Freiheit und Selbstbestimmungsrecht zumindest Obdach vor den Stürmen dieser Zeit gefunden zu haben.

Der Zusammenbruch der traditionellen Kreditverfassung des Deutschen Reiches am 13. Juli 1931 und die Übernahme dieser Funktionen durch Staat und Industrie, bedeuteten nicht nur, und nicht einmal so sehr, den Zusammenbruch der gesellschaftlichen Macht des Judentums in Deutschland, als vielmehr den des letzten Restes von Glauben in die Möglichkeit und Rechtlichkeit oder nur Richtigkeit individuellen Geldbesitzes, individuellen Reichtums also, bei der damaligen republikanischen Leitung des Staates wie der deutschen Bevölkerung ganz allgemein: Damals begann die Zeit der fiktiven Binnenmark und der variablen Außenmark, der kein Goldbestand, sondern nur ein Arbeits- und Exportvolumen als Fundament zukünftigen Profits und damit als Deckung diente.

Diese Erfahrung war eine solche ›geschichtlicher Größe‹, wie sie der Deutsche liebt und die er von der Geschichte erwartet, an die er, als an etwas Vorhandenes, Tatsächliches, sich in Tatsachen Äußerndes, glaubt. Während in allen anderen Völkern dieser Glaube an die Geschichte (Geschichte als erhebendes Gefühl) überhaupt unbekannt ist, schwebt er eigentlich seit Jahrzehnten über allem, was in Deutschland geschieht: als ein sublimiertes oder statistisch-amerikanischen Größenordnungen verwandtes Gefühl, welches auf dem Mutterboden der Lebensangst gedeiht und namentlich im Großen Krieg, jenem Gipfel der Lebensangst, tiefe Wurzeln schlug.

Dies Gefühl geschichtlicher Bedeutung schlingt sich gleichzeitig als eine Art Aureole des Heroismus um jedes einzelne Haupt in Deutschland – etwa so: »Seht! Was wir für Kerle sind, was wir Deutschen alles können, was wir alles aushalten müssen, was wir leiden, wie wir behandelt werden; so viel Heldenmut und Tüchtigkeit gibt es doch in keinem anderen Volk.«

Das Prestige, welches dem Deutschen aus solchen Selbstüberbewertungen zuwächst, macht ihn stark; dies Gefühl gemischt mit dem Bedauern, daß er in Gemeinschaft mit anderen Völkern zu leben gezwungen ist, den Kontinent nicht für sich allein hat, der Welt seine Idee des Deutschtums nicht aufzwingen kann. Prestige ist dem deutschen Nationalstolz umgeordnet: Daß dieses Prestige beim Deutschen negativ ist, sobald es sich um die Wirtschaft handelt, bildet die Eigentümlichkeit eines Wesens, dem es auf die abstrakte Definition und deren Verwirklichung, auf die Ideologie mehr ankommt als auf Idee und Vernunft; mehr auf die Verwirklichung seiner Ideologie als auf die Anpassung an die Gemeinsamkeiten seiner Wirtschaft mit anderen Nationalwirtschaften.

Durch die einseitige und beschränkte Betonung der Besonderheit der deutschen Erfahrungen (im Gegensatz zu der vom Deutschen willkürlich angenommenen Erfahrungsarmut der anderen Völker) entsteht so etwas wie eine nationale Utopie der Selbstbemitleidung, die im Nationalen Sozialismus der Diktatur eines einzelnen ihren konkreten Ausdruck der Rache wiederfand – Anschluß an die Tage des Heiligen Römischen Reiches Deutscher Nation unter Kaiser Friedrich II. von Hohenstaufen, der Jerusalem eroberte, fast das Papsttum stürzte, sich Gottes Sohn und Erlöser der Welt nannte.

Die Nationale Utopie konnte keinen anderen Ausdruck, kein anderes Kampfmittel finden, als die Nationale Wirtschaft. Alle anderen Werte, namentlich die des Geldes, Besitzes, bürgerlicher Zivilisation, Kunst und Wissenschaft, der Gläubigkeit in Christo, den wahren und einzigen Erlöser der Menschheit, waren in Deutschland aufgebraucht, verbraucht und der Geschichte überliefert, welche hier in ihrer anderen Gestalt vor uns ersteht: als ständiger Prozeß der Verdrängung und Liquidierung einmal gelebter und geglaubter Inhalte des Lebens, die, wegen ihrer ideellen Verpflichtung der ›Utopie des vollendeten Sozialismus‹ in der Nation und durch die Nation, anfangen unbequem zu werden.

Utopie ist, neben Rationalisierung (das ist: Planung einer geräumigen und allen Deutschen den Lebensunterhalt garantierenden Wirtschaft) noch eine ganz besondere Weltanschauung; ein oszillierendes, harmonisches und zugleich mächtig antreibendes Gefühlsbewußtsein unendlicher Breite, Neuheit und Vagheit zugleich. Das Gefühl, Missionar einer Utopie zu sein, welche einmal Neues Deutschtum heißt und introvertiert, dann wieder Wirtschafts-Planung im Nationalen Sozialismus heißt und extravertiert ist, kann man generell als das Vage im Deutschen bezeichnen, das Nichtfaßbare, welches, allem Fremden feindlich, das eigentlich Gefährliche im Deutschen ist; ein Gefühl und eine Utopie, die sich dann sehr leicht als die Durchblutung und das Durchwachsensein aller Denk- und Gefühlsvorgänge mit wirtschaftlich konkreten Ideen identifizieren läßt; Ideen, die zunächst utopisch sind, im Zustand des Erreichtseins aber bereits mythischen, historischen oder mechanistischen Charakter annehmen und sich so mit den widerspruchsvollen Ideen von Karl Marx identifizieren lassen.

Der Beweis, daß dieses zwiespältige Verhalten des Deutschen einem Grund- oder Tiefengefühl entspringt, welches ein so vernünftiges und ordentliches Volk seine Existenz in einem Krieg wagen läßt, liegt in der Einstimmigkeit, mit der dieser Krieg auf sich genommen, und in der Aufrichtigkeit, mit der er durchlebt wird. Das bedeutet, daß wir den Zwang durch Terror als rein individualpsychologischen Faktor hier ausschalten können, zumal wir an anderer Stelle das Funktionieren dieser staatlichen Maßnahmen noch in Rechnung stellen wollen.

Der Zusammenbruch der Finanz- und Kreditherrschaft einer bestimmten liberalen Gruppe in Deutschland hat den Prozeß der Akkumulierung gleichgerichteter, zentral gelenkter Großbetriebe und die Monopolisierung der Produktion in wenigen anonymen Händen, die Fixierung und Verlagerung des Kredites auf den Staat, welcher anstelle der Individualbanken überall einsprang, wesentlich gefördert und durch den Krieg vollendet. Es soll hier nicht bestritten werden, daß diese Formen der Verstaatlichung des Kredits, später der Auftragserteilung und noch später der Lenkung und Planung der zukünftigen Güterproduktion, einschließlich deren Verteilung und Konsum, mit der ›Diktatur über das Proletariat‹ der Wirtschaftspolitiker, dem russischen Vorbild oder dem sozialistischen Idol sehr nahe kommen. Aber den deutschen Vorgang einfach als Bolschewisierung der Wirtschaft zu bezeichnen, geht nicht an; wegen der Sinnwandlung, welche dieses Wort in den letzten Jahren erfahren hat und täglich erfährt. Insofern hier rein wirtschaftliche Vorgänge einer psychologischen Deutung unterworfen werden, müssen wir darauf bestehen, daß es einen Staatskapitalismus auch in solchen Ländern gibt und geben wird, die der russischen oder deutschen Form der Innenpolitik, wie sie Stalin oder Hitler vertreten, diametral entgegengesetzt sind. Die Wurzeln der Gesinnungswandlung auch in solchen Ländern liegen in der Schwäche und Lebensangst, richtiger Todesangst der Republikaner. Ihre Gipfel aber geistern hoch über ein in Kasematten und Konzentrationslagern, in Kasernen und Fabriken sein wirtschaftliches und politisches Ideal verwirklichendes Volk hinaus.

Aus dem Untergang der deutschen Individualwirtschaft ist der Staats- und Kriegskapitalismus des Dritten Reiches geworden, dessen eigentlicher Vater Walther Rathenau ist, der Gründer und Planer des Kriegswirtschaftsamtes während des Ersten Weltkrieges. Der Große Generalstab weiß, was er diesem Mann verdankt. Die deutschen Wirtschaftler, welche seine kühnsten Träume nun verwirklichen, mögen vielleicht nichts von ihm wissen wollen; aber Rathenau schuf das Ideal einer ewig und absolut prosperierenden Wirtschaft in einer Nation, in einem Lebensraum, der einem einzigen, allem sinngebenden Willen untersteht, dem des obersten Kriegsherrn, welcher Titel der anthropomorphe Ausdruck für den Krieg und die Wirtschaft selbst ist.

Durch Kriegswirtschaft, als welche wir die gesamte Leitung und Planung der industriellen Betriebe Deutschlands heute betrachten müssen, ist vor allem der Begriff der Solidarität innerhalb der Gesamtheit der Klasse, welche sich als die nationale »Arbeitsfront« der Betriebsführer und der Arbeitergefolgschaft darstellt, geschaffen und als moralischer Wert eingesetzt worden. Die den Bedürfnissen des Krieges die Bedürfnisse des Friedens ein- und unterordnende Wirtschaft ist eine nationale, insofern sie auf dem Standpunkt der Verteidigung von allen gemeinsamen Werten zu stehen glaubt oder vorgibt; und so, mit der Wirtschaft zugleich, die nationale Existenz verteidigt, der erst durch diesen ethischen Wert der Verteidigung und des Opferwillens des Volkes ein allgemein verpflichtender, zivilisatorischer und einigender Wert unterschoben wird, wie er sonst nur noch der Religion zukommt.

Andere Werte, Kameradschaft, gegenseitige Hilfsverbundenheit, Opferbereitschaft, ordnen sich dem Gefühl der Solidarität unter und schaffen spezifisch deutsche oder germanische Tugenden, dergestalt, daß dem Antisemitismus neben seinem allgemeinen Ressentiment der Rache auch stark antikapitalistische und sozialistische Kampfmomente beigemischt sind, die ihren aggressiven Wert gegen England, Frankreich oder Nordamerika äußern. Als Aggression entstammen diese Haßgefühle den Enttäuschungen des Ersten Weltkriegs, der

Inflation, dem Zusammenbruch der Währung und der Republik; als Utopie dagegen dem Aufgehen des Kapitalismus im Staat, jenem Vorgang der Verflüchtigung liberaler Betätigung des Geldes und seiner Träger als Oberschicht, welche man gestürzt und sich selbst gleich, das heißt, arm gemacht hat. Ein Vorgang, den wir uns angewöhnt haben, Kommunismus zu nennen, der aber reiner Staatskapitalismus als Funktion der Rache und der Expansionsgelüste einzelner Privilegierter, also einer Elite ist.

Man hat den Wirtschaftsnenner Kapital durch den Nenner Arbeit ersetzt und erzwingt der deutschen Produktion den Absatz mit dem Schwert, mit dem Maschinen-Krieg, sobald Dumping, Politik und Verrat versagen.

Theoretisch, im Sinn der deutschen Wirtschaftsutopie, ist Krieg durchaus produktive Arbeit, und nur Arbeitsbeschaffung mit anderen Mitteln als denen der liberalen Konkurrenz; denn, wenn auch der Krieg rationalisiert ist, sein wirtschaftlicher Sinn besteht in Zerstörung oder rapidem Verschleiß von Waren. Rationalisierung enthüllt hier ihren Wert, der fernab liegt jeder denkbaren Funktion ihres Urwertes, der Ratio nämlich, und behält nur noch jenen Wert der bis zum Widerspruch und der Vernichtung allen Lebens gesteigerten Organisierung – also ein rein mechanischer, mechanistischer und funktioneller Wert, als utopischer Trieb stigmatisiert, den näher zu untersuchen sich lohnt. Denn an ihm beweist sich der Widerspruch der ›Theorie vom Glück des Menschen‹ im Sozialismus zum erlebten Sinn im den Menschen mitsamt seinem Glück zerstörenden Krieg; an ihm zeigt sich die im Deutschen so stark wirkende Ambivalenz.

So ist die Mechanik der Rationalisierung als Kampfinstrument der Besitzer der Produktionsmittel schließlich gegen die Arbeitnehmer und Konsumenten gerichtet: Immer weniger Arbeiter werden zum einzelnen Arbeitsgang gebraucht, immer mehr Arbeiter werden frei für die Armee und ihrer individuellen Handfertigkeit und Gewissenhaftigkeit beraubt, welcher, als deutscher Tüchtigkeit, sich der Deutsche ganz besonders bewußt ist. Seine Tüchtigkeit gestattet dem deutschen Arbeiter, den Kopf höher zu tragen als andere, als englische oder französische Arbeiter etwa, welche in seinen Augen untüchtig, minderwertig oder gar Idealisten sind. Das Bewußtsein eigener Tüchtigkeit ist als nationale, geredete Substanz im Deutschen erhalten geblieben, als persönlicher Wert aber zum Tode verurteilt. Tüchtigkeit gehört unter die Komponenten des Prestiges, welches als Forderung nach Anerkennung und Bevorzugung unter die nationalen Forderungen des Deutschtums generell einzuordnen ist und zur internationalen Anerkennung deutscher Arbeit, aber auch zur Ablehnung des deutschen Charakters geführt hat.

Diese Tugend des Deutschen, seine Tüchtigkeit, ist aber schon längst nicht mehr ein individueller, aus Fleiß und Ordnungsliebe, Treue und Gewissenhaftigkeit, aus Können und Wissen, kurz aus bürgerlichen Werten sich akkumulierender Sammelwert menschlicher Respektabilität, sondern nur Ausdruck eines mechanistischen, außerordentlich weit zurückreichenden Prozesses seiner Unterwerfung unter die Rationalisierung des ganzen deutschen Menschen einschließlich seiner Ideen von Freiheit und Gerechtigkeit, seiner Glaubensinhalte; gemischt mit den Vorstellungen vom Wesen der Wirtschaft, an welche er schließlich und zuletzt seine Tüchtigkeit an der Maschine restlos verwenden und so aufzehren konnte. Deutsche Tüchtigkeit ist heute das seelische Äquivalent zum Vorstellungsinhalt, den sich der Deutsche von einem Land der unbegrenzten Möglichkeiten macht. Man kann Tüchtigkeit also als die Eigenschaft des Deutschen bezeichnen, welche ihn instand setzt, zu rationalisieren und sich rationalisieren zu lassen, was der Technokratie unbegrenzte Möglichkeiten nach zwei Seiten hin verschafft: Waren zu produzieren und Waren zu zerstören. Beides zusammen ergibt in gewissen Kadenzen der Wirtschaft und der Massenbildung in Deutschland das Resultat einer stabilen Prosperität. Sie ist das Ideal einer jeden Industrie. Das Geheimnis des Erfolges scheint nun in der Tat durch die Aufrüstung und die ihr entspringenden Kriege oder Expansionswellen gelöst – entweder werden alle Deutschen arm oder alle Deutschen werden reich. Da dem Tüchtigen die Welt gehört, der Deutsche aber der Tüchtige schlechthin ist, kann und darf er am Sieg nicht zweifeln, selbst wenn seine Lebensangst ihn das Gegenteil lehren sollte.

Hier enthüllt sich die utopistische Fixierung des Deutschen auf den Begriff der Rationalisierung in ihrer ganzen, existentiellen Ambivalenz: Während doch gerade der Deutsche – neben dem Russen – Vorbild und Wirkung des letzten Krieges, die dort erlittene totale Verarmung, wie kein anderes Volk vor Augen haben könnte – und es tatsächlich hat –, treibt ihn sein Skeptizismus, sein dumpfes Rachegefühl, sein generelles Unbehagen in dieser zerfallenden Welt erneut in den Krieg. Dies nicht im Aufwallen edler Verzweiflung, wie es einer unterdrückten, ihrer Freiheit beraubten Nation wohl anstünde, sondern auf den in extremer Höhe polar zur Verzweiflung gelagerten Weg des rationellen Denkens, des Sich-bewußt-Machens der eigenen und nur der eigenen Lage, nicht der Lage der anderen oder deren Lebensrechte.

Der Deutsche ist eben auch innerhalb seiner wirtschaftlichen wie staatlichen Existenz ein zutiefst asozialer Mensch, geleitet nur vom Gedanken persönlichen Nutzens und der Vernichtung der liberalen Konkurrenz. Der Konkurrenzkampf, wie ihn der Deutsche überall, im Innern des Landes und außerhalb, mit Erbitterung und voll blinden Hasses führt, im Geschäftsleben wie in der Kunst, in Literatur und Wissenschaft, ist eine andere, charakteristische Seite seiner Weltanschauung, bestimmt von den mißverstandenen Lehren Darwins und Karl Marx', welche ungeheuer viel beitrugen zu dem von Natur aus spröden und nervösen Typus, den der Mitteleuropäer – wie der Deutsche sich gerne nennt – in der europäischen Völkerfamilie darstellt. Der starre, erbarmungslos durchgeführte Lebenskampf um den Platz an der Sonne, um Mitteleuropa, um den deutschen Lebensraum ist diktiert von der vitalen Angst, daß der Deutsche in diesem Kampf unterliegen könnte, daß die Haßkomponente, die er überall in der Welt erregt, ihn eines Tages überwältigen müsse. Was liegt näher, als daß er in seiner Lebensangst – und dies ist der stärkste Beweis für ihre Existenz als Triebkraft hinter dem Charakter, den er an der Welt entwickelt – alles auf eine Karte setzt und den absoluten und totalen Krieg als Verwirklichung ihres Äquivalents, der Todesangst, als letzten Ausweg und Lösung all seiner Verwirrungen über sich und die Welt verhängt. Derart, daß nun sein ameisengleicher Bau – die Wirtschaft – und sein Gott – die potenzierte Kollektivmacht, die Maschine – ihn nur noch äußerlich in seiner Anfälligkeit schützen; sein Inneres aber den Stürmen primitiver Erlebnisse der Vermassung und des Hordentriebes überliefern. Er wird das Werkzeug seiner übermütigen und rohen Herren, ohne daß das deutsche Volk einen vernünftigen Willen, hinter dem noch eine Macht steht, in die Waagschale werfen könnte, wenn der Kampf um seine Existenz gegen es entschieden wird.

Zusammenfassend also: die Rationalisierung oder der Glaube an die Tatsachen schaffende Allgewalt der Wirtschaft als Pfeiler unter der tiefen Lebensangst, manifest als totale Skepsis gegenüber jedem feststehenden Wert der Überlieferung; der praktische Sozialismus, als Abwehr der Einsamkeit und des Hungers; die Kulturkrise durch den Zerfall der individuellen, bürgerlichen, christlichen und liberalen westlichen Zivilisation; diese drei auf der einen Seite, auf der anderen Seite der Krieg, als Erfüller und siegreicher Beender aller Wünsche, Hoffnungen und Verzweiflung; die Ausprägungen dieser seelischen Tatsachen in Diktatur, Armee, Partei, nationaler Wirtschaft im national gemischten Lebensraum, der Terror-Apparat, die Hitler-Jugend, das Heidentum – all diese Formationen ergeben ebenso viele Bestätigungen und Kräfte des Massenwillens zur Flucht aus der als einmalig und einzigartig empfundenen Zeit, aus der chiliastischen und unerträglich gewordenen Spannung in das größte Abenteuer der deutschen Nation, in den willkürlich entfesselten, gegen alle Vernunft durchgeführten totalen Krieg.

Die Unentwirrbarkeit der Motive, welche die Wirtschaftsführer zur Diktatur und damit zum Krieg brachten, die Menschen wie Schacht, Klöckner oder Krupp amerikanischen oder englischen Industriellen als Opfer eines Wahnes, eines Verbrechens erscheinen lassen, ist ebensosehr ein gewollter Zustand wie ein zwangsläufiger Prozeß der modernen Wirtschaft: Der Arbeit- und Kreditgeber Staat, Garant des Hitlerschen Arbeitsfriedens, wurde der Hauptabnehmer, Teilhaber und Lenker der Konzerne. Der Plan der Spezialisten der Wirtschaft ist also zugleich ein Plan der Diktatur, die Welt in einen allgemeinen Krieg zu verwickeln, um der deutschen Wirtschaft die Überlegenheit über die Konkurrenz für alle Zeiten, wie sie glaubt, zu sichern.

Die wirtschaftliche Seite des Krieges erscheint zunächst als nicht bedrohlich, solange er nach außen als ein Mittel der Ausweitung des Exports in »natürliche« Lebensräume des deutschen Volkes auf Grund seiner Tüchtigkeit und als Ersatz für den Übersee-Export auftritt; eine Form, die diesem Krieg als ersten *modernen* Krieg und durchaus logisch in seiner wirtschaftlichen Struktur erscheinen läßt, und die wir in weiteren Kriegen als »geopolitische Blockade«, als Eroberung unberührter Märkte und Räume für zukünftige Einwanderungen, noch klarer erleben werden. Blockade und Eroberung von Absatzmärkten sind für diesen Krieg logischer als alle Bomben und alle Maschinenschlachten zusammen. Nur wer die Massen des Gegners auf trocken Brot setzen kann, wer sie der Arbeit beraubt, wird siegen.

Der Krieg erscheint den Deutschen als nicht bedrohlich, solange im Innern des Dritten Reiches die Rationalisierung der Wirtschaft weiter getrieben werden kann, sei es zur Besetzung fremder Länder, sei es zur Befriedigung der Herrschaftsgelüste der Parteibürokratie durch Infiltrierung von Beamten in bislang privatwirtschaftliche Betriebe, ferner zur Durchsetzung des Konsumdiktats, welches als Mittel zur Massenlenkung neben das Lohndiktat tritt.

Die innerwirtschaftlichen Maßnahmen des Staates wirken im Sinn einer kapitallosen, rein ökonomischen Monopolisierung aller Vorgänge der Produktion, des Absatzes, des Konsums, der Verteilung der Waren und Lebensmittel und der Entlohnung. Inhaber dieser Monopole ist der Staat, die Partei, die Bürokratie, der geredeten Ideologie gemäß: die Elite – in jedem Fall eine Anzahl verantwortungsloser Anonyme, deren

Rechtstitel einzig solche der augenblicklichen politischen Macht, nicht solche des Besitzes oder der Kenntnis sind.

Da der ganze Vorgang dieser Enteignung oder Verstaatlichung der Produktionsmittel durchaus anonym ist, scheint die Frage nach dem individuellen Besitzer dieser Produktionsmittel nicht zu entstehen, weil sie, entsprechend der deutschen Auffassung von der nationalen Wirtschaft, gar nicht gestellt werden kann. Die deutsche Wirtschaft, vertreten und wirksam durch die Einzelkonzerne, ist Eigentum ihrer selbst, das heißt niemandes oder aller Eigentum. Die deutsche Wirtschaft ist ebensosehr Gestalt und Ausdruck der Tüchtigkeit der ganzen Nation wie des Einzelwillens der von ihr erfaßten Mitarbeiter der Nationalen Arbeitsfront. Die Akkumulation politischen Willens – staatlichen Lebens und staatlicher Macht – in den gewaltigen Einheiten der chemischen, der Eisen-, Kohle- und Ersatzstoffindustrien kommt jenem in Sowjetrußland geschaffenen Wesen des staatsmonopolistischen und von Planungen abhängigen Trusts am nächsten; ein solcher Trust stellt die Quintessenz der bürokratischen Diktatur über das Proletariat dar.

Der Trust-Staat scheint den Deutschen als Lösung aller Krisenerscheinungen und zugleich als das ideale Kampfinstrument, um die Konkurrenz der nicht rationell, nicht mechanistisch denkenden Staaten zu töten, ihren produktionsleeren, aber mit potentiellen Arbeitern und Konsumenten gefüllten Lebensraum zu okkupieren und mit dem politischen Instrument der Deutschen, der Armee nämlich, den vorhandenen politischen Gegenwillen der fremden Massen zu brechen. Die Drosselung des Konsums im Krieg ermöglicht die Zertrümmerung großer materialfressender Betriebe; die Herstellung von Ersatz- oder Kunststoffen ermöglicht die Ausnützung vorhandener Rohstoffe, die Verdrängung ausländischer und inländischer Fabriken, die mit Originalstoffen arbeiten müssen. Die Entwertung des Geldes und sein Ersatz durch Lohnbons und Zwangssparscheine ermöglicht die unbegrenzte Inanspruchnahme menschlicher Arbeitskraft zur Herstellung von Kriegs- und Verbrauchsprodukten, zur Rationalisierung und Erneuerung der Werkanlagen.

Dieser rationelle Prozeß, vergleichbar einem weitschwingenden perpetuum mobile der Prosperität, führt schließlich die ersehnte Befreiung der Wirtschaft vom Geld herbei. Das Geld der Fremden, ihr Gold, kann nicht mehr angelegt werden. Als internationales Zahlungsmittel kann es nicht mehr existieren. Und in Deutschland wird es ersetzt durch hochwertige Produkte wie Fabrikanlagen, Lokomotiven, Apparate der Optik und Elektromechanik, Chemikalien und Medikamente. Damit wird der freie Handel, das Nebenprodukt liberaler Arbeitsverflechtung, automatisch ausgeschaltet und so zu einem Monopol des Trust-Staates.

Der Weg zur Beherrschung des Staates, welchen die deutschen Industriellen wählten, war der, den gesamten Produktionsapparat des Landes intakt zu lassen und ihn zum eigentlichen Inhalt der Macht zu expandieren. Der Weg ist hier allerdings nicht zu trennen vom Wesen, vom russischen Weg und Wesen zu unterscheiden, trotz mancher Ähnlichkeiten.

Der Fall Sowjetrußland–Deutschland liegt ganz in der Sphäre der Notwendigkeiten der Wirtschaft, die anstelle der Notwendigkeiten des Individuums, der Zivilisation oder des Lebens getreten sind. Der seelenlose russische Muschik-Industrialismus würde zur Angleichung an europäische Bedürfnisbefriedigung in einem Krieg – der Krieg und nicht der Friede liefert die Norm für die Beibehaltung expansiver Prosperität – 80–100 Jahre brauchen. Nichts lag näher, als daß Sowjetrußland, fern aller Politik und geredeten Inhalten seiner sozialistischen Programme, nur auf den Nützlichkeitsfaktor für die Zukunft starrend, diese Bedarfslücke mit deutschen Produkten ausstopft. Andererseits ergab sich aus der fortschreitenden Industrialisierung und Erschließung der Bodenschätze des russischen Raumes eine Konstellation, die der deutschen Wirtschaft die Existenzfrage aufdrängte: Entweder es gelang ihr, den Deutschland geographisch am nächsten gelegenen Rohstoffraum zu erreichen und in ihre Versorgungspläne einzubeziehen, oder sie mußte unter dem Druck des verstärkten Konkurrenzkampfes mit Sowjetrußland ersticken.

Keine deutsche Wirtschaft kann, nur von ideologischen

Aversionen geleitet, an den Möglichkeiten eines Austausches von Waren und Rohstoffen mit Rußland innerhalb einer gelenkten Planung achtlos vorübergehen. Erst recht nicht, wenn Deutschland gezwungen ist, sich auf Europa allein zu konzentrieren, wenn es die Blockade nicht durchbrechen kann und sich ihr anpassen muß. Das Bündnis mit Sowjetrußland braucht keineswegs politische Folgen nach sich zu ziehen; aus wirtschaftlichen Notwendigkeiten ergeben sich eben, trotz Karl Marx, trotz den liberalen Konstatierungen der Ähnlichkeiten beider Trust-Staaten, *keine* politischen Notwendigkeiten. Wenn überhaupt, dann ist die Logik der Massenversorgung, welche eine Eroberung der Massen voraussetzt, welche die deutsche Industrie einführte, strenger als die landfremde Logik der marxistischen Theorie; die russische Politik wird sich der deutschen immer mehr annähern, und nicht umgekehrt [oder sie wird von der deutschen zerstört werden].*

Der Russe liebt den Deutschen nicht. Im schönsten und tiefsinnigsten Buch der großen russischen Literatur, im *Óblomow* von Gontscharow kommt dieser Haß des christlichen, beseelten und ursprünglichen Russen gegen die Tüchtigkeit des mechanistisch-unbeseelten Deutschen wunderbar zum Ausdruck: »Der Deutsche hat den Affen erfunden.« Beinahe wäre es ihm gelungen, diesem Teufelskerl von einem Erfinder, nein, diesem wirklichen Teufel: auch den Menschen zu erfinden; es gelang ihm nur etwas sehr Menschenähnliches zu kopieren, das zwar keine unsterbliche Seele, aber – alle Eigenschaften des Deutschen hat. Der Affe ist die perfekte und elegante Travestie des Menschen, mit angsterfüllten und zugleich tiefsinnigen Augen, von unerschöpflichem Appetit, unersättlicher Aggressivität, Neugier und Tücke – zugleich aber ein Abbild eines fliegenden Teufels, einer herumschnellenden Maschine, seelenlos, begabt nur mit der Seele des Herden- oder Hordentieres.

Das Unheimliche der Existenz im Deutschen projiziert sich nach außen in tiefen und kühnen Versuchen der Gestaltung und Planung der kommenden Welt, der Sättigung und Len-

* Vom Autor handschriftlich ergänzt.

kung der herandrängenden, im Krieg und erst recht nach der Abrüstung hungernden und verzweifelnden Massen, die die deutsche Wirtschaft erst zur Macht, dann zur Ohnmacht freisetzte.

5

Welche Rolle spielen die Massen im Großen Plan der deutschen Wirtschaft? Sie sind Maschinen- und Kanonenfutter. Sie nehmen an etwas teil, das sie als Notwendigkeit, aber nicht als ein göttliches Schicksal empfinden, weil es von ihnen antizipiert und in Diskussionen zerdacht, damit bewußt, gewußt wurde und sie selbst ein Teil der Wirtschaft wurden – das Feuer unter den Kesseln, jener Teil der Maschinerie, welcher der technischen Wissenschaft und Wirtschaft unbegrenzte Möglichkeiten erst ermöglicht. Der fatalistische, verantwortungslose Sinn der Relativität allen Lebens, den sie dieser Notwendigkeit unterlegen, erlaubt es den Deutschen, so ehrlich zu sein, daß sie dem Unglauben der Welt ringsum mit der Waffe in der Hand entgegentreten und bereit sind, für ihren Neuen Glauben an das Dritte Reich zu sterben.

Die Leiden der Entbehrung, des Hungers, der Armut und ständiger Todesnähe werden von den Massen ertragen um ihrer Utopie willen: daß die Verstaatlichung der Wirtschaft identisch sei mit Sozialismus, in welchen sich die verdrängte und heimatlos gemachte, nicht mehr sublimierte christliche Gläubigkeit der deutschen Bauern und ewigen Protestanten, gerettet haben mag – als Element der Hoffnung auf eine zukünftige, bessere Welt. Auch dafür ist der Glaube der Massen an die Notwendigkeit der Verstaatlichung der Wirtschaft verantwortlich: In ihrer vorgreifenden, nach dem siegreichen Krieg von 1870 geprägten aggressiven Art der deutschen Industrie, entstand das plötzliche Drängen der bäuerlichen, von Feudalherren unterdrückten Massen in die Städte, in die Fabriken des Reiches, während die Bauern bis dahin im Umfang von etwa 200 000 Menschen jährlich den Weg nach Nordamerika gefunden hatten und diesem Lande jene gleiche, stürmische Entwicklung industrieller Tüchtigkeit injizierten oder wesentlich zu ihr beitrugen. Diese bäuerlichen, christlichen Massen trugen ihre entwurzelte Existenz in die kleinen und großen Städte, erweiterten sie zu Großstädten, die Schlafstädte wurden, in denen sie nicht wohnten, sondern nur zwischen zwei Schichten hausten, schliefen, Brut zeugten, die bereits Kinder der unbedingten und bedingungslosen, allgegenwärtigen Mechanik der Großstadt wurden; Kinder, die nichts anderes mehr kannten, als die Existenz der Massen; Kinder, die der Propaganda unterlagen, die der Staat an sie verschwendete, um sie zu gehorsamen und dankbaren Dienern seiner Kasernen und Fabriken zu machen.

Nicht das Kapital hat die Massen geschaffen, sondern die Massen das Kapital und damit auch die Wirtschaft. Das Kapital führt keine zeugende Existenz, sondern wird erzeugt von denen, die es nicht haben. Die eigentliche Zeugung der Massen geschieht durch ihre Verwendung: indem die Zahl der Einzelwesen zu einer nützlichen und benützten Summe wird; indem ihre bäuerlichen Dialekte zum Jargon der Großstadt entgeistigt, ihnen entfremdet und ihr natürliches Wesen gegen ein geliefertes ausgetauscht werden; indem sie dem Druck des zu niedrigen Lohns und der vom Staat bestellten Instrumente der Willfährigmachung unterworfen werden; indem anstelle ihres Glaubens an Gott und eines Sinnes der Leiden in dieser Welt der Glaube an die Macht des Staates, an Maschinen, anstelle ihres Glaubens an das Unerklärliche der Glaube an Tatsachen, an die Erklärung des Lebens durch die Wissenschaft gesetzt wird. So wird ihnen etwas Unersetzliches, werden ihnen Glauben und Tradition genommen, der gesunde Menschenverstand, der *common sense* in Existenz und Gemeinschaft der Gleichbedingten; an deren Stelle wird etwas nur Geredetes gesetzt, das erträglich wird allein durch den Gedanken an die sozialistische Befreiung der Arbeiterklasse durch sich selbst und durch ihre, von ihr frei gewählten Führer.

Diesen Vorgang könnte man noch das Fortschreiten der technischen Zivilisation, der modernen Zeit überhaupt nennen: Entscheidend im deutschen Fall ist jedoch die Schwere der seelischen Krise und die Rolle der materialistischen Dialektik, die bis ins Extrem getriebene Analyse und der Versuch, deren Ergebnisse am und mit dem deutschen Menschen zu realisieren.

Zwischen den beiden anschaulichen und gegebenen Vorbildern, Nordamerika und Rußland, wurde der Schüler von Karl Marx, der einer mageren Scholle, einem freudlosen Himmel entlaufene Leibeigene zu einem Objekt jener Wirtschaft, Technik und Wissenschaft, welche in einem Vorbild den Kapitalismus, im anderen dagegen den Sozialismus zur Vollendung bringen wollten. Beiden Vorbildern unterlag nicht nur der Leibeigene, der Rekrut, der verprügelte und händelsüchtige, körperlich und seelisch häßliche Kleinbürger, sondern auch sein Herr, der autarke Autokrat, der Wirtschaftsführer, welcher den Staat um seine soziale Macht beneidete und sie ihm abkaufte, ja stahl, indem er den Staat der Arbeiter, Bürger und Bauern, der die Republik hätte werden können, zerstörte. Staat und Masse amalgamierten sich für ihn und seine Wirtschaft in jener Nationalen Arbeitsfront, welche die kommenden Stürme der bewaffneten Konkurrenz und des Risikos des russischen Bündnisses zu überstehen hat, wenn anders nicht dieses Wesen Germanien und seine Kraftemanation, das Neue Deutschtum von Marx und Hegel, Rathenau und Nietzsche vor die Hunde gehen soll.

So stehen sich am Ende dieses langen und wirrsalreichen Wegs durch das 19. Jahrhundert mit seiner bürgerlich optimistischen Kultur, die in anderen Ländern eine Macht, in Deutschland nur eine Schwäche, eine literarische, geredete Kultur war, zwei Philosopheme gegenüber, zwei Systeme, zwei Lebensauffassungen, oder, wie es der Deutsche zu nennen liebt, zwei Weltanschauungen: die des kirchlichen Christentums und die der überwundenen Christ-Gläubigkeit. Erstere beruht auf den durch Kirchen interpretierten Gesetzen und Geboten eines im Kampf der Richtungen und Sekten geschaffenen und aufgebauten Glaubenssystems. Dieses formt die Gesetze und Verbote der Moral, des Rechts, des Übereinkommens und der Ökonomie. Einer Ökonomie, die nicht mehr ausreicht, um Schritt zu halten mit der Notwendigkeit, Massen größter Zahl und Gleichwertigkeit in ihren Anforderungen zu füttern, zufrieden zu machen mit ihrem Los, ihrem Anteil an Macht und Lebensfreude; Gesetze einer Wirtschaftsverfassung, welche in den Grundformen dem System von Karl Marx gleicht und den Deutschen als zu zerstörende oder nachzuahmende Formen gelten, was nach marxistischer Auffassung auf das gleiche hinzielt: Revolution der Wirtschaft durch die Revolution des Staates, durch Ablösung der beiden herrschenden Klassen. Oder diese Gesetze dienen als Schablone, um, wie so oft schon in der religiösen Krisenzeit Europas, ihren tüfteligen und gründlichen Sinn, die Tüchtigkeit des Experten, an ihre Erweiterung und Perfektionierung zu wenden bis zur Sinnentstellung und zum totalen Widerspruch zu dem, was Wirtschaft eigentlich meint. Die wirtschaftliche oder materialistische Revolution steht für Entwicklung und Fortschritt der Menschheit, für Freiheit und Gleichberechtigung schlechthin.

Eingefangen in diesen Prozeß der Zersetzung der Individualität sind alle Ergebnisse der englischen und französischen Revolutionen; die Vorgänge in Deutschland sind an sich nichts weiter als die Ersetzung einer spontanen und gerechten Revolution durch den langsamen und seelischen Prozeß der Zerdenkung, der Bewußtmachung und Rationalisierung aller auf der Welt vorhandenen Ausgleichsmöglichkeiten für erlittenes und eingebildetes Unglück – ohne das Risiko einer Niederlage.

Es ist wesentlich und muß immer wieder betont werden: Das vom Deutschen eingegangene Risiko ist voll gedeckt und ausgeschaltet aus seinem Bewußtsein durch emotionale und triebhafte Vorstellungen von Heroismus, Macht, Rasse, Stärke der Armee, deutschem Recht; es ist nicht beschädigt durch irgendeine klare Einsicht in die wirkliche Lage, die wirklichen Möglichkeiten des Dritten Reiches. An deren Stelle tritt das Grundgefühl der unerklärlichen Lebensangst, welches im Individualfall als Psychose, in dem eines Volkes dagegen als Haltung und Kriegslust definiert werden muß.

Es stehen also auf der einen Seite die bürgerlichen, unkirchlich gewordenen Gesetze der Gleichheit aller Menschen, der

Gerechtigkeit und Freiheit, der Selbstverantwortung und Barmherzigkeit, welche wir als die Gesetze des modernen *common sense* bezeichneten. Dieser Begriff (ganz entgegen der allgemeinen Auffassung von seinem Inhalt als »gesunder Menschenverstand« und der Bedeutungsverminderung seines ursprünglich gemeinten Wertes) hat unserer Auffassung nach eine Aufwertung größten Umfangs erfahren und bedeutet heute dem die Sprache verstehenden Menschen wieder soviel wie unseren Vorvätern: die allen gemeinsam sein sollende und alle bindende, verpflichtende Einsicht in eine menschliche Ordnung, welche alle Völker gemeinsam schaffen sollen und die alle umspanenn soll. Der gesunde Menschenverstand als Forderung hat diesen Sinn der Bindung aller und der Schonung des anderen, eine Tugend, die wir als Demokratie erleben, in Deutschland vollkommen verloren. Sie hat in den Vereinigten Staaten und namentlich in England, wo *common sense* die Voraussetzung des *Common Wealth,* des gemeinsamen Wohls wurde, eine menschliche und politische Bereicherung erfahren, welche viel mehr noch zum Inhalt hat als bloß bürgerliche und proletarische Tugend; so zum Beispiel die gesamte christliche Voraussetzung des Sozialismus, der Lehr- und Lernfreiheit und starke neue wirtschaftliche Begriffsbildungen der besitzenden Klassen, die in diesen Ländern heraufkommen. Die funktionelle, ursprüngliche Basis dieses hochwertigen und konstruktiven *common sense* – das hellenische Christentum und seine Abwandlung der jüdischen Gott-Vorstellung – ist, als die Massen bändigende Kraft, verschwunden; deren Bewußtseinsinhalte sind im Zustand der Ablösung durch neue, mannigfache und noch ungeordnete Inhalte einer neuen, aber immer christlichen und sozialen Zivilisation.

Was aber die formale Bindung des Menschen im *common sense* angeht, die als Allgemeines Wahlrecht und Koalitionsfreiheit, Streikrecht und Glaubensfreiheit, Freizügigkeit und Konsumfreiheit bezeichnenderweise auch in den christlich-demokratischen Ländern schrumpfen, eingeengt werden unter den Wirtschaftskrisen und Kriegen um die zukünftige Gestalt des Nationalstaates, so werden diese unentbehrlichen Fundamente der individuellen Freiheit innerhalb des Massenstaates sehr bald anderen Formen des Übereinkommens Platz machen – um politischen Krisen nicht die Störung des Export- und Versorgungsapparates zu ermöglichen, welchen der Trust-Staat zum Besten des allgemeinen Wohles verwaltet. Das so verstandene allgemeine Wohl wird neuer Inhalt des Begriffs *common sense; causa communis* ist dann nichts anderes als der neue Massenstaat selbst.

Die Leitung dieses nervösen und empfindsamen, vielfach auf Meinung der Börse, des Gradmessers der öffentlichen Meinung abgestimmten Lebewesens über den Wesen, lockt geradezu die Richtung der aggressiven Gegenkräfte der herandrängenden Elite auf sich. Dieser Angriff auf das Gehirn des Trust-Staates aber ist das Endziel, nicht nur des sichtbaren, sondern erst recht des unsichtbaren, des suggerierten Krieges der deutschen Massen, welch letzterer als ›Krieg der Sympathie‹ der depossedierten, aber herrschaftsbereiten Mittelklassen in allen industriell hoch organisierten Ländern mit wahlberechtigten Massen durch Agitatoren, Verräter und Radioansprachen angefacht wird. Der Spanische Bürgerkrieg wurde mit Hilfe dieser Sympathisierenden der Fünften Kolonne gewonnen, und sie sind überall am Werk, wo es gilt, die nach oben ansteigenden Denkbahnen zu lähmen und zu verwirren, Werte und Worte zu verfälschen, Denkformen zu denaturalisieren, Standpunkte zu relativieren, Gelder zu verteilen, Zeitungen zu kaufen; kurz, alles als *bourgeois* zu ›entlarven‹, was als Tradition der Freiheit und Gerechtigkeit uns überliefert wurde, was eine Verpflichtung für jeden denkenden, nachdenklichen und besonnenen Europäer sein muß. Es könnte sonst leicht in Europa jener Zustand eintreten, den Francisco Pizarro in Peru, einem wirtschaftlich überorganisierten Land vorfand, dessen herrschende Kaste sich in einer unerbittlichen und methodischen Revolution zerfleischte, einer Revolution um den Besitz des Verteilungsapparates der Konsumgüter, welche die Herrschaft über die Massen garantierte. Nicht die Überlegenheit der Waffen, sondern lediglich das sozialpsychologische Moment des Zerfalls des ökonomischen Überbaus ermöglichte den spanischen

Eindringlingen einen leichten Sieg und vollkommene Vernichtung einer hohen Kultur (höher als die der Sieger), einen Sieg, der weit leichter war als der von Cortez in dem schwächer organisierten Mexiko errungene.

Die Härte des Denkens der deutschen Gehirne, ihre Entschlossenheit, alle Mittel zu nützen und alles auf die Karte der wirtschaftlichen und strategischen Organisation zu setzen, welche totaler Krieg heißt, ist außerhalb des Dritten Reiches unvorstellbar – weil sie utopisch und nicht konkret, der wahren Macht des Deutschen Volkes entsprechend erscheint. Die Ideen der preußischen Landsknechte von einem Alexander-Zug, mit dem Schwert in der Faust die Welt zu erobern, sind den eiskalten Notwendigkeitsgehirnen der deutschen Industriellen fremd; aber den Enkeln eines Clausewitz und Moltke, welch beiden ja der triftige Grund zur Bestätigung ihres Herrschaftsanspruchs über die Welt fehlte, sind sie als Fanatikern deutscher Tüchtigkeit, als preußischen Patrioten und Aristokraten sehr nahe. Ihr Anspruch ist der des Fachmannes, der alles besser weiß und besser kann, des Ehrgeizigen, dessen Ehre gekränkt wurde, der etwas Mittelalterliches sein wollte: ein Held in einer Welt des Merkantilismus. Die preußischen Generäle und Offiziere sind erratische Blöcke, hereinragend in diese Welt der Maschinen- und Ameisenmassen. Sie haben an der Entwicklung vorbeigelebt und glauben, sie benützen zu können, in der irrigen Vorstellung, daß diese Zeit gleich ihrer Lebenszeit, ihres Lebensideals stillstehe, daß diese Zeit etwas sei, das wiederholt und verlängert werden könne, während es doch eine reine Vorstellung *post factum*, die Idee nach der Tat, nicht vor der Tat ist. Zeit, die wir als räumlich empfinden und nur als räumlich, insofern als das Zeit-Denken sich selbst denkt, und das Gedachte nach der Tat, welche Zeitablauf ist, sich als Veränderung des Lebensraumes darstellt, der nicht abzugrenzen ist. Alles, was wir Hellenismus, Christentum, Renaissance oder Gotik nennen, ist Gedachtes, erledigtes und nie wiederkehrendes Denken *nach* der Tat, die eine Sache, eben eine Tat-Sache geworden ist.

Der Denkfehler der Deutschen (und der Russen) ist der eines

Anfängers in der Mathematik, welcher an die fleischliche Substanz der Zahl glaubt – drei sei drei Äpfel oder drei Fabriken. Wirtschaft ist keine mathematische, abstrakte und zu verwirklichende Theorie, sondern nur eine Funktion. Aber nicht eine Funktion des Krieges oder des Profits, der Expansion oder der Macht, nicht des entfesselten, skeptischen und entseelten Denkens und Planens, sondern des leiblichen Hungers der Massen, welchem ein seelischer Hunger vorangeht und ein anderer seelischer Hunger folgt. Alle anderen der Wirtschaft imputierten Ziele, als ob sie Geschichte oder Revolution, Klassen oder Kasten *mache* oder *vernichte,* ist eine Fehlleistung menschlichen Denkens; ist Wunschdenken und daher Denkträgheit. Daß Wirtschaft gar aus dem ihr verbundenen Staat, in ständiger Wechselwirkung beide sich zeugend, ein höheres Wesen mache als es der letzte seiner Inhalte, die Arbeitsameise, ist, ist ebenfalls nur gedachter Hochmut, der seine Schwäche bis zur Mechanistik, zur Maschinengewalt getrieben hat; ist nur Ausdruck einer Individuallebensangst, welche sich in den Panzer der Schildkröte flüchtet, um das kurze Einzelleben besser zu überdauern.

Gewiß können Sorge, Besorgtheit und Voraussicht den Staat angenehm, leicht und sogar franziskanisch machen; aber ihn der leiblichen Notdurft ganz zu entziehen und zu vergotten, heißt zuletzt das mindestfähige Gehirn aus der Masse, welche den Staat formt, zu seinem Leiter machen, was wir gerade jetzt in Deutschland, und nicht nur in Deutschland, erleben.

Diese Erhebung des schwächsten Gehirnes, welches nur in der Richtung des geringsten Widerstandes zu denken vermag, erlebt die Welt ja nur in der tiefsten Verwundung, in der Kriegssüchtigkeit, welche immer der Ausdruck vollständiger Ratlosigkeit im Gesamtgefüge der Welt und der menschlichen Gemeinschaft ist. Die Ausweglosigkeit des deutschen Denkens und seine tiefe Furcht vor dem Ende enthüllt gerade und nur der absolute, ewige und heroisch-brutale, primitive Krieg, hinter dem nichts Ewiges, nichts Totales und nichts Heroisches steht: nur Weltfremdheit trotz allen Wissens, primitive Triebbesessenheit trotz aller Mechanistik, materialistische Befangenheit trotz aller abstrakten Philosophie, asozialster Menschenhaß trotz allem Marxismus, trotz allem sozialistischen Pathos.

Nach der Schwenkung der deutschen Philosophie vom Denken zum Wollen, vom »Ding an sich« zur Bestimmung seiner Eigenschaften, von der letzten Erkenntnis, daß das Denken eine Funktion im bereits Gedachten, also nach der Tat, zwecklos über den Zwecken, also etwas in sich zugleich mit dem Menschen und dem Leben Gegebenes sei, wendet sich jetzt das deutsche Denken abseits aller Konvention einer gegebenen und zu erobernden Welt zu; einer Welt, die man betasten und zerbrechen, das heißt besitzen muß, um sie ganz zu verstehen und sich einverleiben zu können. Hier bricht ein anderer charakteristischer Zug deutschen Wesens und Denkens mit aller Macht, brutal in die Umwelt: den Deutschen interessiert nicht, was er nicht besitzt. Was nicht, *noch* nicht sein Eigentum ist, stimuliert ihn nicht zu affektloser Betrachtung, zu jenem Gefühl, das uns mitsamt unserer wesentlichen Abhängigkeiten und Beziehungen auslöscht, wenn wir den Sternenhimmel, eine Blume oder ein Kunstwerk betrachten; dem Deutschen ist die objektivierende und distanzierende Fähigkeit des Erlebens verlorengegangen. Er muß sie durch immer wildere Abenteuer ersetzen.

Der Augenblick, da er sich seiner Gebundenheit durch und an Sorge, Materie, Geschäft, Tüchtigkeit, Beruf, Ehrgeiz verlustig fühlte, würde das Ende seiner Aggressivität bedeuten. Er würde aufhören müssen, gegen die ihm feindliche, weil fremde Welt zu protestieren, die ihn zerbrechen will, weshalb er sie besetzen und besitzen muß, um sie dann zu zerbrechen. Der Deutsche müßte, in einer plötzlichen Stille des Todes erschauernd, seinen Irrwahn erleben, in einer Stille der Geschichts- und Gesichtlosigkeit, welche zugleich das Wesen des Besitzes und der Existenz der anderen Menschen enthüllen würde: als eine gleich starke Realität. Etwa so, wie wir ihn heute betrachten, den tüchtigen, rasend beschäftigten, mächtigen und brutalen Ameisen-Deutschen. Ganz abgelöst von unserem Sein, in seiner eigenen Existenz, bis zu dieser Stille, in der wir jetzt sein

Wesen als verflucht, tragisch und unmenschlich erkennen. Das wäre das Ende des Neuen Deutschtums und seines künstlichen Produkts, des Hitler-Deutschen. Er hätte nichts, wohin er flüchten könnte, wenn er zurückblickend erkennen würde, was er unserer Welt angetan, die doch allen gehört, soweit die Welt uns gehören *kann*.

Der Alexander-Zug der letzten Preußen durch die Steppen Asiens, woher sie kamen, wäre ein Schicksal, das ihrer würdig und nicht ohne wahre Größe eines Don Quichottes wäre, von der sie schlotternd in ihren Eisenpanzern, umflossen sind. Tausende von Don Quichottes ziehen aus, um den Wind, das Riesige, das Tierische, Blut und Boden, das Marschieren, das Kämpfen, das Siegen und Erobern bis in das Endlose zu erleben – und erleben nur immer wieder sich und die Maschine.

Wohin sie auch kommen auf ihren Fahrten, die Maschinen sind schon da, mächtiger als ihre Maschinen; und die Massen der Sancho Pansas überwältigen sie. Es gab auf einmal zu viele Tatsachen, zu viele Fragezeichen; und die zu erlösenden Prinzessinnen, die kleinen Nationen, waren es müde, immer wieder erlöst und in Kasematten und Fabriken eingesperrt zu werden.

Was bleibt den unzeitgemäßen Raubrittern anderes übrig, als die Unermeßlichkeit der Steppen Rußlands und die reine Höhenluft des Pamir? Und so verlassen sie den europäischen Raum, welcher der wahren und endgültigen Ordnung endlich überliefert ist. Klein am Horizont Eurasiens, der Mutter aller Geschichte und aller Größe, verdämmern sie endlich, um ihren blutbefleckten Götzen eine letzte Zuflucht in Walhall, im Luftschloß Tamerlans zu geben.

Vorläufig aber organisieren sie diesen russischen Großraum und gleichen ihre Massen den russischen an – abwärts, immer tiefer in Hunger und Sklaverei, senden Spähtrupps und Vorarbeiter aus, um die Reservestellungen für den *levée en masse* zu mobilisieren. All diese Vorbereitungen haben den Drohwert eines Krieges auf lange Sicht. Aber wie hinter all den Verwandlungen der Deutschen, steckt auch hinter der russischen Machination ein zweiter, nicht weniger echter Wert und ihr eigentlicher wahrer Inhalt: der Inhalt der nicht eingestandenen Lebensangst, die hier gleich konkreter Todesfurcht wird. Die Möglichkeit der Angleichung beider Systeme, des russischen und des deutschen, deutet auf die gleiche Lage, auf die gleiche unzeitgemäße Auffassung vom Lebenswert. Beide Systeme passen nicht in die Zeit des allgemeinen und christlich determinierten *common sense*-Mannes, des zivilisierten Menschen aus dem Westen Europas.

Dieser Mensch ist kein hohes Ideal, er ist vielleicht überhaupt kein Ideal, sondern eine Forderung der Intelligenz und des gemeinsam zu leistenden *common sense*, einer Erziehung zum Gemeinschaftssinn. Sein Leben ist der Nützlichkeitseffekt des Denkens der wenigen, denen der Geist zur Macht verhelfen wird, der noch immer geholfen hat, und nicht das Geld, nicht die Wirtschaft. Dies ist kein Optimismus, sondern eine Gläubigkeit und eine Hoffnung neuen Stils, welche wir allenthalben am Werk sehen und die allenthalben erkennbar ist. Die Seele des *common sense*-Mannes ist aufgeschlossen und erwartungsvoll, ruhig und bewußt, daß er Opfer bringen muß und daß im Opfer schon der Lohn als Sinn des Opfers enthalten ist.

Gefahren, wie wir sie jetzt durchleben, entstehen aus dem Schlafbedürfnis der Intelligenz nach gewaltigen Anstrengungen, den Lebensraum aller erweitern und sichern zu wollen; nach solchen Richtungsänderungen und Gestaltungen unserer Intelligenz, zu der wir alle beitrugen, entsteht eben, als Gegenpart, die Unaufmerksamkeit der Intelligenz und sie erzeugt dann die Phantasmagorien von der Ameisenhaftigkeit eines Hitler, der Affenartigkeit eines Stalin und der Kellnerhaftigkeit eines Mussolini. Es formt sich ein Angsttraum, daß diese Don Quichottes der Mechanistik die Fabriken von Vickers-Armstrong, Schneider-Creusot, Krupp und Bethlehem-Steel zu einem einzigen Trust fusionieren und als dreieiniger Alexander der Große der Menschheit den totalen und letzten Krieg, das Jüngste Gericht, erklärt haben.

Der Krieg nahm das Wesen der Nation an: Krämpfe, die in Wellen von Wirtschaftskörpern, der Staat gewordenen Materie, oder von dem Denken gewordenen Staate ausgehen und die

Völker in Wanderungen und Eroberungen in den Raum hinaus und voran stoßen. Diese Bewegungen stellen sich uns als Angriffskriege dar, den Deutschen als wirtschaftliche Notwendigkeit, die sich aber im tiefsten und letzten Sinn als Zuspitzung des Denkens zur Rationalisierung, des Gefühls zur Hemmungslosigkeit enthüllte.

Die Deutschen haben die Wertlosigkeit der Hemmung in jeder Gestalt *für* sich, nicht *an* sich, erkannt, sofern eine Zivilisation auf Glück *auf* dieser Erde, nicht *hinter* ihr, auf das Wissen anstelle des Glaubens und des *common sense* aufgebaut wird. Ein Radikalismus der Tatsachen, den sie aus den Lehren der Philosophen und Wirtschaftsführer in allen westlichen Ländern, namentlich aber Rußlands und Nordamerikas folgern zu können glauben.

Welcher Art das Kompromiß sein wird, welches dem ökonomischen Gemetzel und zugleich der seelischen Lebensangst, der Leere im Deutschen, ein Ende bereiten soll und muß, ist noch nicht zu erkennen. Die Sympathie oder der Haß der gleichgerichteten Klassen und Massen in allen Ländern werden diese Abrechnung mitgestalten.

Man könnte sich dieses Ende vorstellen – zumal wenn eine einzige Bedingung erfüllt würde: die Zerstörung der Fixierungsmöglichkeit des deutschen Aggressionstriebes, das heißt die Ausrottung des Militarismus, seiner Kaste und seiner Symbole der Macht, der Kriegsapparatur, zu der ja nicht nur Waffen und Maschinen, sondern auch jene Unzeitgemäßen, die letzten Raubritter, gehören. Es entstünde wirtschaftlich ein Vakuum der Produktion, eine totale Arbeitslosigkeit in Deutschland, deren Beseitigung nur durch eine tiefgreifende Neuplanung und Anpassung der akkumulierten Wirtschaftseinheiten an die neuen Bedürfnisse der Massen in Europa erfolgen könnte. Aber die Gebirge der plötzlich in Alteisen verwandelten Waffen werden ja nicht nur Deutschland bedekken; die neue Form der Wirtschaft wird von dem neuen, umfassenderen *common sense* Europas gestaltet werden müssen.

Gelänge die vollkommene Zerstörung der deutschen Triebsymbole des Todes und der Bedrohung nicht, so würde rings um Deutschland ein ewiges, noch stärkeres Aggressionsfeld materieller und seelischer Kräfte aufgestellt und erhalten bleiben – in stetiger Alarmbereitschaft, eine Art überdimensionaler, lebender chinesischer Mauer.

Aber – es ist nicht unsere Aufgabe, eine neue Lehre zu schaffen oder auch nur Folgerungen zu ziehen. Die Entwicklung der Menschheit und der wenigen, die sich aus Streit und Widerstreit, aus Wehr und Abwehr als unsere Zeit darstellt, welche sich im unendlichen Raum bildet, eine Zeit, welche die Massen durchleben müssen, so wie sie diese Zeit darstellen und sind, schafft und ist die Lösung. Nicht der einzelne und das einzelne, ein Friedensvertrag etwa, schaffen diese Lösung. Der einzelne ist heute weniger als ein Echo, auch wenn er wie oder als ein Diktator von Massen von Millionen Menschen auftritt: Auch er ist nur der Geduldete, der Dulder, der Benamte und Berühmte, aber nicht der Sinn, nicht der Name und nicht der Ruhm unserer Zeit. Der Diktator ist nichts als das Ende vor dem Anfang.

Der Kleinbürger

Die preußische Aristokratie sendet ihre Söhne aus, die, als Offiziere, die herrschende Kaste in Deutschland darstellen sollen; diese Kaste ist und muß ihrem Wesen nach konservativ sein. Ihre Gewalten sind symbolisiert im Fahneneid, jenem mystischen Band, das alle Offiziere zusammenhält und den Kastengeist über der Kaste selbst als tranzsendente Gestalt schafft. Sie wirkt mit Geboten und Verboten, mit einer bestimmten Sprache, deren Wortschatz überliefert ist und keinerlei Erweiterungen erfährt, obwohl sein Inhalt durch Krieg, Revolution, Diktatur, durch Änderung der Formen von Wirtschaft und Politik mannigfachen, sogar beliebigen Deutungen ausgesetzt ist. Diese sind auch deshalb beliebig und elastisch, weil durch solche Konzessionen an das Volk die Spannung zwischen dem konservativen Offizierskorps und den andersgerichteten Kräften der Nation vermindert wird. Dadurch ist es möglich gewesen, die Richtung der konservativen Kräfte in Deutschland unversehrt über alle Zwischenfälle und Widerstände der Parteien hinweg zu retten und sie sogar zum Triumph zu führen – zur unumschränkten Herrschaft. Die konservative Gesinnung der Offiziere in Preußen ist also in sich selbst eine Kraft, welche die Kaste zur Wirkung antreibt.

Die Symbole dieser Kaste, deren wir zahllose kennenlernten – Friedrich II., Vaterland, Fahne, Degen, Großer Generalstab – sind aber nichts als Erinnerungszeichen der Macht in den Denkwegen jener Männer, welche die Macht erstreben, um sie nach ihren Idealen der Disziplin und des Kommandos verwirklichen zu können. Die konkreten Ausprägungen all dieser Symbole innerhalb des deutschen Volkes kennen wir als Regimenter, Divisionen, Armeekorps, Provinzen und Länder, welche den Befehlen der Offiziere gehorchen, ihrem Diktat unterworfen sind und mit ihnen entschlossen, das Leben aller für die gemeinsame Sache zu opfern. Der Machtbegriff des preußischen Offiziers ist der absolute Wille zur Herrschaft über Leben und Tod aller Individuen, die sich aus Opfermut, Glauben, Furcht, Eigennutz, sadistischer Triebgewalt, Meinungslosigkeit oder politischer Überzeugung ihnen unterwerfen.

1918, nach dem Zusammenbruch der Armee glaubten die Offiziere zunächst noch, dem Heer und durch es dem Volk, den entfesselten sozialistischen Massen, ihren Willen aufzwingen zu können. Sie hatten erkannt, daß trotz allen Gehorsams, aller Disziplin, im Deutschen ein Element lebt, welches stärker ist als alle Symbole, alle Drohungen: das Element des Glaubens an eine bessere Zeit für alle Menschen, eine Gesinnung, die sich der Jenseits-Ideologie begeben und der Diesseits-Utopie überliefert hat, einem Glauben, daß jetzt und hier die Zeit reif geworden sei, Frieden, Freiheit, Brot und Gerechtigkeit für alle zu verwirklichen.

Im Lauf der qualvollen Wochen, Monate und Jahre nach dem Untergang der Monarchie brachten die zur Armee und zum Generalstab strömenden jungen Offiziere Elemente des Verständnisses für diese vorher nie beachtete oder mit Verwaltungsmaßnahmen beseitigte Opposition im Volk auf und veränderten die konservative Ideologie des Offizierskorps in eine konservative Utopie. Die Richtung ihres Willens auf Schaffung einer Armee, welche der Politik und Verwaltung des Staates den Willen der Offiziere aufzwingen kann, blieb traditionell erhalten und blieb nicht eine Stunde ohne die Kontrolle durch den Großen Generalstab. Aber der Inhalt der Symbole erschloß sich zum ersten Male neu, tiefer und eigenartiger, als das Offizierskorps es jemals selbst geglaubt hätte – mit Ausnahme eines Mannes, des bedeutendsten, den der Generalstab je hervorbrachte, Ludendorffs nämlich, der ganz aus eigener Erkenntnis all das bereits vorgelebt hatte, was nun diesem Neuen Deutschtum, dieser zutiefst sozialistischen Utopie des kämpfenden Volkes in Waffen zugrundeliegt.

Mit dem Begriff des Volksheeres war durch Clausewitz zugleich der Begriff des vollkommenen oder absoluten Krieges geschaffen worden. Aber erst Ludendorff schuf diesen Begriff um in Tatsachen. Ludendorff verwirklichte als erster das Volksheer, das gesamte Volk in Waffen; mit Rathenau zusammen baute er die deutsche Wirtschaft um in die Kriegswirtschaft. Ludendorff ordnete die Beeinflussung des Volkes durch unablässige Propaganda, er setzte auch die Kriegsziele fest. Der Zivilist war ihm ein Mensch, der seine militärische Pflicht vernachlässigte, also ein Deserteur.

Ludendorff aber wurde nicht verstanden, und sein grimmigster Gegner, Hindenburg, siegte. Die preußische Ideologie der Symbole, der Aristokratie, der engstirnigen Provinzler, und der Geist der Kleinbürger, deren Symbole Hindenburg, Ebert und vor allem Noske waren, siegten über die brutale Tatsachenwelt eines Ludendorff. Ganz abgesehen davon, daß der äußere Feind gesiegt hatte. Aber dieser Sieg spielte für Ludendorff, den Fanatiker der konstanten Mobilmachung, nur eine nebensächliche Rolle. Seine Rechnung mußte stimmen, wenn nicht für den verlorenen, dann für den zukünftigen Krieg. Da aber die Verwirklichung der preußischen Utopie, als welche er die Anpassung des preußischen Geistes Friedrichs II. an die moderne Welt der Tatsachen, der Technik, der Massen, der Organisation, der Propaganda, diktatorisch vollzog, nur im Krieg und nur durch den Krieg zu erreichen war, so mußten seine Formeln und Erfindungen richtig bleiben, über allen Frieden hinweg als oberstes Gesetz der Armee und des Großen Generalstabes.

In den Formulierungen Ludendorffs drückt sich die moderne Konzeption der Machtidee aus, welche der Große Generalstab verwirklichen muß, wenn anders er die Berechtigung seiner Existenz beweisen soll. Also galt es, den Friedenszustand als einen Waffenstillstand, als unterirdischen Krieg weiterzuführen, um später den Beweis für die Richtigkeit von Ludendorffs Formulierungen des absoluten und totalen Krieges zu erbringen. Zu dieser Konzeption Ludendorffs und nicht zu der des Monarchisten und Altpreußen Hindenburg rang sich die Reichswehr und die Schule der Neuen Strategie unter von Seeckts Leitung durch.

Hitlers Affinität galt Ludendorff, nicht Hindenburg. Ludendorff erzog diesen Menschen zum Instrument des Großen Generalstabs, in dessen Augen Hindenburg ein Verräter war. Aber Ludendorff hatte einen Fehler, der in seinem Wesen, in seiner dämonischen Größe, in seiner Unverständlichkeit für die Masse lag. Er war unbeliebt. Bei allen. Er besaß einen tatsächlichen Wert nur, solange es Krieg gab und der Krieg gut ging. Als es schlecht ging, sank sein Wert im gleichen Verhältnis wie seine Unbeliebtheit stieg.

Den Offizieren wurde klar, daß Ludendorffs Unbeliebtheit beim Volk ein schweres psychologisches Manko war, welches sie auch richtig lokalisierten: Ludendorff war persönlich hervorgetreten in nichtmilitärischen Angelegenheiten, in Politik, Parlament, Wirtschaft, Propaganda. Er hatte in einer Sprache, die keinen Widerspruch duldete, vor allem die Arbeiter herausgefordert, ihre Partei und ihre Organisationen gelenkt, belogen, mißbraucht und schließlich als *quantité négligeable* behandelt.

Obwohl seine Organisation des Krieges vom strategischen und wirtschaftlichen Standpunkt aus richtig war, wurde der Krieg verloren, weil er politisch falsch geführt worden war. Präziser gesagt: Ludendorffs Methoden der Kriegführung waren an sich richtig und blieben unter der Republik, und erst recht im Dritten Reich, maßgebend. Die jeweilige Stimmung besitzt Wert nur relativ zur Masse, welche ihr unterliegt. Es ist vollkommen gleichgültig, ob die Nachrichten des Hauptquartiers wahr oder falsch sind, wenn nur die Stimmung, welche sie erzeugen sollen, stark genug ist, die Massen zusammen und einheitlich voranzutreiben, zu dem vom Führer und Feldherrn gewünschten Zweck. Dieser Zweck ist die Tatsache, Sieg, welche die Masse erzeugt, gänzlich gleichgültig, ob Tatsachen aus einem wahren oder einem erlogenen Grund geschaffen werden.

Eine Tatsache – Vormarsch, Eroberung, Sieg – ist ein Ding an sich und die einzige Wirklichkeit, welche den Geist, den Willen, Energie und Tüchtigkeit eines Volkes, eines Heeres, eines Feldherrn und Führers repräsentiert und verwirklicht. Nur an den Tatsachen kann man das Leben ermessen, welches sie schafft. Es mußte also ein Mann gefunden werden, welcher dem Großen Generalstab diese lästige und gefährliche, aber bedeutsame Funktion, Massenbegeisterung zu schaffen, abnahm. Einer, der die Massen mitreißt, blindem Gehorsam unterwirft und ihre revolutionären, sozialistischen und utopischen Triebe so umwandelt, daß sie dem Geist der neuen preußischen Utopie vom totalen Krieg nicht zuwiderlaufen und plötzlich in feindlicher Gestalt, als Gegenaktion sich äußern.

Das Offizierskorps, das um seine Macht im Reich kämpfte, war einer langsamen, aber stetig voranschreitenden Umwandlung unterworfen, die es mehr und mehr den wirklichen Ideen des Volkes annäherte, bis es sie schließlich vollkommen begriffen, adoptiert und absorbiert hatte. Diese Wandlung der konservativen Ideologie – in die sich die ursprüngliche, heidnische Utopie des Preußentums verwandelt hatte, namentlich unter Bismarcks Einfluß – in die konservative Utopie des neuen Offizierskorps ging so weit, daß der Generalstab bereit war, jede Konzession an die Neue Zeit zu machen, wenn er die Möglichkeit erhielt, den Versuch Ludendorffs zu wiederholen.

In der Stunde der tiefsten Erniedrigung, als Soldatenräte und aufsässige Arbeiter den Offizieren die silbernen Kokarden und Achselstücke herunterrissen, fand die Aristokratie Hilfe: nicht bei ihren Verwandten und Standesgenossen, den preußischen Junkern und Industriellen, sondern bei Männern, von denen sie immer angenommen hatte, daß sie ihre Gegner seien – bei den Sozialdemokraten. Die Sozialisten waren es, welche sich dem Großen Generalstab unterwarfen, ihn um Hilfe baten; die als Männer aus dem Volk sich schützend zwischen Volk und Offiziere stellten, als diese Ruhe und Ordnung, das heißt ihre Macht und die ihrer Kaste, wiederherstellten.

Der Große Generalstab hatte eine Lehre empfangen und er beherzigte sie seitdem: Es gibt im deutschen Volk noch Männer, die weder von rechts noch von links, weder konservativ noch sozialistisch determiniert und verderbt sind; die in einer sonderbaren Veränderung, Verzerrung, Verhäßlichung, den gleichen Idealen gehorchen wie die Offiziere: Treue, Disziplin,

Gehorsam, Opferbereitschaft, Energie, Liebe zum Vaterlande und Glaube an eine Sendung. Männer, welche die Dienste der Offiziere anerkennen, sie respektieren, ja bewundern und blind gehorchen. Daß diese Männer eigentlich einer anderen Klasse angehören, macht sie nur noch wertvoller, noch sicherer, denn sie können nicht mehr zurück zu ihren Genossen, wenn sie sich einmal ausgeliefert haben.

Einen Schritt weiter erkannten die Offiziere, daß der Sozialismus, den diese Männer verkündigten, zumindest in diesen selbst, etwas ganz anderes erzielt hatte, als dessen Urheber eigentlich wollten: Er hatte aus gläubigen Jüngern der Revolution Männer der Tatsachenwelt, Realisten geschaffen, welche nichts *hinter* den Dingen, sondern alles *in* ihnen suchten; Männer, welche sich mit den Tatsachen zufriedengaben, wenn diese nur mit ihren preußischen Idealen der Ordnung übereinstimmten. In diesen Abgeordneten der sozialdemokratischen Partei war etwas versinnbildlicht, das die Offiziere selbst geschaffen hatten und von dem sie einen Teil, einen wichtigen Teil, ausmachten – Organisation.

Diese Männer waren Teile einer Organisation geworden, welche an sich und als ein Ich, ein lebendes Wesen, nicht als Organismus lebte – deren Funktionen allein noch wirklich, deren Inhalt aber nur noch von den armen Massen geglaubt, von den Wissenden, den Bürokraten, nur noch geredet, aber nicht mehr geglaubt wurde. Die Partei hatte eine Wandlung vom beseelten Körper zur reinen Funktion, zum Funktionalismus durchgemacht, ohne daß die Massen der Parteimitglieder sich dessen bewußt geworden waren. Der Apparat der Wissenden, der Bürokraten, war anstelle der Partei getreten – Partei war nichts weiter als ein Apparat, Politik nichts anderes als die Funktion dieses Apparates, welcher nur genügend groß sein mußte, um dem Ziel der Wiedergeburt des Vaterlandes und der Armee zu entsprechen; die Partei mußte genügend uniform sein, genügend patriotisch, um den Stürmen der kommenden Zeit der Kriege widerstehen zu können.

Diese Partei der Zukunft, im Geist Ludendorffs, sollte die einheitliche Funktion dessen sein, was Politik und Wirtschaft als Symbole zivilen Lebens dem Krieg zu leihen hatten: Propaganda zur Erzielung des absolut nötigen Maximums an Vertrauen; Arbeitsfrieden zur absoluten Verhinderung jeden anarchistischen oder revolutionären Widerstandes des Proletariats, falls im Verlauf der nationalen Erhebung unbequeme Forderungen an die Massen gestellt oder plötzliche Rückschläge als feindliche Wahrheiten auf sie niederprasseln sollten. Die Führer der Sozialdemokraten erschienen den Offizieren als Prototypen des Geistes einer Elite, die es sich zur Aufgabe gemacht hatte, die rebellisch gewordenen und verzweifelten Massen von der Wahrheit zu heilen und zum Gehorsam vor dem Gesetz des Großen Generalstabes zu bringen.

Wenn auch Ebert sich jeden Abend in sein Zimmer einschloß und auf der geheimen Linie Nummer 988 mit dem Großen Generalstab telephonierte, sich Weisungen geben ließ und Ratschläge erteilte; wenn auch Noske, seit jeher Vertrauensmann der Offiziere, der als einziger Zivilist die Hindenburg-Linie besuchen durfte, der Beschießung Antwerpens zusah und die Offensive in Polen und Kurland als bewundernder Apostel des Generalstabes miterleben durfte, sich diesem mit seiner »Eisernen Brigade« aus Kiel zur Verfügung stellte und Freikorps einrichtete – so waren diese Männer zwar tüchtig, aber alt, verbraucht; und sie hatten ihren Zweck erfüllt: zu verhindern, daß außerhalb Preußens eine Konkurrenzelite zu Hilfe gerufen wurde, eine sozialistische, eine russische oder eine englisch-französische, gegen den preußischen Generalstab, die einzig legale und traditionelle Elite, die Deutschland retten durfte.

Noch etwas hatten diese Sozialdemokraten erreicht. Sie hatten den Gedanken der internationalen Solidarität, des Friedens mit den Nachbarn, den Sozialismus so kompromittiert, daß die Massen des Volkes an den Wert dieser Symbole nicht mehr glaubten. Alle waren nach wenigen Wochen dieser Gemeinschaft von Ebert, Noske und anderen Sozialisten mit den Generälen von solchem Mißtrauen gegen die sozialdemokratische Partei erfüllt, daß sie bei den ersten Wahlen zur Nationalversammlung bereits in der Minderheit blieb und schon im Juni 1919 mit dem Zentrum eine Koalititon eingehen mußte.

Andere Umstände begünstigten die Einheit des kommenden Regimes, welches die Voraussetzung für den Erfolg der Aufgabe war, die sich der Große Generalstab gestellt hatte. Da war zum Beispiel jene Formel, die Lloyd George für die deutsche Wehrmacht fand, und gegen den Willen der französischen Sachkenner, namentlich des Marschalls Foch, durchsetzte. Erst England zwang die Deutschen zu einer einheitlichen Armee von Berufssoldaten und Spezialisten, was es selbst unter den Hohenzollern in Deutschland nicht gegeben hatte. Berlin blieb die einzige Hauptstadt, obwohl es in Wirklichkeit die Hauptstadt Preußens war. Die Reichsregierung amtierte in Berlin und führte ein Schattendasein, da die Regierung Berlins die preußische Regierung war und blieb. Preußen, das bisher noch durch die Symbole der vier verschiedenen Armeen, der Gesandtschaften der Länder, die verschiedenen Landtage in seiner absoluten Gewalt beschränkt worden war, konnte den von Ludendorff geschaffenen Prinzipien der Einheitlichkeit der Kriegführung in Armee, Politik, Wirtschaft, Verwaltung und Propaganda mit Hilfe der zentralistisch ausgerichteten Sozialdemokratie immer stärkere Geltung verschaffen.

Es setzte sich anstelle des individuellen Organismus-Denkens das Denken in Organisationen gleichgerichteter Funktionen durch, was dem Idealbild eines im totalen Krieg befindlichen Landes entspricht, wie es Rathenau und Ludendorff konzipierten und verwirklichten.

Es ist aus dem bisher Gesagten bereits klar zu erkennen, daß das Verlangte, was diesen Wert für den Generalstab besaß, damals noch nicht existierte; heute dagegen als Ausdruck des Willens des Großen Generalstabes und der Schicht jener Männer, die als Elite die psychologische Voraussetzung lieferten zur Verwirklichung des Großen Planes, in der einzigen Massenpartei des Dritten Reiches, Wirklichkeit geworden ist.

Es ist dem preußischen Offizierskorps gelungen, das 1918 abgebrochene – nach seiner Meinung *remis* gebliebene Spiel um die Macht in Europa – neu zu beginnen. Weit kühler, weit sachlicher, zielbewußter als 1914. Es ist ihm gelungen, jene ersten sozialistischen Helfer und ihren Machtapparat, die sozialdemokratische Partei, umzuschmelzen und diese neue Partei mit dem Geist zu erfüllen, dem Ebert und Noske 1918 gehorchten: mit dem Geist der keiner Klasse, sondern dem Funktionieren eines großen Massenapparates angehörenden, ihn ermöglichenden Schicht der Kleinbürger.

Kleinbürger bilden keine Klasse, sondern die Existenz des Kleinbürgers ist Ausdruck des tatsächlichen Bestehens, des existierenden Prinzips der Organisation, welche, entsprechend dem Willen der Elite und der über dieser herrschenden Diktatur, regiert. Die Eigenschaften des Kleinbürgers sind blinder Gehorsam nach oben, blinde Brutalität nach unten. Der Typus des Kleinbürgers lebt in der Bürokratie, in ihren Funktionen bringt sie den Kleinbürger leibhaftig in Erscheinung. Ohne ihn kann die Maschine des Staates, des Trustes, der Armee nicht funktionieren. Von seiner Tüchtigkeit, seiner Zuverlässigkeit und unbeugsamen Entschlossenheit, den Befehl des Vorgesetzten auszuführen, selbst wenn die Himmel auf die Erde stürzen, hängt die Existenz des gesamten Maschinenstaates ab, für den der Kleinbürger das Symbol geworden ist und als Führer die Macht im Staate ergriffen hat.

Der Aufstieg der Kleinbürger, jener von der über ihr gelagerten Schicht angezogenen und determinierten, von der unteren proletarischen Schicht abgestoßenen, entlassenen Schicht des deutschen Volkes, ist das große geschichtliche Ereignis in Europa. Der Kleinbürger hat einerseits das Proletariat in seiner eigenen Utopie besiegt, andererseits das konservative Bürgertum in seiner Macht beerbt.

Der deutsche Kleinbürger schlüpfte dank der unausgesetzten sozialistischen Angriffe und der Zweifel und Entlarvungen durch die Intelligenz des Proletariats in die aufgegebene, zerfallende, nicht mehr geglaubte Macht der konservativen Klassen und unterdrückte den Machtapparat des Proletariats.

Anstelle der Ideologie der liberal-konservativen Bürger setzte er seine utopisch-chiliastische Konzeption des Dritten und Tausendjährigen Reiches, dessen Elite sich der Dialektik der Marxisten bediente, wie diese, als Opportunismus und

Realistik der anerkannten Tatsachen, der Gewalt, des Darwinismus, der Skepsis, des Atheismus und der Relativität aller Werte, als Taktik zuletzt unter den Sozialdemokraten in Geltung war.

Indem der Kleinbürger beide Herrschaftsansprüche auf sich vereinigte, schuf er unwissentlich, aber gelenkt, Ludendorffs Idealbild von der Partei: Er nahm die Formen der konservativpreußischen Klasse an, ahmte sie in Sprache, Haltung, Ethik, Symbolen und Militarismus so vollkommen nach, daß nach sieben Jahren dieser Assimilation der Gebärdung das Offizierskorps volles Vertrauen in die kleinbürgerliche Partei setzte, sich mit dem Machtverlust seiner Klasse tröstete, sie sogar aufforderte, in die Partei einzutreten und ihr zu gehorchen; zumindest ihr Anerkennung für die geleisteten nationalen Dienste zu zollen.

Das ehemals sozialistische und revolutionäre Proletariat aber ist auf die Rolle der bloß funktionellen Arbeiterameise angewiesen. Die Arbeiter müssen erkennen, daß, solange sie Arbeit, Brot, Vergnügen und ein gewisses, auch dem Deutschen notwendiges Quantum von Freiheit genießen, sie keinen Grund zur Revolte haben. Sollte trotzdem eine Anwandlung vergangener revolutionärer Gelüste ihre Disziplin, Solidarität genannt, unterminieren, so ist der Terrorapparat der Partei, die Bürokratie, die im Besitz der Exekutive der Gewalt ist, zur Stelle und fähig, mit den Widerspenstigen aufzuräumen.

Die Exzesse der staatlichen Exekutive, die wie nichts sonst das Leben der gesamten Nation, der konservativen und der sozialistischen Klassen bestimmen, müssen positiv gewertet werden, auch wenn sie scheinbar Negatives in den Seelen der Individuen enthüllen: das Vorhandensein einer bisher unterdrückten Schicht, welche nach oben, an die Macht über alle anderen im Staat drängt und Rache nimmt für alle erlittenen Vergewaltigungen und Beschädigungen ihres Selbstbewußtseins.

Generell ist zu diesem Prozeß des Aufstiegs zur Macht der undeterminierten Schicht der Kleinbürger folgendes zu sagen: Der Kleinbürger gehört keiner Partei, keiner Ideologie, keiner

Utopie, sondern der Welt der Aktionen an, welche Tatsachen schafft, er hat teilgenommen an der erfolgreichen Revolte des Apparates der Partei und ihrer Elite, ist aber ihrem Terror ebenfalls unterlegen, dem nur die traditionsgemäß im Besitz der Waffen und der Armee befindliche Über-Elite der Diktatoren, Heerführer und Spezialisten entgeht. Der Aufstieg der Kleinbürger in Deutschland hat ein ganz unerwartetes Resultat gehabt. Der Kleinbürger hat seinen Heroismus, seinen dienstbeflissenen Glauben an die Organisation, seine Disziplin und nivellierende Kraft der Skepsis, die er jeder Art von ideeller oder idealistischer Gemeinschaft und Intelligenz entgegenbringt, auf beide ihn materiell und geistig überragende Klassen ausgedehnt. Er beherrscht beide. Beide sind vorläufig bereit, diese Herrschaft weiter anzuerkennen und sogar das große Experiment der Wiederholung des Krieges des Generalstabes mit all seinen Entbehrungen auf sich zu nehmen und für das Dritte Reich des Kleinbürgers in Massen zu sterben.

Beide Klassen, Konservative und Revolutionäre, zeigen so untrügliche Zeichen geistigen und moralischen Verfalls, namentlich wenn man ihre früheren Machtleistungen und Machtansprüche betrachtet, daß man sagen kann, sie haben beide resigniert zugunsten eines alltäglichen Wohlbefindens, der Sicherheit des Lebens, des gestillten Tätigkeitsdranges, Hungers und sexuellen Bedürfnisses.

Der konservativ-utopisch gerichtete, Kleinbürger gewordene Teilhaber an der Macht der Elite aber sieht das Ziel Ludendorffs in Wirtschaft und Militär erfüllt und überläßt sich ganz seinem Rausch des Erfolges als Offizier, Wirtschaftsführer und Politiker. Alles andere im Staat vertraut er den Organisationen des kleinbürgerlichen Partei- und Terrorapparates an.

Die Haltung des deutschen Kleinbürgers ist die des Opportunisten, dessen Opportunismus funktionell geworden ist und der die absolute Identität des Menschen mit seinen Ideen und ihren Zwecken ausdrückt: die Überfülle der Aufrufe, die Widerrufe, die Lügen der Propaganda der Tat, der Wahrheit und der Utopie, die Aufstellung einer eigenen Rasse, eines eigenen deutschen Lebensraumes, eines neuen Staatsrechts; die ständigen Schwüre und Drohungen, andere Völker in Ruhe zu lassen oder auszurotten; die spontanen, aber sorgsam vorarrangierten Kundgebungen, Märsche und Ausstellungen; die weißen Kriege; die Fahnen, Banner, Standarten, die Musik und die Betonung der Worte, die erregten Stimmen der Ansager am Radio; die Stillosigkeit von Presse, Literatur, Theater und Film, der Reden; kurz: der Stil des geistigen Nichts, an dessen Stelle die Imitation und Improvisation eines historischen Ereignisses tritt, welch alles zusammen aber gleicherweise organisiert ist als das Berauscht-Nüchterne – all das ist außerhalb Deutschlands unfaßbar, unverständlich und zeitigt dennoch ganz konkrete Resultate.

Die Haltung des Kleinbürgers ist sein Stil. Es ist eine Stimmung der Bejahung, die wiederum eine Tatsache der Politik und der Macht geworden ist. Die Einheitsstimmung der deutschen Kleinbürger richtet sich drohend und höhnisch zugleich gegen die Uneinheitlichkeit der Demokratien. Die Tüchtigkeit und Sachlichkeit, welche das Kernstück, das Fundament dieser Angriffsbegeisterung bilden, zielen gleichfalls gegen die pazifistische und amateurhafte Stimmung und Leistung der Demokratien. Stil und Haltung des Dritten Reiches sind nichts anderes als Ergebnisse der Propaganda und Propaganda selbst, um den Eindruck des Traumhaften, des Unwahren, des Ersatzes, den dieses Dritte Reich überall in der Welt bei Kennern seiner wirklichen Verhältnisse erregt, zu zerstören.

All dieser Abfall und Schund des Lebens, der da als Leben selbst ausgegeben wird, wird von den Massen der deutschen Kleinbürger geglaubt, begeistert und dankbar angenommen. Dieser Lebensschund ist die Verwirklichung der Ideale einer noch nicht existierenden Klasse, ist in sich selbst ein Ideal der Tatsache ihrer Macht und zugleich ein Instrument zu deren Erschaffung. Indem dieses Ideal in Stillosigkeit, in altertümlichen Worten und Phrasen, von Goethe, Beethoven, Kant, Stein und Schiller geborgt, ausgedrückt wird, verrät es bereits, daß es selbst nicht mehr existiert, sondern nur in leer gewordene Worthülsen hineinkroch, um seine Macht auch vor der Intelligenz des Landes zu beweisen. Die deutsche Intelligenz ist dadurch, daß sie bereit war, dieses Ideal des kleinbürgerlichen Nationalsozialismus anzuerkennen, bereits ebenfalls vom Kleinbürgertum determiniert und dessen Funktion geworden.

In Deutschland vollzieht sich ein grandioser Prozeß der Abrechnung mit der Kultur des Abendlandes, wie sie sich in Wissenschaft, Kunst, Religion und Recht offenbart und geformt hat. Der Kleinbürger übernahm nur deren Haltung, deren Verhalten, was besagt, daß für ihn alles nichts anderes ist als Entwicklung, relativ und keine Basis für einen Beweis der Existenz des Menschen – außerhalb seiner Funktionen als Diener des Staates und dessen Eroberer.

Auf keine der zahllosen Fragen, welche das Leben an den Deutschen richtete und welche der Deutsche mit immer dringlicher werdenden Fragen beantwortete – nach dem Sinn des Lebens, nach dem Wert des Staates, nach dem Recht und dem Unrecht –, wußte die Wissenschaft ihm eine Antwort zu geben. Der Mensch und seine Not waren kein Objekt der Wissenschaft. Die Politik, die Zerstörungen des Krieges, der Zusammenbruch allen Wohlstandes, allen Rechts, allen Glaubens unter den Menschen – all das interessierte die Wissenschaft nicht; sie war nicht imstande, das Rätsel zu lösen, wieso ein so tüchtiges, fleißiges, kultiviertes Volk, für das sich der Deutsche hält, besiegt werden konnte.

Darum interessierte sich der Kleinbürger, der Deutsche im allgemeinen, nicht mehr für die Wissenschaft als eine Bemühung der Menschen, nicht mehr für die Kraft, die sich zu orientieren sucht, jede auf ihrem Gebiet. Der Deutsche beschloß, die Wissenschaft dann als wertlos, ja nachteilig für den Menschen zu betrachten, wenn sie keinen, ihn direkt voranbringenden Nutzen darstellte und schaffte.

Die Wissenschaft hat nur dann ein Recht auf Existenz, wenn sie Tatsachen schafft, Werte; Bedürfnisse befriedigt; wenn sie Chemie, Physik, Medizin, Biologie und Mathematik heißt, Wissenschaften, von denen die Wirtschaft und die Strategie des Krieges leben. Wissenschaft ist, was wirtschaftliche Bedürfnisse stillt und Werte schafft, welche wirtschaftlich ausgebeutet werden können – alles andere, was sonst von der Wissenschaft gesagt wird (oder was sie von sich behauptet), ist nichts als Gerede, ein Schein, eine Last und eine Belästigung des modernen Menschen, welcher nur eines: Tatsachen sehen will; Erfolg und Macht. Die Wissenschaft, als klassisches Phänomen der geistigen Freiheit des europäischen Menschen, behindert den Tätigkeitsdrang und die Triebentfaltung des Massenmenschen, der ein schnelles Resultat greifbar und wirklich sehen muß.

Das Nicht-Hier, das Nicht-Jetzt verwirft er, es ist nicht erwünscht; es besteht keine Nachfrage nach Überflüssigem; der Deutsche behauptet, sich diesen Luxus der idealen Wissenschaft, der Ideale überhaupt, jetzt nicht leisten zu können und hält ihr die Skepsis entgegen, die er von der Haltung der Wissenschaft und ihrer Unfähigkeit, seine Fragen nach dem Sinn des Lebens beantworten zu können, übernommen hat: Gott, Kunst, Wissenschaft, Freiheit, Gerechtigkeit, Demokratie – all das ist relativ und nichts anderes als ein Glaube, den man durch einen anderen ersetzen kann. Also Aberglaube, der, von einigen Männern der Wissenschaft in Laboratorien und Hörsälen gelehrt, die Masse zu nichts verpflichtet.

Alle Tatsachen sprechen gegen die ethischen Forderungen der Kirche. Die Geschichte der Menschheit ist nichts als ständiger Kampf, in dem der Stärkere über den Schwächeren siegt, der schlecht Gerüstete dem besser Gerüsteten unterliegt: »Wenn wir ein Mittel erfinden könnten, um ganz London mit einem Schlag vom Erdboden zu vertilgen, dann ist das Macht. Vor allem aber ist es menschlicher, als das Blut eines einzigen preußischen Grenadiers auf dem Schlachtfelde zu vergießen.« Und: »Nicht die Werke Bachs oder die Entdeckungen Plancks sind die Krone des deutschen Geistes, sondern der Flammenwerfer und das schnellste Bombenflugzeug der Welt; sie sind die Krönung des deutschen technischen Genius.« Der deutsche Genius ist für den Deutschen nicht etwas schlechthin Existierendes, transzendentes, etwas, das eine absolute Erkenntnis und einen absoluten Glauben darstellt. Der deutsche Genius wird erst durch die Technik erkennbar und nur durch sie wirksam. Und im Herzen Europas, von den Meeren und Rohstoffen abgeschnitten, von ewigen und unerbittlichen Feinden umringt, müssen auch die Deutschen stark, bewaffnet und unerbittlich sein. Denn sind sie nur eine Stunde schwach, dann erleben sie Versailles, Inflation, Zusammenbruch der Ordnung, Untergang des Reiches, Armut und Arbeitslosigkeit. All diese Katastrophen sind Symbole staatlicher und menschlicher Schwäche, wie Organisation, Partei, Armee, Wirtschaft und Technik Ausdruck von Stärke sind. – So stellt sich dem deutschen Kleinbürger die Welt dar; im Blick einer technischen und mechanischen, funktionellen und zuhandenen Wissenschaft, deren Magie als Stein der Weisen im Genius des deutschen Volkes beschlossen ist.

Zu dieser materialistischen Skepsis und Lehre von der Ausschließlichkeit der Relativität und der Macht anstelle ethischer und rechtlicher Formulierungen, kommt nun noch eine tiefer liegende Kraft, ein Grundgefühl im Deutschen hinzu. Dafür liefert die aus der Skepsis der Wissenschaft abgeleitete, bloß nachempfundene, nachgeredete Skepsis des Deutschen und vor allem des deutschen Kleinbürgers, nur die äußerliche, symbolhafte Form und Prägung. Erst wenn wir dieses entdeckt und analysiert haben, glauben wir, der Gestalt der herrschenden Gestaltlosigkeit des deutschen Volkes näherkommen zu können. Erst dann können wir sie erkennen als etwas, das sich zugunsten eines Grundgefühls, welches sich aus Trieben zusammensetzt, aller faßbaren Inhalte entledigte, die sich vielmehr jenseits der Geschichte in einer Art reproduzierten Zustandes der Urhorde abspielt.

Diese bewahrte in Deutschland ihre Symbole, deren Glaubensinhalt das Große Tabu ist und die umringt sind von Kräften der Natur. Diese Kräfte sind an sich durch die Wissenschaft gebändigt und treten auf als Maschinen, als Mechanismen der Macht, fanden aber niemals eine Antwort, eine überzeugende Bestätigung im Seelischen des Deutschen. Das Organisierte, der Apparat, die Technik und ihre in Maschinen dargestellten Funktionen werden zu ebenso vielen und ebenso starken Zweifeln und Ängsten, sobald für den Deutschen die Arbeit an diesen Mechanismen aufhört. Wenn zum Beispiel kein Krieg und keine Wirtschaft mehr wäre, wenn nichts mehr in der Welt existierte, das der Deutsche besitzen könnte, wenn nichts mehr in der Welt existierte, gegen das der Deutsche protestieren könnte – dann wäre sein geistiger und physischer Tod die einzige Tatsache, die er noch erleben könnte.

Versuchen wir, dieses Grundgefühl des Deutschen, das zum Richtungstrieb der Massen geworden ist und als dessen Quelle wir den Kleinbürger mit seiner ins Metaphysische gesteigerten Skepsis erkannten, mit den Mitteln der historischen Betrachtung zu analysieren. Die Lokalisierung dieses Grundgefühls innerhalb der Kleinbürger, welche die einzige Schicht im deutschen Volk und Staat, ja der Staat schlechthin geworden ist, sagt noch nichts aus über die Funktion dieses Gefühls, weder über sein Funktionieren noch über seine Bedeutung für die Gesamthaltung und das Schicksal des Volkes.

Der überbetonte Positivismus des deutschen Kleinbürgers, seine Erkenntnis und sein Bekenntnis, daß die Welt nun einmal so sei, weil sie so sein *müsse*; daß er siegen werde, weil er siegen *müsse*; daß der deutsche Soldat der beste der Welt sei, weil alle anderen Soldaten schlechter sein *müssen* – diese Betonung des Zwangs zur Entscheidung, die aus allen seinen Äußerungen hervorklingt, seine Forderungen so bestimmt, gleichzeitig aber so vage macht, daß sie nicht erfüllbar sind, all dies Pathos des Unabänderlichen und Einmaligen der Zeit, seiner Stellung in dieser Zeit, deutet auf eine große Spannung im Organismus des deutschen Volkes hin. Es ist eine Spannung, der eine Katastrophe von unvorstellbarem Ausmaß folgen müßte, wenn diese primären Ansprüche auf Herrschaft, welche der Deutsche an die nicht-deutsche Welt stellt, nicht erfüllt werden sollten. Die antizipierte Unerfüllbarkeit seiner Forderungen betrachtet er aber gleichzeitig als einen Grund, alle, die seine an sich unerfüllbaren Forderungen verweigern, mit Krieg und Erpressungen zu Konzessionen zu zwingen, die ihn schrittweise zu seinem Ziel bringen müssen.

In dieser drohenden, fordernden und brutalen Haltung des deutschen Kleinbürgers drückt sich seine ganze Entwicklung aus, welche sich im Gegensatz zur Entwicklung Europas vollzog; die ihn immer weiter von Europa entfernte, je weiter er sich in sich und seine geredete, aber geglaubte Utopie zurückzog. Diese deutsche Utopie ist der Widerspruch an sich zur Entwicklung Europas. Sie enthüllt sich selbst mit immer nachdrücklicher erhobenen Forderungen, mit Drohungen und Kriegen und erhält sich nur so in Funktion – ein betonter Widerspruch und Protest gegen die europäische Umwelt, von welcher er nicht mehr ein Teil, sondern Krone und Haupt sein will.

Niemand wird nun glauben wollen, daß die Welt diese Forderung nach Ausübung absoluter Herrschaft durch den deutschen Kleinbürger gutwillig erfüllen werde oder könne. Am wenigsten glaubt das der Deutsche selber, welcher sich selbst auf eine tiefere soziale und intellektuelle Stufe begeben hat, als sie der Europäer sonst einnimmt, um die Einheit der Apparatur und der Armatur in der Masse zu erreichen. Ein Mensch also, der sich der Vermassung unterwarf und dadurch aller individuellen Kräfte selbst beraubte.

Der Sieg des deutschen Kleinbürgers über die ihm entgegenwirkenden Kräfte und Klassen in Deutschland, hat ihn auf der einen Seite seiner organisierten Kraft bewußt gemacht, zumal das unbesiegbare Heer und der unbesiegte Generalstab hinter ihm stehen. Auf der anderen Seite aber weiß er, daß er nicht nur die Umwelt, sondern auch die entmachteten Klassen im Innern Deutschlands zu seiner Macht entsprechenden, das heißt organisierten, mechanistischen Gegenkräften gemacht hat. Die Steigerung des Terrors im Innern und die Steigerung der Aggressivität nach außen können nicht ständig und ad infinitum erweitert werden.

Die Grenzen der Macht des Deutschen werden sichtbar und die Anfänge der Ohnmacht, des Unterganges seiner Macht treten in Erscheinung. So, wie der Kleinbürger in seiner geistigen Haltung zwischen zwei determinierten Klassen lebt, zwischen Bürgertum und Proletariat, so befindet er sich in ständigem Erregungszustand zwischen Machtrausch und Furcht vor der Ohnmacht. Denn Macht allein verschafft noch kein Selbstbewußtsein. Zur Macht gehört Tradition, zur Macht gehören die Spuren der Erinnerung an seit ewig erlebte Machtverwirklichungen. Sie müssen den Befehlenden leiten und halten, daß er nicht ins Maßlose verfalle und sich selbst als Usurpator der Macht entlarve. Der deutsche Kleinbürger in Heer und Partei, in Bürokratie und Propaganda verfällt aber ins Maßlose, weil er, ohne Tradition im Befehlen, nur von einer Tradition des Gehorchens geleitet ist. Heute, da er als Bürokrat die Allmacht der Partei darstellt, welche über Leben und Tod aller anderen Klassen bestimmt, kennt er in seiner Wut des Befehlens, in seinem Rausch des Terrors und Eroberns keine Grenzen mehr. Er, der als Beamter ein Teil einer Organisation war, verwandelt jetzt Welt und Leben in ein Uhrwerk, das exakt und regelmäßig wie ein strategischer Aufmarschplan zu funktionieren hat und dessen Gott der General Schlieffen ist.

Die Leistung des Kleinbürgers ist für den preußischen Staat von lebenswichtiger Bedeutung, und das Dritte Reich beruht nur auf der Treue, Zuverlässigkeit und Tüchtigkeit seiner Beamten. Der Kleinbürger ist nach Natur und Veranlagung, nach Erziehung und historischer Existenz ein Beamter. Auch dann, wenn er sich freien Berufen zuwendet, ist sein Betragen das eines Beamten: konservativ angepaßt an die Gewalten, die ihm Macht, Gehalt und Pension geben und welche an sich ihrer Struktur nach konservativ sein müssen. Seine Gesinnung bringt automatisch in jeden, auch in einen revolutionären Körper, ob Partei oder Staat, ein gewisses Maß von Gewöhnung und Beharrung, Devotion und Begeisterung für seine Vorgesetzten, Abwehrwillen und Haß gegen die äußere, noch nicht preußische bürokratisierte Welt.

Der preußische Beamte der Exekutive, in Heer, Polizei, Justiz und deren parallelen Erscheinungen in der Partei, aber auch der Beamte der Post, Eisenbahn und Verwaltung, produziert einen nur ihm eigentümlichen Geist der Solidarität, welcher sich schon immer in großen Verbänden außerhalb der Büros nach staatsähnlichen Prinzipien regulierte und durchaus ähnlich wirkt wie der *esprit de corps* der Offizierskaste. Der preußische Beamte war also in seiner Art exklusiv und Mitglied einer Elite. Im Lauf der Existenz des preußischen Staates und des Deutschen Reiches sind genügend Generationen von Beamten und deren Kinder aufgestiegen zu Macht und Freiheit durch die Bürokratie, um ein stabilisierendes Element im Staat und Vorbilder stummen Gehorsams zu liefern, welche sich den Kadern der Elite bei Anbruch der nationalsozialistischen Revolution zur Verfügung stellten; den Apparat des Staates also in Gang hielten.

Im Verlauf der industriellen Revolution, die Deutschland von 1870 an aus einem agrarischen Land in ein industrielles und städtisches verwandelte, vergrößerten sich auch die Bürokratien der Wirtschaft, der Städte und des Staates entsprechend dem Anwachsen der Bevölkerung und deren Verlagerung in die Städte. Die treuen preußischen Beamten bildeten staatserhaltende Zentren inmitten der großen Industrielandschaften, in denen entwurzelte, schlecht genährte, schlecht hausende, schlecht bezahlte, verrohte Massen von Proletariern zusammengeballt waren, eine bis dahin in Deutschland unbekannte Schicht, welche »die Sozialisten« hieß, Revolutionäre, die außerhalb des Vaterlandes gegebenen Befehlen gehorchten: So stellte sich das Proletariat und sein Kampf den preußischen und national denkenden Beamten dar.

Nun ist aber der deutsche Kleinbürger das Resultat der gleichen Bewegung, der industriellen Revolution und der Umschichtung und Zunahme der Bevölkerung, welcher auch das Proletariat seine Existenz als Klasse verdankt. Der deutsche Kleinbürger ist identisch mit den dritten und überzähligen Söhnen von Kleinbauern und Handwerkern, die landflüchtig in die Städte abwanderten, diese erst bildeten, in ihnen ihr Brot suchten. Der Kleinbürger gab den zivilen Kampf ums Dasein auf, um beim Militär zu bleiben, das ihm nach zwölfjähriger Dienstzeit einen Posten als Beamter garantierte.

Dieser ursprünglich bäuerliche Mensch ist durch die harte Schule der preußischen Kasernen gegangen. Für ihn ist der Fahneneid genauso Symbol seines Lebens geworden wie für den Offizier, und vom Schalter und der Schreibstube aus beherrscht er mit der rauhen Gewalt des Feldwebels den Staat und die Welt der Zivilisten.

Die Zunahme der städtischen Massen, die Vermassung des deutschen Volkes, geht Hand in Hand mit der Verstärkung ihrer politischen Freiheit, ihrer politischen Macht. Das demokratische Ideal der entscheidenden Stimmenmehrheit, welches in anderen Ländern erst nach schweren Kämpfen und unter oft blutigen Opfern der liberalen Bürger errungen wurde, fiel den Deutschen als Geschenk des Staates nach siegreichen Kriegen in den Schoß. Der Staat, repräsentiert durch die Massen der Beamten, erwartet, daß sich das deutsche Volk dieser Freiheit würdig erweisen werde. Der Staat begrenzte die Freiheit des Deutschen, und nicht Recht oder Übereinkommen.

Die politische Macht der Massen kennt aber nun infolge des allgemeinen, gleichen und geheimen Wahlrechtes eigentlich keine Grenzen. Sie allein schuf den seelischen Ausgleich zu der mechanistischen Bildung des Städters, welche die Bildung schlechthin wurde, eine neue Intelligenzschicht schuf, die den Fortschritt, den Komfort sichtbar machte – in Wirklichkeit aber nur die Verkleinbürgerlichung des ganzen deutschen Volkes bewirkte. Eine Stimmung also, welche den auf dem Land gebliebenen oder den im Proletariat verelendenden Massen Sinn und Wert des Lebens überhaupt bedeutete. Dieser Sinn des Lebens, das kleinbürgerliche Ideal des mechanischen Komforts, ließ die Massen auch ihre Führer auswählen. Und unmerklich übertrugen diese Führer den Opportunismus auf und in die Parteien. So wandelten sich deren Ziele und damit die Ziele der deutschen Politik vom konkreten Inhalt, den ihnen einmal große Individuen gaben, zu einer nichtssagenden, wandelbaren und bequemen Konvention, welche von den einst geglaubten großen Schlagworten wirklich nur Buchstaben und Pathos ließ.

Die kleinbürgerliche Macht, die ihren Willen, ihre Ideale von Ordnung und Gehorsam den Bauern genauso aufgezwungen hat wie den Arbeitern, alle konservativen Kräfte der nationalen Gruppen, Klassen und Parteien absorbierte, stellt heute die eigentliche Macht in Deutschland dar: Sie ist skeptisch, opportunistisch, tatsächlich und nur der Gewalt der organisierten Massen, Armee und Partei, vertrauend. Der Weg, den der Beamte zurücklegte, hat ihn von seiner ursprünglichen Schicht der Bauern, Handwerker und Industriearbeiter vollkommen entfernt. Das Soldatische und Bürokratische, das den Staat in ihm täglich lebendig macht, machte ihn auch zum Todfeind der linken, revolutionären Elemente und zum begeisterten Anhänger der neuen Elite, der Offiziere, der Partei und der paramilitärischen Verbände.

Der Werdegang dieses Beamten, die Formung des neuen Geistes der nationalsozialistischen Bürokratie, vollzog sich nicht etwa glatt und in einem Guß. Im Gegenteil – die Voraussetzung der revolutionären und brutalen Erscheinungsformen dieser herrschenden Klasse entsprang einem Erlebnis, das ihn tief erschütterte und seine ursprünglich sichere Welt ins Wanken brachte. Der Kleinbürger war ein Held, der blindgläubig für Kaiser und Reich in den Krieg marschierte, unfähig zu begreifen, weshalb dieser Krieg statt Erfüllung des chiliastischen Glaubens an die Größe der Zeit, an das Stahlbad, welches die Welt mit Blut und Eisen nach preußischem Muster neu formen sollte, die Katastrophe, den Untergang des Kaiserreiches und das Ende aller nationalen Illusionen mit sich brachte. Sein Glaube und seine Existenz enthüllten sich gleicherweise als Illusionen.

Der beamtete Kleinbürger ist nicht bestimmt von den Notwendigkeiten des Erwerbs, von der Furcht vor dem Morgen, vor der Konkurrenz, der plötzlichen Entlassung; aber auch nicht von dem befreienden und erhebenden Gefühl des Erfolgs einer Erfindung, einer gelungenen Spekulation, eines guten Geschäfts oder der Arbeit überhaupt, deren Resultat unmittelbar als Werk und Leistung zu sehen und deren Wert unbestreitbar ist. Als Lehrer, Soldat oder Beamter mit festem Sold oder Gehalt ist er allen Sorgen um das tägliche Brot enthoben, und nur die erdiente Pension ist der eigentliche, erst später sichtbar werdende Ausdruck seiner Leistung, welche in den weitaus meisten Fällen nur auf dem Papier, unsichtbar bleibt oder in

Diensten besteht, die eine Art Vermittlung zwischen Staat und Bürger darstellen.

Das Ideal des kleinbürgerlichen Beamten ist also seinem ganzen Wesen nach statisch, und der Vorgang der Machtergreifung durch Hitler wirkte auf die deutschen Massen als die Inokulierung dieses statischen Ideals der bürokratisierten und weder ideologisch noch parteimäßig gebundenen Schichten der Kleinbürger auf die anderen Träger des Neuen Deutschtums. Ihre Existenz wird identisch mit der Existenz des Dritten Reiches, dem die beiden anderen großen Organismen, Heer und Partei, eingefügt und amalgamiert werden. Der Deutsche ist ein Kleinbürger und, wie jeder Kleinbürger, in sich selbst versenkt, auf sich selbst bezogen, ein Egoist, ohne dabei ein Individualist sein zu können. Man kann sagen, daß der deutsche Kleinbürger zu hohen Graden das Gegenteil eines Individualisten ist: Teil einer Masse und Diener eines Wesens, des Staates, welches an sich nicht existiert, eine reine Fiktion, ein über den Wesen geglaubtes, höheres Wesen ist, von dem aller Segen und aller Fluch kommt. Als Teil und Verwirklichung der Macht des Staates dient der Kleinbürger also sich selbst am besten, wenn er seinem Staat hilft, groß, mächtig, erfolgreich, vor allem aber gefürchtet zu sein. Da ihn die Symbole der staatlichen Macht, Uniform, Waffen, Orden, Kokarden vor den anderen Staatsbürgern auszeichnen, liebt er diese Symbole wie nichts sonst auf der Welt. Der Hang zur Uniform im Deutschen ist ein sicheres Anzeichen seiner kleinbürgerlichen Existenz und des Sieges des Kleinbürgers über die Zivilisten.

Was liegt nun näher, als daß dieser Diener des Staates, welcher an die Allmacht des Kaisers und seiner Generäle glaubte als das einzig Wahre, das wie ein Naturgesetz wirkt, unfehlbar und absolut, zutiefst erschüttert, vernichtet war, als sein für die Ewigkeit gebauter Staat Bismarcks zusammenbrach. Als die verhaßten Mächte der Revolution, der Anarchie und des Verrates aus den Kellern der Großstädte hervorwimmelten und den letzten Rest von Ordnung und Disziplin zerstörten.

Mit dem Glauben an die Allmacht des Staates und an die

Ewigkeit seiner Ordnung verlor der von einer Katastrophe besiegte Kleinbürger auch den Glauben an Gott, Gerechtigkeit und Menschlichkeit auf dieser Welt. Diese Welt war für ihn nichts als eine Hölle. Diese Zeiten waren nichts als Untergang, Korruption, Schlechtigkeit und Verderbnis der Sitten; diese Zeiten waren so schlecht, daß sie geändert werden mußten, oder die ganze Welt, Sieger und Besiegte sollten zugrunde gehen.

Der deutsche Kleinbürger begab sich in eine noch tiefere, noch mehr weltfremde, ungeistige Isolierung und erdichtete in ihr die Politik der mystischen Sendung des Kriegers, des Soldaten Friedrichs des Großen, des Erfinders der deutschen Technik, des nordischen Menschen und deutschen Bauern, die Legende von Blut und Boden, von Ehre und Größe des Neuen, des Dritten Reiches in alter Macht und Herrlichkeit.

Isoliertheit und Haß gegen die gesamte Umwelt, vor allem gegen England, ist der Ausdruck dieser Distanz zwischen dem Erwachen zur Aggressivität und Vitalität des früher gedemütigten und geschlagenen, aber pflichteifrigen und tapferen Soldaten und Bürokraten – und der bösen Ahnung, daß das erlittene Unrecht, die Niederlage, sich trotzdem wiederholen könne. Er ist sich der Distanz zwischen seinem geträumten Dritten Reich und der Möglichkeit der fatalen Reaktion der Umwelt dumpf bewußt. Sein brutales, militaristisches Gebaren ist die Kompensation für diese tiefe Lebensangst, die Zweifel in den Erfolg, die Bewährungsangst, und ihr direktes Ergebnis. Die Spaltung im Bewußtsein des Kleinbürgers ist der Ausdruck der empfundenen und vorhandenen Diskrepanz zwischen den Leistungen der demokratischen Staaten, des preußenfeindlichen Prinzips der Selbstbestimmung einerseits und dem bloß historischen rezeptiven Verhalten der weitaus größten Masse der deutschen Staatsbürger andererseits, welche aber für die Entwicklung der Einzelleistungen unumgänglich notwendig ist, ja geradezu das Objekt für sie abgibt. In jedem Deutschen vollzieht sich heute dieser Prozeß mechanistischer, das heißt technischer Aufwärtsbewegung zur Steigerung seiner aggressiven Machttriebe. Der Deutsche ist Maschinenmensch geworden. Durch die Maschine drückt er seine Macht aus. Macht ist nichts anderes als Technik. Technik ist nichts anderes als Organisation der Menschen und der Maschinen.

In diesem Krieg, der die Probe auf unsere Behauptung von der Zuspitzung der Tiefenangst im deutschen Kleinbürger zum aggressiven Todestrieb liefert, ist Deutschland die mit Maschinen ausgerüstete, mit Maschinen tötende Massen-Staatsmaschine als Darstellung einer modernen, praktisch-wissenschaftlichen Idee von der Lösung der sozialen Frage des Staates an sich – während die anderen Staaten sehr ursprüngliche, unkomplizierte Ideen wie Gerechtigkeit und Freiheit von Terror und Ausbeutung durch eine aggressive neurotische Elite wie Männer mit ihren Leibern verteidigen.

Nur die Tatsachen schaffende moderne, anwendbare Wissenschaft, die vor allem den Zwecken des Krieges dienstbar gemacht werden kann und welche die Fähigkeiten des Menschen ins Unendliche steigert, findet Anerkennung beim Kleinbürger und er wendet sie gegen seine Feinde, als habe er sie geschaffen. Die Wissenschaft ist für den Deutschen nur ein Mittel zum Zweck der Kriegführung geworden. Der Kleinbürger kann auf Grund dieser Wissenschaft alles. Mit ihr sieht er alles, hört er alles und ist allgegenwärtig – er fühlt sich wie der Herr der Welt, wie Gott.

Der Kleinbürger glaubte in seiner vorhergehenden, bäuerlichen Existenz, daß diese Fähigkeiten, die er sich heute dank seiner Wissenschaft zulegt, nur Gott allein zukommen. Die Spuren dieses Glaubens, die Merkmale seiner Seelenstimmung, aus der heraus er einst zu glauben und zu gehorchen gewöhnt war, sind in ihm als transzendente, böse Kräfte und ein generelles, aggressives Pathos erhalten geblieben. Nun aber, da er mit seiner Kriegsmaschine Staat und Gott geworden ist, kraft seiner Intelligenz weiß, daß Gott nichts anderes ist als ein Aberglaube, identifiziert er die von der Wissenschaft gelieferten göttlichen Kräfte mit sich, seinem Führer, seiner Armee, und der deutschen Zukunft. Was wäre die Technik ohne ihn, den Mann, den Soldaten, der sie lebendig macht und beliebig oft reproduzieren kann? – Die Maschinen sind ein Zweck an sich und für sich geworden, den der Kleinbürger erfüllt, indem er mit ihrer Hilfe Geschichte macht.

Geschichte sind jene Tatsachen, die ein zum Übermenschen hinauf technisierter, klassenloser, nur dem Staat dienender, schließlich der Staat gewordener, typisierter, nicht-individueller Durchschnittsmensch der homogenen Masse schafft, gegen den Willen der feindlichen Umwelt, gegen alle dem preußischen Prinzip Widerstrebenden.

Mit Hilfe der Spuren erlebter Erinnerung an seinen früheren, jetzt überwundenen Gottesglauben tastet er sich unbewußt voran zu dem neuen Glauben, jetzt oder nie müsse und werde er die Welt ändern. Der Glaube an die Mission des deutschen Menschen entzieht sich wie jedes Glauben dem Begreifen durch den Verstand; somit auch dem Begreifen des Kleinbürgers, welcher dem Stadium des Kinder-Wissens und -Nichtwissens eigentlich nie entrann. Denn immer waltete über ihm ein Vater-Kaiser, ein Vateridol, welches eine Zeitlang Hindenburg hieß, heute Hitler heißt, welches die kindliche Verehrung des Untertanen genoß, genießt und ewig genießen wird.

Nun erlebt dieser in seiner Seeele kindlich konstruierte Kleinbürger jeden Tag, zu jeder Stunde eine fast übermenschliche Kompensation seiner Kinderfurcht und Lebensangst vor der möglichen neuen Katastrophe. Nichts ist so charakteristisch für dieses Neue Deutschland, als daß alle Leistungen großer Männer der Wissenschaft ausgebeutet und angewandt werden zu der einzigen Vergrößerung und Vergöttlichung des Staates und der Armee, deren Repräsentant der Kleinbürger ist. Die Armee aber ist es, welche neue Tatsachen, Geschichte, durch Krieg schafft. Wissenschaft ist das Instrument des Deutschtums, um der Welt die Überlegenheit deutscher Tüchtigkeit und Organisation zu beweisen.

Ein eigentlich unheroischer Mensch, der deutsche Kleinbürger hat seinen christlichen Glauben aufgegeben, hat unter den Schlägen und Wehen des Weltkrieges in der Anbetung des Heroischen das Äquivalent wiedergefunden und neu geschaffen, als ihm die Technik die Möglichkeit bot, selbst gottähnlich zu werden; kraft der ihm angeborenen und anerzogenen, eingedrillten Disziplin und leichten Organisierbarkeit, gelang es ihm, groß scheinende, das heißt Taten der Massen, Maschinen und Organisationen hervorzubringen.

Der Deutsche drückt die Tatsache aus, daß die moderne Technik und der Glaube an ihre Unendlichkeit und Unbegrenztheit für die Lösung aller Probleme im Menschen ein Gefühl unendlicher und unbegrenzter Überlegenheit schafft, für welches Gefühl er weder ideell noch im Glauben an eine Zukunft kompensiert wird. Im Gegenteil: er leidet trotz seines Machtgefühls unter dem Verlust der persönlichen Freiheit und der gleichgebliebenen Fragilität seiner physischen Existenz, die ihn den Angriffen der von ihm bedienten Maschinen hilflos und wehrlos aussetzt. Er leidet an einer ständigen Unruhe, die aus der Veränderung seiner Gleichgewichtslage und der verschieden gerichteten Spannungen in seinem Bewußtsein entstehen. Der Deutsche ist, trotz all seiner äußeren Teilhabe an der Göttlichkeit und Macht des Dritten Reiches, ein primitiver Massenmensch, ein Hordenmensch mit dessen Trieben, Impulsen, Leidenschaften und Leiden. Der Kleinbürger fühlt sich also als ein Mensch, der etwas bedeutet, der durch Presse und Film, Partei und Militär, durch Geltung des Dritten Reiches und seines Führers, die Macht des Generalstabes und der preußischen Kriegsmaschine eingeweiht ist in alle Mysterien des Lebens, der Politik, der Wirtschaft, des Krieges und der Technik.

Die Wirklichkeit aber, die Tatsache »Kleinbürger im Dritten Reich«, ist ganz anders. Im Dritten Reich, Kleinbürger unter Kleinbürgern, ist er der Durchschnittsmensch, Objekt aller politischen und militärischen Maßnahmen. Er ist das Resultat des Funktionierens aller Maßnahmen, die seine Vorgesetzten treffen, und er existiert heute in Millionen und Abermillionen von Exemplaren, ohne daß er außer der Idee des Dritten Reiches noch etwas gefunden hätte, das ihn vor einer Wiederholung des Zusammenbruches von 1918 beschützen könnte. Aus dem Ideal der großen Staats-Doktrinäre wurde eine Massenwirklichkeit, welche den Staat überwältigte und ihn, im Fall der Niederlage, auch der Elite entreißen wird.

Das Dritte Reich als Plan und Gestalt Europas und der Welt würde ganz anderer Männer, ganz anderer Seelen bedürfen, um diesen Traum aus der Seele der Kleinbürger in die Wirklichkeit der modernen Geschichte zu überführen. Der neue deutsche Staatsbürger geht unter in dem, was er von sich nicht mehr unterscheiden kann, nachdem er so lange gegen die Revolutionäre kämpfte, die Bürger anbetete, ohne beider Ideologien zu kennen oder gar zu besitzen. Es ist typisch für Deutschland, daß alle Begriffe und Funktionen der verschiedenen Klassen und Stände von oben nach unten, und umgekehrt, sich vermischt, ausgeglichen und ins Gegenteil dessen, was sie ursprünglich bedeuteten, verkehrt haben. Ein Konservativer nennt sich heute national-sozialistisch und ein National-Revolutionär bezeichnet sich heute als den Bewahrer der Tradition des alten Preußen. In dieser Relativierung haben wir einen weiteren Ausdruck der Entwertung aller Prinzipien, aller Gesellschaft bildenden Kräfte: hier sind in und an der deutschen Gesellschaft Züge der Auflösung und des Zerfalls erkennbar, Züge eines primären Umsturzes, dessen Ausdruck der Staat selbst ebenso ist wie dessen neuer Repräsentant, der deutsche Kleinbürger.

Dieses in Auflösung befindliche Gebilde Drittes Reich ist immer noch das kaiserliche Deutschland. Aus der geahnten Erkenntnis, daß dieses glanzvolle Heute das glanzvolle Gestern von 1914 sei, dem der Zusammenbruch ungesehen immanent war, resultiert das Unbehagen aller Klassen in Deutschland, das als Tiefengefühl der Lebensangst, die nichts anderes ist als die Angst vor Tod und endgültigem Untergang, die Gebäude der Organisationen des Staates, Heeres und der Partei schuf und beherrscht.

Angst und Unruhe schufen sich als Gegengewicht die technische Hybris des Deutschen: Wenn ich, der kleine, aber allmächtige Mann, mich in ein Flugzeug setze, welches zu steuern ich gelernt habe, auf diesen Knopf drücke, dann fallen auf London und Paris Bomben nieder, die imstande sind, Kultur und Leben in diesen Städten und Staaten vollkommen zu vernichten.

Es ist alles so einfach geworden. Der kleine Mann braucht sich nur zu multiplizieren, zu organisieren, und die Technik erhebt ihn zur beliebig hohen geistigen Potenz. Das Resultat ist für ihn in jedem Fall der Sieg seiner individuellen Stärke, als welche er die kollektive Stärke und Überlegenheit seines Landes und seines Systems der Menschenmaschine betrachtet.

Furcht vor Vergeltung kennt er nicht. Er hat sich für sein Teil mit dem Leben abgefunden, das nichts anderes ist als Handlung, Aktion, Krieg, welcher die Tatsachen der Geschichte schafft.

Der Kleinbürger im Krieg gegen die gesamte Umwelt ist ein Mensch, der sich heute und hier eine Geschichte gemäß seinem Vorbild schafft. Mit diesem Krieg ist ein neuer, bisher unterdrückter Stand ohne Physiognomie, ohne individuelle Bewußtseinsinhalte, durch eine revolutionäre Entladung seiner Enttäuschungen und Ängste, seiner Minderwertigkeitsgefühle und seines Geltungsdranges in die europäische Geschichte eingetreten und wütet mit Feuer, Schwert und Maschine gegen die alten Gesetze und Heiligtümer des christlichen Abendlandes.

Der Diktator

I

Das Weltbild der Konservativen, die Vorstellung unbeschränkter Expansion der Macht des Wilhelminischen Reiches brach 1918 endgültig zusammen. Die sozialistische Theorie vom Zusammenbruch der kapitalistischen Weltordnung und deren automatischer Ersetzung durch die revolutionäre Macht proletarischer Ordnung, welche, in Deutschland eine historische Gegebenheit, in Rußland ihre Bestätigung zu erleben schien, löste sich in einen Wirrwarr kleinbürgerlicher und anarchistischer Ideologien auf. Diese nannten sich kommunistisch oder sozialdemokratisch, national oder bündisch, fühlten aber alle »sozialistisch« und bekämpften einander.

Die politischen Kämpfe in Deutschland nach dem Weltkrieg waren Prozeß und Ausdruck der Auflösung der alten, konservativen Ordnung, welche, als Ordnung des Reiches, als ein Ganzes und Unteilbares gegeben schien; als Demokratie und Republik existierte sie so lange weiter und gehorchte ihrer immanenten Schwerkraft, wie die Kräfte der Auflösung noch nicht organisiert waren und das Niveau der republikanischen Kräfte noch nicht überstiegen. Die Infiltration mit feindlichen, nationalistischen Kräften vollzog sich innerhalb und außerhalb der demokratischen Apparatur und mit den dieser eigentümlichen demokratischen Methoden.

Als aber die feindliche Organisation vollendet war, ersetzte sie die republikanische unmittelbar: Der Mechanismus der staatlichen Bürokratie arbeitete weiter, nur mit umgekehrtem, diktatorischem, antidemokratischem Vorzeichen. Es gehört zum Wesen der Demokratie, daß sie in ihrer Funktion und Existenz Mittel und Kräfte enthält, welche sie in ihr Gegenteil verwandeln können, ohne ihre formalen Gebote zu verletzen.

In allen Lagern der herrschenden Demokratie blieben im Verlauf dieser Kämpfe nur die Schichten oder Cliquen der Intelligenz konservativ: Sie allein glaubten an die Echtheit und Zukunft der Demokratie und ihrer Theorien über die Vervollkommnung von Staat und Wirtschaft durch Demokratie.

Während die Masse, fernab der Intelligenzschicht, dieser ins Wilde, Spekulative und Utopische entwachsend, sich weiter und weiter von den Schreckerinnerungen des letzten Krieges und ihrer Revolution, und so vom Glauben an die Segnungen der Demokratie weg entwickelte, vollführte sie eine doppelte Bewegung: einmal wandte sie sich ab vom herrschenden Recht und Gesetz in Staat und Wirtschaft und ganz ihrem Triebleben zu. Die Masse kehrte zu ihren ursprünglich-primitiven Normen der Hordenexistenz zurück, verzichtete auf europäische Demokratie und Selbstverwaltung, um Rast zu finden in den Urgründen der Steppe, der klassenlosen Trieballmacht, die auf Menschen Jagd machte, als seien sie Tiere, und sie vernichtete. Die Skalpe des Feindes verleihen magische Kräfte, und seine Fähigkeiten gehen in den Sieger ein: Im Unglück waren alle gleich, die Gegenwart war Hunger, Elend, Arbeitslosigkeit und Angst vor dem Morgen. Der Arbeiter versank in das Lumpenproletariat, und dieses, organisiert in SA-Trupps, SS-Banden, fühlte seine Stunde gekommen.

Zum anderen aber kehrte sich die Masse von allen bisherigen demokratischen Formen der Politik resolut ab, wandte sich der reinen materiellen Forderung zu, die unmittelbaren Fragen der Not endgültig zu lösen. Die Masse war bereit, für die Erfüllung dieser Forderung, mit dem Stimmzettel auch ihr Stimmrecht zugunsten des nie Erprobten, der Diktatur, zu opfern, sich selbst zu entmündigen. Die Massen des Lumpenproletariats und der ihm ausgelieferten, ihm zuwachsenden Jugend, sagten immer lauter und in ständig steigender Entschlossenheit, wie gleichgültig ihnen Formen von Staat und Gesellschaft, Politik und Revolution, Freiheit und Gerechtigkeit seien, wenn es irgend jemandem nur erst gelänge, die aktuellen, endlosen Schrecken der Arbeitslosigkeit zu bannen: Lieber ein Ende mit Schrecken als ein Schrecken ohne Ende.

Erstarrt vor der Aussichtslosigkeit des Untergangs 1918, warteten alle auf das Wunder, daß die Maschinen wieder laufen würden, welche der wahre Bewußtseinsinhalt und Sinn der Arbeit für den modernen Deutschen geworden sind.

Der Mann, der behauptete, dieses Wunder wirken zu können, war vorhanden; ihn zum Wirken zu bringen, ihn zu schieben und zu locken, war Sache und Aufgabe des historischen Augenblicks, der nicht auf sich warten ließ. Er lag in der Luft und auf den Straßen der Großstädte, wie er in den Seelen der prärevolutionären Massen und in denen der konservativ Beharrenden entstanden war.

Viele dieser Konservativen, der alten kaiserlichen wie der jungen republikanischen, hofften, daß dieser Zauberer und Wundertäter nach sechs Wochen oder Monaten ausgezaubert habe und verschwinden werde: dann sei die Masse reif für Wahrheit und Vernunft – für Monarchie oder Republik. Aber der Wunderdoktor mit der Patentmedizin blieb.

Es ist eine einzigartige Tatsache der modernen politischen Struktur aller Staaten, welche die heutige von allen anderen Epochen unterscheidet, daß die Regierungsform sekundär, die Arbeitsverfassung, das verwirklichte Recht auf Arbeit, dagegen die primäre Funktion, die eigentliche Verwirklichung der Ideologie des Staates wurde.

Es ist nach Auffassung der wirtschaftspolitischen Führer Deutschlands gleichgültig, ob Deutschland, England, Sowjetrußland oder die Vereinigten Staaten faschistisch, kommunistisch oder demokratisch verwaltet werden. In allen Staaten herrschen autokratische oder theokratische Eliten, welche den Gesetzen erst den Sinn geben und die Art ihrer Anwendung bestimmen. Die Oligarchie also drückt dem modernen Staat ihr Wesen auf, und deren Vorzeichen sind wirtschaftlich, nicht politisch oder gar ethisch determiniert.

Politik und Ethik sind aufgegangen in den Begriff der Arbeitsethik, dargestellt in einer Metaphysik der Arbeit, welche alle anderen Gläubigkeiten und Hoffnungen verdrängt und ausgelöscht hat. Die Arbeit aber, welche der Arbeiter leistet, ist technischer Natur. Der Arbeiter verwirklicht die Technik, ohne ihn bliebe sie eine leere, nur gewußte Fertigkeit, ohne ihn würde sie nicht zur gekonnten und angewandten Fertigkeit. Gewußt und gekonnt ist die Technik also im Volk, und das Volk hat durchaus das Bewußtsein, daß es in einer technischen Zeit, im Zeitalter der Technik lebt. Die Technik schafft die Neue Zivilisation und nicht die Zivilisation die Technik. Die Tat kommt beim Volk *immer vor* der Idee, und der Ideologie fällt die Rolle der Erklärung der Tatsachen zu, welche das Volk geschaffen hat.

Die Spannung in allen Staaten entsteht, weil das Menschliche, das Soziale dem Technischen nachhinkt; weil die menschliche Ordnung der technischen Ordnung unterlegen ist und sie in Verwirrung zu bringen droht. Die Erfindungen der modernen Technik setzen eine andere als die mittelalterliche Ordnung des Handwerkerstaates voraus, an deren Ende wir jetzt angelangt sind. Der Durchstoß der Neuen Ordnung der Gesellschaft erfolgt vom Technischen her, nicht vom Handwerklichen oder Bäuerlichen. Es ist das Mechanische, das mechanistische Denken, welches die Massen in Deutschland in sich aufgenommen und verarbeitet haben und in einer gewaltigen, doppelten Organisation – Wirtschaft und Heer – darstellen, um es gegen die alte Ordnung der Demokratien anzuwenden. Es ist die Revolution des Technikers gegen den Handwerker, die in allen Ländern stattfindet; in Deutschland hat sie ihren Kulminationspunkt erreicht. Das Technische als Besitz und Wissen des Volkes verlangt nach einer den Werten des Technischen entsprechenden sozialen Ordnung und räumt mit allen mittelalterlichen Resten der Handwerksordnung auf.

Die Anwendungsmöglichkeiten der Technik haben im Volk die Stimmung eines neuen Zeitalters geschaffen: als ob die Maschine das Los des Menschen erleichtern werde, nachdem alle Ideologien und die reine Wissenschaft so kläglich versagt haben. Die Metaphysik der Arbeit stellt sich also letzthin als eine zum Transzendenten erhobene Gläubigkeit an die Maschine dar, als eine mechanistische, konkretisierte Utopie, die alle anderen Utopien verdrängt hat. Entsprechend der technischen und intellektuellen Perfektionierung des Massenzeitalters hat sich auch ihr Bildungsapparat vervollkommnet, als Film und Radio, und diese spielen in dieser Revolution des Wissens gegen die Unwissenheit und Trägheit der konservativen Kasten die gleiche, ja eine noch wichtigere Rolle als die Buchdruckerkunst während der ersten großen deutschen Revolution, der Reformation.

Die weiten Gebiete Mittel- und Osteuropas, im erweiterten Sinn das preußisch-sächsische Gebiet, lagen immer außerhalb des Limes und waren der lateinisch-christlichen Kultur (oder der hellenischen) niemals wirklich stark ausgesetzt. Es konnte daher in ihren Tiefenlagen germanisch-heidnisch, hordisch-aggressiv bleiben. Dieses Germanentum, vereint mit der modernen Stadtkultur und der technischen Wissenschaft, kämpft um seine Stellung gegen die Mächte, welche das klassische Ideal vertreten.

Genau wie damals in Luther findet das Germanentum heute wieder seinen kleinbürgerlichen Vorkämpfer. Luther entstammte nicht, wie er selbst fälschlich behauptete, dem Bauernstand, sondern dem mittleren Bürgertum, zu dem sein Vater sich emporgearbeitet hatte. Luther bekämpfte auch nicht die Kirche als Gestalt und Trägerin des Glaubens, sondern das Papsttum als Vertreter des griechischen und lateinischen Geistes. Luthers Ästhetik und seine dumpfe Lebensangst, die des primitiven, des urhaften Germanen, waren bedroht von der sinnlichen Lebensfreude und Freiheit der Wiedergeburt des Griechentums in der Kirche, wie sie durch Thomas Morus und Erasmus von Rotterdam gelehrt wurden.

Luther setzte allen Sakramenten und Glaubenssätzen voran die Gnade, das Verlangen nach Gnade, um aus dem tiefen Pessimismus der Bewährungsangst aufzusteigen und sich von den Fesseln zu befreien, welche die Kultur des Abendlandes um seine Triebe zu schlagen versuchte. Bewährung sollte der arme und verlassene Mensch schließlich nur in seiner Arbeit finden, zu der er unter Umständen gezwungen werden muß. So wird Luther nicht etwa der religiöse Befreier der Deutschen, sondern ihr politischer Zuchtmeister. Luther entdeckt die Politik als das einzig richtige und ihm wesensverwandte Prinzip der Bändigung der Deutschen, um die durch Thomas Münzer gepredigte anarchistische Utopie der irdischen Gerechtigkeit zu zerstören, die, im Gegensatz zu ihrer nur literarischen Darstellung durch Thomas Morus, nicht auf einer sagenhaften Insel, sondern innerhalb des Christentums und innerhalb Deutschlands zu verwirklichen war. Thomas Münzer wollte die Lehren Christi gegen die Kirche, vor allem gegen die Ritter und Fürsten verwirklichen, mit Feuer und Schwert, als ihm kein anderer Ausweg blieb. Luther aber wollte die deutschen Bauern und Handwerker in harte Zucht nehmen und ihnen einen Zuchtmeister senden, der die Widerspenstigen mit höllischem Feuer strafen werde.

Die Gnade, deren der Mensch unmittelbar teilhaftig werden könne, so lehrte Luther, prädestiniere ihn zur Seligkeit. Die Lehre von der Prädestination des Menschen schuf den Stand der Auserwählten, der christlichen Elite. Unter Calvin und später unter Cromwell nahm diese das Recht der »Selbstverwaltung« des ganzen Staates für sich in Anspruch und befreite ihn von den absoluten Tyrannen. Tyrannen waren, neben der Kirche, alle jene Mächte, welche sich dem Willen der Auserwählten entgegenstellten.

Der erste Ausdruck einer staatlichen Revolution ist also ein religiös-politischer Schluß aus der deutschen Reformation und deren eigentlicher Inhalt, der aber bezeichnenderweise nicht in Deutschland, sondern im westlichen Kulturkreis, in der Schweiz, in Frankreich und namentlich in England gezogen und verwirklicht wurde. Luther selbst war an diesen politischen Vorstellungen und Folgerungen seiner eigenen Dogmen nicht interessiert; im Gegenteil, er lehnte sie für das deutsche Volk und für die deutschen Fürsten strikt ab: Das deutsche Volk brauche Tyrannen.

Und doch war es zu Luthers Lebzeiten und als indirekte Folge eben dieser deutschen Reformation, daß La Boëtie die berühmten Worte schrieb: »Er, der dich unterdrückt, hat nur zwei Augen, nur zwei Hände, nur *einen* Leib. Alles, was er mehr hat als du, hat er von dir, dein sind die vielen Augen, welche deine Handlungen auskundschaften, die vielen Hände, welche dich schlagen, die vielen Füße, welche dich treten. Alle die Gewalt, mit der dieser eine dich bedroht, ist deine eigene Gewalt.«

Die Reformation ist die große Leistung Deutschlands, die spontane Rebellion des germanischen Geistes gegen die lateinische Kultur. Die Reformation nimmt in England andere, staatliche Formen an. Sie wird dort zur politischen Doktrin des Bürgerstandes, während sich auf deutschem Boden hundert Jahre lang alle Kämpfe der in Auflösung oder Aufstieg befindlichen Nationen und Bekenntnisse abspielen. Seit Friedrich II. von Hohenzollern aber vollzieht sich der Umschwung auch in Deutschland; in jenem Teil, der germanisch und a-klassisch geblieben ist. Seit eben dieser Zeit formt sich eine neue Tendenz innerhalb der Machtverteilung Europas, welche im 20. Jahrhundert gewaltsame Erscheinungen hervorbringt: Die Macht verlagert sich vom Westen nach dem Osten. Deutschland und Rußland treten anstelle Frankreichs, Spaniens und Englands – nicht nur in ihren Ansprüchen, sondern auch in der Ausübung der wirklichen, das heißt der realisierten und gestalteten Macht, welche sie in neuen Staatsformen kristallisieren.

Das Germanentum nimmt heute seinen alten Anspruch und Kampf gegen die lateinische Kultur und Methodik, gegen Sinnesfreude und Gestaltungskraft der Antike in einer Revolution der technisierten Massen wieder auf. Heute ist das Germanentum im Besitz einer Staatsidee, welche sich mit den Ideen Calvins und seiner Elite unbewußt identifiziert, nur mit ins Unendliche (als Möglichkeit der geglaubten und gehofften Weltwirkung) gesteigerter, technischer und maschineller Kraft.

Der Herrschaftsanspruch der Deutschen erstreckt sich, genau wie zur Zeit der Reformation, über die ganze Welt, besonders aber über jene Teile, auf denen der lateinische Geist herrscht. Sie gehen noch einen Schritt weiter und glauben, in ihrem System der Diktatur und der Verwirklichung der neuen Arbeitsgesetze eine allen Staaten immanente Richtungskraft festgestellt zu haben. Alle Staaten, so sagen die Deutschen, werden im Laufe der nächsten Entwicklung ähnliche und historisch parallele Formen wie in Deutschland, Italien und Sowjetrußland annehmen. Die wesentlichen Lebensforderungen der Massen, welche den Inhalt der neuen Staaten bilden, werden von den Auffassungen und Lehren, Geboten und Verboten der Parteiführer, der Priester, der Professoren, der Journalisten und Intellektuellen nicht mehr beeinflußt werden können. Die Hoffnung der Massen auf eine vollkommene Veränderung und Ordnung der Neuen Zeit ist so stark, daß sie nichts mehr abschrecken wird, jenen Männern ihre Kraft zu leihen, welche der Masse die Mittel in die Hand geben, den Sozialismus der Arbeit durch Maschinen und, wenn es nottut, durch Kriege zu verwirklichen.

Die Forderungen der Massen, welche jetzt und hier unbedingt erfüllt werden müssen, sind:

A) Genügend Arbeit, was kontinuierliche Prosperität voraussetzt, so daß für absehbare Zeit keine Arbeitslosigkeit eintreten kann. Der Staat wird also eine Funktion der Wirtschaft, und der Arbeiter ist an Staatsaufträgen und deren Erweiterung durch politische oder militärische Macht des Staates interessiert und beteiligt.

B) Genügend Entlöhnung, sei es in Geld und Massenspeisung, sei es in Waren oder Hausung, so daß keinerlei Furcht vor dem Morgen auftreten kann. Wenn die »Neue Soziale Ordnung« im Staat realisiert ist, wird es weder Hunger noch Sorge um Kleidung oder Schuhwerk, um Wohnung oder Unterricht geben. Diese Freiheit von unmittelbarer körperlicher Not stärkt vor allem den Gedanken an die Vergrößerung der Familie, das erotische Selbstbewußtsein also, was zugleich die ›Masse der Massen‹, deren Macht also zu einer kontinuierlichen Progression und in direkte Beziehung zur kontinuierlichen Prosperität bringt.

C) Gleichbleibende Preise, was staatliche Preiskontrolle voraussetzt und Schutz vor Inflation und Entwertung des Geldes, welches in einem von der ›Ethik der Arbeit‹ her organisierten Staat seinen klassenbildenden Wert verlieren muß.

D) Erholung und Vergnügen, das sind: Reichlicher und billiger Alkohol und Tabak; viele und billige Filme, welche der neuen Ästhetik der Masse vom Wunschbild der neuen Zeit

Ausdruck verleihen, an sich also besonderes Gewicht auf den Ausdruck, das Pathos, legen, welches die primitivste Form des ›Eindrücklichen‹, des Triebhaften gibt; Sport und Wettmöglichkeiten; sexuelle Vergnügen in größter Abwechslung und frei von jeder Verbotsmöglichkeit oder Einschränkung durch Richter, Priester oder staatliche Organe vor und neben der Ehe.

Die Koppelung machtpolitischer und triebhafter Elemente gibt der germanischen, der dunkelsten und unterbewußten Schicht der originären Existenz des deutschen Volkes die Kraft eines chiliastischen Durchstoßes.

Der Existenz aller Völker haftet sehr viel mehr Mystisches und Dämonisches an, als gemeinhin angenommen wird; es führt, neben der bewußten Gestaltwerdung der Völker in ihren Staaten, eine richtunggebende Existenz, welche wir Volkstum nennen. Die Mythen der Griechen, Römer, Babylonier, Juden, Deutschen entsprechen auch heute noch den Ahnungen, den Wunsch- oder Traumvorstellungen in den seelischen Tiefenschichten der modernen Massen, wie sie den bewußten oder erst zu deutenden Tabu-Vorstellungen der sogenannten primitiven Stämme Afrikas oder Polynesiens als ordnende und soziale Kräfte innewohnen.

Was in den Vulgärsprachen und den Symbolen der Vulgarästhetik der Massen gesagt wird, entgeht dem Verständnis der die Schriftsprache Sprechenden, der Schicht der Intellektuellen, welche voller Verachtung auf diese Äußerungen gestaltloser und triebhafter Bemühung herabblicken. Die Massen und die ihrer dumpfen Dämonie Ausdruck verleihende Schicht der Kleinbürger erwidert diese Verachtung der Gebildeten mit unauslöschlichem Haß, namentlich gegen den jener Mystik am entferntesten hausenden Teil der Intelligenz – gegen die jüdische. Die jüdische Intelligenz befand sich in Deutschland in äußerst bevorzugter Stellung und, obwohl sie eine eigene Sprache verloren hatte und sich des Deutschen als einer Lehnsprache bedienen mußte – was nur den breiten Massen aktiv bewußt blieb –, hatte sie ihre Herrschaft über Presse, Literatur, Bühne, Film, Radio und Musik errichtet. Gegen diese Herrschaft des »jüdischen Geistes« wandte sich der Haß der Deutschen, er identifizierte Intelligenz und Judentum: So kam es zu einer Art nationalen Aufstandes gegen die Intelligenz überhaupt.

Kein Volk kann ohne den Mutterboden seiner mystischen Zusammengehörigkeit und Sprachgemeinschaft ein Volk sein oder einen Staat bilden. Nur die Sättigung tiefster, mystischer Ahnungen mit den Lehren von Gewalt, Überlegenheit und Ewigkeit des deutschen Proletariers und Kleinbürgers vermag den Haßausbruch und die Erfolge der Diktatur eines einzelnen Mannes, welcher der kleinbürgerlich-proletarischen, siegreichen Schicht entstammt, zu erklären. Es ist, als sei eine lange unbenützt gebliebene und deshalb angereicherte Kraftquelle seelischer Art angezapft worden. Es ist eine Begegnung des Volkes mit dem Urgeist der Nation, die Heraufholung des Urvaters aus der Gruft der Jahrmillionen, die Wiedererneuerung des Volksganzen.

Das Wesen dieses Urvaters aber scheint verkörpert in diesem Niemand, in dem Mann, welcher »mir und dir und jedem von uns Arbeitskollegen, Kinobesuchern, Regimentskameraden, Vereinsmitgliedern und Massenmenschen« aufs Haar gleicht. In ihm, der, mit einer heiser bellenden, plebejischen Stimme ausgerüstet, genau die Worte zum Deutschen zu sprechen weiß, welche jeder dieser bedrängten und zugleich stimmbegabten Kleinbürger sagen würde: Worte der ordinären, der Vulgärsprache, die plötzlich zum feinen Ton der Politik und Diplomatie erhoben wurde und Gewalt verkündet, welche wie fernes Donnerrollen über Europa lastet.

Der Geist der Kriegerkaste, der deutsche Ahnengeist, der Geist der Einfühlung in das Leben der nur von ihrem Trieb besessenen Massen, hat diesem Niemand und Jedermann befohlen, der Masse den Gedanken der auserwählten Rasse einzureden und aufzuzwingen, der alles erlaubt und alles erreichbar sei.

Ohne die Idee ihrer Überlegenheit ist die Masse eine Rotte von Lohntütenempfängern, eine gestaltlose Masse von Lohnsklaven. Die deutsche Masse von Lohnsklaven sollte aber wirken, nicht nur werken, sollte in Wirkung versetzt, zu einem Instrument größter historischer Wirkung umgeformt werden. An ihrer Spitze marschiert wieder wie zu Urzeiten, wie zu Luthers und Bismarcks Zeiten, der Urvater des kleinen Mannes, Symbol und Erfüllung all seiner Wunschträume, ein neuer Arminius.

Alles, was an Vergeblichkeit des Lebens, an Bewährungsangst, Wunschträumen und Realisierungen unterbewußt mythologischer Inhalte zusammenströmt und durchstößt, ist nachgebildet der großen christlichen Uridee. Als solche, durch ihre Reproduzierbarkeit und unerkannte Wiederholung beweist sie, daß sie über allen Dogmen steht und ihnen als Grundsehnsucht vorangeht: Sendung des auserwählten heroischen Volkes; Uridee des göttlichen Vaters, von dem alle des gleichen germanischen Stammes herkommen, und der nun seinen Sohn nach Deutschland sandte, wo er arm und unerkannt lebte und groß wurde. Er wird die Welt von dem Vorurteil, das sie gegen die Deutschen hat, und von der Schuld erlösen, daß nicht alle Arbeiter ihres Lohnes wert sind, nicht alle durch Arbeit geadelt, frei, groß und gleich sind. Auch die Schuld, welche Deutschland auf sich geladen hat, wartet auf Erlösung: Das deutsche Volk hat die siegreiche Armee von 1918 verraten und durch seine Rebellion erdolcht. Es hat die deutschen Brüder in Österreich, Böhmen, Polen verraten. Es hat der Väter Erbe ehrlos vertan. Es hat sich der großen Väter, vor allem Friedrichs des Großen und Bismarcks, unwert erwiesen. – All diese Schuld hat der erwählte Führer auf sich genommen und gelobt, daß er sie mit seinem Blut abwaschen werde, falls das Volk aus dem Krieg nicht siegreich heimkehre. So lange allerdings werde er warten und die Schuld mit dem Blut des Volkes abwaschen.

In Wirklichkeit aber ist es so: alle Deutschen können in einem Kriege umgebracht werden, und man darf nicht einmal um sie, die Helden sind, trauern, nur Einer darf nicht getötet werden – der Diktator, das Über-Ich des deutschen Volkes. Hitler allein ist ausgenommen von allen Geboten der Mordlust, welche die Entfesselung dieses germanischen Urtriebes im Krieg außerhalb und innerhalb der Landesgrenzen legalisieren.

Soll der Führer geopfert werden, dann von eigener Hand, wie ein Samurai sein nichtswürdiges Leben dem Kaiser, dem Vater des Vaterlandes, darbringt. Der Vater des deutschen Vaterlandes aber kann sein Leben nur sich selbst darbringen; er darf nur durch die Kugel sterben, die er sich selbst in den Schädel jagt. Dies ist die höchste und ritterlichste Reproduktion eines uralten Vorstellungsinhaltes vom Opfertod des Auserwählten, der an sadistischen Nebengelüsten überreich ist. Auch die Todesarten sind bezeichnend für die Vorstellungen vom Sterben, welche das deutsche Volk generell hat und offenbar mit vielen anderen Völkern teilt.

Dieses Verbot, das Leben des einzigen Führers anzutasten, das dem Leben der gesamten Nation gleich gewertet wird, ist der Sinn seiner Sendung und der Lohn dafür, daß er sich das Opfer des Verzichtes auf Befriedigung all jener Triebe auferlegte, die er seinen Anhängern und Anbetern, namentlich der deutschen Jugend, ohne Einschränkung gestattet: Der Führer ist ein Heiliger, ein Mönch, ein Unantastbarer, ein Esoteriker, der in einem geheimnisvollen Schloß hoch in den Bergen meditiert, Zwiesprache hält mit Wolke und Wind, der erhabenen Träumen von deutscher Größe nachhängt und Kunstwerke ersinnt, die jedermann begreift. Hitler ist der gelebte und verwirklichte Wunschtraum menschlicher Größe, wie ihn der Kleinbürger träumt und versteht, und, falls vor diese Aufgabe gestellt, genau so vollbringen würde.

Das ist, in wenigen Zügen, die Gestalt des Mythos vom Führer, wie er außerhalb der Schicht der Intelligenz und fern aller Realität von den deutschen Massen empfunden und geglaubt wird. Der Mythos des Kleinbürgers wird beherrscht und geformt von Gefühlen, und zwar von nacherlebten, ihm nicht eigentümlichen und daher falschen Gefühlen. Diese entstammen zumeist einer Ästhetik, die im Mittelalter etwa wahr gewesen sein mochte, seitdem aber aus den Schichten der Barden und Sänger tiefer und tiefer in die untersten Schichten der Volkssänger, volkstümlichen Dichter und Maler sank, Kitsch wurde.

Diese Vorstellungsreihen der Kunst sind etwa zu symbolisieren durch Schlachtenbilder, moderne Gotik und restaurierte Ritterburgen; durch Operette und Marschmusik; und schließlich durch das in Deutschland so lebendige Element der Volksballade, des Dienstmädchenliedes, welchem Bereich der Muse ja auch die Hymne der Partei entstammt. Deren Entstehung ist, wie ihr Inhalt, von der gleichen blutrünstigen Räuberromantik umweht, wie alle diese Schöpfungen unbekannter Künstler. Diese Unbekannten sind unerkannte Künstler, verkannte und verkommene Genies, eine Vorstellung, welche von den Vorstellungen des Volkes von Kunst allgemein nicht zu trennen ist und die auch den Selbstdarstellungen Hitlers von seiner Jugend und seinen persönlichen Erlebnissen Ausdruck verliehen hat.

Wir sind versucht, diese Art Ausübung und Betrachtung der Kunst (die eine Forderung an Kunst ist, wie sie sein solle) als sekundärromantisch zu bezeichnen. Wir können sie dahin definieren, daß sie von der ursprünglich romantischen Schule, die ihrerseits bereits »zum Volke heimkehrte« und ritterlich-altertümelnd, anheimelnd war, nur den Ausdruck, die Geste bewahrte und sich selbst als Symbol auf ganz andere, sehr unromantische Inhalte aufklebte. Ihr Ausdruck ist Kitsch, ihr Inhalt, hinter dem ausgelebten und unwahren Symbol längst verwester Romantik versteckt, ist die Mechanik der Gewalt, der Organisation, des Militarismus und der blinden, gesichtslosen Masse.

Das Romantische, rührselig-blutrünstig Räuberhafte, welches an ewige Kirmes und endlose Hochzeitsfeste erinnert, ist der Ausdruck dessen, was dem Kleinbürger als Ästhetik vorschwebt: ein Derivat und eine unausgelebte Erinnerung an die romantische Zeit des Biedermeier, des letzten Stiles, den Deutschland um 1830 hervorbrachte, bevor die Maschine eindrang und auch die Kunstausübung als Handwerk vernichtete und vermasste.

Das deutsche Volk aber machte halt an dieser letzten Etappe seines Kunstempfindens und blieb ihr treu, während »die Kunst« zur Funktion einer besonderen Schicht der Intelligenz wurde, die sich vom Gegenständlichen und allgemein Verständlichen in einen Symbolismus nachgeahmter Formen, individualistischer Expressionismen, und damit auch vom Volk immer weiter und weiter entfernte. Die Kunst wurde heimatlos, dem Volk wurde sie unheimlich und fremd. Je mehr das Volk vermasste, je mehr es vermöge seiner Konsumkraft und der neuen Künste von Film und Radio seinen Willen durchsetzte, desto feindlicher stellte es sich zur künstlerischen Kunst. Die Forderungen des Volkes drangen durch, und es bildete sich zwischen der individuell schöpferischen, wahren Kunst einerseits und dem von der Masse der Leser, Zuschauer, Hörer und Besucher geforderten Kitsch andererseits, jene die Presse und das Theater beherrschende Schicht der Vergnügungsindustriellen. Diese Geschäftsleute bedienten sich der Ausdrucksformen echter Kunst, um den verlangten sentimentalen und unwirklichen Stoffen ein modernes Ansehen und damit Kassenerfolg zu verschaffen.

Hitler hat in seinen Bauten und Kunstausstellungen nichts anderes getan und gelehrt, als was ihn seine, zumeist jüdischen Vorgänger in der populären Kunst lehrten. Er ist nur unduldsamer und bürokratischer als diese. Dafür ist allerdings auch sein Erfolg in jeder Weise größer. Denn Hitler fügte der modernisierten Romantik des deutschen Biedermeier noch das Heimweh nach dem verlorenen Paradies, nach der Natur, den Bergen hinzu, ein Motiv, dessen die armen städtischen und »volksfremden« jüdischen Kleinbürger nicht mächtig waren.

Dem Heimweh hat Hitler eine Renaissance verschafft, wie sie sich kein Bauerndichter je erträumt hat. Der Bauerndichter, nicht der Bauer ist Schöpfer allen Heimwehs nach der Scholle, nach den Bergen, nach Blut und Boden; der Bauer weiß und versteht von solchen Dingen nichts. In den heimatlichen Bergen in Bayern erhebt sich Hitlers Schloß, inmitten der unverfälschten Natur, eine Ballade von Siegfried als Historienmalerei aus Stein und Fels, eine Tatsache gewordene Geschichte aus »Vergangenheit und Gegenwart« des deutschen Volkes, erdacht und gestaltet von seinem größten Sohn, der zugleich sein größter Künstler und sein größter Feldherr ist.

2

»Aus der Ferne erscheint dieser Ort wie eine Art Observatorium oder kleine Einsiedelei, in der Höhe von 1900 Metern auf dem Gipfel eines Felsengrates horstend. Hinauf führt eine kühn in den Felsen gehauene Serpentinenstraße von einigen fünfzehn Kilometern Länge, deren waghalsige Trassierung dem Talent des Ingenieurs Todt ebensoviel Ehre macht wie der hartnäckigen Mühsal der Arbeiter, die in drei Jahren dieses gigantische Werk vollendet haben.

Diese Straße mündet in die Einfahrt eines langen, unterirdischen Ganges, der abwärts in den Boden führt, und von einem schweren Doppeltor aus Bronze verschlossen ist. Am Ende dieses Stollens erwartet den Besucher ein geräumiger Aufzug, dessen Wände mit Kupferplatten bekleidet sind. Durch einen in den Felsen gehauenen Schacht von 110 Metern Höhe steigt man bis zur Kanzlerwohnung empor.

Hier erreicht die Überraschung ihren Gipfel.

Vor dem Besucher erhebt sich ein gedrungener, massiver Bau, bestehend aus einer romanischen Säulengalerie, einem riesigen, verglasten Kuppelsaal, ausgestattet mit einem gewaltigen Kamin, in dem mächtige Scheite lodern, und mit einem von dreißig Stühlen umgebenen Tisch; und einigen Nebensalons, die elegant mit bequemen Lehnstühlen eingerichtet sind.

Durch die Aussichtsfenster schweift der Blick, wie aus der Höhe eines schwebenden Flugzeuges, nach allen Seiten über ein gewaltiges Gebirgspanorama. In der Tiefe des Talkessels erblickt man Salzburg und die umliegenden Ortschaften, bis in unabsehbare Fernen, überragt von Gebirgsketten und Bergspitzen, von Wiesen und Wäldern, die sich an die Abhänge klammern. In der Nähe des Hauses, das im Vakuum zu schweben scheint, fällt, fast überhängend, eine schroffe Mauer nackter Felsen ab.

Das Ganze, getaucht in das Zwielicht eines spätherbstlichen Nachmittags ist grandios, wild, fast ein Irrwahn. Der Besucher fragt sich, ob er wacht oder träumt. Er möchte wissen, wo er ist. Ist es die Burg Montsalvat, darin die Gralsritter hausten, ein Berg Athos, der die Meditationen eines Mönches birgt, der Palast des Antinoos im Herzen des Atlas? Ist es die Verwirklichung einer jener phantastischen Zeichnungen, mit denen Victor Hugo die Ränder des Burggrafen-Manuskriptes schmückte? Ist es eine Milliardärs-Phantasie oder ist es nur der Schlupfwinkel, in dem Räuber ausruhen und Schätze ansammeln? Ist es das Werk eines normalen Geistes oder eines Menschen, der von Größenwahn, Einsamkeitssucht oder einfach von Angst gepeinigt ist?

Eine Einzelheit erregt die Aufmerksamkeit, und für den, der die seelische Struktur Adolf Hitlers zu bestimmen versucht, hat sie keine geringere Bedeutung als die anderen Details: die Zufahrtsrampen, die Ausgänge der Untertunnelungen und die Zugänge zum Haus sind militärisch bewacht und von Maschinengewehr-Nestern geschützt.« (Französisches Gelbbuch, Nr. 18, S. 22. M. François Poncet an M. Bonnet, 20. Okt. 1938)

Hier sind alle Elemente des gestalteten Wunschbildes des Kleinbürgers von Größe und Schönheit versammelt: der Eremit haust in seiner Klause, der Filmdirektor setzt sich seine Szenerie zu einem dreidimensionalen Kassenerfolg mit echten Adlern, echtem Schnee und echten Gletschern, die auf Salzburg, Wien und Heidelberg, auf Rhein und Donau hinabzustürzen bereitgestellt sind. Da ist der Oberste Heerführer mit Maschinengewehren und Stoßtrupps. Und auch die Technik kommt keineswegs zu kurz, im Gegenteil – die Technik hat diesen Alb-Öldruck erst zu einer Tatsache werden lassen und die Alpen zu einem Panorama erniedrigt. Tief unter ihm, dem Beherrscher und Ersinner all dieser romantischen Fortschrittlichkeit, liegt das Niedrige, das Gemeine, die Sorge um Nahrung und Kleidung, liegt alle Politik und Diplomatie. Hier oben träumt der größte aller Kleinbürger seinen Traum von endloser Ruhe nach endlosen Kriegen, nachdem alle Taten getan sind und die Welt endlich begriffen hat, daß es gegen seinen Willen keinen Widerstand und keine andere als deutsche Geschichte mehr gibt.

Dann bliebe endlich nichts mehr zu tun, weder mit List und

Tücke, noch mit Gewalt der Waffen. Dann könnte man sich endlich zur ewigen Ruhe niederlegen, wie Barbarossa oder der Alte im Sachsenwald. Aus dieser Ruhe der Ewigkeit schreckt ihn das Telefon, Adjutanten klirren herein – ach, das Leben geht weiter, das harte Brot der Notwendigkeit, der Weltgeschichte und der Diktatur erfordert Hitlers ganze Kraft.

Was ist der Sinn dieser Erscheinung ›Hitler‹, dieser ins Gigantische verbogenen Wunscherscheinung der Ästhetik des kleinen Mannes? Hitler ist ein ästhetisches Phänomen, wie er ein soziologisches, politisches, intellektuelles oder neurologisches Phänomen ist – entstanden aus einer Betrachtung der Welt als eines Wirrsals von unerklärlichen und schmerzlichen Widerständen, in der nichts mehr zu glauben, zu hoffen oder zu lieben übrig blieb. An Adolf Hitler kann der Mann aus der Masse zu etwas emporblicken und dann die Augen schließen, in seine eigenen Wunschträume versinken – das allein ist das Erlebnis des Schönen: Es liegt nicht im Objekt der Betrachtung oder des Hinhörens, sondern im Zustand des Betrachters und Lauschers, der sich vom Jetzt und Dann loslöst, stillsteht, der sich, im Genuß des Kunstwerks, in einen individuellen Raum des Absoluten, des Transzendenten, begeben hat. Der Genießer hat eine Metamorphose durchgemacht, um zur Betrachtung des Kunstwerks fähig zu sein. Er versteht, was es ausdrückt, und findet sich, seine Überlegung, seinen Wunschtraum in ihm bestätigt, kristallisiert und geformt: So hat er sich immer schon das Schöne, das Große, das Erhabene vorgestellt. Es ist Blut, Boden, Heimat, Ruhe und Gemütlichkeit, es spricht zum Gemüt, und das Waldhorn hört er drüben wohl anklingen, den Jodler aus der rauhen Kehle des Wilderers dringen, Alpenglühn kriecht über die Firste, Grate und Schroffen – und seufzend erwacht der Betrachter, geht gestärkt aus diesem Erlebnis zurück in seinen wirklichen Raum, den ihm eigenen mit seinen kleinen oder großen Sorgen, Pflichten und Geschäften.

Betrachtet der Kleinbürger ebenso den Petersdom, den Dogenpalast in Venedig oder den Tower in London? Zweifellos nicht. Denn hier tritt neben den Betrachter noch der Gebildete, der von ihm Respekt verlangt um der historischen Größe, um der Geschichte willen. Vor diesen Denkmälern wahrer Kunst ist sein Zustand nicht der einer reinen Losgelöstheit von seiner Existenz als »kleiner Mann«. Das Kunstobjekt stellt an sein Bewußtsein Forderungen, die er nur dann erfüllen kann, wenn er sie weiß oder im Baedeker nachgelesen hat: Das künstlerische Objekt ist seinem Erleben nicht ohne weiteres aus Fähigkeiten zu begreifen, die in seiner, in der Existenz des kleinen Mannes begründet liegen. Der reinen oder wirklichen Kunst ist für den kleinen Mann immer ein Bildungselement beigemischt, das er fürchtet, haßt, weil es ihn als Ignoranten enthüllen muß, wenn er es nicht versteht. Diese Bewährungsangst vor der reinen Kunst macht ihn zu deren Feind, und er wird so lange gegen sie kämpfen, als sie nicht historisch geworden ist. Oder aber, wie im Fall ›Hitler, der Künstler‹, er sie seinen Idealen und seinem unmittelbaren Verständnis unterworfen hat.

Hat die Kunst das getan, dann gibt es keinen begeisterteren Verfechter solcher »wahren Kunst« als den Kleinbürger. An den Bauten, Bildern, Gedichten und Romanen, Dramen und Opern, Kompositionen und Filmen, Reden und Hörspielen ist für den Kleinbürger nicht die Form wichtig, welche der Inhalt sich schuf, sondern das Sentimentale, das Pathetische, die Assoziationen – der Inhalt ist nicht das Erlebnis eines einzelnen und seine gelöste Aufgabe, sondern das Nacherleben eines Massentraums, der, je nach der gegebenen Situation, verschiedene Symbole anwendet, deren Inhalte historisch beglaubigt, Allgemeingut oder Heimweh geworden sind.

Da es neben dieser Kunst und Symbolik keine andere Kunst mehr gibt, kann man feststellen, daß die sozial wertvollste Schicht der Intelligenz, die der Künstler aller Gattungen, aus Deutschland verschwunden ist. Nicht so sehr im physischen Sinn, das war selbst einem Hitler nicht möglich, wohl aber im geistigen Sinn. Hitler traf die schöpferische Kraft der deutschen Kunst mit größerer Wucht als irgendeinen anderen Teil des intellektuellen Lebens. Nirgendwo nämlich konnte er das Individuum so tödlich und endgültig verwunden wie im Künstler. Hier erscheint der Radikalismus seines Wesens in ganzer Größe, während doch in all seinen politischen oder militärischen Neuerungen Vorbilder und Ratgeber, ja Herren über ihm, am Werke sind, deren Werkzeug er ist. Im Ästhetischen enthüllt der Kleinbürger unserer Zeit sein wahres Wesen, welches ein Anspruch auf den totalen Besitz der Intelligenz eines Volkes ist, deren Umwandlung nach seinen Wunschträumen und Forderungen er verlangt. Das ist die Macht, die Tragödie ›Hitler‹, durch die er und sein System so groß, ja allmächtig werden konnten: Die Individualstimmen in Deutschland werden nicht mehr gehört; der Wert der persönlichen Freiheit, der Unabhängigkeit des Denkens ist unter Null gesunken; den Leistungen der Intelligenz, der Kunst, der Wissenschaft, der Philosophie entspricht nichts im Bereich der wirklichen Machtausübung.

Der Direktor eines Warenhauses oder eines Konzerns, der Besitzer einer Konservenfabrik, der Inhaber der Aktienmehrheit eines Bauunternehmens, der Chef eines Pressekonzerns und seine Redakteure, die behaupten, sie seien die öffentliche Meinung, der Vorstand eines Verbandes von Handlungsgehilfen oder Feuerwehrleuten – all diese Typen des modernen und realen Machtapparates der kleinbürgerlichen Welt der Erwerbsgenossenschaften, sie machen den Inhalt des Staates und seiner Hierarchie aus. Sie halten sich noch ein Parlament oder bereits eine Diktatur, oder jenes neben dieser. In jedem Staat aber besitzen diese »Ameisen-Fürsten« unvergleichlich mehr Macht, Einfluß und Machtmittel, als alle Wissenschaftler, Künstler, Dichter und Musiker eines Landes zusammen. Aus dem Elend der Kunst entsteht die Kunst des Elends, als welche uns die Existenz aller Völker heute erscheinen mag.

All diesen kleinbürgerlichen Größen ist jene primäre Substanz ›Hitler‹ amalgamiert, welche sich in Deutschland, Italien und Sowjetrußland offen als Macht über Kunst und Religion, Wissenschaften und Wirtschaft absolut und zukunftsgewiß etabliert hat. Welche in allen anderen Ländern aber sich ganz allgemein als Niedergang der Freiheit in der Gesamthaltung der Nation und als Armut im Geiste äußert.

Der Versuch einer Beschreibung und Analyse des Phänomens Hitler kann also keineswegs die Person dieses Mannes allein zum Inhalt haben, sondern muß die Gestalt eines modernen Kollektivwesens zum Gegenstand machen.

Hitler ist zunächst nicht mit Wilhelm von Hohenzollern identisch, oder nur insofern als in beiden der Vater-Sohn-Antagonismus lebendig ist. Wilhelm II. ist nur aus diesem Komplex heraus zu erklären, welcher alle seine Handlungen determinierte. Schwer zu sagen, ob die wirtschaftliche und historische Umwelt den ersten Zwang auf ihn ausübte oder die pathologische Struktur seiner geistigen Substanz. Er haßte nicht nur seinen leiblichen Vater, sondern vor allem auch den Vater des Hohenzollern-Reichs, Bismarck: Er allein wollte Vater und Liebling des Volkes sein und dessen Rächer am stolzen, reichen und individualistischen Bruder, dem Engländer, in dem er zugleich sein eigenes, mütterliches und nichtdeutsches, unreines Blut treffen konnte.

Errichteten aristokratische Abstammung und Hofhaltung in Wilhelm II. noch eine Scheidewand, die eine allzu öffentliche Vermischung eigener plebejischer Instinkte mit denen der beherrschten Masse verhinderte, so besteht dieses Hindernis bei seinem illegitimen, in Wunsch und Wille der Masse aber legitimen Nachfolger Hitler nicht mehr. Im Gegenteil, gerade diese Vermischung mit der Masse ist das ständig neu hergestellte Gleichgewicht und die Voraussetzung gegenseitiger Erhaltung in der Existenz – im Deutschtum und in der Macht über das Deutsche, das Dritte Reich.

Hitler ist als Individuum ein Nichts, eine Null, die erst an eine möglichst große Zahl (Volk, Masse, Partei, Armee) angehängt Funktion und Ausdruck der Macht einer Schicht wird. Diese Schicht der Kleinbürger kam zur Macht, weil alle anderen im Widerstreit liegenden Schichten und Klassen für sich allein zu schwach waren, um die Macht an sich zu reißen und sich in ihr zu behaupten. Die konservativen und militaristischen preußischen Elemente fanden in der Geistfeindlichkeit Hitlers jene Substanz, die ihnen entsprach und auf die sie sich verlassen konnten, als sie ihm Platz und Feld räumten, auf denen er jetzt die Symbole der Macht seiner Elite und seiner Schicht errichtete.

Durch diesen Verzicht drücken die alten konservativen Mächte in Deutschland aus, daß sie Hitler nur als einen Platzhalter betrachten. Sie kämpften nicht gegen ihn um die Macht, sondern mit ihm um die Erfüllung eines vorläufigen Zweckes: der Wiederherstellung der alten europäischen Machtposition der preußischen Militärkaste, die dann, nach Erreichung dieses Zieles, Hitler wieder zu überwältigen, zu liquidieren hoffte. So etwa ist alles zu werten, was an Bekenntnissen und Analysen über Vorgänge der letzten 10 oder 15 Jahre in der deutschen Politik von schönen preußischen Seelen zutage gefördert wurde.

Hitlers Bedeutung liegt aber ganz woanders als auf dem Gebiet der reinen, logischen und kühlen Politik. In seinem Wesen und Wirken, und durch es, drückt er die viel tiefer liegende europäische und nordamerikanische Bewegung gegen die Demokratie aus, eine Bewegung gegen die Freiheit des Individuums, welches seine Wurzeln in der Tradition, im Glauben, im Wissen, und nicht im bloßen Dasein der mechanisierten Massen hat.

Die Stärke dieses Führers ist seine Redegabe. Durch rhetorische Suggestion von Macht, Größe, Schicksal, Blut, Rasse und durch eine neue Ästhetik der Symbole wird die gestaltlose Menge eine Masse, dem Redner unterworfen. Es wird ihrem Denken und ihren Reflexen Gewalt angetan, bis ihre Individualformen verschwinden und die Reflexe an ihnen beliebig oft wiederholt werden können. Die Masse sieht im Redner Hitler wie in einem Zerrspiegel ihr eigenes Ich ins Dämonische und Gewaltige übersteigert. Das Ich der Masse spiegelt sich im Führer, in seiner Größe, in seiner Originalität, in seinen Bauten, Feldzügen, Programmen und Versprechungen. Der Führer lebt stellvertretend für alle anderen das individuelle Leben der Masseneinheiten. Jeder fühlt sich im anderen, und alle zusammen fühlen sich eins und dasselbe.

Das zwischen Hitler und der Masse schwingende Gefühl,

von dem beider Existenz in der Bewegung und der Religion des Deutschtums abhängt, ist das der Einfühlung, welche die Einsfühlung erzeugt. Einfühlung kann zustande kommen, indem das fremde Ich ganz von dem eigenen Ich aufgesogen, in es hereingenommen und in seinem Sein und So-Sein für das Bewußtsein entsetzt und entrechtet wird. Sie kann ferner zustande kommen, indem das eigene Ich von dem andern Ich so stark konsterniert, hypnotisiert und gefangen ist, daß anstelle der eigenen Ichgestalt das andere, fremde Ich tritt und all seine, ihm wesentlichen Grundhaltungen etabliert. »Ich lebe dann nicht mehr in mir, sondern ganz in ›ihm‹, in dem wohl vorher, aber jetzt nicht mehr als anderen erkennbaren anderen; ich lebe jetzt durch ihn und durch ihn hindurch.« – So ungefähr lauten auch diese Bekenntnisse der Heiligen aller Religionen, welche den Prozeß der Einswerdung mit ihrem Gott beschreiben konnten.

Führer und Masse in Deutschland sind der typische Fall einer Einsfühlung durch restlosen, aktiven Ansteckungsdrang und durch restlose, bis auf das individuelle Ichzentrum des Selbstbewußtseins reichende Angestecktheit, welche der Bewegung die Kraft der Überzeugung und des Durchstoßes verleihen.

Diese Art primitiver Einsfühlung, welche das Massenphänomen durch Selbstidentifizierung mit dem Führer in die Dimension der geschichtlichen Zeit, des modernen Hier und Jetzt verlängert, ist der Ausgangspunkt für die in der ganzen Welt so verbreitete Lehre von der Reinkarnation. Diese Lehre von »dem wieder im Fleische Erschienenen«, dem Gott oder Erlöser, dem Urvater, ist nur eine vernunftgemäße Erklärung und Interpretation durch Schüler oder Apostel späterer Zeit dieser ursprünglichen, zutiefst unbewußten Identifizierungen der Masseneinheiten mit dem Führer, die wir heute in Deutschland erleben. Göring bestätigte dieses Phänomen, als er sagte: »Hitler *ist* das deutsche Volk, und das deutsche Volk *ist* Hitler.«

Deutschland ist heute wie vor 2000 Jahren und zur Zeit der Reformation ein Gefühlskrater. Die tiefsten und seit Jahrhunderten schlummernden Vorstellungen werden nach oben geschleudert und Wahrheit. Sie stehen alle auf zu neuem Leben: Friedrich II. von Hohenstaufen, der wirkliche Barbarossa, der auf den Tag der Wiederkehr gewartet hat. Friedrich II. von Preußen, Bismarck, Moltke, Schlieffen werden genauso heraufbeschworen und als Kronzeugen für die Echtheit des Aufbruchs der Nation zitiert wie Luther, Kant, Beethoven und Nietzsche. All diese Gestalten, aus ihren Gräbern gezerrt zur Bannung der Bewährungsangst, deuten auf komplizierte Erinnerungs- und Sehnsuchtsbelebungen in Tiefenschichten deutscher Volksgläubigkeit. Sie mutet uns kindlich an und weist hin auf eine tiefe und schmerzvolle Einsamkeit, ja Verlassenheit des Deutschen inmitten einer Welt, deren Feindseligkeit immer drohender auch in seine Seele eindringt.

Echtes Sich-eins-Fühlen ist ferner dort vorhanden, wo das Verhältnis von Hypnotiseur zum Hypnotisierten, zum Medium, nicht nur ein vorübergehendes ist, in dem besondere und einmalige Willensakte und Handlungen befohlen werden, sondern wenn ein dauerndes Abhängigkeitsverhältnis, die Hörigkeit, eingetreten und stabilisiert ist.

In diesem Zustand der Hörigkeit befindet sich das deutsche Volk: Es ist ständig in sämtliche Launen, Vorstellungen, Zwangsideen und Befehle zum Angriff des Hypnotiseurs Hitler hineingerissen, es denkt nur noch seine Gedanken, will nur noch seinen Willen, wertet und hört nur noch seine Worte, liebt seine Freunde und haßt seine Feinde. Dabei aber glauben die Deutschen, daß dieses fremde Leben mit all seinen brutalen und willkürlichen Formen und Forderungen ihr eigenes Ich sei, dem all diese Handlungen angepaßt wurden. Wir haben es also mit einem soziologischen Phänomen psychischen Inhalts zu tun, von einer Größe, einer Gefahr der Ansteckung und einer Schnelligkeit der Ausdehung, wie es selten in unseren Breitengraden beobachtet werden konnte.

Durch Hypnose werden die meisten, ja fast alle Formen und Eigentümlichkeiten des Geistes der Kinder und Primitiven künstlich bei jedem Patienten wieder erzeugt oder partiell wieder erweckt, sofern sie eben in jedem Individuum schlummernd vorhanden sind.

Die mangelnde Unterscheidung zwischen Wahrnehmung und Vorstellung, die ekstatische Art des Hingegebenseins an das in passiver Fesselung der Aufmerksamkeit zur Schau Gestellte oder zu Gehör Gebrachte, die gesteigerte Affektivität und Triebhaftigkeit des Erlebnisvorganges, die mangelnde Unterscheidung zwischen Ich und Du, vor allem das gleichzeitige Sich-eins-Fühlen des Mediums mit einem fremden Ich – dies sind die wesentlichen Merkmale einer solchen individuellen Regression psychischer Art. Urteil, Wille, Wahl, Entscheidungen, Liebe und Haß des Hypnotisierten sind nicht die seinigen, sondern diejenigen des Hypnotiseurs, aber sie sind, gleichsam als Reiter, mit der Peitsche der Rede, des militärischen Kommandos, des Terrors, des Verlangens blinden Gehorsams und blinder Disziplin, des Komments der Rassenehre, kurz der Ideologie und Propaganda des Dritten Reiches, auf das Pferd der entfesselten Triebe des Hypnotisierten gesetzt.

Die tiefe Lebensangst, die niedergeschlagenen Rebellionen, Streiks und Aufstände der Arbeiterklasse, der Zusammenbruch der Währung, des Staates, der Ordnung und der Front, das endgültige Versinken des Landes in der Stadt und damit der Verlust aller alten, wertvollen Erinnerungen und Kulturgüter, für welche man Fabrikware und Fabriklohn empfing – kurz, der Zusammenbruch der festgefügten Welt der Konservativen und der Zusammenbruch der Welt des Sozialismus, all das hat das Selbstbewußtsein des einzelnen in eine Lust positiver Selbstunterwerfung des Schwachen unter den Starken verwandelt. Auf diese Weise hat der Schwache teil an der Machtfülle des Militärs, der Wirtschaft und der Partei, bevor ihm zum Bewußtsein kommen konnte, daß er erst einmal den Starken zu *fürchten* hätte.

Der Unterwerfur gstrieb geht also dem Selbsterhaltungstrieb voraus, wenn die Macht des Starken deutlich genug in Gestalt und Erscheinung getreten ist, was ja in Deutschland seit jeher der Fall war und was wir in allen Siegen über kleinere Länder in den letzten Jahren erleben konnten. Das Erlebnis der Macht des Starken kann in allen Werken der Philosophen und Soziologen genau festgestellt werden: Das Trauma des überwältigenden Eindruckes, welche Möglichkeiten des Strafens den Starken zur Verfügung stehen, hat eine Umwertung im Sinn einer Rechtfertigung der Macht erfahren. Rechtfertigung heißt nicht nur Denken in Quanten, sondern in Qualitäten. Das direkte Wissen um die Macht der Organisationen, der revolutionären Wirtschaft hat im Denken ganzer Schichten in Deutschland die Macht entweder anthropomorphisiert oder idealisiert. Das antropomorphe Denken stellt sich als Chaos vor, welches dann eintritt, wenn die Macht der Organisation zusammenbricht oder Formen annimmt, die sie aggessiv werden lassen. Das idealisierende Denken stellt die Notwendigkeit der Planung vor, des vorhersehenden Sorgens um vorhandene Kulturwerte und ethische Funktionen wie Freiheit und Selbstbestimmungsrecht. Beide Denkformen präsentieren sich als Folgerungen aus dem augenblicklichen sozialen Zustand in Deutschland, in Wirklichkeit aber sind sie Ressentiment aus beschädigtem Selbstbewußtsein, und beide gehören in die Kategorie des soeben angedeuteten Zustandes der Selbstunterwerfung. Diese ›Denker in Abstraktionen‹ vermögen nicht über den Rahmen ihrer persönlichen schlechten Erlebnisse hinaus zu gelangen und vorzustoßen: Sie können gefühlsmäßig, da nicht zum Volk gehörig, nicht hinter den Sinn der Erhebung des Neuen Standes kommen. Die Bedrohung ihrer Clique hat sie aufgescheucht, und sie fürchten für den Rest der Welt nicht so sehr um dessen Wert willen, als vielmehr um ihrer eigenen Stellung und der ihrer Intelligenz willen, die sich als ›das Ding an sich‹, als Messias in der Welt etablieren möchte – über der Menschheit und klüger als diese. Aber der Wert dieses Glaubens und dieser Abstraktionen drückt nur einen Hochmut aus, der bereits den Deutschen unerträglich wurde, weil er unproduktiv ist und sich in nichts von der Hoffnungslosigkeit der bereits vollzogenen und gescheiterten Planungen der Sozialisten unterschied. Das Leben in dieser Zeit hat keinen Raum mehr für die Haltung des ›sowohl als auch‹, die in Deutschland den Sozialismus planen half und scheiterte, die in den Demokratien den Individualismus planen möchte. Über das Wesen der Befreiung und der Rückgewinnung der Individualität aus der Masse und innerhalb der Masse wird noch zu reden sein, wenn auch in einem ganz anderen Sinn als in dem der verlorenen Utopie des eigenen Ich.

All diese aus Deutschland und aus den Derivaten sozialistischen Denkens kristallisierten Normen für die Zukunft sind Darstellungen der eigenen Unterworfenheit unter die Macht des gigantischen Apparates und Planes, den das Dritte Reich in Marsch gesetzt hat, und der Verliebtheit in ihn. Die Träger dieser Ideen zeigen die vollzogene, ›aktive Hypnose‹ durch diesen Apparat und durch Hitler, der seinen Apparat ja nicht nur in Deutschland errichtet hat.

Die Hypnose wirkt in doppelter Weise: Sie verstärkt den Unterwerfungstrieb und bringt den Selbsterhaltungstrieb zum Verschwinden. Ja, sie formt ihn um in den ethisch höchstwertigen Trieb zur Selbstaufopferung, wie er im preußischen Militarismus und in orientalischen Religionen gefordert und geleistet wird. Der Starke, der im Besitz der Waffen und der Symbole der Macht ist, der die Schlüssel zu Geld und Erfolg hält, benützt den Unterwerfungstrieb (welcher das Resultat primärer und primitiver historischer Vorgänge ist, die durch Hypnose reaktiviert werden), um seine eigenen Ziele und die seiner Kaste bis zur Selbstaufopferung des Schwachen durchzusetzen.

Wie funktioniert nun im Einzelwesen der Machtanspruch, die Verwirklichung der Macht-Religion, die, mittles Suggestion und Waffengewalt, Hitler in und über Deutschland und große Teile Europas, die zuvor demokratisch waren, errichtete?

3

Der Weg des Limes quer durch Deutschland bedeutet nicht nur eine Scheidung der römisch-katholischen, also lateinischen Kulturelemente von den germanisch-preußischen, sondern auch eine Scheidung der Gefühle und Gebräuche der Deutschen in alltäglichen und daher sehr tief gehenden Formen, die sozusagen eine Art unterschiedlichen Stammesbewußtseins beim Norddeutschen und Süddeutschen bewirkt haben, welches alle »Einigungen« überdauert hat.

Das Gefühl der Verschiedenheit der deutschen Stämme äußert sich im Preußen als sentimentale Vorliebe für das Gebirge und seine Romantik im ästhetischen Bereich des Heimwehs, die Hitler durch sein Alpenschloß symbolisierte und ständig reizt. Beim Süddeutschen herrscht dagegen eine offene oder versteckte Abwehr gegen dieses unechte oder literarische Naturgefühl des Norddeutschen; der Bayer glaubt sein Land gegen den Preußen verteidigen zu müssen, und sein konservatives Festhalten an alten Gebräuchen und Glaubensinhalten wird durch die Mechanistik des Norddeutschen derart verletzt, daß die Abwehrgefühle sich in Haß verwandeln.

In der primitiv-bäurischen Vorstellung des Süddeutschen sammelt sich der latente Haß, und die persönliche Aversion vermag in Zeiten der Krise sehr leicht politische Formen anzunehmen. Diese uralte und gesetzmäßige Spannung innerhalb des Volksganzen richtet sich dann gegen den protestantischen Norden: als eine Art Empörung oder Revolte der Katholiken gegen die tatsächliche oder geglaubte Bedrohung ihrer geheiligten Sonderrechte durch »die Reformierten«.

Hitler folgte in seiner »Revolution« als Süddeutscher diesem von der Natur vorgebahnten Lauf volksmäßiger Aversion in Deutschland: von Süden nach Norden, Süden gegen Norden, Katholiken gegen Protestanten. München, Wien, Budapest waren die Herde der Aufstände 1848 wie 1918. Die Tage der Bayrischen Republik waren ausgefüllt mit vergeblichen Kämpfen und Drohungen gegen die durch den Krieg und den Versailler Vertrag nur noch stärker etablierte Suprematie Preußens. Unbewußt schwimmen in diesem Richtungstrieb der Aufsässigkeit alle Erinnerungsreste der Feindseligkeit des Südens gegen den Norden, der Bayern Ludwigs II. gegen die Preußen Bismarcks, der österreichischen Kaiser gegen die preußischen Kaiser, der katholischen Reichsidee gegen die protestantisch-militaristische Reichsidee. Die unbewußte Affinität des letzten Erinnerungsrestes an das Heilige Römische Reich Deutscher Nation geht so weit, daß die Republik Österreich in ihrer höchsten Not Schutz suchte bei Mussolini, dem Prätendenten auf das Imperium Romanum. So konnte auch Hitler nichts anderes tun, als Symbole, Formen und Formeln des phantasiebegabten Pseudo-Römers in seinen nordisch-protestantischen Brei zu kneten.

Aus allen Bekenntnissen und Schriften der deutschen Elite geht hervor, daß der Nationalsozialismus, von Süden kommend, das ihm feindliche, wesensfremde und verhaßte Nordland erobern mußte. Hitler belagerte Berlin und die Regierung wie eine Festung – um dann, im Besitz der Machtapparatur dieser Stadt, welche Preußen und damit den ganzen Staat beherrschte, sich dieser zu assimilieren: dem preußischen Prinzip des Militärischen nämlich.

Die Spannung zwischen Nord und Süd wiederholte und reproduzierte sich in der Partei. Die inneren Kämpfe drückten nicht so sehr Gegensätze zwischen politischen und wirtschaftlichen Doktrinen, zwischen rechtem und linkem Flügel aus, als den ewig latenten Gegensatz zwischen Süd- und Nord-Deutschland, zwischen katholisch-chiliastischem Glauben und protestantisch-mechanistischer Erfahrung; zwischen dem preußischen Großen Generalstab, welcher blinden Gehorsam verlangte, und dem Glauben der süddeutschen, volksrevolutionären Massen, welche eine Art Bauernkrieg mit zügellosem Sengen und Brennen wollten.

Das katholische Element in Deutschland ist seiner ganzen Natur nach durch die Gewöhnung an die Diktatur des Papstes an diesen Zustand der absoluten Geltung des Einer-Machtprinzips gebunden. Es gelang Hitler, dieses Prinzip in Sachen der Partei und der Parteigrundsätze erfolgreich durchzusetzen. Um den Preis, der gefühlsmäßigen Gewöhnung an die Diktatur Ausdruck verliehen zu haben, gaben die Süddeutschen alle ihre Aspirationen politischer Individualität auf. Dies fiel ihnen um so leichter, als die ökonomische Einheit des Reiches stärker war als alle politischen Bande.

Die Vorherrschaft Preußens über Deutschland war im Laufe der Jahrzehnte, namentlich während der letzten Jahre der Republik, aus einer der politischen Gewalt und Macht in eine

Vorherrschaft der Wirtschaft umgeschichtet worden. Süddeutschland nahm teil an der Prosperität wie an der Arbeitslosigkeit des gesamten Landes. Entsprechend seinem ursprünglich bäuerlich-handwerklichen Charakter, verlangte es mehr noch als Preußen nach einer Organisierung des Umwandlungsprozesses landflüchtiger und entwurzelter Kleinbauern in Industriearbeiter. Der Haß der Süddeutschen gegen die Trostlosigkeit der demokratischen Republik war nicht nur ihrem Temperament entsprechend heftiger als im Norden, sondern entsprach auch ihrer größeren Not, welche ebensosehr von gemütsmäßigen wie wirtschaftlichen Faktoren angefacht wurde.

Man kann also sagen: je näher ein Volk noch seiner ursprünglichen Betätigung steht, desto mehr Triebhaftes mischt sich in seine rationalen Proteste zur Zeit einer Krise. Auf Deutschland angewandt: der bäuerlich-mystische Zug in den süddeutschen Gründern des Nationalsozialismus und deren katholische Gewöhnung an die Diktatur als Glaubensinhalt verliehen der ganzen Bewegung des ursprünglich nur militärisch gefaßten Programms des Aufstandes, den Charakter persönlicher und spontaner Rache, der Grausamkeit und Unbedingtheit des Entweder-Oder.

Der Zug des Religiös-Dämonischen, welcher die großen Pogrome in Deutschland ermöglichte und zu einer Lust, einer Belustigung stempelte, die namentlich das Antlitz Wiens so verunstalteten, entstammt den Zeiten der Kreuzfahrer, die unter dem in Süddeutschland heute noch allgemein üblichen Hetzruf der Antisemiten, »HEP« (Hierosolima est perdita), in den Kampf gegen die Ungläubigen zogen. Der einzig erreichbare Ungläubige in Deutschland war der längst zum Deutschnationalen gewordene Jude. Er war das erste und letzte Opfer, das den Sieg über die Ungläubigen sichtbar machen konnte, ein lebendes oder totes Symbol unter Symbolen – nur noch mehr affektbetont und realer als die übrigen Feinde. Die Stadt des militanten Katholizismus ist auch seit jeher die Stadt des militanten Antisemitismus, der eine der frühesten politischen Erfahrungstatsachen Hitlers war, und eine der Nebenwurzeln des geredeten Sozialismus gegen die Ideologie des Juden Karl Marx.

Die Unfehlbarkeit Hitlers, Staats-Führer und Papst in einer Person, wurde die Maxime der auswärtigen und erst recht der inneren Politik Deutschlands, welches so der Partei gleichgesetzt, sogar untergeordnet wird. Deutschland ist eine Funktion der Partei Hitlers, nicht mehr das Vaterland oder die Heimat deutschsprechender Menschen. Es können und müssen also in diesem Lande Millionen von Menschen leben, die Landfremde, Heimatlose, zutiefst entwurzelte Charaktere geworden sind, gehetzt und verfolgt vom Druck einer Maschine, welche alle, auch die heimlichsten und geliebtesten Winkel des Landes, die verborgensten Gefühle einer Seele, belauert, besudelt und in Propaganda verwandelt.

Der äußeren Macht des Landes werden die inneren Werte und schöpferischen Kräfte der Individuen assimiliert und als Reklame und politische Suggestion extravertiert. Ein peinlicher Zug exhibitionistischer Seelenprotzerei haftet dem Zeremoniell dieses Staates an, die bis in die Veröffentlichungen der Ministerien dringt und die ganze deutsche Presse, immer schon die schlechteste und korrupteste aller Pressen, der sentimentalen und verlogenen Zensur der Kleinbürger unterwirft. Einen Zug zur Versimpelung kann man an der Presse und Literatur aller Länder beobachten. Die Auflockerung der deutschen seelischen Unterschichten läßt nur alle diese Erscheinungen besonders plastisch, besonders virulent zutage treten. Wir können also sagen: das Schaubedürfnis der Masse verlangt, daß die nackte Maschine mit seelischer Substanz umkleidet und aufgepolstert werde, welche ihrer seelischen Gestalt als Kleinbürger entspricht, zu ihr spricht. Mit anderen Worten: die Haltung eines Staates auf dem Gebiet der Sprache und Ästhetik läßt auf die Haltung der herrschenden Masse, und nicht auf die einer Schicht von Intellektuellen schließen.

Die Intelligenzschicht eines Massenstaates beugt sich rückhaltlos und ergeben unter das Joch der herrschenden Schichten, der Elite und der technisierten Masse – oder sie wird ausgemerzt, verbannt, eingekerkert.

Zeitlich ist das erste Leitgefühl der Elite »Suche nach den Schuldigen«. Nach Überwindung des Machtapparates der Demokratie und Republik dehnten sie das Recht des Stärkeren gerade auf den abseits lebenden Teil des Volkes aus, auf Wissenschaftler und Künstler, welche kraft ihrer Beschäftigung traditionell einem anderen, dem liberalen Prinzip, folgen müssen; sie waren geradezu Symbole der Vergangenheit und Überlegenheit über die Nationalsozialisten, Symbole, die noch hereinragten in die Neue Welt der Tatsachen und der Umformung des gesamten deutschen Lebens.

Alles, besonders der deutsche Geist, war schlecht und so hatte alles von vorne, ganz von unten zu beginnen; was abstarb, war nicht wert, daß es gelebt und gestützt wurde. Das Irrationale hat nur soviel Raum, wie nötig ist, um den Mythos des Volkes und der Partei im kleinbürgerlichen Verlangen nach »Erhebung« und »Geist der Feierstunde« zu erhöhen.

Wir wiederholen diesen Mythos der Hitler-Legende, weil wir ihn für das wichtigste Bindungs- und Bildungselement in dem ganzen Komplex der schwer zu erklärenden Erscheinung Hitler halten: Aus seinem wunderbaren Aufstieg, in einem Dorf, von einer unehelichen Mutter geboren, im Elend auserwählt und nach mancherlei Prüfungen zu den höchsten Ehren gekrönt, zur Macht über Deutschland, welches eine Welt und ein auserwähltes Land mit einem auserwählten Volk ist – aus diesem Aufstieg leitet die deutsche Masse seine und ihren Rechtsanspruch auf Europa und die Welt ab.

Das christliche Symbol mischt sich mit dem urgermanischen, die beide einmal die Welt unterwarfen; und es ist die Mission der Deutschen, diesen Versuch der Verwirklichung ihrer Sendung abermals zu wagen. Hitler ist der Künstler, der im Spiel der Ideen, der Assoziationen und der Ideenflucht, Räume ihrer Völker entleert, Räume erobert und mit fremden Völkern besiedelt, der seine Spiel- und Spielerideen und Träume von Macht und Glanz dem Volk suggeriert, welches unbewußt dieser Erlöser-Mystik und seinen alten Hordentrieben unterliegt. Die Neue Zeit der Technik wird in ihrer Glückseligkeit identisch sein mit der Glückseligkeit, welche die Teutonen empfanden, als Rom wehrlos zu ihren Füßen lag und sie es in Schutt und Asche verwandelten.

Die Deutschen haben die Unfehlbarkeit und Allmacht ihres Führers entsprechend den Forderungen aller Religionen etabliert: Als die Zeit reif war, erschien Er unter uns. Sein Handeln erfolgt mit Notwendigkeit aus dem Zwang der Tatsachen, der Ereignisse, der Reife der Zeit oder, so würde ein General sagen, auf Grund der günstigen strategischen Lage. Denn alles muß zu Deutschlands Nutzen ausgelegt und auch angewandt werden. Das deutsche *es* verlangte nach einem Diktator und niemand anderer konnte diese Forderung erfüllen und als Tatsache verwirklichen als eben Adolf Hitler.

Der Weg dieses Hypnotiseurs der Massen kann etwa so beschrieben werden: Hitler – Resultat und Erbe von nichtintellektuellen, also kleinbürgerlichen Macht-Ideen, begabt mit dem eisernen Willen des Monomanen, trunken und besessen von urkatholischen Ideen eines primitiven Religionsstifters und Papst-Diktators – war und ist heute noch selbst das Opfer einer Hypnose, welche eine andere, zeitlich in seiner Jugend liegende Idee auf ihn ausübte.

Hitlers Erlebnis ist das einer unglücklichen und verprügelten Kindheit, welcher die Erfolglosigkeit seiner frühen Mannesjahre noch einen ganz besonders schmerzlichen Akzent verlieh, da er sie inmitten einer tumultuösen, aufbegehrenden Jugend verlebte, die einmalig und erstmalig schien, in welche die Ahnung eines dämonisch Großen hineinwitterte, das man heute, je nach Belieben, Krieg, Revolution, Sozialismus, Diktatur oder Anarchie nennen kann, damals aber in den Jahren vor dem Ersten Krieg allen Instinkten den Zwang zur Freiheit, zum vollen Ausleben übermittelte und gleichzeitig alles in Frage stellte, was zu erleben wert schien.

Jene Zeit ist die Geburtsstunde der vulgären Skepsis der deutschen Jugend und die Vorstufe der heute allgemein erreichten Triebfreiheit in Deutschland. Sie ist zugleich die Geburtsstunde der »allgemeinen Gedanken« oder des intellektuellen Inhaltes, der Weltkonzeption der Elite, die heute das während der Machtfülle der drei Kaiserreiche – der Hohenzollern, Habsburger und Romanow – als Jugenderlebnis konzipierte revolutionäre Programm neben, mit und in dem ökonomischen Apparat des Dritten Reiches durchzuführen trachtet. Alle deutschen revolutionären Führer leben, über die Störung der mittlerweile liquidierten demokratischen Periode hinweg, heute noch ihre chiliastischen und zutiefst sekundären, literarischen Jugendträume weiter. All ihren Reden, Programmen, Gesetzen und Drohungen haftet das Unkomplizierte und Starrsinnige infantiler Schematismen an. Zugleich spürt man in ihnen das nicht Erlebte, sondern das nur Nachgeredete, das Nachgedichtete. Alle sind Schüler irgendwelcher, einmal in der Jugend für groß gehaltenen Männer, die zumeist, wie Spengler oder Lenin, in Massen und Bewegungen der Massen dachten; deren Forderung auf Erfüllung einer historischen Mission sich nicht auf ihr persönliches Schicksal und dessen Vollendung beschränkt, sondern die ihrem Leben ›das Historische‹, welches als Mission empfunden wurde, unterbauen. Dieses als Lehre stabilisierte Fundament ist tief und stark genug in seinen Gedanken und Folgerungen, um Generationen von Aposteln und Schülern zu tragen. Es ist um so bezeichnender, als wir heute wissen, daß gerade diese Träumer und Schwärmer, diese Thomas Münzer der vernünftigen und trockenen Trunkenheit, die vom Untergang des Abendlandes schwärmen, die den Untergang des kapitalistischen Systems prophezeien, dem sie doch alle letzthin ihren Ursprung verdanken, dem Jahrhundert der exakten Wissenschaft und der Technik den politischen und seelischen Akzent verleihen konnten.

In diesem Schmelztiegel der ungebundenen und wirren Geister, die an den Rändern zweier Gesellschaftsschichten – zwischen Proletariat und Bürgertum – sich und die Welt umzubauen bemüht waren, am Rand dieser oszillierenden Horde von starren und fanatischen Individualisten, dort ist Hitlers eigentliche Heimat.

In Nebenzellen der künstlerischen Boheme von München und Wien wurden die Theorien Freuds und Jungs ausprobiert; in anderen die politischen Ideale eines militanten Sozialismus diskutiert; in anderen wiederum fand der Anarchismus eines Bakunin eine letzte Heimstatt. In der Wiener und Münchner

Boheme liegen die Wurzeln der verwirrenden Erscheinung des deutschen Expressionismus, der alle Zweige der Kunst nährte und sie im Sturm seelischer Krämpfe durcheinanderwirbelte. Es gab Gruppen und Parteien, die den Antisemitismus wissenschaftlich begründeten oder bekämpften. Da waren Ekstatiker aller Religionen, die sich an Steiner anschlossen, an jenen Propheten, der die Münchner mit seinen suggestiven Fähigkeiten für den Sinn des religiösen Unsinns fanatisierte. Männer wandelten über den Asphalt in rauhen Kitteln, mit wehenden Bärten und Haarschöpfen, einem fotogetreuen Christus gleich, und predigten Religionen der Vegetarier und Nudisten. Literarische Gruppen scharten sich um den Meister Stefan George, und Gerüchte von satanischen Orgien seines Kreises gingen durch eine schaudernde und ungläubige Gemeinde. Die Ästheten entdeckten El Greco, Magnasco, die Rheinischen Primitiven, Henri Rousseau le Douanier und die Kunst der Neger als den Sinn aller Kunst. Damals kristallisierten sich die ersten Zellen jener Scheinwissenschaften und Vorstufen des modernen Gesellschaftsschwindels mit neuen Glaubensinhalten. Spiritismus, Hypnose, Mediumismus, Astrologie, Graphologie, Handlesekunst und Rassenlehre bildeten an diesen Rändern der Gesellschaft die Randphänomene und den Abfall aller Wissenschaften.

Das politische Charakteristikum Wiens aber war der aggressive Antisemitismus eines Lueger, der ein »schöner Mann« und der große, faszinierende Redner der damaligen Zeit war. Dieser Bürgermeister von Wien und erste Führer der österreichischen Nationalisten tobte gegen die jüdische Vorherrschaft aus zwei Gründen: dem geglaubten und katholischen Grund der als minder und giftig, vergiftend hingestellten jüdischen Rasse, die vernichtet werden müsse; und aus dem politischen Grund des Sozialismus, der als Lehre des Juden Karl Marx das Gefüge der Monarchie und der christlichen Gesellschaft zersetze, um, nach erreichter Revolution, die Vorherrschaft des Judentums als politische Macht über Österreich und ganz Europa zu errichten.

Der Antisemitismus eines Lueger hatte in Wien also eine

doppelte Mission: eine nationale und eine politische. Lueger kämpfte ganz generell für die Erhaltung der Vormachtstellung der deutschen Minderheit als einer rassisch, das ist völkisch überlegenen Gruppe, und der gesellschaftlichen Organisation dieser Gruppe, die den wirtschaftlichen und staatlichen Machtapparat der Donau-Monarchie besetzt hielt. Und die Front der Nationalisten richtete sich aus gegen den mit Macht herandrängenden Sozialismus der Wiener Arbeiter und gegen den Nationalismus, der von der Monarchie, und nur durch diese, noch zusammengehaltenen und ihrer Rechte als freie Menschen verlangenden Polen, Tschechen, Kroaten und Rumänen. Der Judenhaß eines Lueger war nur ein Symbol eines weit tiefer wurzelnden Rassenhasses und Überlegenheitsgefühls einer Minderheit, die ständig aus ihren in slawische Bereiche vorgeschobenen Positionen hinausgedrängt wurde. Das einzige einigende Band neben der Monarchie, die katholische Kirche, mußte politisch in Deutsch-Österreich den Kampf Luegers unterstützen, weil sie im Sozialismus ihren Feind erkannte und im Untergang der Monarchie ihren eigenen befürchtete. Die Kirche war aber gezwungen, kraft ihrer dominierenden Stellung in den slawischen Landesteilen, wo der nationale Gedanke der unterdrückten Völker auch Sache der Bischöfe und Priester war, eine abwartende Stellung einzunehmen, auszugleichen und in keinem Kampf für die deutsche Minderheit Partei zu ergreifen. Sie betrieb also eine Politik der Vernunft, welche der Unvernunft und den Trieben der Völkischen und Antisemiten außerhalb Wiens entgegenarbeitete, rein durch das Gewicht ihrer Existenz im Schweigen und Dulden der slawischen Opposition.

Aus politischen Gründen bildete sich in den Seelen der empörten antisemitischen Kleinbürger der typisch österreichische Antiklerikalismus, welcher dem Kirchenhaß der Arbeiter parallel lief und der heute eine einigende Front zwischen Arbeitern und Nationalsozialisten bildet, eine Plattform gemeinsamer Aversionen, für die eine einigende Ideologie der Arbeit zu finden ein leichtes ist.

Dies sind kurz die Ursprünge und Herde jener Ideen, denen Hitler in seiner Jugend sich überließ, welche ihn formten und verunstalteten, dadurch aber auch zu dem machten, was er heute und hier ist und tut.

Es waren die chiliastischen Ballungen einer aus dem werdenden Trust- und Maschinenstaat Deutschland ausgeschiedenen Jugend, die sich zu einer praktisch arbeitslosen Intelligenz zusammenzuschließen versuchte. Nur wenigen gelang es wirklich zu einem Erfolg sich durchzuringen. Die einen, indem sie sich wie Stefan George, Rainer Maria Rilke oder Oswald Spengler mit aller Konzentration durchsetzten und mit ihrem Existenzgrund, der deutschen Intelligenz, abstarben, als die anderen sich aus der Clique zur Elite umformten, und, aus der Welt der Romantik in die Schule der rauhen Tatsachen des Weltkrieges verstießen, ihre Bildungselemente in politische Thesen und Slogans verwandelten. Der Wille zur Verneinung der herrschenden Schicht der Gesellschaft, das Anarchische, blieb als Triebgrundlage in ihnen allen erhalten, und formte sich, an das Militärische gekoppelt zum Machttrieb. Das utopische Ziel all dieser Jugendträume und Jugendverbände wurde das mythische *»es«*, das Neue Deutschland, das Dritte Reich, welches Wandlung und Richtung, Haltung und Gestalt all dieser Typen kommandiert.

In Hitler blieben, kraft seiner originalen Primitivität und des Überwiegens unverstandener, nur aufgeschnappter, intellektualistischer Symbole all diese Spiegelbilder und Spiegelungen einer vorweggenommenen und geglaubten, aber nie erlebten besseren Zukunft des Menschengeschlechtes und der Deutschen insbesondere lebendig. Sie wucherten auf dem Trauma, der unter der Tyrannis eines brutalen Vaters verpfuschten Kindheit, zu Wunschträumen empor, welche seine lebhafte Einbildungskraft für real nahm und eines Tages auch realisieren sollte. Diese Wunschträume Hitlers erfahren im Krieg ihre ekstatische persönliche Vertiefung, schockartige Bestätigung seiner Sendung und eine persönliche Note: Sie vermischen sich als politische und pseudo-religiöse Forderungen an die Welt mit dem Kriegsrausch und der Feigheit des armen Teufels, der sich am Ende vor nichts so sehr fürchtet wie vor der Heimkehr in das kalte graue Elend der Obdachlosenasyle.

Der Pseudo-Künstler und Pseudo-Prolet Hitler war eher bereit, seinem Unterwerfungstrieb unter die Offiziere nachzugeben, als den Kampf gegen das Böse, das Jüdische, das Marxistische aufzunehmen, als welches sich das Zivile ihm darstellen mußte. So blieb er, dem ewigen Studenten ähnlich, der ewige Gefreite; beides in sich verpfuschte und tragikomische Erscheinungen. Aber diese Bewertung einer verunglückten Existenz gehört einer zu zerstörenden und durch den Krieg bereits zerstörten bürgerlichen Klasse an. Der wahre Wert, das, was einer wirklich ist und wirklich kann, liegt in einem selbst, und dies um so mehr, wenn es auch gelingt, diesem Wert zu einer neuen, allgemein anerkannten Bedeutung zu verhelfen. Hitler gelang es, da er frei ist von jenem intellektuellen Reflex, den man Minderwertigkeitsgefühl nennt, seine Wunschträume in Werte umzusetzen. Hitler leidet und macht leiden, unter einem Überwertigkeitskomplex.

Sein infernalischer, eiserner und unbeirrbarer Wille ist das unzerstörbare Kraftzentrum, um das sich all seine Wunschträume und Ideen formen und das zentripetal wirkt: Alle anderen Willen und Ideen kristallisieren sich um die seinen. Hitler ist, das Wort im gewöhnlichsten Sinne der Mechanik gebraucht, eine ›attraktive‹ Persönlichkeit. Er duldet keinen Widerspruch, keine Belehrung, keine Abirrung von seinem Plan und von der einmal und für immer als richtig erkannten Willens-Wahrheit. Er ist ein nervöser Paratypus am Rande der Massen und des Wahnsinns. Er will das Martyrium, welches er selber einmal durchmachte, Hunger, Elend, ohnmächtigen Haß, Krieg und Verschüttung auch für alle anderen, genauso stark, wie er es für sich selbst zu vermeiden bestrebt ist. Denn der Tod ist für ihn das Fürchterlichste, was es geben kann. Todesfurcht ließ ihn jenen Adlerhorst hoch oben in unzugänglichen Graten erdichten, der mit Posten von Janitscharen und Maschinengewehren gesichert ist. Todesfurcht ersann all diese Schutztruppen und Panzerwagen, Geheimpolizei und Apparate der Sicherheit für seine einzig wertvolle Person.

Jetzt haben wir Art und Herkunft seiner ersten erlittenen Suggestionen festgestellt: Es waren die Ideen eines Lueger von der reinen und siegreichen Rasse, welche die Polen, Juden und Sozialisten ausrotten müsse, Ideen, die Hitler in Massenversammlungen in sich aufnahm; die sich an Hand der persönlichen Erlebnisse beim Betrachten der gegnerischen, sozialistischen Demonstrationen der Wiener Arbeiter in Furcht und Abscheu verwandelten und ohnmächtigen Haß in ihm erzeugten. Es waren die Massenerlebnisse des Krieges – Kameradschaft, Sieg der Disziplin und abermals Verrat der Sozialisten am Leben und Glück des deutschen Volkes –, welche seine ersten erlittenen Suggestionen noch vertieften, ihnen die Richtung wiesen und ihnen das Militärische hinzufügten.

Mit diesem Schatz traumatischer Hypnosen hypnotisiert nun Hitler die deutschen Massen und unterwirft sie demselben beengten seelischen Zustand eines Mediums, das er selber einst war oder wahrscheinlich heute noch ist. Die Gesetze und Erfahrungen der Hypnose können bei Hitlers primitivem Charakter auch auf die Selbsthypnose Anwendung finden. Diese ist der Glaube an seine Mission. Sie ist die Grundstärke dieser Bewegung in Deutschland, und sie gibt ihr, von ihrem Gründer aus, alle Anzeichen einer religiösen, ekstatischen Bewegung. Der Weg der Selbsthypnose ist also der: Antisemitische, antisozialistische, völkisch-rassische Ideen eines Volkstribunen überzeugten Hitler von der Wahrheit dieser Ideen. Die erlittene Suggestion verwandelte sich in Glauben. Der Glaube Hitlers ist der Funke, den Lueger in ihm entzündete und den er in ständiger Selbsthypnose in sich lebendig erhält und, wie ein Medium in Trance, weiter um sich verbreitet.

Dieser Glaube Hitlers wird durch eine bestimmte Technik der Hypnose erhalten, weitergetragen und angefacht bis zur Selbstaufopferung des Angesteckten, des Hypnotisierten: die ständige Bejahung und Bekräftigung des Rechtes und der Überlegenheit der deutschen Rasse; die ständige Wiederholung der gleichen Formeln der Rede und Beschwörung, die den Sieg der Deutschen mit Hitler oder den vollständigen Untergang der gesamten Nation prophezeien; schließlich die allgemeine Ansteckung aller, welche die Hypnose als jugendliches Trauma erlebten und nun die Lehre weiter tragen, die der Führer predigte. Da nichts so leicht ist, wie Nationalsozialist zu werden, der sich dennoch vor allen anderen Menschen durch eine eingeborene Überlegenheit auszeichnen soll, erzielt die deutsche Doktrin vom revolutionären nationalen Sozialismus solche Erfolge in intellektfeindlichen und prärevolutionären Schichten auch anderer Völker. Jedes Mitglied der Partei und jeder Hitlergläubige hat teil an der Macht und den Glücksmöglichkeiten, welche der Führer den Massen in der ganzen Welt verspricht.

Die Ansteckung wirkt von unten nach oben. Von den unteren Schichten der Massen, dem Lumpenproletariat, wie von den unteren Schichten der Seele, dringen die Suggestionen Hitlers bis hoch hinauf in die oberen Klassen und in die Bewußtseinsinhalte der Seelen. Sie erobern sich, unterwerfen sich so in stetiger Vernichtung der Kontrollinstanzen des Bewußtseins Militär, Wissenschaft, Industrie, Kunst, Kirchen, Jugend und vor allem die Sprache. Und zwar gegen deren eigene Interessen und Funktionen innerhalb der Gesellschaft. Die Träger der Intelligenz, an sich konservativ und traditionsbedingt, werden zu willenlosen, mitgerissenen und mitbezauberten Teilen der aufgeputschten, in Bewegung gepeitschten Massen. Und damit zu Trägern der ursprünglich von Hitler in seiner Jugend erlebten und erlittenen Ideen des großdeutschen und völkischen Reiches, des Hasses gegen die Juden, gegen Frankreich, England und Amerika, besonders aber gegen die Intelligenz schlechthin, die er mit den Juden identifiziert. Und schließlich werden alle Schichten der deutschen Intelligenz und des Bürgertums zu Anhängern des aggressiven preußischen Militarismus.

Hier wird eigentlich dieses ganze Phantasiegebilde »Drittes Reich« als Chimäre klar: ein künstlich geschaffener Raum zur Verwirklichung der Wunschträume eines verpfuschten Künstlers, eines den Tyrannen, Gott und Kaiser spielenden, bauernschlauen und brutalen Kleinbürgers, der, eine Art Gesundbeter, mit magischen Kräften der Suggestion ausgestattet ist. Was er spielt, das ist er, das ist er allein, und es geht nur ihn allein an. Denn jemandes Wunschträume sind das Private an sich, was kein Mensch einem anderen, und sei es der geliebteste und verehrteste Mensch, jemals anzuvertrauen wagen würde. Wieviel weniger dieser Hitler, der niemanden liebt, niemanden verehrt, sondern dessen einziges Band, das ihn an das Leben überhaupt bindet, seine Eigenliebe, seine Selbstvergottung und seine in Haß gegen alles, was sonst noch auf der Welt lebt und atmet, verwandelte Todesfurcht sind.

Es gibt neuerdings eine verlockende Theorie, eine psychopathologische Deutung Hitlers als eines Spielers, dem immer noch der Weg in den Selbstmord offenstehe, wenn der Einsatz verloren sei. Hitler hat dieses Ende sogar verschiedene Male selbst angedeutet. Aber es ist auf der anderen Seite eine jedem Arzt und auch dem Volk wohlbekannte Tatsache, daß, wer vom Selbstmord spricht, diesen nicht vollbringt – weil er etwas ganz anderes damit erreichen will. Das Reden vom Selbstmord ist ein infantiles Mittel, den Mitmenschen, den man durch Logik oder Bitten nicht überzeugen kann, durch den Terror des vollständigen Verlusts der Liebe oder des Liebesobjekts zu erschrecken und auf seine Seite zu bringen.

Wenn dieser unmännlichste aller Männer, der nur ein hypnotisierter Hypnotiseur, ein Schauspieler ist, der den Verbrecher wie den Diktator, den Führer wie den Weltmann, den Künstler und den Clown sich und anderen vormacht, überhaupt eines Gefühls fähig ist, dann nur der Todesfurcht. Dieses Gefühl teilt er mit jenen anderen Paratypen, die sich an die Macht gespielt haben – mit Mussolini, dem unechten Römer, und mit Stalin, dem entlaufenen Popen, der den Zaren spielt.

Über ihnen allen hängt die schwarze Wolke der Todesfurcht. Sie alle wissen, daß sie im Panzerzug zur Hölle fahren werden, an jenem Tag, an dem die Illusion der Masse zerbricht, zerbricht an einer einzigen Tatsache, die stärker ist als alle ihre vorgegebenen Tatsachen – am Krieg nämlich, der die Probe aufs Exempel machen wird: ob sie es wert sind, daß Millionen von Männern ihr Leben für ihre Träume und Illusionen opfern. Denn der Krieg gab nicht nur ihren Anhängern, sondern auch ihren Gegnern Waffen in die Hand. Die Waffen der äußeren werden vermehrt werden um die Waffen der inneren Feinde, am Tag der Niederlage. Es gehört zwar nicht ganz zum Thema dieser Analyse, aber im Sinn der sokratischen Frage nach dem einfachen Grund erscheint es doch wichtig, folgendes zu sagen: Jedes von außen gegen den Hochstapler Hitler gerichtete Unternehmen, wird nicht auf ihn, sondern auf seine Kaste treffen, und jeder Angriff wird sich aus einem Krieg der Technik in eine Revolution der primitivsten Ideen verwandeln. Der Krieg, der heute gegen Deutschland geführt wird, ein Krieg, der so aussieht, als führe ihn Deutschland gegen die Welt, enthält in seinem ethischen Kern nämlich nichts anderes als die deutsche Revolution, die so oft verfehlt, weil sie nie gewagt oder gegen die falsche Front geführt wurde.

Dieser kleine Mann Hitler, dieser Jedermann der deutschen Kleinbürger, hat mittlerweile ein unerschöpfliches Prestige errungen, welches die Skeptiker unter den Konservativen und die Feinde unter den Sozialisten zuerst schwankend, dann an seine Berufung glauben machte: ihm gelingt einfach alles; gegen Hitler ist kein Kraut gewachsen. Das Ausland begegnet ihm mit Achtung, ja Bewunderung, und die Lenker der demokratischen Staaten erscheinen bei ihm zu Hofe und bitten um gut Wetter.

Sein persönliches Prestige bei den Massen beruht auf zahllosen Einzelsymbolen und Figurationen seiner Macht: auf seinen Titeln, Führer, Reichskanzler, Reichspräsident, unbekannter Frontsoldat und Oberster Befehlshaber der Wehrmacht; auf seinen Uniformen, Autos, Flugzeugen, Stäben und Adjutanten; auf Reichskanzlei und Bergschloß; auf Standarten, Hymnen, Pomp der Aufmärsche und Paraden; auf dem militärischen Ruhm, der Größe und Unbesiegbarkeit seiner, der preußischen Armee, und schließlich auf dem Westwall. Vor allem aber auf dem Mythos seiner gottähnlichen Herkunft und seines Aufstiegs, welche die Attribute der Unfehlbarkeit und Allwissenheit seiner Polizei oder seiner Intelligenz ins Gottähnliche, zu Glaubende steigern. Jeder Soldat und Parteigenosse ist stolz darauf, dem unbesiegbaren Herrn und Meister der Völker zu gehorchen, und betet ihn an wie einen Gott. Glaubt an ihn, wie er an Gott glauben würde, existierte der reale Gott Hitler nicht.

Was Er tut, wird schon gut und richtig sein. Im Sieg, der gewiß ist, haben alle Kämpfer teil an *seinem* Sieg und sie fühlen sich allen anderen Menschen überlegen. Ihre Überlegenheit ist eine Art Trunkenheit, welche sie blind macht für jede Gefahr, für jedes Gefühl des Rechts oder Unrechts, das sie einem kleineren oder größeren Gegner antun.

In keiner Gruppe dieser Nation von Besessenen ist die Hypnose stärker und einheitlicher mit ethischen Elementen wie Pflichterfüllung und Opferbereitschaft verfälscht als in der Armee, besonders bei den jungen Offizieren, in denen die Tradition der Elite lebendig und ungebrochen ist. Sie haben in Wahrheit das Töten als Beruf ergriffen und gehen diesem Beruf nach mit Leidenschaft und Überzeugung.

Das Interesse der Diktatur, schwächere Staaten ohne Aufhebens und durch Verhandlungen, stärkere Staaten von innen her zu lähmen, den Drohwert des Dritten Reiches über den Massenmenschen durch den Mythos der Gewalt aufrechtzuerhalten und ständig zu verstärken, kommt der allgemeinen Sehnsucht der kleinbürgerlichen Menschheit nach Befreiung von der stark gefühlten Hoffnungs- und Glaubenslosigkeit des mechanistischen Zeitalters in allen Staaten entgegen. Hitler ist für alle dumpfherzigen und zu kurz gekommenen, von der Wirtschaft und vom Erwerb ausgelaugten Sklaven der Prototyp des Erfolgreichen. Es kann in der Tat in der modernen Geschichte nichts geben, das seiner Karriere gleichkäme; jeder träumt davon, es ihm gleichzutun oder ihn zu vernichten, um ein noch größerer Hitler zu werden. Denn nichts ist im Grunde einfacher zu verstehen als brutale Gewalt und Parteipolitik, die aus Reden und immer wieder Reden besteht.

Gerade diese Aszendenz des Hitler-Mythos über die kleinbürgerlich denkenden Massen aller Staaten, ist einer der Gründe für das in den Demokratien lebendige Gefühl, an den Wurzeln ihrer Existenz bedroht zu sein – nicht nur von außen, sondern ebensosehr, ja erst recht im Innern.

Die Ähnlichkeit des Weltbildes, das ein Wunschbild ist, bindet die durch keine Disziplin oder Idee geeinten, also entwurzelten oder noch nicht verwurzelten Existenzen im Abstieg oder Aufstieg der bürgerlichen Rangordnung, in der Gemeinschaft eines geglaubten Ideals der Verehrung oder des Hasses.

Unsere technische Zeit hat vor allem das Wunder der grenzenlosen Räume hervorgebracht. Es ist eine Tatsache im Mechanischen und erst recht im Geistigen. Der Geist ist der am wenigsten beschäftigte Teil der menschlichen Existenz und weniger ermüdet als der Körper; er ist gelangweilt, in einer Art nervöser Unrast, die ebensosehr Abwehr unerwünschter Lehren, wie Bereitschaft für das Wunderbare ist, dessen Bahnen oder Erinnerungsmerkmale, wie früher nachgewiesen, durch Film und Radio vorgeschaffen werden.

Über alle Grenzen hinweg, durch alle Länder, innerhalb eines jeden Staates läuft der nur aus Widersprüchen bestehende, gerade wegen seiner Widersprüche geliebte Geist der Verschwörung aller Kleinbürger, kittet zusammen, was sich aus Instinkt liebt. Die Urlemente der kommunistischen und nationalsozialistischen, der faschistischen und pietistischen Schemata müssen sich amalgamieren. Sie sympathisieren miteinander. Alle sich wehrenden Traditionen und ihre Freizügigkeit verteidigenden Elemente im Staat werden mit List und Taktik an den Sieger Hitler, den Unwiderstehlichen, verraten. Die verzauberten und angesteckten Kleinbürger verlangen für ihre Staaten dasselbe, was Hitler verlangt: Zerstörung der bestehenden Ordnung; Neuaufbau nach dem Geist seiner Elite. Das mathematische Einer-Prinzip der theokratischen Vorstellungen der meisten Menschen kommt den Glaubensimpulsen dieser Fanatisierten auf natürliche Weise zustatten und bringt eine fatalistische Zwangsidee auch im Politischen zum Ausdruck.

Die immerwährende Drohung, die Hitler gegen den widerstrebenden einzelnen, der sich seiner Hypnose, seinem Willen entzog oder aus ihr erwachte, bereit hält, ist der Tod: Darin ist er ein zynischer Verbrecher, ein orientalischer Tyrann. Gegen die widerstrebende Masse anderer Staaten hat er den Krieg. Der Sympathisierende wiederholt nur dieses eine Wort – Krieg; sei es aus Furcht, weil er seinem Unterwerfungstrieb erlag; sei es aus Hoffnung, dann ist er der Gewalt der Suggestion Hitlers erlegen.

4

Für Preußen ist Krieg nicht nur das einzige Mittel, welches in der Welt der Tatsachen neue Tatsachen schafft und alte abschafft, sondern auch der methodische Prozeß schöpferischer Ideen in sonst bloß vegetativen Existenzen. Dadurch, daß ein paar Tausend Männer der Elite entschlossen sind, sich an die Spitze der Nation zu stellen und von den Soldaten gewordenen Deutschen das Opfer des Lebens zu verlangen und selbst zu bringen, erklimmen sie einen anderen Stern, schaffen sie andere Bedingungen und Gesetze für die ganze Nation. Von keinem anderen Stand wird das Risiko des Lebens so eindeutig verlangt wie vom Soldaten, und aus diesem Opfer und der Bereitschaft zum Opfer leiten die preußischen Offiziere ihren Primat im Staat ab. Sie glauben, daß von diesem höchsten Opfer, das sie in Verteidigung der Interessen des Vaterlandes bringen, das ganze Volk zu neuen Impulsen und neuen Formen staatlicher Macht vorangerissen werde. Nur durch die Kriege Friedrichs II., durch die Befreiungskriege, nur durch die Kriege Bismarcks schuf das deutsche Volk Raum für Goethe, Lessing, Kant, Nietzsche und für die geistige Leistung, welche den Begriff Deutschtum schafft, ständig von ihm emaniert und ihn darstellt. – Diese Anschauung verlangt Glauben. Was an Glauben dem deutschen Volk nach den bösen Erfahrungen des Ersten Weltkriegs noch fehlen sollte, wird von den Nationalsozialisten durch ständige Suggestion, Propaganda und Terror ersetzt.

Nur wenige Deutsche waren und sind heute fähig zu begreifen, daß der Krieg erst in zweiter Linie von der Logik des *potentiel de paix, de guerre* oder *de travail* abhängt. Nach dieser Logik hätte Deutschland auch im Jahr 1914 bereits, nach der Marne-Schlacht, keine Aussicht auf einen schöpferischen Sieg gehabt – und dennoch kämpfte es vier lange dunkle Jahre weiter mit unvergleichlicher Energie und Zähigkeit. Nach dem *potentiel de paix, de guerre* und *de travail* von 1939 hätte Deutschland niemals auch nur drei Monate einen mit aller Wucht der Zerstörung tobenden Vernichtungskrieg durchhalten können. Es hätte ihn also nie beginnen dürfen. Aber Krieg ist für Deutschland eben nicht das, was er für alle anderen Völker ist – weder dieser noch irgendein früherer Krieg. Krieg ist die ›Tat einer Idee‹ und einer dieser Idee entsprechenden Haltung der deutschen Nation.

Mehr noch als in irgendeinem der früheren Kriege setzt Deutschland heute seine ganze wirtschaftliche und politische Existenz aufs Spiel. Und dabei ist sich die Elite, die wirklich herrscht, dieser Tatsache vollkommen bewußt: Der Generalstab weiß, daß er diesen Krieg gewinnen, und zwar absolut gewinnen muß, daß er seine Gegner so zu Boden schlagen muß, daß sie sich für Generationen nicht mehr erheben können. Der Generalstab weiß, daß er diesen Krieg durch einen Frieden in Versailles beenden muß, den Hitler diktieren wird – Hitler, jenes Instrument, das der Generalstab großzüchtete, um die Ideen Ludendorffs vollenden und als wirtschaftlichen Plan für die Zukunft verwirklichen zu können. Zweihundert Jahre der Zucht und des Studiums haben den preußischen Generalstab zu keiner anderen Erkenntnis gebracht, als daß Krieg um der Taten willen, um des heroischen Lebens willen, einem kontemplativen und zivilistischen Frieden immer und absolut vorzuziehen sei.

Der Krieg, den der Generalstab jetzt führen muß, entspricht in jeder Beziehung dem Wunschtraum Hitlers: Dieser Krieg ist ein abstrakter, rein mathematischer, ein absoluter Krieg, in dem alles erlaubt ist, ein Raubkrieg größten Stils – Mord, Verschwörung, Verrat, Intrigen, Schwindel, Bluff, Dolch und Gift, Film und Presse, Theater-Coups und Liebe spielen die gleiche Rolle wie Kanonen, Tanks, Flugzeuge, Giftgase, Panzerforts, Seeschlachten und Luftschlachten.

Das Ziel dieses Krieges kennt niemand in Deutschland. Der Krieg ist die Funktion des Deutschtums und die Darstellung seiner expansiven Trieblust. Das Deutschtum trägt seine Ziele mit dem Krieg weiter und weiter in die Welt hinaus. Was die Deutschen im Krieg tun, ist genau das, was sie seit sieben Jahren in Deutschland selbst getan haben. Sie verwandeln ganze Länder in Konzentrationslager, in Herrschaftsbereiche der Gestapo, um die Arbeiter und Konsumenten, nach Ausrottung der widerstrebenden Intellektuellen, in ihren Wirtschaftsraum einzugliedern.

Aber letzteres hätten sie auf anderem Weg ebenfalls erreichen können – durch Verhandlungen, Geduld, *common sense* und Übereinkommen. Was einem für Hitler siegreichen Krieg also folgen könnte, ist ein Wirtschaftsziel, ist die Schaffung des europäischen, deutschen Großwirtschaftsraumes.

Der Konzeption Hitlers von einem Krieg wohnt nichts anderes inne, als das Gefühl des vagen Symbolwerts der Massen, welche, wenn sie sich dem Irrealen nähern, auch den Symbolwert ins Irreale steigern, derart, daß er für reale Macht und reale Ordnung nicht mehr erreichbar und nicht mehr angreifbar wird. Das heißt, die Tatsachen dieses Krieges werden, Hitlers psychologischer Struktur entsprechend, derart vergrößert, ins Vieldimensionale gesteigert, daß ihr geglaubter Scheinwert wiederum Tatsachenwert erhält: die Drohung eines plötzlich hereinbrechenden Luftüberfalls; die Ausmerzung allen Lebens in den angegriffenen Ländern; die Bekenntnisse von eingeschüchterten oder unterworfenen Ministern und Königen; die Einverleibung ganzer, auch der heterogensten Völker in das Dritte Reich; immer heftiger und überwältigenderer Terror gegen Kirche, Intelligenz, Literatur und Wirtschaft in freien und besiegten Ländern – diese Infektion der Weltseele mit dem neuen Deutschtum wird Zustände schaffen, welche mit keinem realen Mittel gegebener und traditioneller Diplomatie oder Politik mehr zu korrigieren sind.

Dieser Krieg der Kriege eines größenwahnsinnig gewordenen, vergeblichen Künstlers, der seinen Wunschtraum kleinbürgerlicher Rache im Über-Wagner-Stil verwirklichen kann, verwirklicht ihn nicht selbst, sondern er hat Künstler der Vernichtung zuhanden, die das tödliche Einer-Prinzip des Krieges mathematisch genau so durchführen, wie die Primitivität der Horde und dieses Regimes es verlangt.

Die Instinkte der Rache und der Zerstörung sind die fundamentalen Prinzipien, welche dem Krieg wie dem Geist Hitlers und all seinen Schöpfungen zugrunde liegen. Das Mechanistische in der Machtauffassung der deutschen Massen, daß die rohe, unfreie Masse mittels der modernen Technik das Absolute schaffen werde, das Rationalistische dieses Maschinenkrieges, ist der Wert innerhalb der pseudoidealistischen Auffassung der deutschen Kriegerkaste, den wir das Neo-Konservative nennen wollen: Die Präzision der Maschine entspricht der Präzision der Disziplin der Massen, welche diese Maschinen fabrizierten und handhaben. Die Erstarrung der Kriegerkaste, ihr konservatives Herrschaftsprinzip, dehnt sich also im Lauf dieses Krieges und erst recht nach diesem Krieg über den ganzen geplanten Trust-Staat aus; eliminiert jede Möglichkeit einer liberalen oder intellektuellen Befreiung des deutschen Volkes bzw. vom deutschen Volk und seinem Terrorapparat.

Wir stellen also nochmals fest: Der deutsche Krieg umfaßt alle Elemente der preußischen Tradition, verkörpert im Gehirn der Armee, dem Großen Generalstab. Er umfaßt die Elemente der volkstümlichen, revolutionären Bewegung der technisierten deutschen Massen, welche für sich eine andere, bessere Weltordnung verlangen, als sie ihnen bisher gegeben war. Da diese technische neue Weltordnung nur von den konservativen Klassen der Wirtschaft geschaffen werden kann, verharrt das deutsche Volk in Disziplin bei seiner Arbeit. Da der konservativ-revolutionäre Geist der Militärkaste sich dem Geist der wirtschaftlich Konservativen unterworfen hat, verharrt nun das deutsche Volk auch in der Disziplin von Armee und Krieg. Die Solidarität der Nationalen Arbeitsfront wird die Solidarität der Nationalen Armee. Beide sind identisch.

Hitler sieht den Erfolg des Krieges in neuen Tatsachen, die er historisch oder weltpolitisch, manchmal auch geopolitisch nennt; wir nennen sie die imitativ oder zwangsmäßig notwendige Ausbreitung der mechanistischen Ideen der modernen Massen in den Demokratien, die von diesen als fatalistische Notwendigkeit von Hitler als Triumph der Richtigkeit seiner Auffassung von der Wende der Zeit aufgefaßt werden. Sein Schluß entbehrt nicht der Logik: Der abstrakte, mechanistische Krieg hat in Deutschland eine neue Generation, eine neue Schicht zur Herrschaft gebracht, die alles Kriegsmäßige, also das heute und hier Notwendige vollendet und zum richtigen Ziel zu führen weiß.

Mit anderen Worten: Das Ziel dieses Krieges liegt nicht außerhalb der Staaten, sondern innerhalb der Staaten und damit innerhalb des Krieges. Der Krieg verändert die Staaten und diese Veränderung ist sein eigentliches Ziel. So daß man schließlich sagen kann, der Krieg mußte kommen, damit die Staaten geändert werden und die Diskrepanz zwischen der Lebensauffassung moderner Massen und der Intelligenz in ihrer Kraßheit verschwindet.

Dem Krieg an sich, wie ihn die Deutschen führen, kann die nichtdeutsche Welt nur mit den gleichen Mitteln antworten, welche aber auch dort Handhabung und Kommandogewalt durch eine neue Schicht und Elite verlangen. Diese wird also aus dem Krieg hervorgehen, wird das Wirtschaftliche und Militärische repräsentieren. Da dies neue Element notwendig diktatorial determiniert sein wird, muß es in seiner psychischen Struktur den Vorbildern in Deutschland, Sowjetrußland oder Italien gleichen. Mit diesen Diktaturen ist aber Deutschland verbunden. Was liegt also näher, als daß Hitler dann auch mit der neuen Elite des »erwachten« englischen oder französischen Volkes zu einem Übereinkommen und zu dauerndem Frieden gelangen wird, welcher den geopolitischen Forderungen der deutschen Wirtschaft gerecht wird?

Alles in diesem Denken Hitlers stimmt, solange es innerhalb seines zu realisierenden Wunschbildes bleibt: Italien und Sowjetrußland sind ihrem Gefühl nach auf seiner Seite. Hitlers Gefühl ›denkt‹ die kleinbürgerlichen Massen in den feindlichen Ländern in die gleiche sympathisierende Haltung, die durch Terror und Suggestion zu einer politischen Haltung der heimlich sich sammelnden oder der offiziell kommandierenden Elite aktiviert werden müsse. So wie der Krieg für ihn das große Erlebnis war, wird es allen ergehen, die sich an seine politische Konzeption assimilieren. Auf diese Karte psychologischer Beeinflussung hat Hitler alles gesetzt, was er als Politiker zu erreichen träumt, genauso wie der Große Generalstab.

Der Krieg ist die Zwangsidee Hitlers, der er die gesamte Welt unterworfen hat. Mit dem Zwang zum Krieg hat er den entscheidenden Schritt zu einer Neuordnung der Klassen in jedem Staat vollzogen: Er weiß oder hofft, daß alle, die noch unten sind, in der Auflockerung oder Zerstörung der Netze der traditionellen Ordnung nach oben schlüpfen wollen und werden.

Wenn er das Risiko lief, daß seine schwankenden oder entschlossenen Gegner sich bewaffneten, dann mußten auch alle anderen Staatsbeherrscher dies Risiko gleicherweise eingehen.

Das Prinzip der russischen Revolution ist zu einem Prinzip der macchiavellistisch-jesuitischen Politik Stalins, Mussolinis und vor allem Hitlers geworden. Die Umwandlung des Krieges in den Bürgerkrieg wird sich demnach nicht im Zeichen des revolutionären Proletariats, sondern im Zeichen des reaktionären und faschistischen Kleinbürgertums, aber mit der gleichen Gewalt, vollziehen.

Über das Fronterlebnis Hitlers ist viel geredet, viel geschrieben und enthüllt worden. Was man auch immer über die Art, wie Hitler seine Orden erwarb, wie er als Meldegänger Dienst tat, denken mag: Hitler war Soldat, einer unter Millionen in der Hölle des Stellungskrieges im Westen, er wurde verschüttet, lebendig begraben und lag mit einer Schockneurose, die bei ihm als zeitweilige Blindheit auftrat, in einem Militärlazarett. Auf Hitlers primär-hysterische Veranlagung, welche bei ihm eine Begabung ist (die einzige, die er besitzt und die ihn besessen hält), pflanzte der Krieg, konzentriert in jene Explosion einer Gasgranate, die ihn blind und lebendig tot machte, vergiftete und begrub, eine zweite Hysterie; zumindest steigerte diese Schockneurose Hitlers panhysterische Existenz zu einer alles andere dominierenden Macht, der er seine und aller Menschen Existenz unterordnet, zu unterwerfen bemüht ist. Das in Kürze ist das innere Erlebnis Hitlers, welches er als absoluten Krieg in die Welt projizieren muß, um das Trauma des Gastodes zu überwinden. Und wenn Blindheit und Verschüttung nur Hysterie, geredet, eingebildet waren (und nicht Wirkung einer Gasgranate), es würde Hitlers Krankheitbild einer hysterischen Produktion nur noch ähnlicher machen.

Der Krieg ist generell der Vater aller Neurosen und Hysterien eines Volkes und selber die Produktion, die exhibitionistische Zurschaustellung aller sonst sorgsam gehüteten, in einem Volk schlummernden Dämonien, Leidenschaften, Gewalt- und Zerstörungstriebe. Hitlers Kriegshysterie schafft in den seiner Suggestion unterlegenen oder ausgelieferten Massen jene Massenhysterie, welche als absoluter Krieg Völker gegen Völker treibt.

In Hitlers hysterischen Zuständen vermengen sich seine erotischen, sadistisch determinierten Bedürfnisse und Triebe mit den Reproduktionsbedürfnissen eines erfolglosen Künstlers, deren letzte Wunschvision, eine der Angst und des Grauens des Vergasten, Verschütteten, Erblindeten, er allen antun will, die ihm 1918 dieses Grauen antaten und die auch heute wieder, entsprechend der Zwangslogik des Hysterikers, seine und Deutschlands Feinde sind.

Dies alles gehört letzten Endes in die beim Deutschen so unendlich stark entwickelte Schaulust, die eine Lust ist, Zuschauer und Schauspieler zugleich zu sein: im Mittelpunkt einer für Deutschland, für Europa, für die ganze Welt wichtigen Handlung zu stehen, ja dieser Mittelpunkt, um den sich alles dreht, selbst zu sein. Das Leben ist ein Film und dieser Film muß sensationell, spannend und endlos sein. Der Deutsche muß eine Rolle spielen. Das Deutschtum ist sozusagen der Inhalt aller Rollen, die ein Deutscher spielen kann. Er ist ein Humanist, der nicht nur sich und sein Volk, sondern unbedingt die ganze Welt erlösen und zu etwas bekehren will, das entweder deutsche Musik, Philosophie, Wirtschaft und Tüchtigkeit oder ganz allgemein Organisation heißt. Für all seine Heilslehren hat der Deutsche seine großen, seine einmaligen Propheten, welche der Welt diese Rolle vorspielten, damit sie sie nachspiele. Es gibt Deutsche, welche die Rolle des Deutschtums ebenso im Pazifismus wie andere sie im Militärischen sehen. Das Widerspruchsvolle in der Gestalt des Deutschtums macht jenen Reiz aus, den jeder Schauspieler empfindet, wenn er Rollen studiert und dabei antithetisch vorgehen kann: Sowohl Christus als auch Nero sind Rollen, die dem Deutschen auf den

Leib geschrieben sind; er füllt sie ganz aus, bis zum Bersten. Und wenn Rom verbrennt, wird das Volk applaudieren und finden, daß der große Deutsche diese Rolle großartig gespielt habe. Und wird sich anderen Filmen zuwenden, um neue Sensationen, eine neue Schau zu haben, in der es mitspielen kann.

Das Kaiserreich Bismarcks glich einer nicht enden wollenden Oper, die mit Paraden und Proklamationen, Manövern und Kaiserwetter sich um einen Heldentenor gruppierte, in den der Genius Wagners gefahren war, jenes Künstlers, der diese Schaulust des Deutschen am reinsten zu formen und zu verwerten wußte. Alles, was der Deutsche sich je wünschen konnte an Befriedigung dieser seiner tiefsten Lust, die mit seinem innersten Wesen identisch ist, Reaktion und Produktion, Organisation und Anarchie der Gefühle gleicherweise, alles das hat Hitler ihm gegeben, der in Wagner seinen Meister und Lehrer verehrt, wie es ein anderer süddeutscher Großer vor ihm zu Rausch und Inhalt seines Lebens nur durch diesen Zauberer brachte, Ludwig II. von Bayern.

Hitlers erotische Triebe sind die eines Kleinbürgers, der mit den Mitteln sadistischer Grausamkeit, militärischer Allmacht und dem Prunk Wagnerscher Opern Angst, Grauen und Bewunderung einflößen will. Unbewußt aber, wie ein manisch Besessener, dessen Bewußtsein gespalten ist, muß er sein großes Erlebnis, in dem alle anderen Erlebnisse sich auflösten, den Krieg nämlich, reproduzieren und in ihm den Schock, die Agonie, die zugleich Orgasmus ist.

Er hat die Erinnerungen an die realen Schrecken des Krieges, welche jeden Normalen mit Hitlers Erfahrungen zu einem absoluten Kriegsgegener gemacht hätten, verloren, verdrängt, er hat sie sich und den Deutschen wegsuggeriert. Er verwirklicht jetzt den immer wieder erträumten, ersehnten Sieg-Krieg, den schockartigen Blitzkrieg, den großen Rausch siegestrunkener, in Panzerwagen daherrasenden Massen, die in einer Über-Wagner-Oper mitspielen. Der Blitzkrieg existiert nur als Wunscherfüllung eines hitlerischen Traums; er ist ebensosehr ein Terror wie ein im Film nacherlebtes Schauspiel, und vielleicht nur inszeniert, um als lebendigste Oper und Ausdruck seiner realen Macht von Kameraleuten von Flugzeugen aus gekurbelt zu werden. All dies nur zu einem einzigen Zweck: um sich an seiner herostratischen Größe selbst begeistern zu können und zu neuen, noch größeren Glanzleistungen der Regie, als welche ihm Strategie einzig begreiflich ist, zu neuen Blitzkriegen, zu neuen Objekten der Kamera fortschreiten zu können. Ein lebendiger Feuerbrand, der Stück um Stück die Welt in Schutt und Asche legt und den Krieg zum Film macht. So scheint schließlich auch der riesige Westwall nichts anderes zu sein als eine Kulisse der in Heldentum extravertierten Todesfurcht Hitlers, als Mauer eines riesigen Zuchthauses, in das er sich und sein Volk einsperrte. Todesfurcht und Größenwahn haben diese Imaginot-Linie Siegfrieds von Richard Wagner – um einen möglichen Irrwahn Hitlerscher Traumwandler-Neurose zu konstruieren – als eine Scheidewand errichtet, die Wahn und Wahrheit, Mittelalter und Strafe für den Verbrecher voneinander trennt. Wie nahe stehen all diese Projektionen um diesen Menschen und zugleich in seinem Innersten: der Westwall, das Adlernest in den Bergen, Richard Wagners Haus Wahnfried, die Konzentrationslager, die Braunen Häuser, die Folterkeller – das sind die Schachtelungen seiner Triebe und zugleich deren sichtbar gewordene Gestalten.

Der Erste Weltkrieg ging verloren, weil er, Hitler, ihn nicht führen konnte. Die Zeit war noch nicht reif, der historische Augenblick der Verwirklichung seines Genies noch nicht gekommen. Aber es war damals wie immer in ihm vorhanden. Er hätte *es* besser gemacht und er wird *es* der Welt jetzt beweisen, daß er und das deutsche Volk ihr überlegen sind.

Vom wahren Krieg, von seinen Schrecken, weiß er nichts mehr; in diese Leere seines Erinnerungsvermögens hat sich sein romantisierender, ästhetisch-kleinbürgerlicher Wille zur Wiederholung gepflanzt: der infantile, primitive Wille des Neurotikers besonderer Art, des Kriegsneurotikers, der sich im alltäglichen Spiel der Nachkriegserscheinungen als Querulant und Unterstützungsschwindler etabliert hat und mit dem Ausmalen seiner Leiden und Erlebnisse beschäftigt war. Hitlers Wutausbrüche, seine kalte, berechnete Verfolgungslust gegen den

Schwächeren sind die Reaktionen des Hochstaplers, Schwindlers, Goldmachers, der sich ständig kurz vor der Entlarvung weiß. Das Erwachen der Masse aus der Hypnose und die Rache der mit Krieg und Vernichtung Bedrohten wird kommen.

So ist dieser Diktator der Deutschen zu verstehen: als Schauspieler, ganz und gar von den Instinkten der Masse beherrscht, welche zugleich von ihm ausgehen und welche er in den Massen entfacht hat. Er kennt keinerlei Bewußtseinskräfte menschlicher Größe, Güte, Großmut oder nur Ruhe in Betrachtung des Seienden. Alles in ihm ist Unbewußt-Sein; Unbewußt-Sein und Instinkte durchdringen einander zu einer inneren, hysterischen Gestalt des ganzen Menschen. Sie bilden sozusagen nochmals eine Einheit, das *alter ego*, das zweite vollständige Ich; Unbewußt-Sein und Instinkte sind zueinander gestellt und koordiniert.

Hitlers geistige Struktur ist die eines aktiven Mediums in ständiger Trance, dessen Projektionen Wirklichkeit wurden, Wirklichkeit werden konnten, weil ein traumwandlerisches und in Auflösung begriffenes Volk, welches zu einer frühen Form seiner Existenz, der Horde, zurückkehrte und sich mit seiner, Hitlers Schaffenskraft identifiziert.

Das zerdachte, zerdichtete, vermusizierte, das amusische Deutschtum als schöpferische Substanz der Deutschen ist durch staatliche Gestaltung im Kaiserreich und im Dritten Reich zu einer pompösen und aggressiven Schauästhetik für Kleinbürger zurückgebildet. Anstelle des Echten, Wahren, Musikalischen ist das Wirtschaftliche, das Militärische, das Künstliche, ist die Organisation entfesselter Massen unter dem Einer-Prinzip der Diktatur getreten.

Die Gründlichkeit und Tüchtigkeit der Deutschen hat sich zum mechanistischen Radikalismus gewandelt, der um seinen Ausdruck ringt, welchen er in gewaltigen, exhibitionistischen, filmartigen Revolten gegen das Denken, gegen Staatlichkeit und Gesetz der Nicht-Deutschen, vor allem der Demokratien, in die Welt projiziert. Es darf ihm kein Gegner zu nahe kommen. Er verträgt keinen Widerspruch, der für den Deutschen ein Widerspruch zur gewollten Ordnung ist, die herzustellen seine Sendung.

Hitler vergißt alles, was er jemals gesagt und beschworen hat, der Widerspruch in sich ist das eigentliche Element all seiner Beziehungen zur Welt, welche sich als Diplomatie oder Politik immer selbst aufheben, in Nichts auflösen und nur als Verschwörungen Wirklichkeit werden. Hitler hat kein Gedächtnis für positive, konkrete Tatsachen, kein Ich-Gedächtnis; dagegen ein alles normale Gefühl dominierendes Erinnerungsgefühl für erlittene Strafe, Überführung bei Lügen oder Verbrechen, für Hohn und Schmälerung seines Selbstbewußtseins, seiner Würde als Mensch und Staatsoberhaupt; eine Würde, welche als wirklich und vorhanden nur in seiner Phantasie, als Wahnbild eines Schauspielers, der sich für einen Zuschauer hält, existiert: die Schlußkompensation für seine abgründige Todesfurcht.

Hitlers intellektuelle Fähigkeiten sind deshalb so gering, weil er kein individuelles Leben führt: Er war und ist ein gesichtsloses Teil der gesichtslosen Masse, genauso von ihr gelenkt, wie sie von ihm gelenkt wird. Seine politischen Fähigkeiten, Schläue, Willenskraft, Warten-Können, sind rein passiver Natur, Fähigkeiten des Aberglaubens eines Spielers. Auch diese geraten nur in Bewegung, wenn er zugleich Massen in Bewegung, in Marsch setzen kann. Ohne Massen ist er geistig und politisch eine Null, ein Analphabet. Addiert er aber seine primitive Massenseele zu der primitiven, hypnotisierten Seele der Masse, suggeriert er ihr seine eigenen Wunschträume, so erkennt die Masse sich in ihm und gehorcht ihm: dann realisiert sie seinen Ehrgeiz, seine hemmungslose Brutalität, seine frühen Konzeptionen von der Welt und seine erlittenen Suggestionen von Ruhm, nationaler Ehre, Befreiung und Einigung aller deutschen Stämme, Judenhaß und dumpfe Rachegefühle an den minderwertigen Rassen. So treiben und steigern beide Teile der unendlichen Suggestivkette, die Hitler und das deutsche Volk bilden, einander tiefer und tiefer in Schuld.

Die gewußte oder geahnte Schuld und damit die Furcht vor der Vernichtung kettet beide aneinander. Es ist ein müßiges

Unterfangen, das deutsche Volk in Teile von mehr und weniger Schuldigen aufzuspalten. Was ist in einem Strom das reine Wasser des Gebirgsbaches, was der Schlamm der giftigen Kloake? Aus der Enge aller verdrängten Todesfurcht heraus, aus der Erleichterung, die Bedrückung eingegangener und beschworener Verträge loswerden zu können, wird immer wieder ein neuer Hitler entstehen, eine neue, verjüngte, noch aggressivere deutsche Masse, die als ein Lebendiges sich selbst von der Jugend her zuwächst, anschwillt und mit neuen Kräften speist. Dieser Strom der Deutschen hat seine Quellen nicht am Anfang, sondern inmitten seiner Existenz: sie wachsen ihm zu aus der gleichen Erde, die er durcheilt und überschwemmt. Beide, Hitler und sein Volk, flüchten sie aus einer Rolle in die eines neuen Hitler, eines neuen Volkes. Sie begreifen und wissen nicht mehr, was sie früher waren, noch begreifen sie die Reaktionen der Umwelt auf diese ewigen Wandlungen und Neugeburten.

Die Bewußtseinsketten zwischen den einzelnen Phasen der Transmutationen, der Reinkarnationen fehlen beiden; sie leben im Zustand kindlicher Unschuld, und der Ausdruck ihrer Unschuld ist der nicht eingesehene und nicht begriffene Widerspruch zur Welt, den sie im Krieg aufzulösen suchen, um sich als in Existenz, als Tatsache, als historisch notwendige Kraft und damit als das Recht beweisen zu können.

Die Bewußtseinsspaltungen, das Aufnehmen und Spielen immer neuer Rollen – Kriegsherr, Friedensbringer, absolutistischer Tyrann und Mann aus dem Volk, Künstler und Wagner-Kenner, Feind und Vernichter aller Intelligenz, Genießer des guten Lebens, Betrachter und Schöpfer des großen und dokumentarischen Films, abgründiger Hasser aller stillen Freuden, allen Glücks der nicht-deutschen, minderwertigen Völker – all diese Rollen sind die Erschütterungen und Erschöpfungen, nicht Schöpfungen, des Hysterikers *zwischen* den einzelnen Persönlichkeiten, die er darstellen muß. Diese Hohlräume, Hohlträume, Höhlenzustände sind ausgefüllt von Krämpfen, von totaler Passivität, Nichtexistenz, von Ekel vor jeder Arbeit, Hinausstarren aus seiner Felsenburg, Wanderungen in den

Verließen des Westwalls, tagelangen Reden vor erstaunten und eingeschüchterten Zuhörern, denen er wie ein Schlittschuhläufer, beschwingt und fast der Erde entrückt, über Jahrhunderte, über Kontinente, Untergänge und Herrlichkeiten der Völker hinweghuschend seine Seele, des trunkenen Künstlers und Tyrannen Seele enthüllt.

All seine Machtträume sind deshalb wahr, weil er sie glaubt, weil nicht er sie darstellt, sondern weil sie ihn darstellen; weil er im deutschen Volk, den Willen und die Willenlosigkeit, das Pathos des Films und die tiefe Gleichgültigkeit des Zuschauers fand, die er gerade brauchte.

Hitler verwirklicht alle schlechten Eigenschaften und Triebe des deutschen Kleinbürgers, der selber nichts ist als Darstellung und Macht dieser Triebe in jeder einzelnen Klasse und Schicht des Deutschtums, das von sich selbst die höchste Meinung hat, die nur ein Volkstum irgendwo auf der Erde haben kann: Es ist das Wahre, Rechte und Echte in sich. Es ist treu und stark, Hüter des Fortschritts, der Dichtung und der Musik. Es ist in allen Seelen latent vorhanden, nicht nur in deutschen, in allen menschlichen Seelen, wo Treue und Güte, Dichtung und Musik zu Hause sind. Daher leitet es seine ethische, seine religiöse Funktion des zu schaffenden, nur durch das Deutschtum zu verwirklichenden wahren Rechts und Friedens auf Erden ab.

Zum Schluß wollen wir den Kronzeugen des Preußentums, welches das Neue Deutschtum der Kleinbürger wurde, zitieren: Clausewitz. Um zu zeigen, wie dieser General, der eine genaue Erfahrung von den Vorgängen der Auflösung einer Armee, des Versagens des Gehorsams, der Treue der Gefolgsleute zu ihrem Führer besaß, das Ende oder den Anfang vom Ende eines Führers deutscher Massen sieht: »Solange eine Truppe voll guten Mutes und mit Lust und Leichtigkeit kämpft, ist selten eine Veranlassung da, große Willenskraft in der Verfolgung seiner Zwecke zu zeigen; sowie aber die Umstände schwierig werden, und das kann, wo Außerordentliches geleistet werden soll, nie ausbleiben, so geht die Sache nicht mehr von selbst wie mit einer gut geölten Maschine, sondern die

Maschine selbst fängt an, Widerstand zu leisten, und diesen zu überwinden, dazu gehört die große Willenskraft des Führers. Unter diesem Widerstande wird man sich nicht gerade Ungehorsam und Widerrede denken, wiewohl auch diese bei einzelnen Individuen häufig genug vorkommen, sondern es ist der Gesamteindruck aller ersterbenden physischen und moralischen Kräfte, es ist der herzzerreißende Anblick der blutigen Opfer, den der Führer in sich selbst zu bekämpfen hat und dann in allen anderen, die unmittelbar oder mittelbar ihre Eindrücke, ihre Empfindungen, Besorgnisse und Bestrebungen in ihn übergehen lassen. Sowie die Kräfte in dem einzelnen ersterben, diese nicht mehr vom eigenen Willen angeregt und getragen werden, lastet nach und nach die ganze Inertie der Masse auf dem Willen des Feldherrn; an der Glut in seiner Brust, an dem Lichte seines Geistes, soll sich die Glut des Vorsatzes, das Licht der Hoffnung aller anderen von neuem entzünden; nur insoweit er dies vermag, insoweit gebietet er über die Masse und bleibt Herr derselben; sowie das aufhört, sowie sein eigener Mut nicht mehr stark genug ist, den Mut aller Anderen wiederzubeleben, so zieht ihn die Masse zu sich hinab in die niedere Region der tierischen Natur, die vor der Gefahr zurückweicht und die Schande nicht kennt. Dies sind die Gewichte, welche der Mut und die Seelenstärke des Führers im Kampfe zu überwinden hat, wenn er Ausgezeichnetes leisten will.« (Vom Kriege, I. Buch, 3. Kapitel)

Der Krieg entscheidet also über die Existenz des Führers, der im Dritten Reich ambivalent ist – eine Doppelpersönlichkeit: Führer des Volkes und Führer der Armee. Im Schicksal des Krieges sind sie identisch, sie stehen und fallen zusammen.

Der Krieg entscheidet noch über etwas anderes: Er war erdacht und begonnen als die Krönung des Großen Plans, nach welchem die Maschine der deutschen Wirtschaft laufen soll. Je mehr das Gewicht des Kampfes um die Durchführung des Planes auf die anderen Sektoren der inneren Maschinerie des Dritten Reiches drückt, desto wichtiger wird die Stellung des Spezialisten, desto gleichgültiger die des Redners, der nichts versteht als die Verzauberung der Massen mit seiner Hypnose. Der Krieg ist Sache des Technikers, des Offiziers, der Elite, welche die Schlüsselstellungen im geplanten Staat halten und die ihr Handwerk verstehen. Ihr Plan hat alle staatlichen Funktionen gesetzlicher und geglaubter Bindungen, das Recht und die Exekutive absorbiert und an die Elite verteilt. Diese Plan-Staatlichkeit liegt wie ein eiserner Ring um die triebentfesselte Masse, wenn es ihr einfallen sollte, in Panik das Weite zu suchen.

Im Fall einer Rebellion der verzweifelten deutschen Massen, also bei einem Versagen der politischen Diktatur, müßte eine innere Entscheidung zwischen den Mächten der Spezialisten und denen der Partei, den Nutznießern des Plans, fallen, die auf eine Überwältigung Hitlers und seiner Elite hinauslaufen würde. Diese Rebellion würde die Fortsetzung des Krieges ausschließen, die Erlangung eines leichteren Friedens ermöglichen, der die Durchführung des Großen Plans unter Leitung der Spezialisten, der neuen Intelligenz, realisieren könnte. In diesem Sinn erschien den Spezialisten wohl auch der Krieg als möglicher Ausweg aus der alles Leben bedrohenden und sterilen Politik der Diktatur, die einen Krieg vorbereiten, aber nicht gewinnen kann.

Im Krieg hat die Macht einen anderen Aufbau erfahren; zwischen Front und Heimat entsteht der luftleere und feindselige Raum der Entfremdung. Die Front kehrt der Heimat den Rücken zu. Ein Band besteht nur noch zwischen Front und Wirtschaft, die ganz in den militärischen Plan einbezogen und aufgelöst scheint. Der Rest ist zivil, ist Partei, Diktatur und ohne Berechtigung. Hitler aber ist ein Teil dieses Unberechtigten, Erstarrten und konservativ gewordenen Zustandes Heimat, der um so fremdartiger und unnützer erscheinen wird, je gefährlicher das Leben an der Front, der Krieg wird und je länger er andauert.

Versagt der militärische Teil des Plans, bietet das Opfer Hitlers die Möglichkeit, das Opfer des Plans zu vermeiden, dann muß und wird Hitler geopfert werden.

Der Plan ist das *es* aller produktiven und staatlich organisierten Kräfte des Dritten Reiches geworden, so wie Hitlers Wunschtraum von der Eroberung der Welt das *es* der Partei und der Masse wurde. Wir haben also zu unterscheiden zwischen einer produktiven Elite der Spezialisten in Wirtschaft und Armee, den Planern, und der unproduktiven Elite der Triebhaften, der Intellektfeindlichen, der Arbeitsscheuen, welche die deutsche Masse zu ihren privaten Zielen und Racheträumen benützen.

Ist aber nun Hitler nicht doch eine überragende Gestalt, ein Individuum über den Massen, über den Eliten, ein Neutrum im Großen Plan, zu dem alle Planer, alle Eliten, die produktiven wie die unproduktiven, in der Stunde von Not und Gefahr des Vaterlandes flüchten? Diese Situation ist eine der erträumten Schlußapotheosen des Schauspielers und Kopisten Hitler. Es ist sein seligster Traum, den Appell an die Massen zur Entfesselung der letzten Barbarei zu erteilen, die Welt oder Deutschland an allen vier Ecken anzuzünden, um in den Flammen dieses Opferbrandes mit seinem geliebten Volke selber zu verbrennen.

Das wäre die einzige Folge eines solchen Schritts der in die Enge getriebenen Spezialisten; aber diese Folge ist in ihrem Plan nicht vorgesehen. Der Ausweg aus aller Not sieht das Ende Hitlers vor – nicht als das Ende eines Gottes, sondern als das Ende eines Kriminellen. Massen sind genauso undankbar wie Spezialisten. Und – die Wirtschaft ist dem Staat näher als jede Partei.

Hitler ist kein Individuum, das einer wirklichen Idee fähig wäre, welche den Großen Plan retten könnte. Er ist kein Genie, sondern nur ein Kleinbürger, der ein Genie so spielt, daß es ihm nur Kleinbürger glauben und nicht merken, daß er nur ein Schauspieler und Hysteriker ist. Die Spezialisten in Deutschland haben es immer gewußt und ihn als Hypnositeur der Massen ausgehalten. Der Krieg war der letzte Zug, den er noch machen durfte; den Frieden wird er nicht mehr erleben, ob der deutsche Plan nun siegt oder vertagt, aufgeschoben wird. Denn auch eine Niederlage kann dem Plan nur helfen, sich mehr und mehr mit dem Staat zu amalgamieren und der Staat selber zu werden.

Wie haben wir uns an Hand des bisher Gesagten den Vorgang der Eliminierung Hitlers und seiner unproduktiven Elite vorzustellen, immer im Bereich der exakten Folgerungen der psychologischen Analyse bleibend, das heißt – unspekulativ und unter Ausschaltung aller persönlichen Wünsche oder Illusionen? Die gesellschaftliche Funktion eines Diktators beruht auf seinem Einfühlungsvermögen und dem Verfahren des Ausgleichens, des unausgesetzten Nivellierens der verschiedenen, in einer Gesellschaft vorhandenen und ihm an Intelligenz und Bildung weit überlegenen Kulturschichten und deren Machtansprüchen, die sie selbst als Spezialisten, Techniker und Offiziere ohne die unterworfenen Massen der Bauern, Arbeiter und Intellektuellen nicht verwirklichen können. Über diese Massen übt der Diktator, den die im Wesen konservativ gerichteten und denkenden Spezialisten zu diesem Zweck züchteten, und, nach Festlegung des Plans, zur Leitung des Staates beriefen, seine suggestive Macht aus: mittels des objektiven Terrors und seiner subjektiven Hauptfähigkeit, der Einfühlung in die verschiedenen Trieb- und Willensbildungen der Unterworfenen, vom Unterwerfungstrieb Besessenen.

Versagt des Diktators Suggestivkraft, entzieht die produktive Elite der Planenden im Staat infolge von Notwendigkeiten, vor denen sie aus Gründen der Durchführung des Krieges steht, dem Diktator die Masse, gießt sie in neue Einheiten. Diese müssen logischen Gesetzen, nicht mehr Halluzinationen und Wunschträumen von auserwählter Rasse gehorchen und unterliegen, um für das Ideal der Planer eingesetzt werden zu können. Dann ist der Diktator isoliert, sind sein Wort und Wert gleich Null: Zur Ausführung des Plans, zur Tat des Friedens ist Hitler nicht zu gebrauchen.

Die Stunde der Erfüllung des größten Erlebnisses Hitlers, des absoluten, stürmisch ansteigenden Krieges, ist zugleich auch die Stunde des Absinkens seiner wirklichen Macht. Es ist nicht so, wie Hitler es zur Schau stellt und die Welt glauben machen möchte, daß der Oberbefehlshaber der Wehrmacht nun in Hitlers Machtansprüchen, oder Hitler in der Gestalt des Oberbefehlshabers der Wehrmacht dessen wirkliche Macht ausüben könnte, um die Diktatur über die Massen auch im Krieg als Fiktion aufrechtzuerhalten.

»Wir tun so«, mögen die Generale und Spezialisten denken, »als glaubten wir nach wie vor an die Notwendigkeit, einen Hitler und eine Partei von Terroristen über den Massen haben zu müssen; wir tun so, als ob Hitler und seine Elite weiterhin und ewig an der Macht seien; denn – wenn beide Apparate auch für den Krieg selbst überflüssig sind, so ist es doch eine politische Notwendigkeit, so etwas wie ein geglaubtes, gefürchtetes und suggestives Symbol der Herrschaft in der Heimat zu haben. Die ihm entsprechenden Suggestionen des absoluten Gehorsams und der Disziplin können unserer Forderung nach dem Opfer des Lebens nur förderlich sein. Also tun wir weiter so, als ob es diesen kleinbürgerlichen Gottvater der Massen wirklich gäbe, als ob auch wir noch an ihn und seine Macht glaubten. Denn was soll aus uns, aus dem Staat, aus dem Plan werden, wenn Hitler die leidenden, die Hunger leidenden Massen nicht mehr mit Ruten peitscht? Chaos oder Bolschewismus schrecken uns nicht. Aber ein Sieg der Feinde könnte Wirklichkeit werden, und damit die Vernichtung unserer Ansprüche, des Plans und unserer Kaste. Diese aber ist identisch mit der Existenz des preußisch-deutschen Staates. Also werden wir nicht im vollen Rennen um den Sieg die Pferde wechseln.« – Aber solche Überlegungen von Generälen und Spezialisten in Technik und Wirtschaft des Dritten Reichs werden Hitler und seine Diktatur nicht vor dem Verderben retten.

Diese Fiktion der Elite wird durch die Ereignisse und Ansprüche des absoluten Krieges, wie sie ihn plante und durchführen muß, entlarvt; durch die konkreten Tatsachen der Technik, weil sie allen zu Gebote steht. Nicht Hitler und seine Generäle reiten auf den gebeugten Rücken der unterworfenen deutschen und fremden Massen zum Sieg, sondern die Massen auf dem Rücken des Krieges reiten zum Sieg über Hitler, seine Generäle, den Faschismus.

Die Notwendigkeit des absoluten Krieges im Planwerk der Zukunft des Dritten Reiches ist eine doppelte: Alle Kräfte der Massen müssen von Politik und Polizei, von Lebensangst und

Leid weg zur Arbeit am *potentiel de guerre,* zur krassen und starren Erfüllung des Plans gebracht, zu einem vernunftgemäß geleiteten und technisch denkenden Organismus gestaltet werden. Zum andern aber gilt es, den wehrfähigen, technisch geschulten Teil der Massen zum Kampf, zum Einsatz des Lebens und der Maschinen zu führen.

Ein Feldherr, ein Techniker führt die Massen nicht zu einer religiösen und theatralischen Schaustellung der Machtträume eines Hitler, sondern in die Hölle der modernen technischen Schlacht. Das Individuum, der Soldat unterliegt in einer Schlacht nicht Illusionen, nicht Halluzinationen von Macht der Partei und Rasse, sondern seiner Furcht, der Panik und Hysterie der Masse; vor allem aber der Tatsache der Gleichwertigkeit oder gar Überlegenheit des Gegners, der hier zum ersten Mal den Deutschen lebendig und nicht bloß geredet entgegentritt, um alle von Hitler so lange genährten und überhitzten Illusionen ihrer Allmacht zu zerstören.

Ist nun die ständig anschwellende Masse der Kämpfer der Heimat, den Suggestionen von Partei und Führer lange genug entrückt, ist sie lange genug der technischen Gleichwertigkeit oder Überlegenheit des Gegners ausgesetzt, so ist sie gegen jede positive, in diesem Fall gegen jede die eigene Erkenntnis ersetzende Illusion immunisiert. Sie ist geheilt von Hitler, dem jetzt macht- und massenlosen Verführer und Hypnotiseur, in den der Oberbefehlshaber der Wehrmacht schlüpfte. Geheilt von der suggestiven Kommandogewalt des Heerführers, der ja auch über keine andere Illusionskraft zum Sieg als die Hitlers verfügt, der in ihn schlüpfte. Beider Illusionen vermögen nichts gegen die der Gewalt der Technik innewohnende mathematische Präzision der anderen Seite, der Wahrheit, der Wirklichkeit, der nicht erträumten, sondern realen Niederlage.

Wir können also sagen, daß die wirkliche Umdrehung der Massenillusion, der Besessenheit von einem fremden aggressiven Willen, der entfesselten und fessellosen Trieballmacht der Mordlust, in die entscheidende Bewußtmachung ihrer Inferiorität im Feuer des absoluten und *nur* des absoluten Krieges erfolgen wird, erst dann erfolgen muß, wenn die wirkliche, die technische Überlegenheit des gegnerischen *potentiel de guerre* dem deutschen Angreifer bewiesen wird. Wenn die Demokratien Waren und Maschinen akkumulieren, Menschenmassen im Zustand bewußten Siegeswillens und vollendeter technischer Schulung der in rasendem, aber blindem Lauf anrennenden deutschen Masse überwältigend entgegenstellen können. Erst die materialisierte, individualistische, geistige Überlegenheit der Demokratien vermag die Suggestion der kriegerischen Massen in Deutschland zu lichten und den Zustand ihrer Vermassung zu beenden.

In der Entscheidungsschlacht des absoluten mathematischen Krieges sind alle Elemente der Trunkenheit und Illusion, unter denen die deutschen Massen blindwütig reagieren, aufgelöst in ihren Urzustand der Depression, des Fatalismus, des Unterwerfungstriebes, kurz: der Niederlage, aus der sie sich seit 1918 in immer schneller ansteigenden Schocks und Angriffen erhoben. Im Jahr 1933 wurden sie durch die militärische Kaste der Planer und durch Hitler in die Richtung des Krieges getrieben, der wieder in eine Niederlage verwandelt werden wird. Alle Inhalte der suggerierten Illusionen werden durch die Niederlage *ad absurdum* geführt: der Glaube an überlegene Organisation und Planung, an bessere Rasse, an bessere Führer, an die Allmacht der modernen Technik, an deutsche Tüchtigkeit, an deutsches Recht, welches aus der Tatsache der Macht entspringe und sich den Raum zu seiner Entfaltung mit Gewalt erobern dürfe. Ihr Unglaube an das Gesetz, welches über alle Menschen gesetzt ist, ihr Unglaube an Gerechtigkeit für den einzelnen und damit auch für die Massen wird zusammenbrechen. Die Niederlage der Deutschen wird ihren Urtrieb des ziellosen Wanderangriffes und der planvollen Lust am Mord ebenso beenden wie ihren Krampf der selbstgenügsamen und selbstgerechten Isolation, der Setzung eines Über-Ichs, welches der Prototyp der Asozialen ist und die Verkörperung des Plans und der Organisierung der aggressiven Massentriebe in den Deutschen darstellt.

Mit dem Heerführer und seiner Niederlage fällt Hitler. Mit der zerstörten Illusion des absoluten Krieges als Verwirklichung des Großen Plans fällt die Illusion des Lebensraums; in den luftleeren, weil illusionsleeren Raum um Hitler und die Generäle stürzen all jene kleinen und großen Planer und Diktatoren, welche sich mit den Funktionen der freien Massen belehnten, eingesaugt von dem Nichts und der Stummheit der Massen, die all diese zerschlagenen Illusionen überdauern werden. Es kann sehr wohl sein, daß der Zusammenbruch der geplanten Illusionen einer Welteroberung, eines Weltreiches der deutschen Trusts und des Großen Generalstabes, den Zusammenbruch anderer Illusionen, anderer Planstaaten und Diktatoren zur Folge haben wird. Seit jeher wurden Illusionen des Krieges durch Realitäten des Siegers zerstört.

Können die Illusionen der deutschen Massen, ihr Mythos, durch die Überlegenheit der Idee der Demokratie, konkretisiert im überlegenen *potentiel de guerre* aller Gegner des Dritten Reiches, zerstört werden, dann wird eine schlechte Illusion einer besseren unterlegen sein.

Wir glauben bewiesen zu haben, daß die preußische Illusion, ihr Mythos und ihre Planung, das Neue Deutschtum und die Ästhetik der Kleinbürger, vom Pazifismus des Professors bis zu den Terrorrismen eines Clausewitz und Schlieffen, ein minderer, ein minderwertiger Komplex und eine Kristallisation von Pseudologismen sei, daß hinter den Aspirationen der tüchtigen Deutschen der Wille einer Elite stecke, die Welt an die Illusion der Gewalt glauben zu machen, um sie unterwerfen und planvoll ausbeuten zu können. Zur Stützung dieser Illusion dient ihnen ein Pseudo-Sozialismus, eine geredete Ordnung der Tatsachen, die im Innern Deutschlands das schlimmste Chaos der Triebentfesselung von Terroristen und Jugendlichen schaffte und es mit Phrasen und Pathos übertünchte. Als treibende Kraft aber benützt der Große Plan die große Depression der Massen, welche durch ihn schrittweise an den Abgrund der Selbstzerstörung geführt werden.

Im absoluten Krieg aber müssen all diese suggerierten Illusionen der Deutschen einer höheren, der ›Guten Illusion‹ unterliegen. Das Übergewicht von Gerechtigkeit und Selbstbestimmungsrecht des einzelnen wie der Massen, welche die westliche, die klassische Welt bestimmt, ist für unsere und jede Kenntnis vom Wesen der Kulturen und des Menschen die wahre und überlegene Illusion, weil sie das friedliche Übereinkommen aller in der Anerkennung des Gesetzes darstellt und ein Mittel des Ausgleichs der Härten, des sozialen Aufstiegs, der Entwicklung zum friedlichen Sozialismus christlicher Zivilisation ist.

Daß diese Illusion vielleicht nur ein, allerdings unentbehrlicher Übergang zu einer besseren und wahreren Illusion, zu einer wissenschaftlich besser begründeten und deshalb leichter zu glaubenden Wahrheit ist, welche letzthin die Notwendigkeit jeder Illusion, jeder Utopie aufheben wird, ändert nichts an ihrem aktuellen Wert als schöpferische Tatsache in einer Welt, welche sich den rein mechanistischen Tatsachen überliefern zu wollen scheint.

Was aus dem Niederbruch der Illusionen und Suggestionen, der Lebensangst und des Terrors und damit der deutschen Massen überhaupt, übrigbleiben wird, ist allein die wirtschaftliche, potentielle Macht Deutschlands, die Tatsache von Fleiß und Intelligenz seiner Bewohner, denen sie eine andere, freiheitliche Gestalt werden geben müssen: die Gestalt eines modernen, liberalen und sozialistischen Gemeinwesens.

Zum Verzicht auf ihre Mordtriebe und die Herrschaft ihrer preußischen Kriegerkaste werden die Deutschen durch den Sieg der Demokratien gezwungen werden, ein Zwang, der in seiner vollendeten Notwendigkeit einer wahren und vielleicht der größten Kulturleistung der europäischen Menschheit gleichzusetzen ist. Den Machttrieb der Wirtschaftsplaner aber, deren primäre Bedeutung als Elite der Spezialisten wir klargemacht haben, müssen die Deutschen selbst niederzwingen und regulieren, dem Plan ihres friedlichen Arbeitswillens unterordnen.

Denn erst nach Beendigung dieses Krieges der Massen und Maschinen ist die Zeit für Planen und Bilden gekommen, die Zeit der *brain-trusts,* der Dichter und Denker eines einigen, neuen Europas, einer einigen Menschheit. Solange Krieg ist, bleibt alles Planen der Strategie gegen das Böse untergeordnet und darüber hinaus nichts als Spekulation und Wunschtraum einer Elite, deren Wirken wir in Deutschland verfolgen konnten.

Nachwort

In der Wochenschrift *New English Weekly,* zu deren späteren Mitarbeitern der im Londoner Exil lebende Karl Otten gehörte, schrieb George Orwell im März 1940 über die in Großbritannien vorherrschende Einschätzung des Nationalsozialismus: Linke und Rechte seien sich darin einig, daß es sich lediglich um eine »Version des Konservativismus« handle. Anfang 1939 war die englische Übersetzung von *Mein Kampf* erschienen und als das Werk eines durchaus ehrbaren Staatsmanns präsentiert worden. Der Kriegsbeginn im September 1939 veränderte den Blick: Hitler galt nicht mehr als ehrbar, *Mein Kampf* wurde mit einem neuen Umschlag versehen, und die Gewinne aus dem Buchverkauf gingen ans Rote Kreuz. Hitlers Programm, stellt Orwell fest, habe sich deshalb keineswegs gewandelt, und auch der Pakt mit Stalin bedeute nur eine Änderung des Zeitplans, keine Revision des Programms selbst. »Was er sich vorstellt, ist, daß in hundert Jahren der ganze Raum zwischen Europa und Afghanistan oder dort irgendwo zu einem einzigen Staat von 250 Millionen Deutschen mit viel ›Lebensraum‹ wird, ein schreckliches hirnloses Reich, in dem im wesentlichen nichts je passiert außer der Ausbildung von jungen Männern für den Krieg und der endlosen Zucht von frischem Kanonenfutter. Wie war es möglich, daß er mit dieser monströsen Vision Erfolg haben konnte?«

Karl Ottens Studie *Geplante Illusionen,* an der er von 1937 bis 1941 gearbeitet hat und die 1942 in englischer Übersetzung veröffentlicht wurde, liest sich wie ein Versuch, Orwells Frage zu beantworten. Die heutige Lektüre verlangt, sich ein Stück weit in die damalige Lage hineinzuversetzen. Nazideutschland war noch nicht das Land, das die planmäßige Ermordung der europäischen Juden in Gang gebracht hatte. In den Jahren nach 1933 hatte sich das neue Regime innen- und außenpolitisch festigen können. Bis heute gilt der wirtschaftliche Aufschwung, den das Deutsche Reich nach 1933 erlebte, als eine Leistung Hitlers, »die damals seine Gegner ... verwirrte und die ihm in Teilen der älteren Generation auch heute noch ein gewisses heimliches Renommée verschafft« – wie Sebastian Haffner in seinen *Anmerkungen zu Hitler* schreibt. Das Deutsche Reich war ein Land, das innerhalb weniger Jahre industriell und militärisch furchteregend aufgerüstet hatte, aber erst nach dem Frankreichfeldzug wurde deutlich, welch gewaltiger Expansionsdrang im Innern dieses militarisierten Apparats angesammelt war. Zwar hatte die Zerstörungskraft der deutschen Luftwaffe nicht ausgereicht, Großbritannien in die Knie zu zwingen, auf dem Kontinent aber schien keine Gegenwehr den Vormarsch der deutschen Armeen aufhalten zu können. Was Orwell im März 1940 noch in den Bereich bloßer Hypothese verwiesen hatte – daß nämlich trotz eines Pakts mit Moskau der Expansionsdrang des Deutschen Reichs auch an der russischen Grenze nicht Halt machen würde –, das war 1941 Wirklichkeit geworden. Wie konnte es dem Diktator Hitler gelingen, Generalstab, Staatsbürokratie und Wirtschaft, die gesamte Gesellschaft für ein Ziel zu mobilisieren, das sich nicht als Zwang zur Verteidigung des eigenen Territoriums ausgeben ließ?

Naheliegend und bis heute gern akzeptiert ist die Antwort, daß die totale Mobilisierung vom unvorstellbaren Ausmaß der bei Hitler konzentrierten, durch Terror und Propaganda abgesicherten diktatorischen Gewalt zeugt. Otten hat diese Antwort nicht gelten lassen. Sein Buch versucht vielmehr in einer bewundernswerten Anstrengung, das kriegführende nationalsozialistische Deutschland gewissermaßen »ohne den König«, zunächst ohne Rückgriff auf die charismatisch-diktatorische Wirkung des »Führers« zu denken; Hitler verschwindet nicht aus Ottens Blick, Führer, Partei und Parteiorganisationen erscheinen aber als Funktionen in einem gesellschaftlich-geschichtlichen Gesamtprozeß, nicht als dessen allmächtige Anstifter. In diesem, von der gesellschaftlichen Entwicklung des Deutschen Reichs ausgehenden Erklärungsversuch bietet Ottens Studie eine modernere Perspektive an als ein großer Teil der nach dem Zweiten Weltkrieg verfaßten Hitler-Literatur, in der Erklärungslücken mit publikumswirksamen Hinweisen auf die dämonische Natur des Diktators gefüllt werden.

Notwendig lückenhaft als Gesamtdarstellung des Nationalsozialismus, dessen größtes Verbrechen Otten 1941 nicht voraussehen und dessen Ende er nicht vorherbestimmen konnte, verdient seine Studie heute genau darum Interesse, weil es den deutschen Nationalsozialismus nicht als in sich geschlossene Episode, sondern als eine Etappe in einem unabgeschlossenen Umwälzungsprozeß der westlichen Zivilisation begreift.

Die nationalsozialistische »Bewegung« wird nicht einfach als deutsche Variante des Faschismus à la Mussolini gedeutet. Otten sieht die nationalsozialistische Formierung von Staat und Gesellschaft als offenen Ausbruch der Krise, die latent auch in anderen, vom Sog der Technisierung und Massenbildung erfaßten europäischen Staaten schlummert, einschließlich der Vereinigten Staaten und der Sowjetunion. Seine Studie liest sich heute – denkt man an die Kontroversen der Historiker über die Ursachen des Nationalsozialismus – als kritischer Kommentar eines weitblickenden Augenzeugen zu den Versuchen, den Nationalsozialismus als rein nationale Sonderentwicklung aus der Geschichte herauszulösen oder ihn als Abwehrreaktion gegen den Sowjetkommunismus zu relativieren.

Ottens Verzicht auf das Porträt eines eindeutigen Feindbilds hat seine britischen Leser bei Erscheinen der Arbeit offensichtlich irritiert: »Was der Autor in erster Linie scheint beweisen zu wollen, ist, daß Nazideutschland am eindeutigsten die Krankheiten der modernen Zivilisation zum Vorschein bringt«, schrieb die *Times* in einer frostig gehaltenen Rezension. Otten wollte die britischen Leser zu der sicher schmerzlichen Einsicht bewegen, daß die Alliierten in Nazideutschland auch ein Element ihrer eigenen Welt und Geschichte zu bekämpfen hätten. Otten zwingt seine Leser dazu, Nationalsozialismus und gesellschaftliche Prozesse der Modernisierung zusammenzudenken.

Es zeugt von Ottens Konsequenz, daß er den Konflikt nicht auf den *politischen* Gegensatz von Demokratie und Faschismus zuspitzt. Ottens Ausgangspunkt sind die *gesellschaftlichen* Defizite des Prozesses, der heute als Industrialisierung des Alltagslebens beschrieben wird. Was er zu Beginn der Studie als Massenbildung in den technisch geprägten Industriezivilisationen untersucht, wird nicht allein am deutschen Beispiel abgelesen. Untersucht wird die Technik als Quelle neuartiger Sensationen. Ottens Technikkritik verfährt nicht summarisch zivilisationskritisch. Es geht ihm nicht um den bloßen Werkzeugcharakter technischer Errungenschaften und ihren Gegensatz zum »Geistigen«. Otten hebt hervor, daß technische Apparate in einer bestimmten gesellschaftlichen Situation spezifische Aufgaben wahrnehmen können und müssen; er zeigt, wie technische Entwicklung und Massenbildung ineinandergreifen; er sieht, daß die durch Film und Radio den Massen gebotene Möglichkeit, sich selbst zu erleben, zu einem Ferment des Massenverhaltens selbst geworden ist. Geradezu modellhaft sieht er diesen Wandlungsprozeß in den USA vorangetrieben, viel weiter entwickelt als in Deutschland.

An Amerika, sagt er, haben sich die Deutschen inspiriert, aber weil sie am wenigsten darauf vorbereitet waren, sich in der Welt technischer Rationalisierung zu bewegen, fielen sie einem im Positivismus des 19. Jahrhunderts angelegten Kult der Tatsachen zum Opfer, ohne die neuen Tatsachen selbst zu meistern. Was Ernst Bloch mit dem von ihm geprägten Begriff der »Ungleichzeitigkeit« beschrieben hat, zeigt Otten als Auseinanderklaffen von äußerer Anpassung an das technische Tempo und sozialem Zurückbleiben. Deutschland, das in vergleichsweise kurzer Zeit den »Sprung« vom föderativ-kleinstaatlich organisierten Agrarland an die Spitze der Industriestaaten geschafft hatte, war wohl anfälliger gegenüber den Verlockungen politischer gewaltsamer Versuche, die schmerzlich erfahrenen Legitimationsverluste zu kompensieren, als andere in den Industrialisierungsprozeß hineingerissene Gesellschaften. Implizit weisen Ottens Überlegungen die später kursierende Vorstellung von einer »verspäteten *Nation*« zurück;

worum es in seiner Analyse geht, ist die Verspätung der von ihrer eigenen Entwicklungsgeschwindigkeit überrollten *Gesellschaft:* »In weniger als einem Menschenalter ist dieses zutiefst bäuerliche und schwerfällige, um nicht zu sagen rohe und sektiererische Volk in das am meisten städtische und daher kollektivierte Volk der ganzen Welt verwandelt, verdreht und verfälscht worden. Dieses Volk der Sektierer, Grübler und Dichter, der Querschädel und Haarspalter wurde in ein amerikanisches Milieu vertrieben, in welchem ihm nichts bekannt, nichts vertraut und gegeben, aber alles tatsächlich, vorhanden und mechanisch war.«

Die psychische Antwort der deutschen Querköpfe auf die Kollektivierung sieht Otten im Aufbau einer Doppelexistenz, zusammengesetzt aus realitätstüchtiger, im Umgang mit den Fakten trainierter Skepsis, und einer aus Verlust und Desorientierung genährten Angst, von Otten als »Lebensangst« zu einer der Schlüsselkategorien seiner Untersuchung entfaltet. Für einen spezifischen »deutschen Idealismus« ist in diesem Seelenhaushalt kein Platz mehr; als deutsches Merkmal erscheint vielmehr die eigenartige Verbindung von purem Tatsachenrealismus, der außer wirtschaftlichem Erfolg und militärischem Sieg nichts gelten läßt, und einer aus Verlusterfahrungen genährten Angst: Auf sie gründen sich die großen militärisch-industriellen Planungen, die im Ersten Weltkrieg schon einmal durchgespielt wurden, nicht auf ein in letzter Instanz rationales Kalkül – auf Angst vor der ungewissen Zukunft, auf Angst vor dem Verlust der erreichten Position. Angst, den traditionellen Zugriff auf die Schlüsselpositionen in Deutschland zu verlieren, habe die Offizierskaste dazu getrieben, sich überall einzumischen, in der Industrie, im Staat und in den Parteien, und schließlich die Nazipartei – »ihre eigene Schöpfung und Wiederholung« – wenn nicht zu etablieren, so doch zu akzeptieren als Funktion ihres gesellschaftlichen Plans.

Die NSDAP als Kreatur des Generalstabs, geboren aus Verlustangst – darüber kann man streiten, wie auch über eine Reihe anderer Thesen, die mit geschichtlichen Daten auf ungewohnte Weise verfahren. Nur darf man nicht vergessen, daß hier kein Historiker oder Politologe schreibt, sondern ein Schriftsteller, Zeitgenosse der Ereignisse, isoliert im Exil, auf den Vorrat an Wissen und Erfahrung angewiesen, der ihm nach der Flucht aus Deutschland verblieben war.

Die herausragende Konstante in Ottens Gesellschaftskritik ist der Antimilitarismus. Bereits vor dem Ersten Weltkrieg war Otten als Augenzeuge des Balkankrieges zum radikalen Kriegsgegner geworden; als katholischer Rheinländer hatte er außerdem eine profunde Aversion gegen allen preußisch-protestantischen Rigorismus entwickelt. Sie verleitet ihn gelegentlich zu vehementen Ausfällen gegen dieses »Mischvolk aus klein-slawischen Leibeigenen«, die an die Sprache der im 19. Jahrhundert üblichen Stammesfehden zwischen den deutschen Ländern erinnern. Aber Ottens Idiosynkrasie treibt auch äußerst scharfsinnige Beobachtungen hervor.

Die »nationale Industrie Preußens«, schreibt Otten, »ist der Krieg.« Er hebt hervor, daß die Proletarisierung der Massen im sich industrialisierenden Deutschen Reich unter preußischer Hegemonie mit ihrer Militarisierung einherging. Die Bauernsöhne wurden gleichzeitig zu Maschinenarbeitern und zu Soldaten gedrillt. Ähnlich wie Elias Canetti in *Masse und Macht* betont auch Otten den militärischen Faktor, wenn er darauf hinweist, daß die Armee in Deutschland zum unbestrittenen Symbol der Nation aufgestiegen war. Der preußische Generalstab ist für Otten mehr als nur eine privilegierte Versammlung hochdekorierter Generäle. In provozierender Zuspitzung setzt er ihn mit einer Schaltstelle gleich, die bürgerliche Aufklärung in ihre eigenen, durch die Geschichte Preußens vorgezeichneten Bahnen lenkt: Von Anfang an verbindet sich der Prozeß von Säkularisierung und Rationalisierung traditioneller Herrschaftsformen und ihrer Legitimation mit der militärtechnischen Organisation und ihrer politischen Instrumentalisierung. Insofern trifft Ottens Kritik des preußischen Nationalismus und dessen alldeutscher Zuspitzung im ausgehenden 19. und beginnenden 20. Jahrhundert nicht eine besondere politische *Ideologie,* sondern eine nationale Lebensform von außerordentlicher Integrationskraft; selbst diejenigen, die sonst hochmütig alles Massenhafte ablehnten, konnten sich der Faszination nicht entziehen, die vom durchorganisierten Apparat des preußisch-deutschen Heeres ausging.

Die Militarisierung aller Lebensbereiche ist für Otten keine metaphorische Redeweise; er bezeichnet damit die gesellschaftliche Situation im Deutschen Reich spätestens seit der Jahrhundertwende, die sich charakterisieren läßt als die psychohistorische Vorbereitung der Deutschen auf den Rationalisierungsschub, der vom technisch-industriellen Fortschritt im engeren Sinn ausging. Der Industrialisierungsprozeß war in Deutschland untrennbar mit der nationalistischen Legitimation rationalisierter Herrschaft verknüpft. Vor diesem Hintergrund wird einsichtig, wie sich die traditionelle preußische Elite fortschreitend mit der bürgerlich-industriellen verbinden konnte, und wie somit letztlich die Voraussetzungen für eine militärisch-industrielle Strategie geschaffen wurden, die auch in dem nach dem Ersten Weltkrieg äußerlich entmilitarisierten Deutschland nicht an Virulenz verloren.

Der »Große Plan«, den Otten im kriegführenden Nazideutschland am Werk sieht, ist deshalb nicht als Summe der bloß äußerlichen Addition von Industriemacht, Militär und Nazipartei zu verstehen; er bezeichnet kein bestimmtes politisch-strategisches Projekt, sondern die strukturelle Ausrichtung des durchrationalisierten und militarisierten Gesellschaftsapparats auf ein offenes Ziel hin, das im gegebenen historischen Kontext nur der große Krieg sein konnte.

Läßt sich diese Entwicklung aber wirklich ohne die Rolle des Diktators Hitler denken? Ohne die Figur Hitler sicherlich nicht, lautet die Antwort von *Geplante Illusionen,* aber vielleicht ohne die nationalsozialistische Ideologie. Ihr erkennt Otten nur eine propagandistische Nebenrolle zu: Was in den Nachkriegsjahren weithin für das Wesen des nationalsozialistischen Deutschland gehalten wurde, die totale Ideologisierung aller Lebensbereiche, das gerade stellt Otten in Abrede. Die Begründung seiner überraschenden These ist nachdenkenswert: »Ein verlorener Krieg, eine Enttäuschung großer menschlicher Hoffnungen eines Volkes, zermürbende Krisen schaffen nämlich nicht günstige, sondern ungünstige Situationen für Idealisten und Ideologen.« Weil der Wert einer Ideologie in einer Lage, wie sie nach dem Ersten Weltkrieg gegeben war, nicht steigt, sondern sinkt, wird die Macht von den Massen an Gewaltmenschen und Spezialisten übergeben, die an keine Ideologie glauben, sondern nur an die Zwänge des Handelns. Die bürokratische, ideologielose Abwicklung der Deportation der Juden und ihrer industriellen Vernichtung durch eine Armee funktionierender Spezialisten scheint Ottens Theorie zu bestätigen. Aus welchen Quellen aber hat sich das aus keinerlei Tatsachenzwang zu erklärende Vorhaben dann gespeist? An welcher Stelle des »Großen Plans« wäre die ökonomisch funktionslose und militärisch kontraproduktive »Endlösung« unterzubringen? Bei der Niederschrift seines 1941 abgeschlossenen Manuskripts hat Otten nicht ahnen können, daß die antisemitische Propaganda der Nationalsozialisten die Bedeutung einer realen Prophezeiung annehmen würde.

Ungeachtet dessen enthält Ottens These einen fruchtbaren Gedanken. Wenn die nationalsozialistische Ideologisierung als Generalerklärung wegfällt, müssen andere Prozesse in den Blick treten, die überzeugender erklären, warum sich die Massen in Deutschland in die nationalsozialistische Kriegsökonomie ohne weiteres haben einspannen lassen. Zunächst ist zu betonen, daß Otten den Begriff der Masse nicht als soziologisch-empirische Kategorie verwendet. Zwar finden sich in Ottens Überlegungen Spuren seiner Beschäftigung mit Gustave Le Bon und Ortega y Gasset wieder. Doch erfährt Ottens Kritik an der »Vermassung« als gesellschaftlichem Prozeß eine wichtige Zuspitzung: Masse, das sind für Otten nicht nur die (viel zu) vielen, es ist ein bestimmter Aggregatszustand des gesellschaftlichen Lebens. Die Individuen verlieren, in ein Leben gezwungen, das dem Gesetz der großen Zahl unterliegt, nicht nur etwas: die im Prozeß der Zivilisation erworbenen Hemmungen, und regredieren auf archaische Formen des Gemeinschaftslebens. Sie gewinnen auch etwas hinzu: neue Formen gesellschaftlicher Bindung, die gerade nichts naturwüchsigursprüngliches mehr haben, sondern einen neuen »modernen« Zustand der Vergesellschaftung anzeigen. Einen Zustand, aus dem den Massen ihre eigentümliche »Kraft« erwächst. Dem Vorgang ihrer gesellschaftlichen Konstitution gilt Ottens Aufmerksamkeit. Wenn es eine zentrale Aufgabe aller moderner Staaten ist, die Triebkraft der in ihnen lebenden Massen in irgendeiner Form zu kanalisieren und auf pragmatische Ziele zu richten, dann kann dies Otten zu Folge nur gelingen, wenn sich die staatlichen Institutionen planmäßig organisieren, wenn also die Staaten selbst nach dem Muster wirtschaftlicher Rationalität operieren. Auch in dieser, über die Epoche des Nationalsozialismus hinausgreifenden Perspektive ist Ottens Studie von großer Aktualität.

»Die Vertrustung eines Staates« untersucht Otten als einen seelischen Prozeß, wodurch seine Analyse ohne den Umweg über Ideologie und Ideologiekritik auskommt. Ökonomie und Triebökonomie, genauer der Umbau von Ökonomie und der entsprechende Umbau in der Triebökonomie von einzelnen und der Massen hängen unmittelbar miteinander zusammen. Wie soll man sich das vorstellen? Es ist nicht immer leicht, Ottens psychologisches Instrumentarium zu identifizieren. Anklänge an Freud stehen neben schroffer Ablehnung der Psychoanalyse: vielleicht eine Hinterlassenschaft der Zeit vor 1914, als Otten in München sowohl mit dem skandalumwitterten Freudianer Otto Gross befreundet war als auch mit Gustav Landauer zusammenarbeitete, der seinerseits die Psychoanalyse verwarf. Die Frage nach Instrument und Methode von Ottens massenpsychologischen Überlegungen bleibt jedoch zweitrangig gegenüber dem von ihm ins Zentrum gerückten Vorgang der fatalen Triebökonomie, anschaulich am Beispiel der Jugendbewegung untersucht: Wie war es möglich, heißt Ottens Frage, daß eine auf Befreiung zielende Revolte sich vom Nationalsozialismus in Dienst nehmen ließ, ohne sich im ganzen verraten zu fühlen?

Das Kapitel über die Jugend ist deshalb besonders aufschlußreich, weil Otten darin, ohne sich ausdrücklich auf sie zu beziehen, aus der Erfahrung der expressionistischen Generation spricht, der er angehörte. Wenn die Ungeduld der gegen die wilhelminische Gesellschaft revoltierenden jungen Generation hervorgehoben wird, die »hier und jetzt« ihren Anspruch auf Freiheit durchsetzen will, ganz im Gegensatz zum marxistischen Fortschrittsvertrauen, scheint Gustav Landauer mit von der Partie. Wenn Otten die Erfahrungen und Rituale der Jugendbewegung beschreibt, gläubige Naturanbetung und experimentellen Eifer bei der Erfindung neuer Lebensformen hervorhebt, dann lassen sich auch daran seine eigenen Münchner Erfahrungen der Jahre 1910 bis 1914 wiedererkennen.

Otten stellt die Berechtigung dieses Aufbruchs der Jugend nachträglich nicht in Frage und zieht auch nicht über ihre Ausdrucksformen her. Die Jugendbewegung wird als Anstrengung gedeutet, das in Deutschland nie heimisch gewordene Ideal der Individualität zu verwirklichen. »Im Sinn des expansionistischen Deutschtums war die Rebellion der Jugend gegen die überlebten, starren Moralgesetze der bürgerlichen Klassen eine Bewegung mit neuen Kräften in einer sich langsam, dann immer rapider verändernden Welt der Technik.« Das Ideal der ungebrochenen Persönlichkeit, die sich nicht von Schule, Kaserne und Fabrik in Zucht nehmen läßt, sollte auf direktem Weg über die Befreiung der Triebe verwirklicht werden. Freiheit der Persönlichkeit fiel mit sexueller Emanzipation zusammen. Die Tragik dieser Generation sieht Otten darin, daß der Weg, der sie ins Freie führen sollte, sie tatsächlich in die Arme der Nationalsozialisten geführt hat: »Diese Forderung der Natur im Menschen, seiner Triebe und Kräfte nach unbeschränkter Entfaltung, hat die Erotik zur gefährlichsten aller Waffen in den Händen der Führer der Hitlerjugend gemacht.«

Eine kühne These. An die Adresse britischer Leser gerichtet, sollte sie die damals verbreitete Auffassung widerlegen, wonach den Nationalsozialisten immerhin zugutezuhalten sei, daß sie eine sportlich und kameradschaftlich auftretende Jugend herangezogen hätten. Dies ist für Otten nur ein Schein, und der »neue Glaube« an Hitler ist mehr als ein Nebeneffekt der neuen deutschen Sportlichkeit: Er ist der Preis, den die Jugend dafür zu zahlen hatte, daß sie ihre Einbindung in den nationalsozialistischen Staat als Fortsetzung ihres Aufbegehrens erleben konnte. Soweit persönliche Freiheit mit sexueller Emanzipation identifiziert war, schränkte der Nationalsozialismus diese Freiheit nicht ein. Er erklärte darüberhinaus die alte Gesellschaft, die hemmende Moralvorschriften erließ, zum gemeinsamen Feind – weil diese Gesellschaft dieselbe war, der sich die Schuld an der Kriegsniederlage, an der Wirtschaftskrise und der Arbeitslosigkeit in die Schuhe schieben ließ. »Im Angebot des Glaubens an den Führer«, schreibt Otten, »ist nämlich keinerlei sexuelle Hemmung, keinerlei sexuelles Verbot oder Gebot enthalten.«

Ottens Analyse kommt der Überlegung nah, die Adorno und Horkheimer etwa um die gleiche Zeit in der *Dialektik der Aufklärung* anstellten: »Die deutschen Neuheiden und Verwalter der Kriegsstimmung wollen die Lust wieder freigeben. Da sie aber im Arbeitsdruck der Jahrtausende sich hassen gelernt hatte, bleibt sie in der totalitären Emanzipation durch Selbstverachtung gemein und verstümmelt.« Gemein und verstümmelt bleiben für Otten die freigegebenen Triebe vor allem deshalb, weil sie unter der Herrschaft der männlich-aggressiven Komponente stehen. Aus der jugendbewegten Naturreligion ist eine Religion der Gewalt geworden.

Mit großem Nachdruck hebt Otten hervor, daß ein solches Experiment des Triebumbaus bisher in keinem modernen Staat versucht worden ist. Auch die Sowjetunion, deren Gesellschaftsmodell Otten entschieden ablehnte, ist nicht so weit gegangen, den Mordtrieb zusammen mit der sexuellen Triebfreiheit zu organisieren. So heißt es an einer zentralen Stelle: »Im Deutschen wird bewußt der neue aggressive und technisch hoch gezüchtete Typus des modernen, hemmungslosen Europäers geformt, der nurmehr rationell denkt, wenn er zur Vernichtung des Lebens und der Freiheit seiner Mitmenschen kommandiert wird: Alle seine persönlichen Ansprüche auf Recht und Freiheit hat er in die Hände seiner Führer gelegt und sich nur das Recht auf Triebfreiheit reserviert.«

Demnach wäre der Drang nach Befreiung von den religiösen und konventionellen Fesseln, Motor der Jugendbewegung und der künstlerischen Revolten zu Beginn des Jahrhunderts, fatalerweise zu dem Köder geworden, der eine ganze Generation in den sich jugendlich gebenden nationalsozialistischen Staat hineinlockte. Nur halb ausgesprochen, aber deutlich spürbar, findet in diesem Buch des Expressionisten Otten auch eine Selbstbefragung statt: War man damals nicht zu weit vorgeprescht mit der Sabotage an der alten Welt? An dem Ast, der beim Herunterfallen soviel anderes mitriß, hatte seine, die expressionistische Generation einmal mitgesägt. Eine Alternative zu ihrer Rebellion kann Otten nicht angeben. Trotz seiner offenkundigen christlichen Grundüberzeugung weiß er zu genau, daß der Weg zurück in die Kirchen und Sonntagsschulen versperrt ist, der Säkularisierungsprozeß läßt sich nicht rückgängig machen. Die am Schluß der Studie ausgesprochene Hoffnung auf Überwindung der kriegerischen Mechanisierung der Produktion wie der Seelen durch einen friedlichen Sozialismus aus dem Geist der »christlichen Zivilisation« bleibt Wunschdenken, das im Widerspruch zu Ottens eigener Einsicht in die Unumkehrbarkeit des materiell bestimmten Zivilisationsprozesses steht.

Es ist nicht der einzige Widerspruch, der in *Geplante Illusionen* auffällt. Bei seinem Versuch, die Fehlentwicklung seit der Reichsgründung zusammenhängend zu erklären, kommt ihm gelegentlich der gegen Preußen, gegen Luther und Marx gerichtete Affekt in die Quere und bringt die Argumentation ins Stocken. Deren Sprachgewand ist in vieler Hinsicht fremd geworden. Mißverständnisse liegen nahe, wenn sich die Lektüre heute allein am gängigen Sprachgebrauch orientiert, wenn sie etwa aus dem Begriff »Vermassung« nur abgestandene Kulturkritik heraushört und damit den geschichtlichen Vorgang der Bildung von Massen, auf den es Otten ankommt, verfehlt.

Der Autor macht es seinen Lesern nicht leicht, weil er es sich selbst schwermacht. Otten leidet an den deutschen Zuständen, deren Ursachen er auf die Spur kommen will, er quält sich mit den Qualen, die ihm der Gedanke an Deutschland bereitet. Die Anstrengung schlägt sich in der Sprache nieder und überträgt sich auf den Leser. Im Stil von *Geplante Illusionen* gibt es eine eigenartige Mimesis an den Gegenstand, die gerade dann, wenn sie sich mit ihm am heftigsten abmüht, die schärfsten Einsichten in das Wesen der nationalsozialistisch gewordenen Deutschen hervorbringt. Daß diese Deutschen den »Willen und die Willenlosigkeit«, das »Pathos des Films und die tiefe Gleichgültigkeit des Zuschauers« miteinander vereinen, gehört zu Ottens genialen Einsichten in die Psychohistorie der Deutschen; was Otten als Zeitgenosse aus der Entfernung des britischen Exils sah, hatte man in Deutschland selbst lange Zeit nach dem Ende des Kriegs nicht sehen wollen. Ottens Ahnung, die »nationale Utopie der Selbstbemitleidung« werde den Nationalsozialismus überleben und illusionslose Selbsterkenntnis verhindern, folgt aus der Konsequenz seiner psycho-historischen Betrachtung. Daß Otten sich in manch anderer Hinsicht getäuscht hat, ist im Blick auf den Zeitpunkt der Niederschrift nicht verwunderlich: Zusehr von der Idee der inneren Verwandtschaft zwischen der sowjetischen Planwirtschaft und dem »Großen Plan« Nazideutschlands beherrscht, hat er die Gegenkraft unterschätzt, die in der Sowjetunion schlummerte. Man darf bei der Lektüre der Studie nicht vergessen, daß ihr Abschluß zeitlich zusammenfiel mit dem Überfall der deutschen Wehrmacht auf die Sowjetunion, ein Ereignis, das sich nur noch in marginalen Veränderungen des bereits in Übersetzung befindlichen Textes niederschlagen konnte. Unterschätzt hat er auch die Fähigkeit der Nationalsozialisten, die antijüdische Vernichtungsdrohung ihrer Propaganda in die Tat umzusetzen. Möglicherweise ist auch hierin ein Grund dafür zu suchen, daß Otten, der 1944 erblindet ist, eine Veröffentlichung des deutschen Manuskripts nie betrieben hat.

Davon abgesehen bleibt das Ausmaß der richtigen Voraussagen beeindruckend, die Otten aufgrund seiner Einsicht in das Funktionieren der nationalsozialistischen Kriegsmaschine und der an sie gekoppelten Seelenverfassung der Deutschen gelingen. So hat er geahnt, daß die Deutschen auch im Angesicht einer Niederlage nicht gegen Hitler aufstehen würden: »Die gewußte oder geahnte Schuld und damit die Furcht vor der

Vernichtung kettet beide aneinander.« Aus seinem Verständnis der hysterischen Beziehung, die die Deutschen mit Hitler eingegangen waren, hat Otten den Schluß gezogen, daß Hitler, wenn es soweit wäre, von eigener, nicht von fremder Hand »geopfert« werden würde. Für denkbar gehalten hat er aber auch, daß die militärischen Spezialisten eines Tages aufstehen werden, um ihren »Großen Plan« zu retten und einen dabei zum Störenfried gewordenen Hitler mitsamt seinem Anhang zu beseitigen. Er hat damit recht behalten, wenn man an die Ziele der aus der Wehrmacht stammenden Verschwörer des 20. Juli denkt. Hitler sollte verschwinden, aber bleiben sollte die militärisch technische Organisation der Gesellschaft, die sich als williges Instrument in den Händen jeglichen Planers erwiesen hatte.

Ottens Studie *Geplante Illusionen* ist eine in mehrfacher Hinsicht außergewöhnliche Wiederentdeckung. Ein Kapitel der deutschen Exilliteratur wird neu aufgeschlagen mit diesem Zeugnis der außerordentlichen Anstrengung eines einzelnen, unter den Bedingungen des Exils, abseits der von theoretischen Schulen und politischen Gruppierungen vorgezeichneten Wege, den Ursachen der nationalsozialistischen Katastrophe auf die Spur zu kommen. Als Bündelung ebenso eigenwilliger wie scharfsinnig entwickelter Einsichten gehört Ottens Studie in die noch längst nicht abgeschlossene Debatte um Ursachen und Wirkungen nationalsozialistischer Herrschaft. Was erst in den letzten Jahren als Motiv in den Diskussionen um die nationalsozialistisch formierte Gesellschaft aufgetaucht ist: der ungeheure Modernisierungsschub, den das Dritte Reich ungeachtet aller archaisierend-mythologischen Illusionen, die es zu seiner Selbstdarstellung und Legitimation inszeniert hat, über 1945 hinaus freigesetzt hat – das ist das eigentliche Thema von Ottens früher Studie. Insofern gibt sie auch Anlaß, die gesellschaftskritische Fundierung des literarischen Expressionismus neu zu bewerten. Ottens Studie gibt Auskunft darüber, daß die expressionistische Generation sich in gesellschaftliche Prozesse durchaus verwickelt wußte und nicht in abstrakter individueller Gegnerschaft verharrte. Nicht zuletzt der Schonungslosigkeit, mit der Otten jenseits aller Biographik den Weg nachzeichnet, der ihn und seine Generation aus der Jugend- und Reformbewegung in Isolation und Exil geführt hat, verdankt die Studie ihre bewegenden Einsichten in den gesellschaftlichen Modernisierungsprozeß, der im »planenden und geplanten Staat« des Dritten Reiches zu katastrophaler Dynamik fand. Die Gefahr des Umschlags des technisch-zivilisatorischen Prozesses in gesellschaftszerstörende Dynamik ist solange nicht gebannt, als die von der technokratischen Großorganisation des gesellschaftlichen Lebens erzeugten Probleme von dieser nicht gelöst werden können. Die Versuchung, durch geplante, auf neuestem technischen Stand produzierte Illusionen soziale Energien einzufangen und zu kanalisieren, ist auch nach 1945 nicht wirklich außer Kraft gesetzt worden. Gerade in letzter Zeit, wo Lebensstil und Kultur zu Bereichen kommunaler und staatlicher Planung wurden, wo die Inflation des Wortes Kultur das öffentliche Gespräch über gesellschaftliche Probleme überlagert und verdrängt, zeigen Ottens Überlegungen zu Funktion und Wirkungsweise »Geplanter Illusionen« Aktualität.

Gegen deren Wirksamkeit hat Karl Otten auf keine andere Widerstandskraft gesetzt als auf die des einzelnen, der sich die Freiheit nimmt, »ein Einzelner, ein Einzelgänger zu sein, der, an keine Kategorie – außer der moralischen – gebunden, seine Entscheidung selber trifft«.

Lothar Baier

Karl Otten – Leben und Werk
Zeittafel, zusammengetragen von Hermann Ruch

1889
Geboren am 29. Juli in Oberkrüchten, Kreis Erkelenz, nahe der holländischen Grenze, als erstes von zwei Kindern einer niederrheinisch-katholischen Familie mit antipreußischer Tradition.

1890–1905
Konfliktreiche Kindheit und frühe Jugend in der Domstadt Köln, deren Kultur, Geschichte und Landschaft einen nachhaltigen Eindruck hinterlassen. Der Schüler leidet an der kleinbürgerlich-patriarchalischen Enge seines Familienmilieus, er wird gefördert durch den katholischen Gesellschaftskritiker Kaplan Carl Sonnenschein. Soziales Engagement in Gesellenhäusern und Strafanstalten. Erste Schreibversuche im Alter von zwölf Jahren.

1905–1907
Schulbesuch in Dortmund und Bochum. Gründung eines Malvereins mit Richard Huelsenbeck. Konfrontation mit den gesellschaftlich-politischen Realitäten des Ruhrgebiets, die den Widerstand gegen das Kaiserreich verstärken.

1907–1910
Letzte Schuljahre am humanistischen Kaiser-Wilhelm-Gymnasium in Aachen infolge einer abermaligen Versetzung des im Zolldienst beschäftigten Vaters. Herausbildung eines übernationalen Bewußtseins durch die intensive Aufnahme der modernen europäischen Kunst im Kontakt mit dem vielgereisten Mäzenatensohn Edwin Suermondt und einem literarischen Schülerclub. Erste Veröffentlichungen im »Aachener Almanach«. Einführung in die Welt des Judentums in der Familie Ludwig Strauß', dem späteren Schwiegersohn Martin Bubers.

1910–1912
Auf Anraten Carl Sternheims Übersiedlung nach München. Politisch und künstlerisch richtungweisende Freundschaften mit Frank Wedekind, Heinrich Mann und Franz Blei. Leben in der Schwabinger Boheme. Daneben Studium der Volkswirtschaft u. a. bei Lujo Brentano, ab Winterhalbjahr 1911/12 der Kunstgeschichte. Bekanntschaft mit der Psychoanalyse durch Otto Gross. Vermittlung der Ideenwelt Gustav Landauers in der anarchistischen »Gruppe Tat« durch Erich Mühsam. Längere Reisen nach Frankreich, Italien, Albanien und Griechenland. Aus dem persönlichen Erleben des 1. Balkankriegs erwächst eine lebenslange Kriegsgegnerschaft.

1913
Im Sommerhalbjahr Fortsetzung der kunstgeschichtlichen Studien an der Universität Bonn. Enge Beziehungen zu den rheinischen Expressionisten um August Macke und Max Ernst. Relegierung aufgrund einer Verurteilung wegen Saccharinschmuggels zum Zwecke der Gründung einer anarchistischen Zeitschrift. Ende der akademischen Laufbahn. Zahlreiche Artikel für die mit Johannes R. Becher herausgegebene Zeitschrift »Die Neue Kunst« (1913/14) im Heinrich F.S. Bachmair-Verlag München, wo auch »Die Reise durch Albanien 1912« erscheint.

1914–1918
Nach Kriegsausbruch Verhaftung des seit Jahren unter polizeilicher Beobachtung stehenden »Anarchisten« in Straßburg und monatelange Internierung in Tübingen. Als Beschäftigter bei der Postüberwachungsstelle Trier illegale Einfuhr kriegsgegnerischen Materials. Proteste gegen die türkischen Massenmorde in Armenien.

1916 Heirat mit der Kunstgewerblerin Marie Rosalie Friedmann aus Wien. Fertigstellung des Entwicklungsromans »Lona«. Seit Kriegsbeginn rege Publikationstätigkeit vor allem in der »Aktion« Franz Pfemferts. 1918 Veröffentlichung des Novellenbands »Sprung aus dem Fenster« in der Reihe »Der

Jüngste Tag« des Kurt Wolff-Verlags. Nach Erscheinen der Antikriegsgedichte »Thronerhebung des Herzens« Verurteilung zu Festungshaft in Koblenz. Am 8. 11. Befreiung durch revolutionäre Truppenteile und Zivilisten. Mitglied des lokalen Soldatenrates. Mitunterzeichner des »Aufrufs der Antinationalen Sozialistischen Partei (A.S.P.) Gruppe Deutschland« in der »Aktion«. Umzug nach Wien.

1919–1922

Im Nachkriegsjahr zahlreiche publizistische Bekenntnisse zur revlutionären Neugestaltung im Geist eines messianischen Kommunismus. Redakteur der überparteilichen Wochenschrift »Der Friede« und Mitarbeiter der linksbürgerlichen Wiener Tageszeitung »Der Neue Tag«. Mitherausgeber der ersten Nummern der Zeitschrift »Der Gegner. Blätter zur Kritik der Zeit«. Bekanntschaft mit Joseph Roth, Alfred Polgar, Robert Musil und anderen. Hört Vorlesungen von Sigmund Freud und führt Kinderanalysen durch.

Geburt des Sohnes Hugo Julian.

1922–1933

Trennung von der Familie und Übersiedlung nach Berlin. 1924–1926 Redakteur im Berliner Büro der »Frankfurter Zeitung«. Übersetzungen sowie umfangreiche literarische und journalistische Tätigkeit für eine Vielzahl demokratischer Blätter. Buchveröffentlichungen: »Georg Herwegh. Was macht Deutschland? (1925), »Prüfung zur Reife. Roman eines jungen Menschen« (1928), »Der Schwarze Napoleon. Toussaint Louverture und der Negeraufstand auf San Domingo« (1931), »Paris 6. Mai 1932. Schauspiel in fünf Akten« (1932). Idee und Drehbuch zum Bergarbeiterfilm »Kameradschaft« von G. W. Pabst (1930/31). Am 9. 1. 1933 Uraufführung des Dramas »Die Expedition nach San Domingo« in Hamburg-Altona. Seit 1932 Mitglied der Rundfunk- und Filmkommission der vom Hauptverband abgespaltenen Berliner Ortsgruppe des Schutzverbands deutscher Schriftsteller. Beeinflussung durch die freiheitlichen Sozialismusvorstellungen Paul Levis und Carl von

Ossietzkys. Parteiungebundene Teilnahme am Kampf gegen den drohenden Nationalsozialismus. Öffentliche Befürwortung einer antifaschistischen Einheitsfront von Arbeitern und Intellektuellen.

1933–1936
Am 12. März 1933 Flucht aus Berlin nach Cala Ratjada im Nordosten Mallorcas. Mehrmonatige Aufenthalte in Paris 1933/34 und 1934/35. Mitarbeit bei der »Saarländischen Friedensgesellschaft und Liga für Menschenrechte«. Agitationstätigkeit bei der Saarabstimmung im Januar 1935. Nach Ausbruch des Spanischen Bürgerkriegs im Juli 1936 kurzzeitige Verhaftung auf Mallorca. Evakuierung durch britische Kriegsschiffe und Flucht über Barcelona und Marseille nach Paris.

1936–1958
Ab September 1936 Wohnsitz in London. Bericht vor einem englischen Parlamentsausschuß über die Lage in Spanien und die deutsche Beteiligung am Bürgerkrieg. Offizielle Ausbürgerung im Dezember 1936. Niederschrift des Spanienromans »Torquemadas Schatten«. Arbeit an Hörspielen, Dramen und Romanen, die angesichts der Exilsituation ungedruckt bleiben. 1938–1946 ca. 120 Sendemanuskripte für die British Broadcasting Corporation, 1942/43 vor allem im Propagandabereich. Heirat mit Ellen Kroner im April 1939.

Seit Kriegsbeginn Tätigkeit für britische Regierungsstellen. 1937–41 Arbeit an der Faschismusstudie »Geplante Illusionen«, 1942 in der Übersetzung von Eden Paul und F. M. Field im Londoner Verlag Allen & Unwin unter dem Titel »A Combine of Aggression. Masses, Elite and Dictatorship in Germany« erschienen.

Enge Kontakte zu gesellschaftspolitisch engagierten Gruppen der anglikanischen Kirche. Mitglied des »International P.E.N.-Club (Zentrum deutscher Autoren im Ausland)«. Literarische Vorträge im »Club 43«. Erblindet 1944, nach längerem Augenleiden. Nach Kriegsende philosophische Vorträge in der »Summer School of Sociology« und im »St. Anne's

House«. Zahlreiche Artikel zu Problemen des Wiederaufbaus, vor allem in »The New English Weekly«. Essays über Kafka und Rilke.

1947 Annahme der englischen Staatsbürgerschaft. 1949 Veröffentlichung des pazifistischen Jugendbuchs »Der ewige Esel«. 1950 Aufnahme in die »Akademie der Wissenschaften und der Literatur zu Mainz«. Seit 1954 Vorbereitung umfänglicher Anthologien zum literarischen Expressionismus, die ab 1957 erscheinen und dessen Wiederentdeckung in der BRD ermöglichen. 1956 Albert-Schweitzer-Buchpreis für den Roman »Die Botschaft«. 1957 nach 24 Jahren erstmals besuchsweise wieder in Deutschland (BRD).

1958–1963
Im Oktober 1958 Übersiedelung nach Locarno. Ab 1960 Vorträge, Aufsätze und Rundfunksendungen zum literarischen Expressionismus. 1959 Herausgabe des Sammelbandes »Das leere Haus. Prosa jüdischer Autoren«; 1962 »Schofar. Lieder und Legenden jüdischer Dichter«. 1961 Verleihung des Leo-Baeck-Preises für die Erhaltung deutscher Dichtung jüdischer Autoren. Die Gedichtsammlung »Herbstgesang« erscheint. Wahl zum korrespondierenden Mitglied der »Deutschen Akademie für Sprache und Dichtung« in Darmstadt. Vollendung des autobiographischen Romans »Wurzeln« kurz vor dem Tod am 20. März 1963.

Editorische Notiz

Textgrundlage der vorliegenden ersten Veröffentlichung von »Geplante Illusionen« in deutscher Sprache ist ein gebundenes Typoskript aus dem Nachlaß von Karl Otten. Abgeschlossen wurde die Arbeit an diesem Text vor dem 22. Juni 1941, dem Überfall des Deutschen Reiches auf die UdSSR.

Ins Manuskript nach diesem Ereignis eingetragene Ergänzungen wurden, in eckige Klammern gesetzt, übernommen; entsprechende Streichungen gekennzeichnet.

In die zwischen Ende Februar 1941 und Ende August 1941 entstandene Übersetzung wurden noch einige andere Änderungen eingearbeitet, die durch die politische Situation notwendig wurden. Sie wie auch der Abschnitt 7 im Kapitel »The Great Plan« der englischen Übersetzung (A Combine of Aggression. Masses Elite and Dictatorship in Germany, London: Allen & Unwin 1942, S. 239 ff.) wurden für diese Ausgabe nicht berücksichtigt, da die Grundlage dieser Veränderungen zweifelhaft blieb; nicht übernommen wurde auch die Vorrede.

Das unter biographisch und politisch schwierigen Bedingungen entstandene und von Otten nach der Niederschrift nicht für eine deutsche Veröffentlichung durchgesehene Manuskript wurde behutsam redigiert.

Lothar Baier und der Verlag danken Hermann Ruch, München, für wichtige Hinweise auf die Entstehungsgeschichte dieser Studie und für die Zusammenstellung der Zeittafel zu Ottens Leben und Werk.